YAOHUANG DE TIANMUSHAN

摇晃的天目山

——天目钱塘抗战八年纪实

◎ 张白怀 编著

浙江大学出版社
ZHEJIANG UNIVERSITY PRESS

图书在版编目(CIP)数据

摇晃的天目山:天目钱塘抗战八年纪实 / 张白怀编
著. —杭州:浙江大学出版社,2015.10
ISBN 978-7-308-15180-1

Ⅰ.①摇… Ⅱ.①张… Ⅲ.①抗日战争－史料－杭州
市 Ⅳ.①K265.06

中国版本图书馆 CIP 数据核字(2015)第 220488 号

摇晃的天目山——天目钱塘抗战八年纪实

张白怀　编著

责任编辑	叶　抒	
责任校对	张一弛	
封面设计	刘依群	
出版发行	浙江大学出版社	
	(杭州市天目山路 148 号　邮政编码 310007)	
	(网址:http://www.zjupress.com)	
排　　版	浙江时代出版服务有限公司	
印　　刷	杭州日报报业集团盛元印务有限公司	
开　　本	710mm×1000mm　1/16	
印　　张	18.25	
字　　数	318 千	
版 印 次	2015 年 10 月第 1 版　2015 年 10 月第 1 次印刷	
书　　号	ISBN 978-7-308-15180-1	
定　　价	58.00 元	

拨开天目烽烟的迷障

——《摇晃的天目山》读后

张抗抗

2015年9月3日,中国人民抗日战争胜利70周年纪念日。

抗日战争是中华民族全民奋起、救亡图存的伟大壮举。中国作为二战东方主战场、中美英苏反法西斯同盟国,以巨大的牺牲牵制并消灭了大批日本侵略者,赢得了世界热爱和平的人民的敬意。

长篇纪实文学《摇晃的天目山》,记述了1937—1945年间,浙江天目山南北及杭嘉湖地区抗日斗争的真实状况。该书在抗战胜利70周年出版,为东南前哨的抗日战争史填补了一大空白,弥足珍贵。

作者张白怀是一位92岁的高龄老报人,浙西抗战的亲历者,是我的父亲。他年轻时在天目山《民族日报》工作,作为特派记者往来于游击区实地采访,结识了一些抗日游击队的著名人物,如书中所写的郎玉麟、李泉生、朱希、鲍自兴、黄八妹等,曾在报上连载了《水乡吟》《海北敌后来去》等长篇通讯。

天目山的云雾、杭嘉湖的硝烟与血腥,是我父亲一生中最难忘的岁月。

光阴荏苒,大半个世纪过去,我父亲仍然无法忘记当年亲历亲闻亲见的一切。父母离休以后,20世纪90年代我曾陪同他们重访西天目。2010年,父亲以87岁高龄编选出版了他与我母亲几十年的作品合集《双叶集:文学之梦与人生笔记》之后,书写编著这部天目山抗战史,就成为父亲晚年最后一件未了的夙愿。

一位九旬老人心心念念想写的东西,一定是他生命中最重要的事情了。

一位九旬老人要完成自己的心愿,需要付出比常人艰难数倍的努力。

父亲常年腰椎疼痛无法直坐,他只能把稿子铺在一块小木板上,木板置于膝盖,抵靠在沙发上写作。一日里断断续续写下几百字,一字一字每日不息,写满了一摞摞厚厚的稿纸。他在年轻时就注重笔记和史料搜集。如今,岁月清除了浮面的表象,从记忆深处凸显出珍藏的往事。天目山因东、西峰顶各有一池清泓,宛若双眸仰望苍穹,故而得名。有时觉得,天目亦如父亲年轻时那双黑亮的眼睛,穿透大半个世纪的历史烽烟迷雾,在晚年依然闪烁着清澈的光泽。

作者将该书定名为《摇晃的天目山》,蕴有深意。

天目山位于浙江临安境内,浙、皖毗邻地区,古名浮玉山。1956 年被国家林业局划为森林禁伐区,成为国家级自然保护区,1996 年加入联合国教科文组织人与生物圈保护区(MAB)网络,成为世界级自然保护区。天目山地貌独特,地形复杂,峭壁突兀,怪石林立,峡谷众多,自然景观优美,堪称"江南奇山",亦被称为"华东地区古冰川遗址之典型"。特殊的地形和悠久的佛教文化,名闻遐迩的"天目山大树王"和古老丰沛的森林植被,使其成为世界的一大奇迹,是我国亚热带林区高等植物资源最丰富的区域之一。天目山呈西南—东北走向,是太湖水系和钱塘江水系的分水岭,山地呈中心—深谷景观,海拔1500 米以上的山峰有 10 余座,山地两侧多低山丘陵宽谷景观。

1937 年抗战初期淞沪大血战 80 天后,日寇在杭州湾北岸的金山卫等地登陆。国军向天目山地区移动。但由长兴窜犯泗安、广德的日军一个旅团,竟尾随向天目山追击。告岭为天目山一部分山峰的名称,顶界线称为羊角岭。告岭南面下坡途中有百丈坑、一线天等险峻地段。如果告岭、羊角岭天险不守,日军即可越过天目山,直下於潜、分水、桐庐,浙赣线将可能沦于敌手。告岭之得失,对整个战局的影响重大。国军当机立断回头强烈反击,迫使日军反追为退,受阻于天目山屏障。这是天目山在抗日烽烟与战火震荡中,第一次"摇晃"。

第二次"摇晃"发生于 1943 年 10 月,日军以一个联队加山地装备特种部队,对天目山地区发起进攻,满以为天目山唾手可得,结果又一次被国军击败溃逃。1944 年秋,日军为防止美军在浙江、福建方向登陆,确保南京、上海、杭州三角地带"安全",先后占领温州、福州等要地,控制了浙闽两省沿海地区,国民党军纷纷西撤。中国共产党华中局和新四军军部,遵照中共中央关于开展东南沿海抗日斗争,准备实行战略反攻的指示,新四军粟裕司令员率第一师渡江,在浙江长兴建立苏浙军区,确定了向天目山敌后进军的部署。而国民党顽固派连续调集重兵企图聚歼,新四军部队被迫进行了三次反顽战役,巩固并扩大了苏浙皖边抗日根据地。巍巍天目山,在战火硝烟中又一次成为历史风云的见证——"摇晃"一词,实际上隐喻多种政治力量此消彼长。

1945 年 8 月 15 日日本宣布无条件投降。根据国共重庆谈判的《双十协定》,八路军新四军根据地奉命北撤。天目山经历了第三次"摇晃"之后,国民党政权实际上也开始"摇晃",终至四年后倾覆……《摇晃的天目山》有一段"尾声":我们看到新四军北撤后的"留守处",如何受到国民党的残酷反扑和镇压,国共全面内战的前景令人触目惊心。但是,一场向光明、向自由、向胜利,为不同的政治理念而进行的斗争,继续着、继续着……据此不难理解,所谓天目山的"第三次摇晃",明确隐喻了国民党政权的"摇晃",这是作者历经了大半个世纪浓缩、沉淀的特殊历史记忆。

《摇晃的天目山》一书的显著特点是:以客观真实而复杂的人物、事件,揭示出浙西地区八年抗战的历史事实。该书结构分为上、中、下三部——上部"不屈的杭嘉湖",记述杭嘉湖地区民间抗日武装的成长壮大;中部"东南前哨",描述了中共地下组织领导天目山地区军民抗日武装的战斗历史;下部"摇晃的天目山",重点讲述了国共斗争中浙西国民党政权溃败的结局。全书故事密集、史料翔实、人物生动,思想性与可读性相得益彰。

抗战时期的杭嘉湖游击区,地方势力割据、土匪地痞各霸一方,曾是一个鱼龙混杂的混沌世界。该书以民间抗日爱国志士为主线,写出了不同阶层的人物,在救亡的时代背景下,勇于献身、不惜牺牲的精神气象。中共浙西地下组织,根据中共中央"坚持抗战,反对投降;坚持进步,反对倒退;坚持团结,反对分裂"的方针全面展开活动,这是贯穿全书的副线。特别是省、县"政工队"实行统一战线政策,发动群众、聚拢各方力量参加抗日斗争,创下了克敌制胜的种种奇迹。书中细致描述了一批进步青年,在抗战的腥风血雨中,从浑噩到清醒,追求真理、历练成长的心路历程。该书还用了相当篇幅,记述了国民党正规军在天目山第一次、第二次保卫战中立下的赫赫功勋。在杭嘉湖游击战中,国军参与了反扫荡、反流窜、反清乡活动,国民党第三战区曾派遣挺进纵队,统一整编良莠不齐的"游击队",对敌伪据点构成了相当威胁。书中对当年号称"天目王"的国民党省政府委员、浙西行署主任、反共老手贺扬灵的记述,是全面而客观的。可以说,《摇晃的天目山》是目前已经出版的历史读物中,比较重要的一部记录了东南抗日前哨国共两党从合作到斗争的珍贵文献。

20世纪80年代以后出生的人,对20世纪上半叶那种复杂对峙、进退反复的时代背景,已是知之甚少或漠不关心。而在20世纪50年代以后出生的人,对于抗战历史的了解,大多来自于"文革"前的教科书及小说、电影作品。有关抗战,我们曾被灌输了太多的宏大叙事和非黑即白的二元对立观,对战争真相的了解,具有一定的片面性和局限性。战争关系到每一个人的生死存亡,在摧毁性的炮火与屠杀面前,卑微渺小的生命,可因贪生而成为汉奸,也可因奋起抵抗而流血牺牲。重要的并不是记忆或遗忘,而是什么样的记忆和遗忘。

历史记录的真相被屏蔽,残缺或是曲解,比记忆的丧失更为可怕。

《摇晃的天目山》有其独特的史料文献价值。我们不再需要重复同一种模式的记忆,而应当开掘更多个人化的历史记忆——有如天目山被誉为"活化石"的野生银杏;有如高达56米被称为"冲天树"的天目山金钱松;有如被称为"地球独生子"、全球仅天目山遗存的5株稀有天目铁木;有如天目香果树、领春木、连香树、银鹊树等均为珍稀植物,被后人精心呵护。

今日的天目山,已是著名的风景胜地,当年被日军飞机炸毁的禅源寺早已修缮一新。然而,中国的每一寸土地,都烙刻着日本侵略者当年犯下的滔天罪行。在抗战胜利70周年纪念日即将到来之际,让我们记住日军侵华时期,中国民众生命财产蒙受的巨大损失,记住丰饶的杭嘉湖地区的人民曾经遭受的痛苦与摧残,并永远记住所有那些为抗击侵略者而英勇献身的人们。

2015年6月8日北京

楔　子

　　今天的天目山是重要的国家级自然保护区。我与抗战时期的老友相见，总离不开天目山的话题。当年号称"东南抗日前哨"的天目山，在我们心中是一种伟大坚实的象征，是我们青年时代的寻梦之地。它不是一座望之弥高、难以攀登的山，而是可以拾阶而上、古木森森、芳草遍地的使人心旷神怡之山。晋代诗人郭璞有诗："天目山垂两乳长，龙飞凤舞到钱塘。"天目溪向北倾注苕溪而进入太湖，向南倾注分水江而聚合富春江、钱塘江。天目山对杭州人是永恒的，对富饶宁静而美丽的杭嘉湖平原水乡是永恒的。

　　著名画家叶浅予诗句："留椿屋下说风流，蟠龙桥头话烽烟。"天目钱塘的抗战故事，困扰我许多年了。岁月蹉跎，命运使我白白耗去了半个多世纪的光阴，今日两鬓如霜，要写出那十分遥远的故事，真是如同一个跛足老人企图登上天目山仙人顶一样是个梦想，几乎是绝不可能的。

　　我重新萌发一种难以压抑的创作欲望，源于非常意外地收到的一封信，这封信不是写给我的，是请我代为转达。这封信以一种近似震撼的力量，使我又惊又喜地好像看到天目山顶上早已枯竭的"天目"双泉涓涓而出，它使我心中埋藏的那些人和事重新活跃起来，以致一发不可收拾……

　　这封信写道：

　　郑小杰先生：

　　　　请原谅我冒昧地打扰你。我是贺扬灵先生的女儿，我想收集父亲的遗作，为此给你写信。父亲在1947年7月病逝，时年47岁，当时我11岁半，跟着母亲卢继芳女士在南京念中学，之后上北京的中国地质大学，学地球物理勘探，毕业后就一直在北京的中国地质研究院做科学研究工作。1985年回到南京，在现在的华东石油地质局工作。今年我近60岁了。

　　　　今年夏天我应实用科学院的邀请去美国，参加7月上中旬在科罗拉多州Bonloler城举行的国际大地测量与地球物理大会。会后我参观了一些地方，在华盛顿的"国家航空局与空间博物馆"中，我看到"轰炸东京(Tokyo Bombing of Tokyo)"版面上杜立特将军与我父亲等三个中国人的合照(在天目山潘庄)。

　　　　我少年丧父，对父亲知之甚少。母亲也说不出多少，因为她不参与他的工作和活动。在 80 年代,江西永新县编县志的人物传中要列入"贺扬灵传",要我母亲提供材料,为此我曾帮她在图书馆查书目,但据母亲所言,父亲曾有《杜立特降落天目记》一文,却至今没见到。近日查到郑先生在父亲去世时所写的纪念文章《回忆浙西工作——纪念贺先生》文中提到了父亲这篇文章,所以我想也许郑先生知道该文的内容和发表的时间。我在杭州听说郑先生保存有《民族日报》复制件,不知上面有无父亲的文字和遗墨?⋯⋯

我母亲已于 1992 年 5 月去世。

贺绍英敬上

1995.11.7

这封信是通过住在上海的一位忠厚长者辗转传递到我手上的,因为我与定居美国的郑小杰先生有信札往来,我把信的原件寄给去美国夏威夷颐养天年的郑先生——85 岁高龄的前《民族日报》社长。

随后,贺绍英接到了美国郑老先生的复信。郑老先生十分惋惜地说,他保存的那份《民族日报》微缩胶卷,已在几年前捐赠给台湾的"中央图书馆",他建议贺女士去大陆的图书馆再找找,应该是不难找到的。如此贺绍英和我通了几次信,我由此得知她是一位在地球物理勘探研究上有相当成就的学者。她跑过全国的绝大部分地区,跟石头打了一辈子交道。她说自己很幸运,能够把青春和才华献给发展国民经济的基础性工作。她同时谦虚地说,她的经历是一帆风顺的,只是不断地工作、学习,思考和创新,个人的知识也多局限在专业工作的领域之内,同社会大众接触较少,对整个大时代的发展变化,只有一点非常浅薄的书本知识。在一封信里,她提到了几位曾在她父亲手下工作过的同事的名字,其中有些是我的朋友,都是当年天目山的进步分子。贺绍英希望我能为她引荐一下,以便她向这些前辈请教,借以了解其父亲当年的实际活动。我知道这些同志对她父亲的政治态度,以星散各地、年高体弱为由推却了。

特别让我意外的是,她说有一个哥哥在杭州,名贺仁福。当年我知道贺扬灵有一个儿子在江西永新老家,是前妻所生,他高中毕业时从江西吉安到过天目山,后来到皖南屯溪上大学去了,相隔的数十年间天翻地覆,如今听说他在杭州,不免有点惊讶。一个国民党政府高级地方官员的儿子,在急风暴雨的大变革时期,如何安身立命,如何度过阶级斗争的 30 个春秋,也许有点传奇色彩。

此后,我同贺仁福联系上了。开始,我同他多次电话相约,都因雨雪天气而将约期一改再改,我甚至等得有点不耐烦。有一天家里电话铃响了,一个陌生的声音说:"我是贺仁福。现在我在一个朋友家,离你这里很近,我马上过来。"我们见面时像老朋友一样,彼此没有拘束。坐在我面前的贺仁福,相貌端正,敦厚朴实,举止从容,完全是一个老教师的模样。我记得1941年11月,我们上海沦陷区"孤岛"五百爱国青年回归自由祖国时,在天目山受到热烈欢迎,40岁壮年的原浙西行署主任贺扬灵热情洋溢地在欢迎会上发表演说,他身材不高,穿的是灰布中山服,脸有异相,声音洪亮,热烈地挥着拳头激情高喊:"……你们回来了!回来了!回来了!我欢迎你们!欢迎你们!欢迎你们!……"沦陷区出来的少年,耳边听着,心里热热的。后来抗战胜利前一年,我辗转于东南前哨各地,再没有遇到另一个如此刻意煽情的演说家。尽管贺扬灵作为一个国民党地方高层反共分子的身份是历史事实,但某些文史资料把贺扬灵形容为"蜂目豺声"则是脸谱化了的。

我同贺仁福交谈时,有意把话题引向他在1949年解放后的遭遇,因为我个人的痛苦经历使我脑海中映现的是阶级斗争,是惊涛骇浪,我期待听到他讲述自己生命之舟的沉浮,以及他又是如何到达今天宁静的港湾的。

1945年秋季,贺仁福考入设在金华的国立英士大学经济系。其父亲曾要他去投考中央政治大学,可是他对政治没有兴趣,违逆了父亲的意思。这一点对他的命运非常关键,实际上决定了他后来的进退和生存。英士大学当然是一所保守的大学,随着国共内战形势的发展,校内也表现为左派学生和右派学生的严重对立,当时的贺仁福不介入政治斗争,他自己说是"对国民党没有好感,对共产党也没有恶感"。贺仁福是贺扬灵前妻所生的儿子,从小到大在江西老家读书,他说自己的志趣在经济,不在政治,因此他的暑假、寒假不是去南京,而总是在上海度过的。他有一个堂叔,比起父亲他更喜欢和堂叔接近。堂叔是中央信托局副局长,住的是法租界上一座花园洋房,对这个学经济的侄儿也寄予厚望,常常和他一起谈论经济问题,当时国民政府经济金融的局面濒临崩溃,堂叔权力有限,束手无策,对前景是悲观的。

1948年春夏之交,英士大学学生会举行民主改选,左派学生和右派学生竞争激烈,两派旗鼓相当,中间派推出的候选人是贺仁福,竟"无心插柳柳成荫",当选为学生会主席。1949年春,人民解放军渡江前夕,大学里因"迁校"与"护校"之争,出现三个立场不同的"应变委员会",一个是学校行政的,一个是国民党特务组织的,一个是学生的,贺仁福属于学生护校的一派。1949年3月底,他到上海堂叔家,堂叔正准备南迁,堂叔对他说:"你跟我一起走,我们有机票的。"贺仁福心想,形势面临着大变动,确实有一个何去何从的问题,反正是一个普通学生,无党无派,何必跟着逃亡?他对堂叔说:"你们一家人,负担够重了,再拖上一个我吃干饭的,不行。我还是回到学校里,看情况再说。"堂叔也就不勉强了。

革命浪潮以摧枯拉朽之势汹涌而至,1949年5月3日杭州解放,金华不久也解放了,随后杭州成立了华东人民革命大学浙江分校,招收学员,英士大学几百名学生涌向杭州,报名进入革命大学接受洗礼,贺仁福没有犹豫,随大流成了一位大学毕业生学员,无疑他的选择是明智的,也是他死于1947年的父亲万万意料不及的。贺扬灵1924年由国民党中央委员段锡朋介绍参加国民党。段锡朋是AB团的组织者,贺扬灵曾是其骨干成员之一。国共斗争过程中,父子殊途的事倒并不鲜见。中华人民共和国前30年政治运动不断,贺仁福这样的家庭背景,是如何走过这段历史的呢?对此我非常好奇。

我问贺仁福:"'革大'把你分配去哪里?"贺仁福回答:"参加农村工作队呀,在杭县。"问:"干什么?"答:"开始是发动群众民主建政、反土地隐瞒、反霸,再就是搞土地改革,初期的农村工作我全参加了。后来就派我到中学教书。一次一次政治运动,首先就是交代我的父亲,但是我从小到大没有跟他在一起,我的学生生活也很清白,一个个关卡都让我闯过来了。"听他这样说,我简直不敢相信有这么简单。我笑着说:"也许是你的名字取得好吧。"他说:"名字是祖父取的。"

事实上,一切并没有这么简单。经过进一步深谈,我知道了更多的事实。作为一个大学毕业生,农村工作队完成任务后,他原分配在一个大镇政府部门工作,不久就调去当中学教师,他教过语文、历史、地理,最后是英语。1955年肃反审干,他当然是重点对象。不妨想一想,一个国民党重要分子的儿子,一个大学学生会主席,一个放弃叔父给的逃难飞机票而留在大陆的人,在运动中能轻易通过检查?贺仁福说自己不喜欢政治,那时的政治就是阶级斗争,从他填写第一份干部登记表开始,就出现了一连串的问号。你是某某人的儿子,某某人是国民党CC派反共老手,你会不知道吗?你说的在江西读书,同父亲很少在一起,这怎么可能?你不是也到天目山了吗?你读书不是用你父亲的钱吗?你说你同父亲不接近,同堂叔接近,你堂叔是什么人?他不就是四大家族官僚资本家的走狗吗?还可能是个特务。你说二十几岁的你同父亲在一起的时间加起来不过三四个月,就算是这样,但时间长短有什么关系?你总不能说你不是某某人的儿子!你说你同继母卢继芳的关系不好,这不可信,你不是住过杭州白马寺巷卢继芳的房子吗?这房子是卢继芳用私房钱买的,你同继母关系不好,她会让你住?你继母卢继芳的两个胞兄弟也算是你的舅舅呢,他们不是被人民政府镇压了吗？你怎么想？你有没有向人民政府检举过他们的罪行？在大学里你是学生会主席，参加应变组织，怎么自己跑到上海去了？去干什么？你不去台湾留在大陆，是不是接受潜伏任务？是你叔叔给你布置的任务吗？……为了弄清贺仁福的政治面目，审干部门搞外调不知耗费了多少时间，跑了多少地方，结果是一无所获，总算在档案袋里留下几个字："内部控制使用"，这就是结论了。贺仁福自己也没闲着，解放前他在英士大学是个名人，从历次政治运动到"文革"，一次次数不清的人对他外调，上至教务长、系主任、教授，下至一般小职员，同学就更多了。这样的折腾也有好处，人事部门终于承认贺仁福的问题基本上搞清楚了，他是一个不愿跟国民党走，自愿靠拢共产党的知识分子，是团结对象。"文革"结束后，贺仁福被任命为中学副校长，参加民主同盟，继而成为杭州市政协委员。这时的贺仁福五十多岁了，他可以对那些在历次政治运动中无辜受伤害、受打击的同事、同学友好而心平气和地说："怨气冲天有什么用？今天一切都已成为过去，老是想着那些不愉快、受委屈的事情干什么？让过去的永远过去，向前看吧！"

看来他是一个比较豁达而务实的人。

听他讲述的时候，我心里想：这个时代是聪明的魔术师。贺仁福舍弃政治而醉心经济，也正是政治使他与经济无缘，却让他在纷乱中得以安身立命。风暴消敛，尘埃落定，他享受离休干部待遇，至今年过七十，还在一所业余补习学校当校长。步入晚年，他的心是宁静的。我记得他这样说过："说实话，我个人怎么样倒无所谓，共产党最终还是实事求是，对我个人还是可以的。可惜的是十年折腾，国家发展被耽误了。"——这是在我们这一代知识分子中间时常听到的感慨。

话题又自然地回到贺扬灵的死因上，贺仁福说："1947年7月，听说父亲身体不好，我专程去南京探望。父亲一向较胖，那几年政坛失意，情绪很差，我见到他时，他的眼圈发黑，问他感觉如何，只说有时头晕，身体乏力。问看过医生吗？说是没有。继母说他不肯就医，怕花钱，我想这样不行，向他的秘书来逸民提出找医生来看，开了处方配药服用。那时父亲在南京住的地方狭小，晚上我同他住在书房里，服药三天没有起色，第三天夜间便出现脑出血，昏迷不醒，去世了，年仅47岁。"一个忠于国民党政权的高级官员如此终结，也足以反映这个政权走向末日前夕的情景。

我忽然想起过去听到的关于贺扬灵的传说。贺扬灵有相当的国学修养，不仅发表诗词、书法作品，还特爱收藏古典字画，当年报纸上报道过他在天目山举办的一次文物展览，当时吸引了当地的文人雅士。我问贺仁福：你父亲喜欢收藏名人字画,留下来了一些什么,你看到过吗?他回答说没有。我对贺仁福讲了一个听来的笑话:"你父亲两次到绍兴当'父母官',第一次在战前,第二次是抗战开始到1939年初,名分是三区专员兼绍兴县长,其后就以省政府委员调天目山任浙西行署主任。他搜罗字画文物不遗余力,绍兴有一位姓杨的收藏家,藏有一幅查士标的手卷,你父亲想得到它,因索价高昂,未能成交,他到天目山后念念不忘,又写信给后任县长请他帮忙磋商价格。有一天绍兴县政府收到一份来自浙西行署的电报,大意是:'查卷速送浙西,款请代垫。'县政府主任秘书是个酒徒,当时正酩酊大醉,见电文中有'查''送''垫款'字样,不假思索,提笔在电文上批:'拟交警察局会计室会同办理。'县太爷是个糊涂官,看公文照例不细察内容,电文角上批道:'如拟。'电文送到警察局,局长摸不着头脑,遍查档案,不知所从,只好送给会计室,加上'请会签意见'的条子,会计主任莫名其妙,不知耽搁多少天,最后只好拿着电文去请示县太爷,才弄明白是贺扬灵要买杨某的查士标手卷。后来这手卷是否到贺扬灵手中不得而知。不过,这个糊涂县官倒还是官运亨通,不久便升任福建省政府委员兼建设厅长去了。"贺仁福笑起来,随后说:"据我所知,我父亲没有多少钱,如果平时有点积蓄,他不会误了治病。"我问:"你是否知道他手上收藏什么?"贺仁福说:"这个我可没有注意。但是妹妹贺绍英对我说过,解放后继母主动把一批古字画交给人民政府,也许公安或文物部门有收据吧,我不清楚。"贺仁福对父亲政治生涯没有表示什么看法,但是对经济生活方面,他的判断是对的。贺扬灵生长于井冈山下的江西永新县,早期就确立反共思想,这是他的人生定线,但抗战胜利后,贺扬灵的家庭生活状况证明他不是贪官污吏。据说他到南京时很拮据,其部属瞒着他去找一个在上海做寓公的叫张鹏飞的人,此人抗战时是杭嘉湖游击区一个游击大队长,当年的"烧毛党",是发了大财的。其部属怕张鹏飞不买账,还找了张的表弟一起去说,他总算勉强解囊。这件事后来还是让贺扬灵知道了,使他直摇头叹气。

1948年11月,杭州当代出版社印出《贺扬灵先生纪念册》(当时我作为一个中共地下党员任《当代晚报》总编辑,开展秘密宣传和策反活动),这本纪念册由陈立夫作序,我阅后做了一些笔记。陈立夫对贺扬灵的评价是"党失斗士,国丧良才"。他写道:"贺培心行略,历处政治尖端,一时毁誉交集,唯无论为敌为友,率皆重其人。……余心之悼,岂仅僚谊而已哉!"

陈立夫的所谓"毁誉交集",指的是国民党内部各派系对贺扬灵的非议:1945年新四军在长兴建立苏浙军区,纵横天目南北,国民党正规军及地方团队七八万人败于新四军二万人之手,使军方恼羞成怒,对贺扬灵过去使用、纵容共产党人大肆攻击。1945 年 9 月 3 日贺扬灵作为浙江省政府行辕主任到富阳县新乡宋殿村（后改受降村）参加驻杭日军受降仪式后，这位抗战时期的"有功之臣"，期待的是出任杭州市长，但结果落空，出任杭州市长的是蒋宋美龄的留美同学周象贤。贺扬灵在杭州赋闲达半年多，依靠政治后台 CC 派的陈立夫，才去南京就任国民党中央组织部第五处处长之职。这个结局，是他自己没有预料的。

我要写的是抗日战争时期天目钱塘真实而又复杂的故事，我不知道自己能否掌握它。活着，以跨九之年爬我的格子……

我将摇摇晃晃地走向东南抗日前哨天目山，永远巍然屹立的"大树王国"天目山！

上部：不屈的杭嘉湖

一

"八一三"淞沪抗战爆发前夕——1937年3月1日,杭州《东南日报》和吴兴县《湖州日报》,同一天在社会新闻版刊登一则引人注目的新闻,标题是:"郎玉麟监守自盗疑案省高等法院终审宣告无罪"。就在这天下午两点多钟,湖州轮船码头上人流涌动,聚集着众多的欢迎人群,大多是来自西乡、东乡的蚕桑合作社、蚕桑指导站,还有众多的乡村教师和学生,人人都在向靠岸的小轮船仰望,鞭炮噼里啪啦响起来了,眼看码头甲板上走来一对青年男女,男的穿一身中山装,女的身材苗条。男的是吴兴蚕桑合作联社带头人、吴兴潘店模范小学校长郎玉麟,女的是他的妻子小学教师陈文霞。郎玉麟27岁年纪,小个子,文绉绉的,满面笑容,不时向欢迎者挥手致意,与前面的人一一握手,周围掌声一片。郎玉麟平日为人谦和,乐于助人,各方面人际关系都不错。今天他清清白白归来,人们对他的口碑就更好了。有几位地方头面人物把郎玉麟夫妇接到一个安静处所,安排晚上宴会为他压惊,留他在湖州城里宿一宵,明天再送他坐航班回西乡潘店家。而郎玉麟自己心里却很惭愧,悔恨自己怎么会糊涂到那种地步,俗话"羊肉没吃到,惹得一身膻",使自己翻了一个大筋斗,太愚蠢了!

郎玉麟这个人和他的这番官司是怎么一回事呢?郎玉麟家有7个兄弟。父亲手里有20多亩田,旧时算得上是富农之家,但兄弟分家后就成为自耕农了。郎玉麟排行老六,七兄弟中数他最聪明,高小毕业时得到老师赏识,老师敦促他父亲让儿子继续升学,他果然顺利考上了著名乡村教育家陶行知创立的南京晓庄师范,三年考试成绩均为第一名,按规定留母校任教一年后提升为母校农村部主任。郎玉麟心怀故乡,21岁时将农村部从外地搬到吴兴潘店,由此这个晓庄师范的农村部成为一所省办的重点小学,经费也由省里拨款,省里要求把潘店模范小学办成湖属6个县的辅导中心。此前郎玉麟已读到陶行知先生在《申报》副刊上连载的《古庙敲钟录》,故事讲一个小学教师怎样利用学校来改造农村改造社会,跟他在师范学校时认知的"社会即学校,生活即教育"的陶行知新教育思想是一致的,这更坚定了他的信仰。从1931年开始,他办的学校从儿童教育到成人教育,逐步发展为农村互助。

吴兴农村主要副业是蚕桑,过去的蚕种都是当地的土种,产量、质量都不高。郎玉麟欲帮助农民增加收入,找到县里的蚕桑指导所,请蚕桑技术人员下乡,将养蚕技术与成人教育结合起来,推广改良蚕种,用新法养蚕。过去只有春蚕、夏蚕,不养秋蚕,其实秋天的桑叶最好。通过宣传推广,农民一年养蚕五六次,其中秋蚕就有二三次。开始时要农民改变养蚕习惯不容易,每张蚕种 1 元钱,郎玉麟向县里借 500 元买 500 张改良蚕种,农民怕养不好不愿买,郎玉麟决定把蚕种送到养蚕户手里,对他们说养好了给钱,养不好不收钱,同时在蚕桑指导所支持下,派技术员到养改良蚕种的农户家,帮助他们搞好蚕具消毒,又帮助他们办幼蚕共育,用这种方法,各户试养获得成功,蚕茧质量好,价格提升,农户得到实惠。经过宣传指导,农民养秋蚕后收入成倍增加,群众高兴了,养蚕新法得到全面推广。第二年成立蚕桑合作社,第三年潘店村周围蚕桑合作社发展到 40 多个,又组成了蚕桑合作联社,郎玉麟既是模范中心小学校长,又被推选为蚕桑联社的负责人。那时农村的高利贷很厉害,所谓"借五还六",就是青黄不接时借 5 元,几个月或半年后就要还 6 元;有一种叫"青稻债",稻子收割前挨饿者借债,借了一担要还一担五或两担,这个剥削是很厉害的。郎玉麟为了减轻贫苦农民所受的剥削,找到了上海商业储蓄银行的农贷部,认识了农贷部主任严敬恒。严敬恒也是农村出身,对郎玉麟的工作能力很欣赏,潘店搞蚕桑合作社、办粮食储押仓库、发放低息贷款都是靠他的鼎力支持。当时银行办理贷款要有保人,这个保人难找,湖州中学校长周翔表示愿意担保,但当时有规定公职人员不能做担保人,后来通过一位亲戚总算找到一个店主出面,担保问题才算解决。

郎玉麟根据晓庄师范农村部的办学要求,办儿童教育的同时,大办成人教育,大办蚕桑合作社,得到吴兴县长陈公侠的支持和帮助。这位县长很注重乡村教育,在省教育厅视察官员前对郎玉麟的成绩和工作能力大加赞赏,郎玉麟因此得到省教育厅的嘉奖,潘店模范中心小学得到一笔奖金,随后又增设戚家村、塘口村两个分部。1936 年暑假,省教育厅举办全省暑假小学教师集训班,邀请郎玉麟去讲"农村学校兼办社会教育"这么一个专题。那时浙江 11 个学府,杭、嘉、湖下 3 府,温、台、宁、绍、金、衢、严、处上 8 府,每个学府都开办暑假训练班,请郎玉麟到每个学府讲 4 小时课,还发给他讲课费。这时的郎玉麟既是农村部主任、校长,又是蚕桑合作联社社长、小学教师联谊会会长,变成一个社会红人了。

自从 20 岁兄弟分家,他就没有什么家庭负担。每月工资 30 元,后增加到 50 元,一个月的伙食费包月只要五六元。24 岁结婚,妻子陈文霞是个 25 岁的小学教师,育有一个孩子,家庭开支绰绰有余。

俗语云："天有不测风云，人有旦夕祸福。"信或不信，悉听尊便。不幸的是，这句俗谚在郎玉麟身上得到了应验。

事出有因。在事业顺利发展的情况下，郎玉麟意气风发，摊子越铺越大，经济管理上也失去控制，到1936年夏秋间，他发现自己陷入一个极其窘迫的境地！怎么回事？他办了40多个蚕桑合作社，又组织了联合社，造了四五十间合作烘茧房，蚕种推广10万张，粮食储押贷款有七八万，结果是他手上掌管的财政收支失去控制，初步核算，亏损达8000多元之巨。亏损原因不是合作联社经营本身，而是没有一套完善的管理制度，收支管理混乱。什么理事、监事、会计都有名无实。此时，郎玉麟事业顺利，要风得风，要雨得雨，重名轻财，不计利害，认为只要不图私利，各部门几乎有求必应，因此办公费用大量超支，有的甚至有借无还，图章放在社长办公室不锁的抽屉里，哪个部门要钱就随意盖章。发现账面负债后，开始是拆东墙补西缺，还可以勉强度过，到最后这个债务集中到农民的蚕种预订金上。什么叫蚕种预订金？就是农民向合作社预付蚕种费八成，蚕种到时发给农民再收二成，合作联社必须用现金去县里买改良蚕种，但是一旦出现亏空就拿不出买蚕种的现金，无法向县里蚕种场买到蚕种，就无法向农民交代。在这种情况下，郎玉麟急得昏了头，竟然想出了一个"绝法"：他想合作联社向保险公司买了财产保险，可以谎报土匪抢劫，谎称多少多少现金放在家里被抢走，让保险公司赔偿。最终，他用的是"掩耳盗铃"法：声称一个夜里，土匪破窗而入，室内的现金8000余元全部被抢走，他持枪追出去向土匪射击，土匪还击，他的肩部中弹受伤，土匪逃走了！报案后，县警察局侦缉队开始侦查，从他肩上的伤口看出破绽：伤口是近距离射击造成的。侦察员同他对质，肯定是他本人自己开的枪。这个结论，使郎玉麟不但骗不到保险公司的赔偿，反而被警察局侦辑队判定为"监守自盗"，因为他平日廉洁奉公，为人正派，从来没有嫖赌吃喝之事，蚕桑合作联社聘请律师为他辩护，派几位理监事代表到法庭证明合作联社亏损是经营管理不善的结果，郎玉麟绝对没有中饱私囊，要求否定对他"监守自盗"的指控，他是无罪的。与此同时，40多个蚕桑合作社负责人共同筹款，填补了亏损的8000多元蚕农预付款。省高等法院根据调查结果，终于认定郎玉麟制造土匪抢劫案是一时糊涂，否定对他"监守自盗"的指控，法庭上正式宣告郎玉麟无罪。

遗憾的是，在四个月的候审期间，原来的"乡村教育派"吴兴县县长陈公侠已经调离，时任领导不知出于何种心态，县教育局已宣布解除郎玉麟的潘店模范中心小学校长职务。这样，当他回到潘店村家中，一个名噪一时的陶行知先生"活教育"思想的践行者，已经变成一个乡村失业者。

他的妻子陈文霞最是想不通,丈夫六年辛劳,被袖手旁观的小官僚一笔抹杀,越想越难过,竟独自坐在一旁嘤嘤啜泣。郎玉麟心里是憋着一股气,但没有一丝悲伤,他觉得自己受到挫折,失败了,为什么会失败?因为自己的确太幼稚、太愚蠢,这是败在自己手里。悔恨没有用,埋怨那些小官僚更没用,一边想着,他温柔地对妻子说:"不要哭,是我对不起你,你不要为我感到委屈。我这次出事情,有这么多人站出来为我说话,为我讨回公道,我已经心满意足了。你把泪水抹干吧,我们的路还很长,要有勇气继续往前走。文霞,我知道你是相信我、支持我的,我们俩要成为永不分离的战友。文霞你擦干眼泪,对我笑一笑吧!"

陈文霞抬起头,嫣然一笑。郎玉麟紧紧地把她揽入怀中。

陈文霞,湖州城关人,简易师范毕业生,是潘店中心小学戚家村分部低年级教师。她对郎玉麟的事业精神非常钦佩,结婚两年来对丈夫更了解、更信任,也更依恋了,问题是她的思想很单纯,从来没有想过人生会有什么风浪,特别是一年多以前孩子出生后,她只想平平稳稳过日子。突然发生郎玉麟"监守自盗"事件,使她心急如焚,只好让湖州城里的妈妈把孩子抱走,自己到处奔走。她根本想不到历史与命运对自己丈夫的考验才刚刚开始。

人是有思想的,郎玉麟就不是一个安于一隅的人,他对乡村教育、乡土发展事业尽心尽力,同时关心着当时政治形势的发展。他有一个小学同学史致华在上海,有时见面也谈论一些时事问题,主要是"西安事变"、蒋介石"攘外必先安内"的反共政策,等等。此时全国联合抗日的形势正迅速发展,郎玉麟的思想早已抛开个人遭受的挫折,从潘店飞翔出去了。

"文霞,我想去上海找贵诵芬谈谈,希望他能帮助我,解决思想上的问题。"

"你去吧,这样可以开阔眼界。"

郎玉麟到上海吴淞镇找到贵诵芬,本来不知道贵诵芬在上海做什么工作,见面后才明白他在这里是邮政代办所的负责人。他们有近半年没联系了,贵诵芬一点不知道郎玉麟翻了一个大筋斗。作为知心朋友,郎玉麟把那场"监守自盗"的官司前前后后说了一遍,感叹自己辛辛苦苦干了六年,今天才总算明白"教育救国"是行不通的,眼看全国抗日情绪逐日高涨,自己却躲在家里失业,真不知如何是好。最后他对贵诵芬说:"诵芬,你平时寄来一些进步书刊,我都是看了的,我现在觉得,中国当前最大的问题是抗日还是投降,日本帝国主义磨刀霍霍,抗日战争是不可避免的,我们个人只有参加抗战才有出路。"

"玉麟,你说得对。你准备怎么行动呢?"

"不瞒你说,我同情中国共产党团结抗日的主张,我希望找到共产党。我来上海找你,就是要同你商量。"

"同我商量,你以为我是共产党吗?"贵诵芬笑了。这个贵诵芬够老到的,谁能知道中国邮办所的职员正是中共上海吴淞区的区委书记。

"你可能有共产党方面的朋友吧?我想。"郎玉麟说。

贵诵芬沉默了一下,回答:"你在湖州,应该向浙江方面找。这样吧,我的妹妹贵畹兰你见到过的,她在杭州浙江大学读书,今年念三年级,我给你写一封信,你去杭州找她。这样比较稳妥。"

郎玉麟谨慎地把贵诵芬给妹妹的信藏入夹衣口袋,匆匆坐火车回杭州,在大学路的浙江大学文学院,顺利见到贵畹兰。哥哥的信说得很明白,这个郎玉麟也是她认识并且了解的。这时正是春四月,杭州白堤苏堤桃红柳绿,吸引大量游人。贵畹兰对郎玉麟说:"郎大哥,这样吧,你既然到了杭州,如果回湖州去再出来,耽搁时间,我的意见是你今晚在杭州找个旅馆住下,明天白天你自己到处看看,我这里跟几位进步同学约定,明天晚上7点钟我们准时在平湖秋月相会,我预先租好一条游船,大家在船上讨论问题。这样安排可不可以?"

郎玉麟不假思索地回答:"当然可以呀!你这样安排好极啦!"

这天晚上,睡在一家小旅馆的郎玉麟想,贵畹兰约定明晚一批进步同学游西湖,真是一个好机会,说不定他们就是共产党员。郎玉麟越想越高兴,原有的那种惴惴不安的心情完全消失。明天白天自己去哪里玩呢?西湖十景都到过,不如去登山,听说吴山、玉皇山很有气势,那就先上吴山,再登玉皇山吧。这样想着想着便很快进入梦乡。

第二天,从南山路到清波门,他一路询问,总算找到一条斜坡向上的石铺路,然后登上石级,果然到达宁静清幽的吴山。他读历史知道南宋王朝曾在杭州建都,吴山是当年宫廷所在,不过他无意考证,最叫他心仪的是巨干并立、绿叶森森的宋代香樟树,这些古树太令人肃然起敬了,他联想到游览天目山时见过的"大树王",像仪仗队一般排列的柳杉、银杏、香樟树,心情为之一振。走着走着,转转折折便到了吴山顶峰,只见面向东南的一座亭台,上有"观海楼"三字,举目远眺,钱塘江遥遥在望。"楼观沧海日,门对浙江潮"——他脑海里一下子跳出了这千古名句。浩浩荡荡的钱塘江向杭州湾奔流入海,他是杭州湾北岸富饶美丽的杭嘉湖平原的儿子。

从吴山顶峰往回走,郎玉麟找不到通向玉皇山的路,遇见路人就问,还是得不到明确的指引,幸而碰上一个老樵夫告诉他,穿过吴山左侧山边一条小路,到达一个山口,就可以看到上玉皇山的主道。幸而他出门时身上带有烧饼和凉水,上山的路也不难走,山高约二百多米,一个小时就爬到顶了。玉皇山位于西湖南侧,凌空巍峨而立,山顶云雾缭绕。郎玉麟是生长在水乡的人,见过太湖的浩渺烟波,今天站立在玉皇山巅的登云阁上,向北俯瞰西湖美景,向南极目钱塘江及江岸景物,白云飞渡,江天浩瀚,湖山多姿,他目光前瞻山脚下的八卦田感到神秘,后顾西湖北边保俶山上尖尖的保俶塔感到奇特。他被杭州的人文与自然景观完全迷住了,真是不虚此行。忽又想到晚上将与浙大同学一叶扁舟、敞开胸怀乃是何等乐事,他禁不住放声高歌:"起来/不愿做奴隶的人们/把我们的血肉/筑成我们新的长城/中华民族/到了/最危险的时候……"山上有几个外地游人对他竖起大拇指:"小伙子,好样的!"

下得山来,他一点不觉得疲累。太阳西斜,不到六点钟,他已经出现在西湖白堤上。贵畹兰约定的时间是七点整在平湖秋月上船,还早着呢。

郎玉麟虽然是著名的晓庄师范毕业生,在社会上又有多年工作历练,但今天要见面的都是大学生,他的情绪多少有点紧张。贵畹兰和她的几位同学先后准时来到,游船的船娘早已等在那里。上船以前,贵畹兰把郎玉麟逐个介绍给同学们。郎玉麟挺认真,他手上有个小本子,每介绍一位他就记下来姓名:黄继武、毕平非、郑光华、吴知茵、张美英。关于郎玉麟的主要情况,贵畹兰在事前已经向同学们作过说明,知道他是值得信任的。

他们一个个上船,大家分别落座,一共是7个人,船娘为了使船受力均匀,对座位作了调整。船娘熟练地划桨,游船离岸而去。贵畹兰早就告知船娘,不必上湖上三岛的景点,在湖上飘荡就可以了。

夜游西湖,对郎玉麟来说是生平第一遭。这个晚上的月亮很好,大家的兴致就更高。在贵畹兰主导下,先由郎玉麟谈自己的生活经历,他把在上海同贵诵芬讲的那一切都讲了,吐露了内心的追求。大学生们对乡村生活的实际了解很少,听起来很受感动。接下来话题便转到当前国内形势发展上去,国民党政府怎么样,抗日战争会不会爆发,共产党呼吁团结抗日和抗日统一战线政策,等等。黄继武、毕平非最能讲,其他几位同学也能言善辩。贵畹兰轻声地对郎玉麟说:"你希望找到共产党,我们也有这个希望,但是谁是共产党,不会写在脸上的。不过我可以告诉你,我们学校里有一个由共产党领导的民族解放先锋队,我们是这个先锋队的成员,你要找共产党,可以参加中华民族解放先锋队,我做你的介绍人。"郎玉麟明白了,他不假思索,立刻表示愿意参加,船上的同学们不约而同热烈鼓掌。贵畹兰又在郎玉麟耳边悄悄地说:"从现在起,你就是我们浙江大学中华民族解放先锋队的成员。"郎玉麟兴奋地站起来对大家说:"同志们!谢谢!"

贵畹兰又说:"从目前的形势发展看来,抗日战争是不可避免的,为了共同抗日，目前国民党和共产党正在酝酿合作，你作为'民先'队员，要密切关心形势变化，我们在大学里有集体活动，你在地方上一个人就不同了，要保密，要保持清醒，要有革命警惕性。必要时，我会同你联系的。"

热烈的西湖月夜是郎玉麟思想上、政治上真正的启蒙之夜。

回到吴兴潘店时，郎玉麟好像精神上换了一个人。他对妻子陈文霞说："我的心亮了，从上海到杭州，短短几天，我找到了自己的路。"陈文霞问他是什么路，他回答："相信我，你跟我走，我们一起走到底。"

郎玉麟在职时用 120 元买了一部高档收音机，但按财政规定不能报销，只好掏腰包自用。5 月 1 日政治形势迅速变化，他每天深夜听广播知道的时事越来越多。他听到陕北新华社报道：5 月 29 日国民党中央考察团访问延安，延安城头高悬的横幅大标语是"和平统一""团结御侮"，毛泽东在欢迎国民党中央考察团晚会上致辞说："十年内战已成过去，国共两党团结已进入新的历史阶段！"

7 月 7 日夜，北平西南约 15 公里的宛平县境内卢沟桥地区突然出现紧张气氛，正在那里进行军事演习的日军，声称一名日本兵失踪，强行进入宛平城内搜索，我二十九军驻军严词拒绝，两军发生冲突。当夜凌晨时分，日本侵略军即向卢沟桥发动进攻，吉星文团官兵在七七事变中，写下了这个军队英勇杀敌的第一页。

7 月 8 日，中共中央军委主席毛泽东、红军总司令朱德致电蒋介石："进行全国总动员，愿在蒋委员长领导之下，为国效命，与敌周旋，以达保土卫国之目的。"

江西庐山上有一座"美庐"，是蒋介石、宋美龄的避暑之地。7 月 13 日，周恩来率领中共代表团到庐山，但是没有公开露面，国民党正在邀集高官名流231 人召开一个所谓"庐山谈话会"，7 月 17 日蒋介石发表名为"庐山谈话"的演说。其中有当时几乎家喻户晓的几句话："如果战端一开，那就地无分南北，人无分老幼，无论何人皆有守土抗战之责任，皆应抱定牺牲一切之决心。"人们普遍认为这是蒋介石当年影响最大的一次政策宣示。按照常理，在紧急动员的背景下，庐山的国共谈判应该能顺利进行，但出乎意料，新一轮谈判，蒋介石仍然顽固不化，中共代表团进行针锋相对的斗争，双方互不相让，17 日开始的谈判 3 天后即告终止。

当时，华北战争吃紧，日本侵略军大量增兵，7 月 28 日古都北平沦陷，30日天津失守，蒋介石急了，他急电中共中央，答应按照第一次谈判给红军三个师的编制，番号：一一五师、一二〇师、一二九师。同意朱德为总指挥，彭德怀为副总指挥。8月9日,周恩来、朱德、叶剑英抵达南京,应邀参加了国民党政府召开的第一次最高国防会议。"八一三"淞沪大战爆发后,国共双方达成红军改编为国民革命军第八路军,主要向华北地区开辟敌后战场。同时,双方同意对南方地区大量分散活动的红军游击队,也在1937年底前全部集结收编,建成国民革命军新四军,蒋介石抢先任命长期流亡海外的北伐名将叶挺为军长,正是周恩来所属意的人,共产党方面以政治局常委项英为副军长兼政委,军部驻地为皖南泾县云岭。八路军、新四军都摘下红星帽徽改为国军帽徽,国民党政府军政部负责军需供给。这是两党团结御侮的实际行动。蒋介石明确宣布:"敌之最高战略为速战速决,而我之最高战略为持久消耗",必须"举全国力量从事持久消耗以争取最后胜利"。

依靠身边的高档收音机,夜间收听短波,郎玉麟感觉自己作为中华民族解放先锋队成员,已汇入抗日战争的伟大洪流。从七月到八月,日本侵略者不断向上海增兵,淞沪大战有一触即发之势,我方已调集中央军主力及地方军,以张治中将军为前敌总指挥,蒋介石亲临前线部署。日寇扬言"十天占领上海,三个月灭亡中国"。8月13日,虹口八字桥中日前哨部队相遇,日方打响第一枪,日本海军陆战队由天通庵路和横浜桥方向冲入宝山路我军防区,黄浦江上的日本军舰同时炮轰,闸北打起来了,淞沪大会战揭幕。8月14日,我军强力反击,在杨树浦至闸北、虹口公园一带将进犯日军压缩至虹口日本海军陆战队司令部一线。与此同时,我军在淞沪公路、罗店、江湾、庙行、蕴藻浜等地,与日寇殊死搏斗,充分显示"一寸山河一寸血"的气势。中国空军也出奇制胜,我第四驱逐机大队长高志航,在杭州笕桥机场上空击落敌机6架,出动轰炸机大队轰炸虹口日本海军陆战队司令部、兵营及江边码头,炸伤日海军十多艘军舰。其中沈崇海、陈锡纯驾机猛撞日海军旗舰"出云"号,表现捐躯卫国的伟大精神。当天下午,我空军驱逐机大队又与来自台湾的13架日寇重型轰炸机相遇,被我军击落5架。特别是8月15日南京、上海、杭州上空的大规模空战,日寇出动机群60余架,我空军大显神威以少胜多,击落敌机17架之多;8月16日,我第三、四、五驱逐机大队又从碧空击落敌机8架。短短3天,日本侵华航空兵司令部噩梦连连,他们绝对想不到中国空军竟如此神勇,使日寇侵华航空联队长板津羞愧难当,以自己的军刀切腹自杀向天皇谢罪。我空军勇士高志航、阎海文、沈崇海、陈锡纯等为国牺牲永垂不朽!

正当郎玉麟废寝忘食密切关注淞沪前线战况时,他忽然收到杭州寄来的一封信,拆开一看是贵畹兰写来的,仅仅几句话:"浙江大学奉命即日内迁,暂时无法联系。你应牢记我们的谈话,坚定不移,迎接抗日高潮。"他心里对吴淞的贵诵芬也很牵挂，实际上上海的中共地下组织在形势紧张时已组织力量，办起难民收容所，贵诵芬早被抽调到租界上工作。郎玉麟心里着急，浙江大学内迁，他跟"民先"组织断了联系，怎么办呢？

郎玉麟的妻子陈文霞，看到丈夫为收听上海抗日前线消息废寝忘食，好像人也瘦了，有一天这样问："如果我们的军队顶不住，日本军队打过来，我们怎么办呢？"陈文霞还在当小学教师，他们3岁的孩子还在湖州城的外婆家里。

"古语说'毁家纾难'，我是不甘心当亡国奴的！"郎玉麟回答。

"你要去当兵上前线吗？"

"我想过了，我是中华民族解放先锋队队员，要按照"民先"队员的要求积极行动。"

"这是你自己空想，浙江大学都搬走了，你到哪里找人呀？"

郎玉麟语塞。

<h1 style="text-align:center">二</h1>

淞沪前线的消息越来越紧张，到8月下旬，我军集中力量继续围攻盘踞虹口海军陆战队司令部、杨树浦等日军据点，但我军装备低劣，面对敌人的钢筋混凝土工事，难以取得进展，伤亡惨重。8月23日拂晓，日军增援部队在海空火力掩护下反扑，战况对我不利，我宝山、罗店、蕴藻浜阵地争夺扑杀战反复得而复失。至9月中下旬，在大量日军登陆增援的情况下，我部队减员严重，不得不实施防御作战。淞沪会战打了一个多月，日军虽有装备和武器优势，却未能取得多少进展。到9月底，日寇受到最大杀伤，进展受阻，日本统帅部紧急抽调华北三个师团及台湾旅团、伪靖安军若干旅投入进攻。此时日方海陆空军总数达30万，我方连续投入总兵力75个师共70余万人。10月1日以后，鏖战再起，日军企图从侧翼突入包围我军的企图无法实现，改变分割包围战术为中央突破战术，集中兵力猛攻蕴藻浜一线，分南北两路强渡蕴藻浜，向大场、南翔进攻，以切断大场至江湾守军与外界的联系。从10月5日起守军6个师及税警团轮番上阵昼夜浴血奋战，直到15日蕴藻浜一防线被突破，庙行、大场位置突出，日敌调集各种火炮、飞机集中轰炸，又以40多辆坦克为前导，掩护步兵夺取外围阵地。守军为保存实力，不得不忍痛后退向南翼转移，大场弃守后全线撼动，我军侧翼受到极大威胁，战区指挥部只得做出放弃北站至江湾阵

地。部队向苏州河南转移,左南翼军相继退守,战区指挥部重新部署第二期防御阵地,从浏河到北新泾、梵王渡一路,新防线长达35公里。苏州河北岸,则有八十八师孙元良部五二四团副团长谢晋元主力营400余人(号称800人)据守闸北四行仓库,这就是后来流芳百世的上海"八百壮士"。

淞沪大血战80天,日本侵略者面对中国抗日战士的顽强大出意料,什么"十天占领上海,三个月灭亡中国",早已成为笑柄。但是狡猾的日本鬼子并没有放弃"速战速决"的意图,在我军不惜牺牲坚强抵抗之下,为破解困局,从空军侦查中发现杭州湾北岸中国军力空虚,只见壮丁民工挖壕沟、筑工事,驻军人数极少,同时又派出汉奸密探到平湖、金山交界处刺探虚实,绘制了海岸地形图,随即在杭州湾北岸闪电登陆。11月5日凌晨,第四舰队的30多艘炮舰突然向北岸猛烈炮轰,首批3万余人在金山卫、全公亭、漕泾、金丝娘桥一线登陆,前后登陆人数达10万之众。可悲的是杭州湾北岸数十公里长的海岸线上,仅有我军六十二师的两个步兵连、炮兵连防守。当时海月庵守军一个连合力反击,连长用机枪猛扫,杀伤大量敌人,直到枪筒发热爆炸,全连只剩20余人才被迫后撤。在金丝娘桥,正在海防哨值班的10多名乡公所人员发现来敌立即开枪抵抗,全体为国捐躯。在海天寺,炮兵营三连孤军抗敌,遭日寇炮舰轰击,壮烈殉国。如今,平湖市白沙湾建有"侵华日军登陆处"碑亭,这个碑亭昭示后世:毋忘国耻! 富国强军! 保卫海疆!

在杭州湾北岸登陆的日军,以迅雷不及掩耳之势,对淞沪前线我数十万大军迂回包抄。此时蒋介石的最高指挥部如梦方醒,11月8日晚仓皇下令全线后撤,指挥濒于失控。大撤退成了大溃败,11月12日大上海落入敌手。保卫大上海之战,我军伤亡20余万人,杀伤日敌4万余人。我淞沪战斗部队西撤南京一线,北撤浙皖边境一线。从11月8日至14日,沪杭线上的嘉善阻击战,七昼夜的血与火,为保证大军转移争得了时间,嘉善七天七夜的阻击战,是杭(州)嘉(兴)湖(州)八年抗战的伟大开篇。如同四脚野兽的日本鬼子一路疯狂烧杀,奸淫掳掠,杭嘉湖水乡21县市霎时间陷于水深火热之中……

有必要对悲壮的嘉善阻击战加以记述,这是杭嘉湖人民世代永恒的记忆。当时后撤大军指挥部下达的阻击任务是坚持三天三夜,结果一二八师师长顾家齐部坚守七天七夜,创造可歌可泣的奇迹。11月8日,配有重炮骑兵的日军5000余人入侵枫泾,我守军力量悬殊,连连受挫,伤亡惨重,被迫退至南星桥,顾家齐增援部队10日从宁波赶到,在近战中力压顽敌,在狂轰滥炸中,日敌骑兵、步兵轮番向我阵地冲锋,双方展开肉搏,敌势受阻,我南星桥第一线阵地依然屹立。战斗至12日早晨,日敌以汽艇运载兵力,从外围包抄我军,顾家齐师直属部队特务连、工兵连、辎重连全部投入战斗，至晚将顽敌击退。13日晨，敌猛扑城北一二八师司令部，反复血战，我军腹背受敌，伤亡惨重，仍坚守阵地。至14日凌晨，日敌以飞机轰炸配合，步炮兵联合全线猛攻，10时左右我军两个团陷入重围，敌我短兵相接，伤亡惨重，我司令部的五百战士在顾家齐师长率领下掩护汽车站一线部队后撤，战斗到晚上7时顾师长率余部撤到七星桥，嘉善县城陷入敌手。前后七昼夜的阻击战，一二八师伤亡2980余名，占全师官兵四分之一。史家指出，七昼夜的阻击不仅表现了我军顽强的抗敌意志和牺牲精神，它同嘉善地区的防御工事也有密切关系。民间人士证实，顾家齐师长非常重视利用防御工事，他在乱石草丛中勘察，用铁锤砸开锈蚀门锁。这些防御工事构筑于多年前黄绍竑第一次任浙江省主席期间，由德国军工专家设计，经过两年多构筑而成。从杭州湾北岸的平湖乍浦延伸至嘉善、嘉兴一线近一百里，号称"中国的马其诺防线"。也许可以说，如果最高指挥部有战略眼光，在此布置重兵，日本鬼子再鬼，他们爬上岸来也未必能长驱直入。有一个国防工程处的工程技术人员，叫罗传英，在战争形势紧张时，他还在为工程收尾事务奔忙着，却在敌机滥炸时牺牲了。当年负责人工程处处长杨树松，听到防御工事放弃不守时痛哭失声，他说："我们在国防工地上两年多呀，太阳底下皮也晒脱了几层，这样好的防御工事发挥不了作用，真正对不起国家，对不起老百姓呀！"

嘉善在淞沪"八一三"大血战中，作为掩护大转移阻击战要隘，这实际上是八年抗战中浴血杭（州）嘉（兴）湖（州）的第一页。

日寇登陆杭州湾金山卫、全公亭的消息，在郎玉麟心中像落下一颗炸弹，他连续几天往湖州城里跑，打听消息，知道大军正在后撤，日寇在嘉善受阻击，战况十分激烈，驻防湖州的部队已命令地方政府动员民众构筑工事、堵塞河道、破坏道路桥梁。他找到县蚕桑指导所的负责人鲍自兴，他们是至交，从鲍自兴那里得知，淞沪前线向嘉兴、湖州浙皖边境的部队，有抗日名将张发奎的第八集团军，有桂系廖磊为总司令的第二十一集团军，还有湘军以陶广为军长的第二十八军。鲍自兴是余杭人，毕业于蚕桑农校，他正准备偕同湖州未婚妻回余杭老家。鲍自兴也是一个有强烈抗日爱国思想的人，也有走向革命道路的曲折经历。

嘉善经过七昼夜血战后终于弃守后三天，装备精良的日寇更为嚣张，嘉兴城已处于三面包围之中，我后撤部队沿沪杭铁路线、苏嘉公路与日敌先头部队边打边退，至11月19日日寇入侵嘉兴城，发生激烈巷战，日敌先锋队手持大刀，见人就杀，街头暴尸遍地。1938年底，日军在嘉兴菱塘桥畔建有"皇军在嘉兴战役中阵亡将士纪念碑",下署:"昭和十三年冬,原田部队建立",可见我军当年歼敌甚众。嘉兴至吴兴名镇南浔咫尺之遥,我殿后部队严阵以待。南浔镇是工商繁荣、文物鼎盛之地,一旦日寇入侵,玉石俱焚,战火弥漫,下一个目标就是以丝绸名扬天下的湖州了!

三

如果生活中的某种偶然性,恰恰符合个人的愿望或政治追求,在强敌入侵的危亡时刻,在正义与邪恶的斗争中,足以让生命在黑暗中发出闪光。

郎玉麟意识到:国家兴亡,匹夫有责,为国捐躯的日子到了!

一天中午,他又到湖州城里探听消息,先到金婆弄八号看贵诵芬的妈妈,用意是了解贵诵芬兄妹二人的消息,贵妈妈说贵婉兰来信了,浙江大学搬到浙西南的山城龙泉,一切都好,只是上海的贵诵芬没有消息。郎玉麟到县政府去看看,各个科室都在忙着准备疏散。下午2点他来到码头上准备坐船回西乡潘店去,不意这时杭州来的班船靠岸,他一眼就看到一个穿长衫的人像贵诵芬,果然不错。郎玉麟马上放开喉咙大声喊:"诵芬!诵芬!贵诵芬!"穿长衫的人抬头望,连连挥手,表示他也看到了郎玉麟。真是巧极了呀!

码头上的巧遇,不仅是他们两人,贵诵芬同郎玉麟热烈握手,立刻转身向旁边的两位朋友说:"我来介绍,他就是我对你们说的郎玉麟同志!"后面穿长衫面色红润戴眼镜的高个子走近前来,笑眯眯文绉绉地用北方话说:"好呀,郎玉麟同志,我叫王文林,我们见面了。"紧紧地握手。再过来一个身穿旧军服,脸色微黑的彪形大汉,一口湖南口音:"郎玉麟同志,我叫彭林,当兵出身,是个大老粗,请多指教。"郎玉麟满脸惊喜,几乎说不出话,只觉得在他们面前,自己165厘米的身高太矮小了。郎玉麟是个聪明人,他隐约意识到,贵诵芬从上海带来两个人,同自己去上海找他时提的那个希望有关。

贵诵芬急切地问:"湖州情况怎样?"

郎玉麟答:"形势紧张极了,嘉兴沦陷,南浔不保,阻击部队破坏公路桥梁,堵塞河道,县里正在紧急疏散。"

贵诵芬不假思索地对王文林、彭林二人说:"敌人正扑向南浔,湖州危在旦夕。这样吧,我先回家看看母亲,你们二位现在就跟郎玉麟坐船去西乡潘店,我明天赶到。不能犹豫了!"

郎玉麟说："对，潘店的航班快开了，我们走吧！"又对贵诵芬补充一句："你妈妈在家很好，我去看过了，她正记挂着你呢。"

在船上，郎玉麟向二位来客介绍："杭嘉湖是个河港纵横的地方，从湖州码头沿西苕溪可以直通西乡我的家乡潘店，水路行程大概六七十里，潘店在西苕溪南面三里左右。向西是长兴县、安吉县地界。从杭州过来的京杭大运河，风光无限，你们二位已领略到了，今天走的西苕溪是向西的，还有南苕溪、东苕溪，都源自天目山、黄山山脉。"讲到杭嘉湖地方特色，郎玉麟更是滔滔不绝，什么"鱼米之乡""丝绸之府"，什么"人文荟萃""百业兴旺"这些词语都用上，他特别指出：重要的是它与经济发达的现代大都市——十里洋场的大上海相毗邻，聚集着巨大财富。从地方民性上说，杭嘉湖人过去习文、从商者多，从政、耕织者多，出入行伍者少，战前国民党湖州籍中央委员有 20 人之多，陈果夫、陈立夫的 CC 系举足轻重。嘉兴也有不少的商界、文化界著名人士，杭州就更不用说了。这样谈谈说说，马达声中前行的小轮船，黄昏时分就到达潘店，走到村里天色渐暗，正是晚饭时分。陈文霞见到他们很高兴，郎玉麟向她介绍二位来客的姓名，说是贵诵芬从上海带来的，诵芬明天也要过来。因为丈夫这些天急急往城里跑，外面兵荒马乱的，丈夫又带两个大男人回家，陈文霞想：看来战火越烧越近，安宁的日子快到头了。

郎玉麟心里有个疑问：沪杭线上的铁路交通早已中断，他们三人从上海到杭州是怎么来的？吃过晚饭后聊天，王文林对郎玉麟谈起他同贵诵芬的关系："'八一三'战事爆发后，贵诵芬在法租界的一个难民收容所工作，本来我们是不认识的，我到难民所去给难民讲课，后来就和他成为朋友了。我同彭林同志原来也是不相识的，都是为了参加抗日，为了开展敌后游击战，我们碰到一起了。原来决定去上海附近的青浦县，但由于战局变化去青浦的交通受阻，留在上海是不可能的，我们知道贵诵芬要回湖州，就同他商量，他对我们说家乡有一个抗日青年郎玉麟，向我们介绍了你这个人。我们觉得杭嘉湖地区很快要变成沦陷区，也就成了敌后游击区。贵诵芬同意带我们走，正准备动身，日本鬼子在杭州湾北岸大规模登陆，铁路交通也断了，怎么办？贵诵芬提出坐船到宁波，从宁波到杭州，多亏他动脑筋，我们见面了！"王文林就这样讲了二人的来历。

郎玉麟考虑到这几天他们旅途劳顿，应该早些休息，不便多谈，就把他们带到既宽畅又干净的蚕桑合作社烘茧房住宿。深秋夜晚渐有寒意，陈文霞送去两床丝棉被。一切等明天贵诵芬来时再作安排。

晚上，在房间里睡觉以前，陈文霞满腹狐疑地对郎玉麟说："我在客厅里进进出出，听到几句话。你们真的要打游击吗？"

郎玉麟半真不假地回答："你害怕了不是？我们连一支枪也没有，空手能打游击？要打游击，至少得组织一支游击队呀！"又说："你的耳朵真灵。记得吧，我去上海找贵诵芬，为什么？为的不就是要他帮助我找共产党吗？他让我找他妹妹畹兰，畹兰让我认识了浙江大学的进步同学，现在浙大迁走了，我正在发愁，想不到贵诵芬从上海带来两个人，这两个人一定是有来头的。明天贵诵芬来了，看他怎么说吧。你安心休息，不管怎么样，我不会瞒着你的。"

第二天用过早餐，郎玉麟带王文林、彭林在潘店村转悠。走进潘店模范中心小学，王文林大为赞叹，来自穷乡的彭林更是见所未见。他们虽然听贵诵芬说过郎玉麟原是著名教育家陶行知的信徒，是乡村教育派，却不知道他在这里投下多少汗水，取得过怎样的成功。他们看到宽畅的校舍，明亮整齐的教室，特别是在乡村学校少见的设计合理的体育场。郎玉麟不是一个喜欢吹嘘自己的人，面对他们的啧啧称赞，也就讲明这所小学属于南京晓庄师范农村部，省里定为湖属六县小学辅导中心，由省里教育厅拨款，自己去年暑假还被省里邀请到全省小学教师暑期辅导班去讲课，又兼办社会教育，为当地农户组织蚕桑合作社及联合社，帮助农民增加收入，只因事业发展大了，自己不懂经营管理，造成很大亏空，惹来一场冤枉官司，前后差不多搞了半年，在这期间，自己的校长职务也被县里那些官僚给解除了。这些事情，郎玉麟对贵诵芬详详细细讲过，王文林约略听说一些，现在听郎玉麟自己讲，让他更认定这位同志是值得信赖的。

在潘店村所到之处，无论老中青人人尊称郎玉麟为校长，村里几百户人家，无论走到哪里，都有人围着问长问短，主要是问日本鬼子打过来了，他们怎么办？郎玉麟总是回答说："日本鬼子要灭亡中国，我们不能做亡国奴。蒋委员长说，地无分南北，人无分老幼，都要为抗日出力，以后这里会有抗日游击队活动，你们要支持游击队袭击日本鬼子，向抗日游击队提供粮食，提供情报……"

王文林与彭林在潘店村得出的印象是：郎玉麟在地方上有良好的群众关系，开辟杭嘉湖敌后战场有良好的条件。王文林这个北方人，对在潘店村看到的白墙农舍印象特深，顶上盖的鱼鳞般的小瓦，黛黑色的，有些房顶中间开个方形玻璃窗，更是江南特色……

中午，他们到潘店小码头上等待贵诵芬，湖州的航班准时来到，陆续上岸的大多是疏散的县政府机关人员，其中有县长和家属，这位县长是陈公侠的后任，郎玉麟上前招呼，县长说："我们要去安吉梅溪，这班船是开长兴的，今晚我们就在这里歇一夜，明天早上另外有船来接，可以吗？"郎玉麟回答："没问题，这里的烘茧房可以住，又清爽又宽畅。"最后他们才看到贵诵芬慢悠悠地走上岸来。

郎玉麟回到家，让陈文霞赶紧搬回两条丝棉被，因为县长等人是带有铺盖的，把他们带到烘茧房去就可以了。吃饭问题乡保长去办。王文林对郎玉麟说："你要利用这个机会同县长接触，不能冷淡了他。以后有事我们还得靠他。"郎玉麟会意，陪县长去了。

这个晚上，郎玉麟把贵诵芬等三人安排住进小学校的图书室里。村野一片漆黑，万籁俱寂，心与心的融合，汇成青春生命的激流，涌向民族解放的时代洪流中去。

王文林对贵诵芬说："你把我们带到郎玉麟同志这里，我们接触仅仅两天，但对他已有不少了解，我完全相信，他在杭嘉湖开展敌后游击武装斗争是有条件的。"

贵诵芬点点头没有接话，却对郎玉麟说："你的感觉怎样？"

郎玉麟回答："你问我的感觉吗？从'八一三'抗战爆发，浙江大学迁校，同琬兰的联系断了，我天天收听前线战况，等到日本鬼子在我们杭州湾登陆，我就觉得大难临头，成了热锅上的蚂蚁，我真是叫天天不应，叫地地不灵，天天往湖州城里跑，向你妈妈打听你们的消息，哪里想得到当我完全绝望的时候，你们竟突然出现在面前，这不是像越剧《红楼梦》里贾宝玉唱的那句'天上掉下个林妹妹'吗？"

众人都笑了起来。

贵诵芬说："我们是抗日先锋队，可不是什么林妹妹。不过我们来找你，并非预定计划，是形势变化逼出来的。"

郎玉麟有点不解。

贵诵芬看看王文林二人，然后慎重地说："玉麟，你对当前国民党和共产党之间的关系还不是很清楚，我们行动之前，最重要的是要明确认清形势。"

"是呀，你知道我是很幼稚的。"郎玉麟不是谦虚，说的是真话。

这时，王文林移动一下，做了一个手势，说："我来谈几句，经过两天接触，我们对郎玉麟同志过去在乡村教育工作中的成就非常钦佩，他是从自己的社会实践中走过来的，是我们可以完全依赖的战友。我觉得刚才贵诵芬同志的意见很对，最重要的是认识发展中的形势，现在国共两党已建立抗日民族统一战线，中国共产党发布了《抗日救国十大纲领》，第八路军已改为第十八集团军，江南地区分散的游击队将组成新四军。原来的红军已戴上和国民党军队一样的帽徽,但实际上还是共产党独立的领导的军队。在抗日统一战线的新形势下,在隐蔽战线上,我们这些同志独立作战是一个新问题,要有正确的思想认识。"

王文林简略谈到的问题,正是郎玉麟知之甚少的。

其实,贵诵芬、王文林、彭林从上海到湖州,正是抗战初期国共合作形势下,中国共产党扩大影响力的一个侧面。在《浴火抗战志略》一书中有这样的记载:

中共要"山雀满天飞"。

1937年8月22—25日,在陕北洛川举行中共中央政治局扩大会议。据当事人傅钟后来回忆,毛泽东在他所作的报告中提出了令人耳目一新的观点,句曰:"山雀满天飞",毛泽东的意思是趁抗日之际,趁国共合作之际,把中共党员如山雀般撒出去,飞满天,飞向全中国……

"山雀满天飞"说起来通俗有趣,可是内含富有战略意义的思想玄机。

王文林是河北保定人,25岁,北京大学历史系学生,曾参加东北义勇军赵尚志部。"八一三"前夕,随"南下工作团"到上海,淞沪大战期间由上海局任命为青浦县委书记,因战局发生突变交通阻塞不能成行。当时中共上海局委派随王文林去青浦任县委军事部长的彭林,28岁,原名彭栋材,江西永新人,在井冈山红军长征途中是青年模范师师长。1937年9月,张爱萍在延安奉命带领军事干部若干人到上海,彭栋材是其中之一,从此改名彭林,为避免嫌疑,他把籍贯改为与江西永新相邻的湖南攸县,因为口音相近,攸县当兵的人也多,这样有利于在白区活动。王文林和彭林经过中共上海局的同意,跟随贵诵芬去湖州找到郎玉麟,看似是战乱中的偶遇,实际他们却是不为人知的"山雀满天飞"形象说法中的几只"山雀"。

在图书室的晚上,郎玉麟第一次看到中共中央的重要文件:《中国共产党抗日救国十大纲领——为动员一切力量争取抗战胜利而斗争》。他的思想向前跨了一大步。

他们开始谈论今后的行动计划,一致的看法是必须掌握武装。彭林说,现在日本鬼子正在追击国民党后撤部队,从嘉兴到湖州一路上都有激烈战斗,凡是部队后撤的路线和发生战斗的地方都可能是枪支遗弃较多的地方,我们在这里是捡不到的。郎玉麟说,我们潘店私人长短枪有五六支,动员他们支持我们建立游击队行吗?贵诵芬说,恐怕不行,现在外面很乱,人家要自卫的。王文林说,我觉得在掌握武装以前,重要的是宣传动员,我们是不是成立一个抗日宣传队，多做群众宣传工作？这个意见得到一致同意，他们准备第二天打出抗日宣传队的旗号，由王文林、贵诵芬在西乡各村展开广泛宣传。

第二天上午县长和县政府机关的人员到安吉梅溪去了，中午湖州航班上来了县立第一小学的老师温永之，他是在日敌从水陆空三路向湖州进攻的紧急情况下逃出来的。这个温永之在湖州也是个地方名人，同郎玉麟是"忘年之交"，他早在 20 世纪 30 年代初，就是上海左翼作家联盟成员，又是中共吴兴县委委员，在"左倾"机会主义路线下，组织农民暴动被捕，得到叔父温铁民保释，得以保全性命，后来做了小学教师。他有强烈的抗日思想，对年轻有为的郎玉麟很赞赏，郎玉麟对他也是尊敬的。紧急关头，他找到潘店来了。他带来的消息是：日本鬼子 5 月 19 日占领南浔后，22 日分水陆两路进攻湖州，水路日军分乘数十艘汽艇，先在荻港、和孚登陆，对逃难的平民竟以机枪扫射，陆军部队在飞机掩护下沿嘉湖公路入侵，旧馆镇全镇被烧，逃出来的人说，轧村齐家湾有对 15 岁的孪生姐妹，姐姐被日兽轮奸后抛入河中，妹妹被轮奸后气息奄奄。他逃出来时，湖州已在东南北三面包围之中，我阻击部队伤亡惨重，日军攻陷湖州城是明天的事……

温永之的到来，改变了大家在地方上开展抗日宣传的计划，郎玉麟明白日军攻陷湖州后必将进攻长兴，而西苕溪与长兴是相通的，他们不能继续留在潘店，必须避开敌人锋芒，向安吉梅溪撤退。王文林提出可以把抗日宣传队改称为"吴兴青年抗日流亡工作团"，到安吉后争取县长支持，组织抗日游击训练班，建立抗日游击队。大家同意这个想法，温永之、陈文霞、郎玉麟的学生徐锋、校工吴忠，还有蚕桑合作社的周少兰都参加了工作团。就这样，他们找来村民的一条摇船连夜向安吉梅溪进发了。

郎玉麟依靠过去的关系，先在梅溪小学找到歇宿的地方，然后去拜见县长王崇熙，向他汇报成立"吴兴青年抗日流亡工作团"，准备开展抗战宣传工作，并打算办一个抗日游击训练班，希望王县长多加指示和支持。也在流亡状态的王县长当然不能一口拒绝，当即表示："你们这个想法不错，只是办游击训练班需要教官，你们有吗？"郎玉麟说："有呀，有流亡的青年大学生，有当兵打过仗的，有文化教员。我们大家都有决心拿起枪杆子打回家乡去。"身为县长的王崇熙也感到自己守土有责，不管是不妥的，他说了一句："这样吧，我想同你们流亡工作团的人员见见面，怎么样？"郎玉麟回答："这样当然很好，下午我带过来。"

流亡的吴兴县政府临时办公室是在一座私家民宅大院里，郎玉麟带领一伙人进来，县长站起来热情欢迎，请大家一个个坐下。郎玉麟说："王县长，我们流亡工作团的同志都来了,请你训话。"王县长摇摇手:"不,不,不要说什么训话,我是要跟同志们见见面,大家认识一下,你们都是热血的抗日青年,很好很好,请一个个自我介绍吧!"

"好,我先来自我介绍……"

"你就不要自我介绍了,在吴兴谁还不认识你郎玉麟!"王县长笑了。

轮着坐的人是温永之,陈文霞,贵诵芬,王文林,彭林,周少兰,徐锋,吴忠。

王县长目光扫了一下,说:"温老师、陈老师我都认识,从下面这位开始吧!"

中等身材的贵诵芬站起来:"我叫贵诵芬,湖州城里人,我是郎玉麟的同学,原在上海邮政局做职员,'八一三'后做难民救济工作,敌人登陆杭州湾大军撤退,我因此返回湖州。"

文质彬彬的高个子王文林站起来,开口是北方口音:"我叫王文林,河北保定人,我是北京大学历史系学生,参加大学生南下工作团到上海做难民服务工作,同贵诵芬认识,敌人在杭州湾登陆,贵诵芬回湖州,我就跟他一起到湖州来,我愿意在杭嘉湖参加游击战……"

彭林站起来,一看就是个当兵出身的,一口湖南腔:"我叫彭林,28 岁,湖南攸县人,我原在湘军陶广部队,六十二师警卫连当班长,因伤掉队,在湖州遇到郎玉麟同志,我就跟他到了潘店……"

接下来的周少兰,说了他跟郎玉麟办蚕桑合作社的事;徐锋、吴忠都说,要跟郎校长拿起枪杆子打回老家去……

看来王县长听了还算满意,他又问:"你们的抗战训练班,打算怎样安排?"郎玉麟回答:"我们想过了,招生报名后,挑选 50 名学生,开设的课程一是对中国抗战必须有的认识及当前抗战形势,由王文林同志主讲;二是游击战术、各种武器知识,由彭林同志主讲;三是反奸防奸教育,由温永之老师主讲;四是乡土教育,由我主讲;五是文化课,由陈文霞负责;六是人员思想体能考核,由我负责。"

王县长问:"这个训练班要办多少时间?"

郎玉麟答:"大概三个星期就够了。"

王县长又问:"你们还有什么要求?"

郎玉麟答:"我想第一是办训练班的经费,要县长全额拨款;第二是训练班结束时成立吴兴抗日游击队,请县里想办法提供部分枪支,我们回西乡逐步谋求发展,成为县游击大队。还有训练班正式开学这天,请王县长亲临讲话。"

王县长想了一下,说:"可以,就这么办! 我让财务科解决经费问题,节省开支，实报实销。"

回到住处，王文林写出一份《吴兴县抗日游击训练班招生简章》，主任写为王崇熙。陈文霞写得一手好字，用毛笔大红纸书写三幅送给县长亲眼看后贴到大街上去。

贵诵芬觉得自己在这里不能久留，便同大家分手到浙东金华去了。只有王文林知道一个秘密：中共上海局决定派贵诵芬去浙西南山城云和县任地下县委书记。云和是浙江战时政治中心。

招生报名处在梅溪国民中心小学门口，来报名的有近百人，大部分是吴兴逃出来的青年农民，面试时要回答几个问题：你为什么要参加游击队？你知道游击队是怎么活动的吗？游击队的艰苦生活你挺得住吗？多数回答得含含糊糊，不予录取，半数以上被淘汰了，最终录取50名。

11月28日上午，举行吴兴游击训练班开学仪式，王崇熙县长致训词。县长30多岁，穿一套蓝布中山装，布鞋，看上去挺朴实，他开始几句话是："我很惭愧，我是一个流亡到安吉的吴兴县长，对不起吴兴父老。4天以前，11月24日，日本鬼子占领湖州。疯狂的日寇奸淫掳掠，所到之处庐舍为墟，沦陷区的乡亲正处在水深火热之中，我实在寝食难安。"接下去，他讲了当前抗日战争的形势，表明了在凶恶的日寇面前，大家决不能因一城一池的丧失而动摇抗战到底的决心，长期抗战是国家的决策。他最后说："今天郎玉麟同志和吴兴青年抗日流亡工作团的同志们组织游击训练班，准备建立一支吴兴县的游击队打回老家去，我非常支持。有决心、有勇气参加游击队的青年同志，我希望你们在训练班认真学习，成长为英勇的游击战士！只要我在自己岗位上一天，我就一定对你们支持到底！祝你们在敌后胜利前进！"

游击训练班进入第三周，传来了首都南京陷落的消息。12月13日，形同四脚野兽的日本侵略者进占南京后犯下了大屠杀的滔天罪行。

在紧张的三个星期中，训练班白天讲课操练，晚上工作团成员学习讨论。当训练进入第三周最后一天——11月17日，晚上人们都休息了，王文林、彭林、郎玉麟三人还在研究第二天宣布正式成立吴兴抗日游击大队的问题。小镇的夜晚十分宁静，不时传来"汪汪"的狗吠声，郎玉麟说："明天还得起早，我们睡吧。"王文林神秘地一笑："不，还有一件重要的事，非常重要。"彭林也说："是的，很重要。"郎玉麟紧盯着他俩，王文林从座位上站起来说："郎玉麟同志，我们在一起工作的时间不短了，彼此都有了很多了解，我们想你心里早已明白我们是什么人，但是根据党的纪律，我们的真实身份一直对你保密。今天晚上，我们要正式告诉你，我和彭林同志都是受党的上海局派遣的。我是'一·

二九'运动时在大学入的党,'八一三'后原定派去青浦县任县委书记,任务是开展敌后游击战。彭林同志是青浦县委人民武装部长。因战局变化,青浦交通受阻,上级同意我们跟随贵诵芬同志到湖州找你,目的就是开展杭嘉湖敌后斗争。我还要补充一下,彭林同志原是井冈山红军长征时期青年模范师师长,他是跟张爱萍带领的几位军事干部从延安出来进入白区工作的。我们跟彭林同志一起,肯定可以开创局面。"听着听着,郎玉麟肃然起敬。

王文林接着说:"郎玉麟同志,根据组织有关规定,我和彭林同志认为你已完全符合一个共产党员的条件,从今天起,你从民族解放先锋队成员转为中国共产党党员,不需要候补期,今晚你就举行入党宣誓吧!"

这一天——1937年11月17日,是郎玉麟终生铭记的日子。

郎玉麟的追求实现了。当晚睡前,他兴奋地对妻子陈文霞说:"我把热血和生命交给党了!"陈文霞冷静地说:"我们生死相依,我永远跟着你走!"

前路漫漫,长期抗战正考验着每一个中国人,这个"长期"有多长呢?

四

在向浙皖边境大转移的道路上,鲜血浇灌着杭嘉湖大地。

被指定向这条路线撤退的,有抗日名将粤军张发奎的第八集团军,有桂系以廖磊为总司令的第二十一集团军,还有湘军以陶广为军长的第二十八军。装备精良的日寇师团紧跟追击,沿途处处遭遇阻击。嘉善血战七昼夜弃守后三天,嘉兴县城处于三面包围之中,我殿后部队沿沪杭铁路线、苏嘉公路与敌先头部队不断发生激烈战斗,日敌11月19日相继侵入嘉兴到吴兴古镇南浔,水陆并进攻打湖州。日军分乘数十艘汽艇,先在荻港、和孚镇登陆,一路烧杀。24日拂晓,日军从东、南、北三方对湖州城形成包围圈,同时有几十架飞机轰炸扫射,我守卫部队战斗到底。至下午2时,东门、南门外我军防御工事尽毁,守军伤亡殆尽。仅南街牌楼至凤仪桥一公里的路上,我军战士牺牲留下遗体达1800多具。日敌三面入侵城区,湖州陷于敌手。八里店经公路至东门沿途我军阵亡战士遗体难以计数。城东二里桥一带积尸盈野,城西横渚桥墩上挂满人头,尸体染红了溪水……

侵略者进城后,马上罗致民族败类组织维持会,一个电气公司的小职员卖身投靠,成了为人所不齿的"维持会长"。随之他们又派些小汉奸到城郊附近招难民回城，发给布制的所谓"良民证"。这时湖州的日本警备司令部、宪兵队又开始大肆宣传什么"中日亲善"、什么"东亚共荣圈"……

日军的主力部队陆续指向长兴方向。位于浙皖苏三省边境长兴，是一个战略要地。11月21日，白崇禧、张发奎等高级将领还在这里部署迎战日寇。24日吴兴沦陷后，日军沿湖长公路进犯。当时驻守李家巷、青草坞的我二十一师战斗意志旺盛，凭山区地形险峻，易守难攻，战士自信足以坚守。不料当地出了一个姓孔的汉奸，将我防守机密泄漏，日军改变战术，避开正面强攻，改用橡皮艇漏夜从吴江方向下太湖偷渡。翌日黎明，已分别在小梅、新塘、夹浦等长兴太湖口岸地区发现日军，二十一师陷于腹背受敌之境，不得不放弃李家巷这个咽喉要隘，向煤山泗安后撤，日军得于11月25日如入无人之境进占长兴。无独有偶，这个小小的战例让人想起日寇登陆杭州湾北岸后导致的结果，值得兵家深思。

长兴沦陷后，日军完全控制了京杭国道。这时，桂军二十一集团军廖磊部，已大部越过浙皖边境，殿后部队四十八军4个师则仍然停留在安吉孝丰的西天目山北麓，从12月中，布置从天目山北翻越到山南的於潜一都集中休整。四十八军一七三、一七四、一七五师12月18日开始行动，从北到南翻越的山岭高1500米，山道狭窄险峻难行，名为羊角岭，直到20日拂晓，3个师始告行动完毕。担当殿后的一七六师被日寇空军侦察发现，敌寇跟踪而来，12月16日，双方前哨在孝丰发生接触，一七六师在孝丰东北郊山地构筑临时野战工事，激战两日一夜，在胶着状态中主动后撤，日敌尾随追击，我军且战且退，退到天目山北麓谷口的报福镇时，已是前无退路，后有追兵。天目山北麓的地段是这样：孝丰通往於潜一都的必经之路是由报福镇上山，有两条山路，里面一条叫深溪坞，山路略宽，由冰坑盘旋而上便是告岭，这两条山路相距四五华里，在告岭顶界线会合，这就是本地人所说的"羊角岭"；顶界线前后有几座参差屹立的小山峰，左右不能展开，前后也无纵深活动余地，在如此左右狭窄的地形下，根本不可能容纳一个步兵师展开与来犯之敌作战。不仅如此，此时山区已入隆冬，山沟流水冻结，喝水只能嚼冰。以箬帽草鞋著称的广西军，身上穿的是一套棉夹衣，赤脚草鞋，寒风刺骨，手脚冰僵，根本没有可供宿营的房舍。

这里插叙一件轶事：第二次到浙江任省政府主席才一个月的黄绍竑，在12月19日晚杭州沦陷前夕，给天目山前线的广西军四十八军军长韦云淞、一七六师副师长凌压西打电话，黄绍竑问："你们那边的情况怎样?"回答："情况不好。部队三个师已越过天目山到了於潜一都，殿后的一七六师在天目山北面，现在发现敌人已从孝丰追来，前哨敌方正向我攻击，炮火很厉害，我们恐怕挡不住。"黄绍竑是第三战区副司令长官,又是过去桂系首领之一,他听了前方这样的回答很生气,立时声色俱厉地用命令的口气说:"我们是广西人,广西人只怕水,不怕山,做个军人难道还怕山吗? 天目山是天然屏障,你们一定要守住天目山,不能让日本鬼子前进一步! 要打垮他!"黄绍竑用命令的口气这样说了,韦云淞军长、凌压西副师长都坚决响亮地回答:"好! 黄主席,我们一定守牢天目山,坚持消灭来犯的日本鬼子……"

12月20日晚8时左右,我军警戒于景溪坞路口石门洞的排哨发现阵地前面有敌人,双方开始接触,敌方用迫击炮和重机枪向我前哨狂轰,我排哨长阵亡,士兵死伤10名。凌压西副师长立即增派五二七团增援,命令顽强抵抗,决不后退;同时又增派两个团协同作战,务必击退来犯之敌。到近午11时,山南的军指挥部命令五二六团紧急翻过羊角岭前去增援,此时我军士气旺盛,战斗力愈战愈强,火力炽旺的敌人仍毫无进展。入夜,敌人向我军右翼景溪口发起4次突然袭击,企图夺取告岭,因我军阵地筑在顶界线上,占有居高临下之势,手榴弹和机枪扫射使敌人寸步难行,敌军撤逃时,阵地前沿很多敌尸也不及拖走。战斗两昼夜,告岭阵地始终在我军手中。敌人偷袭时,抓来一个乡民领路,这位乡民故意把敌人带到我军的隐蔽阵地前,我军机枪齐发,敌人嗥叫着纷纷倒下,这位乡民不及逃避,被敌人连戳几刀牺牲。20—21日晚,日敌对杨树坪阵地久攻不下,正观望中,我军派出奇兵,从冰坑攀登黄泥岭头,对敌形成半月形包围圈,一举歼敌数百人。日寇无计可施,深夜突然以重机枪向我阵地扫射,并以迫击炮猛轰,我军伤亡20余人,到下半夜前线静寂,悄无声息,拂晓时我军以射击试探仍无动静,原来日敌前一晚炮轰是以佯攻姿态掩护逃窜。当时日寇向天目山方向追击,不但企图消灭我转移主力,更大的企图是迅速越过天目山天险,向南直取分水、桐庐,既可堵住杭州我方撤离的退路,更可由此窥视浙东。天目山的安危至关重大。抗战胜利后,当年的鏖战之地靛青堂建有"告岭抗敌阵亡将士纪念碑",是黄绍竑的手笔。1938年12月21日,以一七六师为主力的告岭阻击战告捷,史称天目山第一次保卫战,也就是天目山的第一次"摇晃"。

12月24日,黎明之前,省主席黄绍竑离开寓所时,感到无限的感伤。时序入冬,他冒着冷峭的寒风出门,汽车在细雨中沿着湖滨驶过,路上杳无人影,街头的路灯明明暗暗地闪烁令人难堪。隔着车窗玻璃看到湖面上灰蒙蒙的一片,他心想,人间天堂眼看在日寇铁蹄下变为人间地狱,自己身为军政人员,却无力回天,羞愤难以自解,他离开杭州后先到桐庐,再去金华……

就在这一天——12月24日,杭州沦陷。

后来黄绍竑在报上发表了一阕《菩萨蛮》：

> 越王欲雪稽山耻，越溪送女愁西子。一步一回头，酒旗楼外楼。吴宫人已去，教训谋生聚。期待十年春，还伊湖上人。

为阻止敌人占领杭州后西进，杭州至富阳、杭州通临安的公路已被实施破坏。钱江大桥从 1934 年动工兴建，至 1937 年 9 月完成铁路通车，11 月初桥西公路通行，在通车的短短时间内，大桥对当时的战略转移、军队南撤、军用品及物资疏散运输，发挥了极大作用，那时经由大桥撤退的铁路机车至少 200 辆、客货运车 3000 辆以上。但为了阻敌南攻，军事当局不得不对大桥实行破坏。12 月 23 日午后，官方下令禁止通行，忍痛定时点火爆炸。顿时间，六和塔畔轰轰几声巨响，风起尘飙，波涛汹涌，第十四号桥墩完全折断后向外倾斜，十三号桥墩顶部被炸毁，墩下残余部分垂入水面，第十二、十五号桥墩坠入江中，其余多孔钢梁变形下坠……

最最感到痛心和无奈的是钱江大桥的设计者和建设者，大名鼎鼎的桥梁专家茅以升先生和许多工程技术人员。以 20 世纪 30 年代的科技水平，面对钱塘江辽阔的江面，汹涌的潮汐，上游山洪暴发的冲击，江底厚积的淤泥流沙，基础工程的难度可想而知。1945 年抗战胜利后其修复工程也是很艰巨的。

在南京沦入敌手后遭受血腥大屠杀的日子里，12 月 24 日，初冬的冷雨刺人心肺，杭州全城笼罩在鬼影之中，一片死寂。武林门、钱塘门、清泰门、望江门……那纷纷扬扬的细雨是上天的眼泪，骄狂而残暴的日本野兽铁蹄踩踏在坚硬的土地上，当此之时，候潮门外的钱塘江大潮正轰轰然汹涌而来……

人间天堂成了鬼魅世界。

五

美丽、富饶而宁静的杭嘉湖水乡平原完全变了！日寇铁蹄所至，如同一场特大台风过境，庐舍为墟，血染大地，积尸盈野，鸡犬不宁。日寇占据县城并扶植伪军把守水陆交通要道，就构筑一个地域——沦陷区，而广大乡村小镇被叫作"半沦陷区"，转眼间，水乡平原物是人非，植根于地面的中华文明所创造的一切美好，几乎都被凶残的日本鬼子践踏了，摧毁了。

近 30 万大军从淞沪前线经杭嘉湖撤到浙皖边境，途中比肩接踵，前呼后拥,官长不断地发号施令,连排长不停地责骂呼喊,不必说"兵败如山倒",总也是够狼狈的。那些掉队的、伤残的、开小差的……谁管得了?在战场上取得优势的敌人更加嚣张,沿着苏(州)嘉(兴)公路、嘉(兴)湖(州)公路、湖(州)长(兴)公路追击,我军殿后部队虽然装备不良,仍不断进行顽强阻击,阻击战士成千成千地倒下了,为大军安全后撤换得时间。这些牺牲的战士们想不到的是,他们遗留的无数武器,在战火过后就这样落入民间——村野小道上、小河沟里到处都有被丢弃的枪械,最后却使"半沦陷区"内形成一个枪支买卖的"自由市场",步枪一支 5 元,轻机枪 50 元。首先登场的是原来关押在监狱中的大批顽匪,官府逃亡,匪徒越狱捡拾枪支,你一伙他一伙,大鱼吃小鱼,干起了"老刀牌"的旧营生,随后出现散兵游勇组成的游杂队伍,打起"抗日游击队"的旗号,设关卡、收捐税,敲诈勒索,老百姓名之曰"烧毛党"。由此,民间的两面派武装也应运而生,接近敌伪据点的大村庄,出现了"白天做顺民,夜里打土匪"的自卫队,这是由地主豪绅用"薪给制"组成的雇佣自卫队,白天日本兵来了,有一个"维持会"班子出来"欢迎",鬼子要什么给什么,夜里来了土匪就狠狠地打……

这里成了一个"阴阳两隔"的混沌世界。

杭嘉湖人民深陷于水深火热之中。

1937 年 12 月 25 日,即湖州城沦陷一个月零一天,郎玉麟、王文林、彭林以在安吉梅溪创办的抗日游击训练班为基础建立的吴兴县抗日游击大队,静悄悄地回到西乡。郎玉麟是大队长,王文林是政训员,彭林是参谋,温永之是民运组长,陈文霞是文化教员,周少兰、徐锋是中队长,吴忠是通讯员。王崇熙县长不负众望,千方百计搞到 30 支旧式步枪,外加郎玉麟原有的一支勃朗宁手枪;训练班学员 50 名,原来的"流亡抗日工作团"成员 8 名,加起来也仅仅58 人,但有枪的战士不到一半。在西乡偏北山区何家埠村左侧的山坳里,有一座庙宇叫铜盆寺,太平日子香火不歇,战时变冷清了。郎玉麟早就考虑回到西乡后以铜盆寺为驻地,如今果然来了。吴兴这个县,因京杭国道过境,东乡西乡由此划分。东乡地域广阔,水网密布,大小市镇星罗棋布,百业兴旺,战后日伪据点也较多;西乡则地形狭长,从天目山山区蜿蜒而下的西苕溪流经西乡,北向长兴,奔入太湖,西乡仅有一个妙西镇是敌伪小据点,外围的长兴县李家巷、和平镇则相距较远。刚刚诞生的这支小队伍以西乡为依托,对它的生存和发展可能是有利的。

晚上,王文林主持开了一次支部会,讨论如何开展工作。他说:"我们是杭嘉湖地区由共产党领导的第一支游击队武装,这个我们是不能公开讲的,但是我们要使全队游击战士懂得我们是人民游击队，要根据党的《抗日救国十大纲领》，坚决执行抗日民族统一战线，团结一切可以团结的人，逐步发展进步力量。在名义上，我们是吴兴县政府的抗日游击大队，但我们要保持独立性，我们是共产党领导的，这个我们一定不能忘记。"

说了这几句，王文林的目光投向彭林，示意请他补充，彭林明白，便语气沉稳明确地说："王文林同志的意见很重要。我从延安出来的时候，听毛主席说过，红军换上国民党军的帽子，仍然是共产党领导的军队，是穿上国民党军装的红军。我们在敌后环境里打游击战，更要懂得怎样执行正确路线，一定要保持自己清醒的头脑。"

这些话，对新党员郎玉麟来说，是党性锻炼的第一课。

大队党支部研究决定：为了广泛发动群众，准备在铜盆寺召开一次军民大会。这次大会要求邀请尽可能多的西乡乡保长及各界代表人物、年轻人参加，目的是密切军民关系、保证供给、征集枪支、扩大队伍。西乡是个自南向北的狭长地带，现已了解仅有中部地段的妙西镇是敌伪据点，游击队有比较宽阔的活动空间。军民大会开得好不好，关系游击队能否站稳脚跟。问题是如何把这个决定传达出去，既要邀请到代表性人物，又要能保守机密。郎玉麟心想，自己在西乡是人熟地熟，知名度高，可以先回潘店一次。把决定通知到人，前后至少3天，正式开会要定在12月29日，找的人必须是可靠的、信得过的，等他去潘店回来后，其他地区再分别派人。他把这个想法一讲，王文林、彭林都表示同意。

第二天上午，郎玉麟带陈文霞、周少兰、徐锋去潘店，让徐锋跟陈文霞回家取些衣物带走。他和周少兰到了村长郎二叔家，二叔见郎玉麟回来，大为惊喜。郎二叔是郎氏宗亲，为人正直，任村长多年，很得村民信任，对从小看到大的郎玉麟再看重不过了，二叔当然也认识周少兰。三人先谈了谈湖州沦陷以后地方上的情况，二叔说："开始时大家都很恐慌，生怕日本鬼子过来杀人放火，结果日本鬼子主力部队向长兴打过去了，湖州城里有了维持会，发放'良民证'，招呼难民回城，在妙西驻了兵，建了碉堡，我们这边倒没有过来。只是地方上也不太平，出了一伙一伙的土匪，三五人、十七八人一伙，出名的土匪有郭竟志、尚宗敬，都在长兴交界地方，土匪打家劫舍，专抢金银财宝，以湖州逃难到乡下的富人为对象，这种事情几乎天天都有发生。怎么办？我们也不得不防了。塘口、戚家村都先后成立了村自卫队。潘店村有几支私人短枪，现在买来6支步枪，自卫队的队长是王云清。"郎二叔的这些话，大出郎玉麟意料，土匪啊，村自卫队啊，都是他没有想到的，特别是自卫队队长王云清，原是他在蚕桑合作联社的得力助手,一个挺文静的年轻人,竟也拿起枪杆子来了。郎玉麟对郎二叔说:"好呀,你们搞起自卫队,我可是同你们搞到一起啦。我在安吉梅溪,王崇熙县长要我们办抗日游击训练班,随后成立吴兴县抗日游击大队,叫我当大队长,我是带了队伍回来的。周少兰是我的中队长。我们现在驻扎在铜盆寺。为了加强同地方群众的联系,我们决定12月29日午后,在铜盆寺召开一次军民大会,我今天就是来请你参加的。塘口、戚家村我也有许多熟人,只是我没有时间去了,请二叔帮个忙走一趟,请他们也同时派几个得力的人来参加。可以吗?"郎二叔满口应承:"可以可以,你搞抗日游击队,我们是一定要支持的。日本鬼子占了我们的家园,我们都快要做亡国奴了!玉麟,我知道你是一个有志气有担当的,干大事业的人,我自己能力有限,我一定动员大家帮助支持游击队,我会叫塘口、戚家村的代表一起来开会的。"

这时外面人们听说郎校长回来,很快都聚拢来,郎玉麟同他们打着招呼。不一会儿,一个背着木壳枪的人进门,郎玉麟一看,正是自卫队队长王云清,二人好像久别重逢的战友,拥抱在一起。王云清哪里知道郎校长已经变身为郎大队长。周少兰和王云清也紧紧握手。他们刚刚进入抗日年代,谁也无法预想自己如何冲过暴风雨,如何穿越战火,如何蜕变。

郎玉麟郑重地对大家说:"我们吴兴县抗日游击队刚刚建立,力量还很小,在大家的支持下,我们一定能不断发展壮大。日本鬼子叫嚣三个月灭亡中国,完全是痴心妄想。现在中国是长期抗战,坚持抗战到底,我们开展敌后游击战,就是要使日本鬼子在占领区不得安生,日本鬼子占领的地方越多,它的泥足便陷得越深,最后胜利一定属于我们。目前我们希望大家有钱出钱,有力出力,我们的粮食、副食都要靠地方解决,我们还要多方面征集补充枪支。我还要说,请大家帮助我们游击队保守机密,不能对陌生人泄露消息,敌伪有什么动态要主动报告我们。怎么样?能做到吗?"大家同声回答:"能做到!"

这时人群里挤进来一个身上背一支木壳枪的年轻人,叫了一声"郎校长",郎玉麟记得他叫潘发根,是前几届的毕业生,早已初中毕业了。郎玉麟为他背着木壳枪心中惊喜,对他说:"发根,你怎么知道我来啦?"潘发根说:"全村人都知道了,我大伯在家里听说郎校长回来,很想来见面,但前天他的脚扭伤了,不好走,叫我来的。"潘大伯是当地富户,也是郎玉麟办蚕桑合作联社时的老帮手,郎玉麟本来也是打算去找他的,得知他的脚扭伤就更应该去看看了。郎二叔当然知道郎玉麟同潘大伯的关系,便说:"玉麟,你就顺便去走一趟吧,反正不太远,回来到我家吃晚饭。"郎玉麟说:"我不来吃晚饭了,我得赶回去,请二叔记住通知塘口、戚家村、八字桥的人,29日下午到铜盆寺,愿意参加游击队的年轻人更欢迎。"

潘大伯住在村东头河边，一座挺宽畅的三进大屋，他约莫50岁年纪，有些田产，夫妻俩自理生活，大女儿出嫁，儿子在湖州经商。潘发根是他喜欢的一个侄儿。潘大伯同郎玉麟见面时，彼此都有不同的感慨，过去他们虽年龄悬殊，但在改良蚕种、发展蚕桑合作社方面密切合作，郎玉麟的"监守自盗"案从申诉到撤销，亏欠款项由各蚕桑合作社共同补还，他都出了大力。郎玉麟内心对他是很感激的。潘大伯讲了一些日本鬼子入侵湖州时的情况，郎玉麟谈了怎样组织吴兴县抗日游击队，目前的困难，以及准备召开一次军民大会，解决粮饷供给、征集枪支、扩大队伍，等等。潘大伯听得很认真，最后说："我的脚扭伤，三五天好不了，不能参加你们的军民大会了。这样吧，你到我这里来了，我的态度是完全支持你们，你们保护乡土，我帮不了什么忙，现在你们最需要的是枪，我没有枪，听说路东那边有枪支买卖，50元可以买到一挺机关枪，我就捐给游击队100元。"潘大伯站起来慢慢走进内室，取出100元交到郎玉麟手上，这种情况是求之不得，郎玉麟却之不恭，当然只有感谢了。

说到军民大会应邀请什么人，潘大伯也是广结人缘的，他提了一份名单，郎玉麟一一记下，有些人他认识，患难时世，识人第一。

一直站在旁边的潘发根对郎玉麟说："郎校长，我想参加你们的游击队……"郎玉麟看看潘大伯，大伯说："要问你爸爸妈妈同不同意。"潘发根说："家里还有弟弟妹妹呢，我在吴兴，又不到别的地方去。"郎玉麟回答："你大伯同意，你父母同意，我就同意，如果你参加游击队，我们有了机关枪，可以把你培养成机枪手。"潘发根说："我父母很爱国，不会反对的，他们恨透了日本鬼子。"

陈文霞和徐锋背了两个大包袱，在约定的路口等待。太阳渐渐西斜，郎玉麟觉得今天的活动是顺利的。他感受到地方上老百姓对日本鬼子践踏蹂躏乡土怀有强烈的反抗情绪，欢迎抗日游击队的到来。

在铜盆寺，王文林、彭林率领小队伍观察熟悉何家埠周围环境，为投入战斗训练作准备。郎玉麟回来时天快黑了。这天晚上，三人一起谈情况，商量后面两天的安排，王文林决定第二天跟随郎玉麟到楂树坞、柏树下，周少兰、徐锋二人到妙西附近的南埠、柴树坞、陆家村，当晚过夜后继续向妙西以南的大树下、路下等处前行，目的是联系当地各方人士，了解他们的抗日态度，要求说话和气不能莽撞。

连续三天，分头活动的结果是他们接触到地方代表人物30多人，也了解到不少情况。

12 月 29 日下午,远远近近的乡、村、保长等代表人物来了,跟着来的年轻人也不少,有七八十人之多。郎玉麟跟一个个人招呼、握手,并向他们介绍王文林政训员、彭林参谋等人。会场就在大殿的诵经堂内,大家席地而坐。宣布大会开始的是政训员王文林,讲话的是大队长郎玉麟。他首先讲了部队成立的经过,特别强调他们是王荣熙县长批准组织的人民游击队,希望乡亲们全力支持。他着重说道:"我们为什么搞抗日游击战?因为我们中国人在日本侵略者面前不屈不挠,日本鬼子只能占领城市和交通要道上的几个据点,我们开展敌后游击战,就是为了坚持抗战到底,在袭击中消灭敌人,使敌人不敢轻易出来烧杀抢掠。为此,我们游击队就必须依靠父老乡亲,要得到老百姓的拥护。"讲了这些道理后,郎玉麟谈到游击队初创时期的困难和问题:"最大的困难是供给,我们是没有军饷的,要靠老百姓出粮出钱,否则我们就不可能生存。目前我们的武器不够,要多方面收集枪支,多多吸收年轻人参加。同时,我们希望大家随时提供信息,对汉奸坏人的活动提高警惕。"这番讲话得到了场上一阵阵热烈的掌声。

郎玉麟最后说:"大家知道,我是在西乡土生土长的,我过去办教育、办蚕桑合作社大家都了解,可恨的是日本鬼子打过来,我们杭嘉湖成了沦陷区,老百姓再也不可能像过去那样安居乐业了。怎么办?我们不能做亡国奴,只有拿起枪杆子跟敌人干到底,直到把敌人赶出去。今天请大家来,就是要向大家报告吴兴县抗日游击队需要得到你们的支持,同时希望你们谈谈目前地方上各方面的情况。请各位踊跃发言!"

王文林、彭林是外省人,对杭嘉湖地区过去的情况了解很少,郎玉麟在湖州沦陷前,离开家已一个多月,这几天在访问中才略有所知。今天来了各乡的人,他希望听到更多的真实情况。

代表们发言的主要内容可以综合如下:

西乡目前的情况没有东乡那么复杂,但是靠近长兴边界也有土匪部队活动,人数一二十人不等,人数较多的有郭竟志和尚宗敬二支,他们在自己的活动范围内收保护费、设关卡,对过往客商"雁过拔毛"。西乡边界到长兴的南乡,近来出现一股大搞"红枪会"的歪风,村村设立神坛,不少农民加入红枪会,人人制作长矛、红缨枪,神坛上供奉什么神仙菩萨,坛主就是巫师,穿上道袍,挥舞宝剑,吞下符咒,怪声怪腔地喊叫。巫师作法时手拿朱砂笔在黄表纸上涂画,又把涂画的符咒插在宝剑上燃点烧灰,再把灰撒进酒里,声称喝了这酒就可得神灵保佑,刀枪不入。众徒们头缠红巾,身穿对襟便服,脚裹白布绑腿,手握长矛、红缨枪疯狂挥舞,听从坛主号令,人人喝下一杯神酒,便上前冲锋陷阵。"红枪会"为什么盛行一时？为的是对付打家劫舍的土匪，现在土匪对"红枪会"也得退避三舍。

西乡目前只有妙西镇一个敌伪据点，四面筑有碉堡，只有日本鬼子一个守备队，不过十多人，还有几十名伪军。日本鬼子知道周围没有中国军队，常常出来窜扰，吃吃喝喝，奸淫妇女，老百姓十分痛恨，有人商量想用土枪、土炮打它个痛快，但又怕报复烧杀，不敢动。现在游击队来了，老百姓希望有那么一天，游击队能帮着打鬼子。

西乡民间枪支很少，征集枪支有一定困难，湖州沦陷时，我大部队向西浙皖边境撤退，沿途发生激烈的阻击战，在嘉湖公路、湖长公路两侧遗弃大量枪支，建议游击队派出小分队向路东地区搜集或购买枪支，以提高游击队的战斗力。各乡愿意发动富户有钱出钱，有粮出粮，有力出力，动员年轻人参加游击队。潘店村潘大伯一人捐助轻机枪两挺，潘店、塘口、戚家村自卫队每村捐助步枪三支，共九支。

自湖州沦陷后，日寇便在公路线上的南浔、祜村、晟舍、升山、杨家埠、菁山、埭头等市镇驻兵，建立碉堡，附近村庄天天受到窜扰，饱受掳掠蹂躏，老百姓苦不堪言。目前菱湖、双林、和孚、荻港、乌镇、练市、织里、义皋等地还是自由区，没有日伪驻军，近期以来，这些地方都有游杂部队活跃，多种多样的番号令人搞不清，长超那边有一支抗日义勇军，有两三百人枪，老百姓说这支部队比较好，抗日义勇军的主任叫李泉生……

会上要求参加游击队的有潘发根等年轻人十多名。

从军民大会得到的信息，对郎玉麟、王文林来说，是使他们从理想向现实靠拢的开始。散会时，代表们纷纷表示回去马上给游击队送粮食和副食品，动员年轻人参加游击队。人们离开后，王文林同大家一起分析情况，对他来说，在抗日救亡的大潮中，"红枪会"的活动好像是天方夜谭。当时，在会上他问："杭嘉湖是文明进步之地，怎么会出现'红枪会'这样的封建迷信活动呢？"乡民代表回答："政训员不是本地人，你当然不明白。其实'红枪会'主要是由浙皖边境的北方移民带入长兴山区农村发展起来的。20年代中期，一度成为反政府的民间武装，一度被军阀利用占领泗安，后被政府军剿灭。今天可以说是死灰复燃。'红枪会'那帮人，受坛主蛊惑，你们不可不防啊！"

王文林毕竟是书生。

温永之最感兴趣的是东乡那边李泉生领导的抗日义勇军，他抢着说："我是东乡人，刚才乡民代表说的长超有一支李泉生领导的游击队叫抗日义勇军，这位李泉生是我的老朋友。我们都是30年代初搞农民暴动的，我们一起坐过国民党的牢,家里保释出来后,他也当过小学教师。我看,我们应该派小分队去东乡搞枪,我一定要去找李泉生!"

郎玉麟也说:"温老师的话很对。我也听说过李泉生这个人,只是没有机会请教。派小分队出去搞枪,没有多少把握,还是让温老师先去东乡走一趟。温老师,我们在西乡稳步发展,你速去速回,争取李泉生同我们站在一起。王政训员的意见怎样?"

王文林说:"可以,速去速回。争取李泉生同我们站在一起。"

郎玉麟又对温永之说:"温老师,路上多加小心,早去早回。你替我问候李泉生,我是晚辈,以后一定向他请教。"

温永之虽然是个受过命运打击的人,但作为一个曾在 20 世纪 30 年代初参加过上海左翼作家联盟的人,他始终拥有自己的一支笔。从抗日战争开始,他就坚持每天记事。他背起行囊,摸摸口袋里的钢笔和记事簿,口说一句:"我一定在一月底之前回来。"这天是 1938 年 1 月 1 日。一个 40 岁的文人,此行没有什么个人欲念,为的就是面对现实,面对历史。

军民大会以后,自动要求参加游击队的人不断增多,有几个青年农民各带一支步枪来,说枪是捡来的。让郎玉麟最惊喜的是:来了一个湖州商团武装班的班长,叫潘海仁,28 岁。他见到郎玉麟的时候说:"郎大队长,我在湖州沦陷后躲到乡下,有人告诉我说你回来组织游击队,我就同弟兄们商量,觉得老躲着不是办法,更不甘心回城里当汉奸商团,大家商量决定投奔到你这里,我们一个班 12 个人,12 条枪,决心跟着你打日本鬼子。"郎玉麟听着高兴极了,紧紧握着他的手,连声说:"欢迎!欢迎!"又给他介绍王政训员和彭参谋。潘海仁吃了一顿午饭就回去了,说过几天带全体弟兄一起来报到。

随着部队的影响扩大,供应压力减轻,彭林正抓紧日常训练,主要是体能锻炼、武器性能与构造分解、游击战行动基本要领。在偏僻山区,可以做实弹射击练习,为节约子弹,仅以班组为单位作少量示范。到一月中旬,部队人数超过一百人,三分之二以上的人手上都有了武器,又弄到了两挺轻机枪。彭林对新战士一再强调游击队最重要的是在实战中学习,边学边打,边打边学,在战斗中学习战斗,在消耗和消灭敌人中成长,利用山地条件提高各项战斗技能。有一天,说来凑巧,山下情报员跑来,向郎玉麟报告说:南埠头村有敌情!从村里逃出来的老百姓说,当天下午 3 点多,村里来了三四百名日本鬼子,是从长兴和平镇出来扫荡的。南埠头村是个大村,日本鬼子要驻扎过夜,长官住进地主大院,门口有站岗的,晒谷场上架起小钢炮、机关枪,村里的房子都住满了……南埠村里的自卫队有瞭望哨,发现日本鬼子来了,立刻从村后撤走,大部分男女老百姓也跟着逃了出来……

对这个情报，彭林的分析是：来自长兴县和平镇据点的日敌是一个大队，可能是示威性扫荡，长途行军感到疲劳了，驻扎下来享受享受。他对郎玉麟说："我上课时对战士们讲过，敌驻我扰，敌退我追，今天碰到的是敌人在村里驻扎，我们是否可以来一次理论联系实际……"郎玉麟回答："这个，我看可以嘛，同文林同志商量一下吧。"他们找来王文林谈了情况，王文林肯定地说："日本鬼子怎么也想不到在这里会碰上游击队，我们出其不意扰他一回，既可以给敌人一个警告，也可以让我们的新战士锻炼锻炼。"原来郎玉麟的想法比较简单，他就想着利用机会打它一仗，给日本鬼子一点颜色看看。可是彭林不愧为井冈山的老战士，他说："这是我们建队后的第一次战斗行动，还必须进一步了解敌情，我要到南埠村外围去实地侦察。"他草草扒了几口饭，换上一套农民衣服，带两名战士，随同情报员走了。

路上走了近两小时，他们来到南埠头村外围，躲在高低起伏的丘陵后细细观察。时近黄昏，视线有点模糊，但这个大村子的房屋仍清晰可见，除了十几座大屋大院，一般房屋杂乱无章，日本鬼子进进出出，住得比较分散，看来杀猪宰羊、抓鸡捉鸭、点火烧饭、张罗酒水这类事早做完了，正等待享用呢。从枪林弹雨中过来的彭林，早已发现村口的岗哨和晒谷场上的小钢炮，他一面观察地形，一面估摸着如何确定进退有利的袭击点。在埋伏的这片丘陵地带能看到大半个村庄，若游击队发动突然袭击，敌人在黑夜里只能乱放炮，游击队早就无影无踪，安全撤退了。彭林拿定主意后，向情报员丢了一个眼色，回头便走。回到驻地，同郎玉麟、王文林汇报后，立即下令组成三个突击战斗组，彭林作了动员讲话。战斗组使用的武器是机枪、手榴弹、步枪，作战目的是骚扰敌人，不能近战，也不恋战，彭林宣布听到号令同时开火，时间可持续三分钟，达到"扰"敌的目的，听到号令立即后撤。

深夜，南埠头村突然枪声大作，村中火光冲天。只听到木壳枪一声响，枪声、爆炸声中止，乱成一团的日本鬼子嗷嗷乱叫，随即掷弹筒、小钢炮等火器齐发，野外一片漆黑，游击队早已无影无踪……

这是一次"敌驻我扰"的实践教育，对新战士们是极大的鼓舞。

在短短不到 10 天的时间里，送粮食的手推车不断地在山道上进出，也有送猪肉、羊肉、蔬菜的，游击队的生活改善了不少。铜盆寺的大住持原担心日子过不下去，这下可放了心。

不过郎玉麟遇到了一个小小的麻烦。原来他有一个同胞小弟弟入赘邻村相姓人家，改名相季贤。郎玉麟知道这个弟弟喜欢赌博，深陷恶习，屡教不改。

相季贤在其他方面倒还是一个明理人,哥哥回来组建抗日游击队,很多同龄人都参加,他也心动了,但多次对哥哥说,都被拒绝。这件事在同辈人中少不了有人背后耻笑,让他很不光彩。有一天,他向王政训员诉苦,说哥哥不相信他,其实他早就戒了赌,哥哥是用老眼光看他。王文林被他说动了,去劝说郎玉麟:"相季贤对我说他早已戒赌,你就把他收下吧!"郎玉麟坚持说:"我了解他,过去我教育过多少次,他也多少次说一定改,结果还是老方一帖,这个人改不了的。"相季贤不死心,跪在哥哥面前,低下头哀求:"哥哥,今天我是参加抗日打日本鬼子,我这次保证改,如果再犯,你砍下我的手指。"王文林让相季贤写下保证书,并对他说:"你写下保证书就是立下军令状,如果以后再赌,必定从严处理。"王文林这样圆场,郎玉麟只好默认。王文林还安排相季贤当了副班长。

西苕溪是湖州通向长兴雉城的重要航道,日敌的军用汽艇经常来往。西苕溪两岸都有村庄,不时受到骚扰。郎玉麟部队的活动离开西苕溪较远,潘店在溪的南面,有的战士认为部队可以埋伏在西苕溪堤岸石坝后面,袭击日军汽艇,打沉它十艘八艘没有问题,他们似乎跃跃欲试。这时去安吉梅溪向王县长领枪的周少兰一批人回来了,大家情绪更高。郎玉麟对王文林和彭林说:"我们现在立足未稳,打沉几艘日军汽艇不是难事,但日本鬼子心狠手辣,到时杀人烧房子,吃亏的还是西苕溪两岸的老百姓。打击日本鬼子的手段很多,我们不能不把老百姓的安全放在第一位。"过了几天,情报员报告,几十里外的西苕溪上日本鬼子从长兴过来的 11 艘汽艇,不知被哪一支游击队击沉了 6 艘,5艘逃跑。隔了两天,鬼子报复,那地方两岸的村庄全被烧光了。老百姓传说那是郎部队打的。听了这话,郎玉麟心理暗自不安,却很难公开解释。

在此期间,王文林和郎玉麟都把主要注意力放在对周围复杂环境的调查研究上,尽管郎玉麟还依恃着自己的名声保持乐观,王文林却认定这是游击区现实中的主要矛盾,他企图用自己掌握的革命哲学——党的抗日统一战线政策加以解决。从地方人缘关系上说,郎玉麟说得上是路路通,西乡地方不仅潘店周围,南北两端的妙西、南埠头、楂树坞、严家坑以至与长兴县接壤的地界,他都有朋友熟人,依据从军民大会上了解的现状,他对目前境内的游杂部队、村庄自卫队的头头,过去多少有些了解。郎玉麟认为要在西乡站稳脚跟,必须要同游杂部队、村庄自卫队保持关系,不能同他们搞成敌对。他把这个想法直白地对王文林说了出来。

"郎玉麟同志,我们想到一起了。我现在考虑的是怎样同这些人打交道、交朋友,他们中间有的人本来就是你的朋友,对吗?"王文林平静地说。

"是的。"郎玉麟点点头。

"党的抗日统一战线政策就是团结一切可以团结的力量，"王文林不愧是党的工作者，开口就把问题提到应有的高度："我们应该主动去联系他们，既可以增加对他们的了解，也可以让他们相信我们是友好的，根据情况发展变化，决定我们的态度和策略。"

"文林同志说得很对。我倒不担心游杂部队或村庄自卫队，我是个土生土长的人，我的为人做事众所周知，我担心的是'红枪会'，我们西乡同长兴县交界的地方已经有'红枪会'活动，他们搞什么花样还摸不透，参加'红枪会'的又都是一批无知农民，怎么对付？……"郎玉麟一向遇到什么问题总是迎难而上，这时却傻了眼。

王文林一面思索，一面说道："我们要面对矛盾，不回避矛盾。我想，从'红枪会'的活动方式看，完全是一种封建迷信活动，主要是受坛主、法师支配，如果能对坛主、法师进行启发教育……"

"我看'红枪会'活动同打家劫舍的土匪异常猖獗有关，坛主、法师是利用农民痛恨土匪的心理，用装神弄鬼来欺骗愚弄群众，大批农民制刀矛、红缨枪就是这样被鼓动起来跟他们走的。"郎玉麟对怎样去做'红枪会'的宣传工作显得束手无策。

连续几天，郎玉麟带着王文林终日奔走，拜访西乡偏北各村庄的自卫队头头以及当地士绅，还有两支小游击队。郎玉麟过去办乡村教育和蚕桑合作事业，同很多人都是熟悉的，见面时客客气气，他们对郎玉麟的部队都表示支持。但是有一天，郎玉麟的胞弟相季贤得意洋洋地夸耀自己如何缴了一个土匪的枪，郎玉麟得知后找他来问，相季贤说："我不知道这个土匪是哪里的，他说他姓郭，土匪头头是他干爹。"郎玉麟问："干爹？姓郭的，郭什么？"相季贤不在乎地答："枪缴到手算数，我管他郭什么。"郎玉麟一听急了："糟了！你说清楚，是郭竟志吗？"相季贤摸着脑袋，郎玉麟频频责骂："你混，你真混透了！人家郭竟志部队也是抗日游击队，我和政训员前天刚刚去拜访过他，讲得好好的，大家要共同合作，你这么一来，缴了人家的枪，怎么得了？混，混透了你！我要把你绑起来，送你去谢罪！"郎玉麟立即命令通讯员黄忠拿绳子来，当场捆起相季贤。这时王文林闻讯赶来，郎玉麟余怒未息，正打算带几个人把相季贤送去郭竟志部队谢罪，王文林劝说一番，意思是不必捆绑，明天前往送还枪支赔礼即可。郎玉麟坚持己见，暂时松绑，指定由几位战士随行，即去郭部退还枪支，由自己亲自赔罪。时已过午，此去往返七八十里，到晚间方可返回，郎玉麟叮嘱战士携带手提罩灯，以利夜行，王文林只能交代战士路上多加小心。

那边被人缴枪的郭竟志继子正在向干爹哭诉,郭竟志问明缴枪的人自称是郎玉麟部队,骂自己是土匪。郭竟志想,前天接待郎玉麟和他的政训员,大家谈得挺好,丝毫没有敌意,怎么忽然间缴我部下的枪了呢?他怀疑干儿子是不是在外面做了什么不光彩的事瞒着他。想不到天将黑的时候,郎玉麟带着一个被捆绑着的人来了,口口声声说:"郭队长,这是我的同胞弟弟相季贤,他犯了我们的纪律,擅自在外缴了你部一位同志的枪,我发现后把他送来,请你治罪。枪支完璧归还。玉麟对部下管教无方,现在特来谢罪。"听到这些后,郭竟志总算明白过来,干儿子没有说谎,郎玉麟仗义,当场表示:误会误会!大家说清楚就好。他立即请郎玉麟就座,郎玉麟命令相季贤:"相季贤,你跪下,向郭队长请罪。"相季贤不敢抗拒跪了下去,被郭竟志双手扶起来,解开了捆绑着的双手。郭竟志说:"郎大队长治军如此严格,不愧是抗日游击队的模范,我非常钦佩。从此,我们之间不会有什么误会,一定亲如一家,互相支持!"因为晚饭时间已到,郭竟志要郎玉麟用饭后再走,郎玉麟不肯,郭竟志让炊事房拿出几斤熟年糕送给他,便送他离开。

经过多方打听,郎玉麟总算调查到西乡北村有一个"红枪会"神坛,吴兴与长兴交界的南乡有两个"红枪会"神坛。老百姓说,以前吴兴西乡没有"红枪会",自从湖州、长兴沦陷,人民群众在日寇铁蹄下饱受烧杀奸淫之苦,地方出现各式各样的自卫武装、游击队和土匪,"红枪会"也趁势而起,以菩萨神圣护身,刀枪不入,以"消灭土匪,保境安民"为口号,吸引无知农民为会众,幕后操纵的坛主是当地的狂徒恶棍,一批地主豪绅为抵挡土匪,保障生命财产,对神坛坛主也乐意给予支持。传说长兴有一伙悍匪,听说某村"红枪会"准备攻打匪窟,于是他们主动夜袭该村,当土匪气势汹汹地冲到村口,"红枪会"的瞭望哨早发现了,当当响的锣声响起作为紧急集合信号,高举的火把、头扎红巾的"红枪会"数百徒众蜂拥而出,手执大刀、长矛、红缨枪。在火把的光亮中,穿着道袍的巫师左手高举令旗、右手挥舞宝剑开始作法,徒众们喝下"神酒",齐声高呼"只进不退,刀枪不入",迅速列队出村迎敌。来袭的一伙土匪都是贪生怕死之徒,看到头扎红巾的大量"红枪会"徒众排山倒海般涌来,早已心怯,又听到他们高呼"只进不退,刀枪不入!"匪徒的枪在手里发颤,头领还未下令开枪,枪声"噼噼啪啪"就响了,土匪们顾不得看,那些徒众已像潮水一般快冲到面前,匪徒到底心虚,头领一挥手掉头就跑,一伙匪徒顷刻间逃之夭夭……这样的传说在民间不胫而走,"红枪会"在短短时间内对土匪活动形成了遏制。他们也扬言抗日,但实际上对抗日游击队不怀善意。

怎样对待"红枪会"的封建迷信活动,成为郎玉麟部队活动绕不开的问题。

后来发生的意外，却是谁也没有料想到的。

"我们是不是可以试试看，对'红枪会'也做一点团结工作？"王文林考虑。

"我调查过，在我们部队活动地区，北村有一个村子、长兴地界那边有两个村子都有'红枪会'设立的神坛，如果我们对他们置之不理，今后必定产生隔阂；如果我们贸然去对他们做工作，是不是做得通？"郎玉麟心里没底。

"'红枪会'的死对头，是土匪，我们是抗日游击队，这是一；我们去做工作，不是反对他们，是去拜访他们，是要让他们明白，我们是保护老百姓的，这是二；既然他们口头上也说是抗日的，我们坚持的立场是团结抗日，我们希望同'红枪会'的法师、徒众成为朋友，这是三。"王文林头头是道地说，"基于以上三点认识，我认为我们可以试一试做做工作。"

郎玉麟被说服了。要考虑的问题是怎样去"交朋友"。

直接去拜访他们？这样做，看起来不安全。派人先去征得同意看他们态度如何后再作决定？这样似乎稳当些。派谁去呢？

周少兰自告奋勇，他说其母亲是长兴人，平时念经诵佛的，他舅舅还住在长兴。他去联系没有问题。

最后研究决定，周少兰熟悉两县交界情况，可以由他带路，联系县界两侧的三家"红枪会"。郎玉麟、王文林带潘海仁中队长和一个武装班随行。王文林心里想的是"不入虎穴焉得虎子"，而郎玉麟想的则是"明知山有虎，偏向虎山行"。

也许得力于周少兰一口地道的湖州口音和他的长兴血缘关系，他每到一村，顺利见到"红枪会"神坛坛主，对方听说他是西乡郎玉麟部队的人，郎玉麟大队长和政训员想来拜见坛主，都表示欢迎，都说郎玉麟部队好，他们"红枪会"反对的是土匪，他们也是要抗日的。这样，每到一处，周少兰联系后，再到约定地点带郎玉麟、王文林和潘海仁一起进村，身上都暗藏着自卫短枪，让武装班原地守候，嘱咐如听到枪声，即进村支援。结果双方面对面的非正式会谈，完全没有一丝敌意。王文林是北方人，语言上有障碍，没有多说话，他的团结抗战思想都由郎玉麟充分表达了。本来对"红枪会"心存戒备的郎玉麟觉得大出意外，王文林的看法是"红枪会"徒众大都是贫苦农民兄弟，应该也是他们团结争取的对象。这次面对面以后，这被他看作是他们执行抗日统一战线政策的初步成果。

时入隆冬，彭林对部队训练毫不放松，他在偏北山地带领战士们强行军，他不让部队沿着大路走，要求翻山越岭，小伙子们个个背着枪，全身热气腾腾，彭林自己虽然是走过二万五千里长征路的老战士，也是气喘吁吁的，正打算令队伍原地休息几分钟，忽见派出的前锋侦察员飞奔而回，彭林立即发出口令："全体停止前进！"侦察员到跟前大声喊："报告彭参谋，前面转弯的大路上发现日本鬼子，正向我方行进，人数大约一百多，距离四五里！"彭林拿过侦察员的望远镜向北瞭望，视线被山岳遮挡。彭林机灵地环顾身后左右，立刻有了主意：身后有座小山，树林茂密，山下小道蜿蜒，可作退路，完全可以利用山岩掩护，打一个伏击战。主意拿定，他当即对队伍下达命令："同志们，一百多个鬼子从大路北面过来，十来分钟后经过这里，我们要抓住战机，打它一个伏击战！现在我命令，一中、二中、三中队马上分为左、中、右三部分，向后山分散隐蔽，选择伏击点。机枪班跟我走。大家沉住气，发现敌人时，不准有一点响动，听到我的号令一齐开火，集中力量打击目标！伏击战是出其不意，对敌人突然袭击，要打得快，打得准，听到命令立即撤退！"当部队三面部署在阵地上，彭林检查战士们的埋伏姿势，自己带机枪班在阵地中央。不久，北端大路上出现一面"膏药旗"，敌人的队伍来了。一个日本军官佩带指挥刀大踏步向前走，一百多人的鬼子兵成一路纵队行进，队伍中间一个骑在马上的指挥官左顾右盼，好不威风。敌人越来越近，战士们第一次面对全副武装的日本鬼子，都紧张得瞪大眼睛，大家焦急地等待彭参谋发枪的信号，眼看着鬼子队伍在眼前走过了一半，发自彭林的"嘭"的第一声枪响了，连发的机关枪也响了，复仇的火力同时迸发，骑马的指挥官首先倒下，鬼子死的死，伤的伤，嗷嗷乱叫乱窜。动作快的鬼子趴在路边的水沟里，开动机枪步枪向小山上猛烈还击。彭林向天空发了一枪，下令撤退，队伍迅速无影无踪。受到重创的这队日军来自长兴据点李家巷。汉奸情报不灵，他们根本还不知道吴兴西乡有这样厉害的一支游击队……

　　1938年1月22日，湖州敌伪办的《新湖州报》赫然刊登一条消息："抗日分子郎玉麟，近来在西乡一带活动，遭到皇军痛击，现正纠集残部，企图进袭湖州云云。"这条消息等于为郎玉麟部队做了义务宣传，仅仅一百多人的小游击队，从此声誉便逐日不胫而走了。

六

　　在萧瑟寒风中，温永之内着旧丝棉袄外穿长衫，活脱脱一个穷乡村教师模样，安全越过京杭国道到了路东。他小心翼翼地在半沦陷区、无政府状态的水网地区穿行,所见所闻,使他深深感到家乡父老正陷入水深火热之中,好在他一口湖州话,路上遇到"烧毛党"的游杂武装,都能化险为夷,没有被为难,加上不时碰到一些熟人或学生,可以了解不少实际情况。一个从南浔逃出来的学生,声泪俱下地诉说日军入侵南浔时见人就杀,房屋被烧了400多间,他父母都被杀害了。温永之根据自己这次深入敌后的记事簿,出版了《浙西抗战初期抗战史话》,其中有这样的文字:

在敌人刺刀闪烁之下,浙西展开了怎样地黑暗的一幕人世间悲惨剧,一切,都被埋葬于巨雷似的爆炸声里,原野在迸裂,运河及其支流,泛滥着殷红的血潮,洋桥水上漂浮尸体……晚上,满天红光,整个城镇在火焰里毁灭了,被杀戮、流血、逃亡、奸淫等恐怖袭击着,而发出来的绝望求救的惨叫,使整个地球为之战栗起来。说起敌人的残暴与不人道的罪恶,那真是要使我们切肤咋舌的。这里且举几个例子吧。这是对日本帝国主义者真面目的揭露……一、太湖边的义皋镇在一天下午突然来了120个日本鬼子,他们逼着维持会长季三袖交出240条丝棉被、120个花姑娘。因为这时妇女都乘小船逃到太湖上,无法应付,鬼子们竟亲自动手了。在湖边生长着一堆堆的太湖蒿草,鬼子用洋油浇上去,点火燃烧起来,顷刻间太湖边一片火海,藏匿在蒿草里的小船上的妇女被迫逃出来,于是被敌人踩蹦了,有些意志坚强的就同蒿草变为灰烬。有些小船在火海里逃到湖上,却被风浪吹打到岸边,鬼子们跃上去行凶,从母亲怀里夺去婴儿,抛掷到太湖里,妇女们遭受到轮奸踩蹦。第二天早上,太湖里飘浮着几十个婴孩和翻转的小船……维持会的一个老先生,目睹三个日本鬼子在观音庙里的拜垫上轮奸妇女,他大概觉得这太得罪观音菩萨了,口中念着:"南无阿弥陀佛",鬼子听到了,挥舞刺刀从鼻子到头顶,划出一条血沟,满脸是血,人也昏倒了……二、在吴兴轧村的徐家湾,一个18岁的姐姐和15岁的妹妹,跟邻居姐妹嫂子,躲在一间草房里,瞒过了第一批日本鬼子,可是第二批鬼子经过时,一位嫂子抱着的小孩因窒闷哭了,立刻被敌人发现,这些妇女都遭到豺狼的践踏,15岁的妹妹被糟蹋不能动弹,只会哭喊着爹妈,姐姐在回家过桥时又碰到第三批日本鬼子,她知道大难临头,于是往河里跳下去,她不会游泳,日本鬼子在岸边看着她沉下去又浮上来,起劲地拍手欢笑,这时谁敢出来救她呢?……

从湖州城外经过时,温永之记挂妻子和两个儿女,妻子陈依心住在衣裳街。他问了几个人都说城里倒没有什么,日本鬼子进城后收买人心,难民进城发给白色布质"良民证",缀在胸前便可出入,但必须向站岗的日本兵行鞠躬礼。温永之真想回家看看,最后还是硬着一条心,没有进城,拜托一个陌生人带一封报平安的信给妻子。他越是往东走,越是觉得奇怪,怎么到处都有打着游击队旗号的游杂武装。人家告诉它,现在菱湖、长超、练市、千金、石淙、塘南、塘北、善琏都没有敌伪据点,但时有敌伪流窜。那些游杂武装人数不等,以"抗日"之名行坐地分赃、霸地盘、争捐税之实,划分势力范围,互相摩擦、大鱼吃小鱼,甚至发生火并。老百姓敢怒而不敢言。不过,许多人都讲到有一支长超部队,叫抗日义勇军,头儿名叫李泉生,这支长超部队有三四百人,多次伏击打沉日本鬼子的快艇多艘,受到老百姓的拥护。从西乡出来以前,温永之在军民大会上听说李泉生领导一支长超部队,才促使他决心到东乡来一看究竟。现在果然证实了,这使他又惊又喜。说起来,他和李泉生是患难之交,早在1929年两人同是中共吴兴县委委员,当时在"左倾"冒险主义路线时期,因搞农民暴动被捕入狱。温永之是叔叔温铁民出面保释的,叔叔是国民党县党部执行委员、县政府民政科长,算得上是地方上层人士,后来还当了乡长多年。李泉生也是靠亲属关系得自由的。抗战发生前,二人都是小学教师,仍偶有往还,抗战发生后音信中断,想不到风云际会,李泉生今天成了杭嘉湖的抗日游击英雄,他来东乡算是不虚此行了。他决定先去塘南探望叔叔后再去长超找李泉生畅叙。

温铁民年近花甲,平时热心公益,仍然担任着塘南乡乡长一职。这里日军魔爪尚未触及,表面上还是安宁的。从抗战开始,叔侄偶有书信往还,此时侄儿突然来临,叔叔未免十分意外:"到处乱糟糟的,人人朝不保夕,你怎么还到处走呀?"温永之见到叔叔,叔母闻声也从房间里出来,相互道问平安,温永之说:"我还不知道湖州家里怎么样呢?"叔母说:"刚刚接到我们老二湖州来信,他到衣裳街去过了,家里平安,依心倒是担心你,你不是去西乡吗?怎么跑到东乡来了?"温永之口干舌燥,坐下来大口喝茶,一面表示说来话长。

温永之话匣子打开,讲了他到西乡、到安吉梅溪参加抗日救亡活动,又参加郎玉麟游击队回到西乡的经过,这次出来就是为了多了解一些敌情民意,到这里以后,准备去长超见见李泉生。叔叔听了点点头,叹息着:"国军节节败退,日本鬼子如此凶恶,地方上的不法之徒胡作非为,自己活着也只是苟且偷生,等到抗战胜利之日,这条老命怕早就……"温永之连忙安慰叔叔:"不必悲观,小小日本要吞并中国只是梦想,你看看我们杭嘉湖,尽管国军都撤退了,日本鬼子只能占据几座县城,几处交通要道,几处集镇,一大半土地还是在我们中国人手里。长期抗战,抗战到底,叔叔要保重身体,要有信心,我们一定能把日本鬼子赶出去，胜利是我们的……"温永之像是在向群众做宣传工作，叔叔却摇摇手，示意温永之说的自己都懂。接着，他对侄儿说："我跟你们不同，我走不动了，如果是十年前，我早走啦，这份爱国心，我也是有的。"话题打开了，老人继续对温永之讲起一些熟人，某某在乡里搞维持会，某某到湖州城里谋差事当汉奸去了，还有人打他的主意，拉他去为日本人做事，被他申斥一顿。温永之问："我到这里来的船上遇到一个嘉兴客人，他说现在嘉兴成立了一个汉奸组织，叫作什么'苏嘉路全线湖嘉两属治安维持会'，会长的名字叫郭剑石，这个人你知道吗？"叔叔回答："怎么不知道，这个郭剑石我打过交道，他是嘉兴新塍镇人，做律师的，买通官府，一向巧取豪夺，横行乡里，这种人当汉奸一点不奇怪！你不知道吗？我们湖州也出了一个大汉奸徐朴诚，他是个青帮大头领，门徒众多，原是淞沪水警总局局长，一直躲在湖州家里，日本鬼子一来，他就卖身投靠，也当汉奸去了。前几天一个朋友从长兴来告诉我，说是长兴的周凤岐很活跃，他本是日本士官生，懂日语，他向日军提供维持会人员的名单，日军要利用他……嘉兴、吴兴、长兴都是湖嘉地区，同时出三个大汉奸，真是不幸！"

"周凤岐？我记得北伐时期，他不是一个军长吗？"温永之关心政治，思想进步，记忆也不错，他接了叔叔的话说："这是一个政治败类，好像还当过不到一年的浙江省主席，后来被撤职，蒋介石对他下了通缉令，这个人反复无常，是个失意军阀，不当汉奸才怪。"

"永之，一个人至少要明哲保身。这种人利欲熏心，肯定没有好结果。"温铁民说。

临别时温永之对叔叔说："叔叔，侄儿有一句话想说，你当了几年乡长，也够辛苦了，现在情况复杂，是不是就不要再当乡长了？"

温铁民哈哈笑起来："永之，你放心，我现在已辞去乡长之职，什么事情都不用管。你放心吧！"

水乡的交通靠坐船，塘南到长超不过数十里，当温永之来到长超乡地界，见人就问李泉生在哪里，一个个都回答不知道。他自己又想一想，一个陌生人找李泉生，人家不给冷面孔才怪。第二天他走到一个村子边，看到桥头站着游击队两名岗哨，他正要过去问，那岗哨示意这里禁止行人，他就说："我是外地来的，我是李泉生的老朋友，我的名字叫温永之，你能告诉我李泉生在哪里吗？我有重要的事找他。"岗哨让他等着，其中一位请示去了。

多年前的同志、难友，今天游击战地上的战友，在这个水乡的小村子里相见，这是多么意外！彼此急切的问答声中，他们笑了。挣脱命运的重压，此刻他们自觉地把生命交给抗日救亡的斗争,岁月催人老,他们已不再年轻了。

温永之首先谈了自己追随郎玉麟在西乡搞吴兴县抗日游击队的前后情况,然后说:"我是在西乡听说你的长超部队如何如何,所以下决心来找你的。"

接着,温永之谈到从西乡一路过来的所见所闻,特别是从叔叔家里听到的关于郭剑石、徐朴诚等汉奸分子的活动,李泉生站起来,从桌子抽屉里取出一封书信,随手交给温永之,严肃地说:"这是前几天专人送到的,他们野心不小啊!"

温永之接过来翻开一看,见到一份红色请帖,封面写有"李泉生先生"字样,帖文写的是:"本人出身耕读之家,长贫寒纷乱之世,幸而得地方前辈扶持,数十年来效力桑梓,未敢稍有逾越。今年农历正月初二(公历2月1日),为本人59岁生日之期,特在德清新市镇举行盛大宴会,答谢各方友好,敬请拨冗光临赐教,是所至祷。周明三敬上。"

温永之又看到毛笔书写的两张十行纸,这样写道:

李泉生先生勋鉴:

嘉湖不幸,痛遭兵燹,明三等有鉴于地方沦陷,联络中断,而国军远撤,又不知何时莅临。于今日论大局,外则部队林立,攻战频仍,内则饷粮子弹断绝是虑,而生灵涂炭,每嗟死亡之遍野,法纪荡然,更痛万劫之不复,故险象环生,危殆未有如此时者。前浙江省主席周凤岐先生,悯此时艰,自沪上派人来此,拟洽编部队,共商统一办法。安危辑乱,明三等窃以为端在此举。狂澜共挽,乡君子必有以响斯应。而储力蓄锐,待机以动,亦诚报国有时,谨布区区,以候明教。

周明三 吴敏益 赵碧 同启
民国二十七年一月五日

温永之看毕,简直是傻眼了!他没有听说过周明三其人,更不知吴敏益、赵碧是何方神圣,但从这封信可以肯定这是一群利欲熏心的汉奸贼子,什么"前浙江省主席周凤岐……自沪上派人来此,拟洽编部队,共商统一办法"。他们的葫芦里卖什么药不是很明白吗!温永之立刻把这个看法对李泉生说出来。

李泉生点着头说:"对!我也是这个看法。这个周凤岐是什么时候的浙江省主席?"

"大概是北伐时期,时间很短。这个家伙是长兴人,还算是湖州人呢。他是日本士官学校出身,军阀混战时,当到军长,后来投靠蒋介石。此人反复无常,后来不知犯了什么事,蒋介石对他下过通缉令,从此落魄失意。现在周明三的信说,周凤岐派人来洽编部队,说明他已经勾结日寇,企图捞取政治资本。就是说他妄想把浙西的抗日游击队收编过来变成他手上的和平军,向日本鬼子献媚,周明三信上那两个姓吴、姓赵的,也是他们派来的汉奸!"

"对!"李泉生一边点头,一边沉思着。

在时代大潮冲击中走过来的两个中年人,共同的想法是:抗日救亡与妥协投降是一场生死决斗,当前最重要的是尽快联合抗日力量,揭露周明三,挫败汉奸分子的罪恶阴谋。

李泉生的抗日义勇军——人称"长超部队",是在短短的时间里发展起来的。过去他在地方上搞农民运动,方圆几十里无人不知。历史的影响是无形的,地方沦陷后,他登高一呼,农民和年轻人纷纷凝聚在一起。长超部队的战绩,令温永之赞叹不已。离开李泉生时,他的记事簿上记下长超部队对日寇袭击的几次胜利:

> 长超部队展开游击活动后,引起日寇注意,一天驻吴兴日军派出六艘汽艇、八十多人下乡扫荡,接情报员报告后,李泉生和副队长周枝枚立即动员队伍二百余人,赶到敌艇必将经过的罗田漾,前后左右布置埋伏。下午一时许,六艘敌艇相继驶来了,船上的鬼子蹲伏在船舷边,全部持枪警戒。游击队员埋伏在地形较高的河岸桑园里,看到敌船全部进入伏击圈内,信号枪一声响,左边、右边一百多支枪同时发射,河中的敌艇成了活靶,几十名鬼子毙命或倒在河里,敌船慌忙开足马力向前直冲,前面又有几十名战士迎头挡住,敌船陷入火网之中,互相冲撞,船上的鬼子死伤大半,不是中弹而死,便是溺水而亡,六艘汽艇散了架似的漂浮在河面上。战士们从水中生擒了十个俘虏,还有十多个鬼子飞速逃上岸后,躲进了附近一个农民家里,追逐的几十名游击战士将民房团团围住,鬼子利用墙院发射火力负隅顽抗。这时农民房主说:"我这座房子不要了,你们放火烧,把鬼子烧死。"几名战士跟房主到后面一间堆置杂物稻草盖顶的矮房,点起火把丢进去,霎时间火光冲天,火势蔓延,连成一片,战士们以为这样一来日本鬼子会逃出来。鬼子们嗷嗷大叫,疯狂喊骂着,最后听不到声音,房屋也烧光了。战士们在坍毁的屋子里看到被烧焦的十五具日本鬼子的尸体……他们惊呆了。李泉生后来对大家说,这是日本侵略者的所谓"武士道"精神,他们宁死不愿被我们活捉。我们从这次取得的胜利中必须更清楚地看清日本侵略者的真面目,抗战到底,把日本鬼子赶出去。为了激励民心,李泉生决定把五花大绑的那五名俘虏押到长超镇上游街示众,老

百姓对他们吐唾沫,也有上前踢上两脚的。怎么处置他们,有人说按俘虏政策,送到后方去,更多的人仇恨在心,高声喊:"枪决!枪决!"

长超部队在罗田漾伏击,一举全歼日本六艘汽艇八十多人,很快传遍了嘉湖游击区。

温永之的记事簿又记录了长超部队的另一次非同寻常的战斗:

> 塘南乡新兴港农民陈奎林气喘吁吁地找到长超部队驻地,腿脚发软,一进门就倒在地上,门岗战士把他扶起,给他喝了几口水,他开始声泪俱下,诉说一群鬼子中午闯进家门,要他烧饭吃,他和妻子在敌人刺刀威迫下,急忙杀鸡宰鸭,把饭菜烧好,让鬼子吃。谁知他们吃喝以后,把眼光盯紧他的妻子,鬼子们咕噜咕噜一通,为首一个就向他妻子动手动脚,妻子吓坏了,转身向屋里跑,鬼子追进去,随后就听到他妻子的尖声叫喊……陈奎林听到,知道妻子遭难了,立刻向屋里冲,屋门口有一个站岗的鬼子,用刺刀把他逼出门外,情急之中他想到附近有李泉生部队,马上转身就跑,果然找到了副队长周枝枚。听了他的诉说,周枝枚命令马上准备几条小划船,带一个中队的战士,乘坐小划船直奔新兴港。下午三点多钟疯狂轮奸发泄兽欲后的十多个鬼子还在屋里休息睡觉,周枝枚命令战士先把门口站岗的几个鬼子击倒,把手榴弹掷向屋内,门外架起轻机枪,企图冲出来的鬼子一个个倒下,最后有一个被活捉了,陈奎林进屋看到妻子满身是血,赤条条躺在地上不能动弹,心痛肺裂,他把妻子抱起放到床上。这时听到活捉一个鬼子,他拿起铁耙冲去,见到鬼子当头劈下,那鬼子头破血流翻滚在地……

在温永之的记事簿上,他对李泉生部队赞叹不已,这样一支民间自发组成的抗日游击队,没有经过正规训练,又不依靠政府军饷,李泉生真了不起。他想到郎玉麟组建部队是靠吴兴县政府的名号,但王文林强调的是独立自主。他想,李泉生这样的独立自主,郎玉麟能做到吗?

李泉生提出联合一切抗日力量反对周明三一伙的投降阴谋,二人商量下来,他写介绍信给温永之,去德清面见正在编组"浙西游击总队"的吴辞炎,只要吴辞炎表态,周明三就不敢动。李泉生又提出:"现在时间紧迫,你可以向吴辞炎建议,同时展开舆论攻势,他们离新市近,可派人夜间在新市地方到处张贴'坚决抗战到底,谨防汉奸'的标语,一面散布消息说正规军即将越过京杭国道进入杭嘉湖沦陷区恢复政权……"李泉生想得周到,温永之更心服了。

为了老友路上安全,李泉生派一个带路的人陪温永之去德清,走的是水路，没有航班，靠的是小划船，一天多下来才到德清县境，总算打听到吴辞炎在士林乡，正在那里开会忙碌。找到一条能直接划到士林乡的小船，带路的人就回去了。

吴辞炎是抗战前德清地方的世家子弟，祖上有过功名，他也传承了家业，受过良好的教育，但他不去做官，回到家乡办丝绸实业，平日仗义疏财，热心公益。1927年大革命时期，他倒是一个活跃分子，同国民党地方党部关系密切。1937年秋，京杭国道以东地区相继沦陷后，日军烧杀抢掠，无恶不作，土匪绑架越货层出不穷，人心惶惶不可终日。这时的吴辞炎就同上海回来的国民党爱国人士褚元恺等几个志同道合的人，商议组织抗日游击队，当时周围各乡镇都出现零星的自卫武装，也有各色人等或散兵游勇拉起来的游杂部队，吴辞炎等人的计划是把这些分散杂乱的武装纳入正轨，促使他们成为真正的抗日游击队伍。经过一番周折，他们决定选择中心地区为总部所在地，士林乡河港纵横交叉，周围水墩环绕，无船路不通，地形十分隐蔽。开始活动时通过各方面有影响的人士出面推动，他们号称"浙西抗日游击总队"，众人推举吴辞炎为总队长，分别收编活动在德清与吴兴交界，德清邻近崇德、桐乡地区的几支游杂队伍，编为第一、第二大队，又把洛舍原义勇警察队改编为特务大队，地方上不少热血青年也踊跃参加，总队共有一千多人，成为浙西沦陷区人数多、有实力的自发性抗日游击队。

吴辞炎看了李泉生的介绍信，对温永之表示热情欢迎，说了几句客套话后，温永之就开腔说明来意。吴辞炎听了，放声笑起来："好呀，我们想到一起了！我接到周明三来信的那几天，正是组编部队最忙的时候，这几天才有了一点头绪。"温永之说："李泉生对我说了，吴总队长是个抗日思想坚定的人，有你来领头一起行动，看周明三这伙跳梁小丑还能耍什么花样。"同是德清县乡土社会上的头面人物，吴辞炎很了解周明三这个人：青帮老大，三教九流，不问是非。"周明三手上也有一支小队伍，大家考虑到这个人不可靠，组编'浙西抗日游击总队'时，就把他排除在外。怎么也没有料到，他现在倒把爪子伸到我们这里来了。"吴辞炎告诉温永之："嘉兴来人，上海来人，长兴也来人，我们已经知道这个缘由起自叛逆分子周凤岐。这个周凤岐是长兴八都芥人，日本士官学校出身，北伐时期当过军长，还当过短时间的浙江省主席，只因人格低下，见利忘义，反复无常，朽木不可雕也，最终被蒋委员长抛到垃圾堆里。抗战发生后他躲在长兴家里，同日本鬼子勾搭上了，于是一个日本高级军官亲赴长兴请他出山，还准备叫他做浙江省伪政府主席。这时嘉兴恶讼棍郭剑石投敌，担任湖嘉铁路维持会长，又有原上海淞沪水警局局长徐朴诚也向日寇卖身投靠，这两个家伙都成了周凤岐的爪牙,就是这两个家伙派代表到新市拉拢周明三,前因后果就是这样。"吴辞炎比书生温永之了解的还多,这一番话让他顿开茅塞。

一声电话铃响,温永之这才发现吴辞炎的办公桌上有一台电话机,有点惊呆了。只见吴辞炎拿起听筒问:"谁?哦,哦,哦……知道了!"这里怎么会有电话?温永之满心疑惑。吴辞炎看他对电话产生疑问,笑着说:"温先生,你奇怪我们有电话是吗?"温永之点点头:"是呀!你们这里怎么会有电话?我不明白。"他们两个是年龄相近的人,电话是都用过的,问题是如今战火纷飞,一切都乱套了,游击队怎么还能有电话?

吴辞炎顺便讲了他怎样创建这个战时通讯网的。选择士林乡作为指挥部所在地,好是好在它无船不通,有利于游击战,有利必有弊,不利的就是交通不便,消息不灵,如果没有办法解决,这里是待不住的。怎么办呢?他们一开始就想到解决办法,就是有技术人才、有器材。人才是原来电话所的两名线工,器材是菱湖爱国人士捐助的二十门交换机一部,塘栖爱国人士捐助摇铃电话机十部,还有蓄电池箱、架设电话线的枢纽材料,等等,有了这些条件,就可以给总队下属各队全面铺设支线,装通话机。当然,通往敌区的老线路是完全切断了的。他们的支线架都注意隐蔽,设在桑地、竹园或树林里。他们还派人监收日伪动态,通报给附近的其各部以引起戒备。吴辞炎的介绍是够诱人的。

临别时,温永之重复了李泉生的建议:请吴辞炎针对周明三展开舆论攻势,在新市贴"谨防汉奸"的标语,散布"正规军快来了"的消息,时间紧迫,希望派人抓紧去做。"我马上回吴兴西乡,向郎玉麟报告,一定在2月1日前赶到新市。"吴辞炎紧紧握着温永之的手说:"温先生放心,我马上派人去办!请你替我问候郎大队长,我们在新市见面,把周明三打个落花流水!"

七

等了近20天,还不见温永之回来,郎玉麟心里有点焦虑,路东情况复杂,生怕他出什么事,又不可能派人去找。特别是军民大会后部队人数增加,影响扩大,如果部队在固定地区活动,那是非常不利的,已经派出几路侦察员外出,考虑今后的发展路线。一直到1月25日傍晚,温永之才终于风尘仆仆回来了,大家的高兴可想而知。他一脸疲惫,看上去似乎老了几岁。他匆匆吃了一顿饭,马上对领导班子作汇报。他身上的记事簿一页页已写得密密麻麻,但最重要的不是那上面写的什么，而是他满脑子想着的杭嘉湖游击区正面临着敌伪势力收编游击队的巨大危险。时间紧迫，路上见闻可以慢点说，反汉奸、反收编阴谋才是当前的首要任务。

"温永之同志，你辛苦了，我们一直担心你路上的安全，今天你回来，我们可以放心了。"王文林亲切地说。

"快告诉我们，路东的游击队发展得怎么样？李泉生同志的长超部队怎么样？"郎玉麟急着说。

尽管一副倦容，温永之仍兴致勃勃，语气快速地说："大队长，政训员，彭参谋，你们想不到，我用这把老骨头，半个多月走了大半个吴兴县，还到了德清的士林镇，见闻真不少，我的一本记事簿都写满了。只是我觉得要先说一件最紧急、最重要的事情，非常紧急，非常重要！"

"什么事，你快说！"郎玉麟催促。

"郎大队长，你最关心的是抗日游击队发展得怎么样，我接触的有两支部队，一支是李泉生的抗日义勇军——长超部队，一支是德清吴辞炎的浙西抗日游击总队，一千多人。他们都是独立自主的，地方上自筹军饷，没有上级归属。他们的情况另外再说，先讲我从他们那里看到的一个材料……"

温永之翻开记事簿，念了周明三的信和2月1日在新市镇举行59岁生日大聚会的请帖，念一遍不够，又念了第二遍，着重指出要害："前省主席周凤岐"，"自沪上派人来此"收编浙西游击队，德清新市周明三是以做生日大寿为名，企图拉拢浙西游击队接受"收编"，使抗日游击队变为附逆的"和平军"。

"周明三这封信已发给杭嘉湖地区、县的大小二十多支游击队，我们这里收到了吗？"

回答说："没有收到。"

这就是说，周明三还不知道吴兴西乡有一支郎玉麟部队。

"温永之同志，请你谈一下，你是从李泉生、吴辞炎他们那边来的，他们的态度怎么样？"王文林抓住了主题。

"对，政训员，这就是我要说的。我就是为这个匆匆忙忙赶回来的。李泉生、吴辞炎抗日思想坚定，旗帜鲜明，坚决反对汉奸分子的投降阴谋，他们希望我们积极参加这场反汉奸分子收编阴谋的斗争！"温永之激动地说。

"我还有一点不明白，这个所谓前浙江省省长周凤岐，是什么时候的省长？"郎玉麟问道。

"你年纪小几岁，所以不知道。这个周凤岐是长兴人，也算湖州人啦，军阀混战时期，在孙传芳部队当过军长，也就是那时他短时间当过浙江省省长，后来投靠北伐军,是一个反复无常的家伙。30 年代初他在长兴组织反动武装,被蒋委员长下过通缉令,后来通缉令撤销了,他也没有职务了。我这次在叔叔家里听说,长兴沦陷后他马上出来向日本鬼子提供维持会名单,后来就被日本人接到上海去当汉奸了。"

王文林、彭林都说,原来是这样一个失意军阀卖国贼。

郎玉麟毫不迟疑地说:"我们一定要参加这场斗争。事关抗日与投降,非同小可,旁观是不可能的。我们去!"

王文林也表态:"必须去!我们这支队伍虽小,但我们是杭嘉湖第一支由共产党领导的队伍。那个周明三,以祝寿为名,拉拢游击队首领赴会,目的就是瓦解抗日斗志,引诱动摇分子,我们主动赴会,高举抗日旗帜,同李泉生、吴辞炎站在一起,胜利是我们的。"

大家商量的结果是,决定由郎玉麟、王文林、温永之三人,带两个通讯员去德清新市赴会。

这个晚上,温永之又作了一个路东游击区情况的详细汇报,到半夜才睡下。第二天,郎玉麟和王文林、彭林商议,根据当前敌情和部队情况,必须提高警惕,防止日寇突然出动流窜扫荡,因此在郎大队长等去德清新市参加反奸活动时,部队应立即转移,方向是接近长兴的空白地区,并确定秘密联络点。温永之休息了两天,1 月 28 日,郎玉麟等人步行一段路,坐小船向德清方向去了。

杭嘉湖民俗:"做九不做十。"新市周明三以 59 岁生日大寿为名,准备大宴宾客,实际上是企图贩卖所谓前浙江省主席周凤岐"自沪上派人来此,拟洽编部队,共商统一办法"作为诱饵,这种做法是"司马昭之心,路人皆知"。这个周明三走上贼船,究竟是为了什么?

在德清新市镇,周明三其人非同等闲,他在南栅码头拥有一家内河航运公司,作为青帮一方头领,四乡无人不知。年纪大的新市人知道,周明三从小是个孤儿,由叔叔带去上海,这个叔叔在上海是个"白相人",周明三聪明乖巧,耳濡目染,不几年就在下层社会拜老头子,竟然混出一方天地。经过 20 多年,不知靠什么歪门邪道发了迹,40 岁左右带一个珠光宝气的年轻女子回到新市时,他中等微胖身材,穿纺绸长衫,头顶灰色呢帽,下穿笔挺西装裤,脚上皮鞋锃亮,人们根本想不到他是当年的孤儿周明三。祖屋坍毁了,他暂时住了一阵旅馆,随后便买下一座大宅院安了家,像模像样地给邻里乡亲办了酒宴。他在上海怎样发的财,没有人知道,只听说他同租界里的水上警察局有关系。谁都明白,上海是冒险家的乐园,不走黑道是很难发财的。回乡这么多年了,他早已结交三教九流，门徒众多。杭嘉湖沦陷后，镇上几家富户先后逃入上海租界，周明三因自己的产业移动不得，目睹各处兵痞、流氓、土匪滋扰，他立即以维护地方治安为名，召集一批门徒，花钱弄到一批枪支，成立一支新市镇自卫队，自任队长。那时日军尚未入侵德清，他由此在镇上捞得一份名声。当强敌压境，大地遭受狂风暴雨之时，到处有污秽沉渣浮起，乃是不足为奇，周明三就是在那些日子里收到上海专人送到的一封密信的。拆开来看，写的是：

明三贤弟：

愚兄已从湖州家中回上海，一切顺利。为未来事业，我近日将派亲信代表到你处，一切由该员面陈，可完全信任之。勿误为要。

徐大哥

"徐大哥"不是别人，正是周明三的恩人，大师兄徐朴诚，原任上海水警局局长。这封信使周明三明白，徐大哥在上海找到门路了，没有忘记他，这使他彻夜未眠，产生一种莫名其妙的希望。

国军后撤时，为阻击追敌，沪杭铁路线嘉善至枫泾段曾遭重大破坏，如今早已恢复通车。收到密信后几天，1938年1月上旬，新市镇来了两个派头十足的人，40岁左右，一个毛领呢大衣，外相文静，举止优雅，一个中式丝棉袄黑罩衫，西裤，手拎一只小皮箱。二人来到周明三家门口，分别自报姓名，递上一封徐朴诚的亲笔信。前者自报姓名吴敏益，后者赵碧，姓吴的开口就说："周先生是我们的老前辈，请多多指教，我们俩是奉徐局长之命执行一项重大使命，希望周先生鼎力相助。"周明三听了，有点如梦似幻，他既不知道"重大使命"是什么，也不知道要他如何协助，表现出一副诚惶诚恐的模样，只能接上一句："我徐大哥的事，本人尽力而为就是了。"

自称吴敏益的人说："请周先生把我们的住处安排好再说吧。"

周明三领着二人走进后院，他的房子大，前后三进，让二人挑选一间。这里很清静，适于避免外界接触。时已近晚，自然是招待晚餐，不在话下。

晚上，房里没有电灯，点的是洋蜡烛，也不碍事。

说实话，周明三虽非忠良爱国之士，给日本人当汉奸这种想法却是没有的。他小时父母双亡，孤苦无依，在一个"富者田连阡陌，贫者地无立锥"的社会里，跟随叔父混了过来也不容易。他的名字"明三"是叔父给改的，带他去上海的那天，叔父对他说："做人有三个字万万要牢记，哪三个字？一是'友'——朋友，在家靠父母，出外靠朋友，交上几个得力的朋友，你的路子就宽了；二是'义'——义气，如果做人不讲义气，只顾自己，再好的朋友也会看不起你；三是

'利'——利益,一个人要懂得怎样做对自己有利,不图利就变成傻瓜,只能一世穷到底,利的反面是害,趋利避害才是聪明人。你那个周小毛的名字废了它,从今天起叫周明三,听懂了吗?记牢了吗?"周小毛唯唯诺诺:"叔叔,我听明白了,我的名字叫周明三。"

这个周明三从此步入江湖,一路顺风顺水。如果人家认为他不够朋友,不讲义气,不在乎利,是不会来找他的。

姓吴的态度儒雅,举止不亢不卑,看来他知道周明三的底细,他首先要做的是让周明三明白他作为徐大哥的代表,为什么来找他,要他做什么事。

"周先生,你看报纸吗?"

"不,我听收音机。"

"听收音机也一样。南京失守了,日军正在沿津浦路北上,一路势如破竹,老蒋的军队是挡不住的。"

"日本军队武器厉害,还有空军、海军……"

"是呀,我们打不过日本,打下去要亡国。"

"不是说要长期抗战吗?要抗战到底吗?"

"这是老蒋的口号,叫叫而已。人家日本富国强兵,几年工夫吞并东北三省,几个月就打下上海、南京,什么长期抗战,骗老百姓罢了。"

"老百姓是不希望打仗。日本人打过来,烧杀奸淫抢掠,很惨很惨的。我们杭嘉湖地区首当其冲,老百姓苦死了!日本人没有到新市,我们这里总算是太平的。"

"所以呀,现在明智之士都主张早日停战,日本人提倡的是大东亚共荣圈,中日共存共荣。你可能不知道,日本人占领东北时,到处是抗日义勇军,后来怎么样?都解散了,被消灭了……"

"唔。"

"你知道徐大哥为什么派我们来找你吗?"

"不知道。"

"明人不说暗话。日本人打进南京,国民政府完蛋了!我告诉你,徐大哥已经参加和平运动,徐局长后面有大人物支持。"

"你说什么和平运动……"

"我们打不过日本,只能讲和。日本人搞大东亚共荣圈,对中国人也是有利的。你这个年纪的人应该知道,1927年北伐时期,有一个很出名的军长叫周凤岐,后来当过浙江省主席。他是长兴县人,也就是湖州人。徐大哥是他的部下。周军长是日本士官学校出身,老资格。日本人打下上海就到处找他,知道他在家乡隐居，便派高级军官请他出山，把他接到上海，住进豪华的新亚大酒店，日方要他出任浙江省政府主席。他知道杭嘉湖地区很混乱，游杂部队多，这样下去对和平运动不利，他指示徐大哥想办法统一收编游杂部队，组成一支和平军。徐大哥想到你在新市地方上有影响，手上又有一支部队，可以由你以新市为基地开展游击队大联合……我们已经想出一套办法。"

"前些时我听到有人说，德清吴辞炎正在跟一些人商量把分散在德清和附近桐乡、崇德交界地方的几支小游击队集中在一起，联合组织一支抗日游击总队……"

"有这样的事吗？"

"没有人找我，他们进行得怎样我不清楚。"

"看来我们的动作要快，要抢在他们前面！"

姓吴的原来想把周明三引进一个"迷魂阵"，然后亮出手中的底牌，但听周明三这么一说，有点急起来。他示意姓赵的打开小皮箱，取出一个文件夹，拿出一沓16开纸张四号字印刷的文书，大字标题是《告浙西游击区部队同仁书》。

这里不必再向读者重复了，这就是李泉生、吴辞炎收到，温永之看到，又向郎玉麟汇报的那份。

姓吴的是文书的作者，他明白让周明三自己看，未必能看懂，于是他逐字逐句念出来，一句句加以解释，周明三点点头，说明他懂了，不点头就再作更浅近的说明。仅仅几百字，也用不了多少时间。

"这个……散发出去吗？"周明三问。

"不，不散发，你要派人指名道姓直接送到各县的游击队领导人手里，还要附上一份个人的请帖。"

"请帖？什么请帖？"

"举办一个盛大宴会，共同商议部队大联合的事呀！"

"这个……能行吗？"

"不能犹豫，我们有大后台，怕什么？我们要抢在吴辞炎前头，成立杭嘉湖和平军第一师！"

"发请帖，摆大宴会，我想要有一个由头。我们湖嘉地方民俗是'做九不做十'，今年2月1日是我的59岁生日，发一个做寿的大红帖子。行吗？"

"可以，这个想法好。"

"帖子怎么写，请吴先生……"

"请帖我来执笔，要多少份，印多少份？新市可以印吗？"

"没有印刷厂。"

"不要紧,请赵先生跑一趟上海,用火红书面纸当场印好,速去速回。"

周明三59岁生日的大红请帖,读者已在前面见到。这是一个想入非非的诡秘的白日梦!

周明三打发一批门徒限期查清湖嘉地区现有的游击队头领及其活动地点,在1月10日前后,分别派专人直接送出书信,收信人名单是:德清洛舍镇吴辞炎大队长,吴兴长超抗日义勇军司令李泉生,吴兴菱湖、千金、双林、石淙的熊季楚、李正浩、冯小青、王佑人、张宗寿等,余杭王文贵、桐乡张玉如、嘉兴田寿山、嘉善姜维贤、平湖陈新民等大队长。周明三的门徒中,竟无人知道吴兴西乡新成立的郎玉麟吴兴抗日游击大队,到1月20日又有门徒来报:太湖边苏浙交界处有一支太湖别动队,司令程万军。周明三这才立即派人补送文书。

一场好戏就这样准备开场了!

1月底前几天,新市镇居民中有这样的流言:"中国正规军六十二师已在临安於潜集中,不久将越过京杭国道,向路东沦陷区挺进……"这个流言迅速得到传播。两位说客天天躲在密室里听不到,周明三外面耳目多,不敢瞒他,这让他忐忑不安,但又不敢对姓吴、姓赵的透露什么。更令他揪心的是大清早门徒来报,新市大街小巷发现标语:"谨防汉奸!坚持抗战到底!""打倒日本帝国主义!""把日本侵略者赶出去!"

周明三心里有点慌,立即命令新市自卫队全体出动,将标语全面清刷干净。这个情况非同小可,他对姓吴、姓赵的吞吞吐吐地透露,这两个汉奸分子假装镇静,对周明三说:"不要慌,抗日分子的活动不会停止,不过是吓吓人的。现在,你按原定计划执行,不要退缩,一切见机行事。"

2月1日前夕,各路游击英雄先后到达新市镇。他们都带有一二名卫士随行。周明三早已派人把全镇大小客店包租下来,指定一批人组成接待班了,所有到会者都要求在住宿地签名簿上签到,晚上收集送交周明三。到晚上9时止,共签到13家,其中郎玉麟吴兴抗日游击大队是不请自来的不速之客,受邀未到者一家——太湖别动队司令程万军。

深夜,在后院密室里,周明三和姓吴姓赵的研究签到簿上的名单,首先发现"浙西抗日游击总队吴辞炎总队长"这个签名,姓吴的一惊:"怎么? 总队长吴辞炎,你不是说他是大队长吗?"周明三也呆住了:"他本来是大队长。"姓吴的敏锐,发觉有点不妙,人家赶在前面了。他说:"你的情报不灵,吴辞炎是个对手。"周明三说不出话。

"太湖别动队程万军司令没有到会，他是我们的人，但他的地盘不在浙西，在苏州太湖，你们送的信太迟了！"

周明三心里打鼓，不知该怎么办。

"这个名单上，你看哪些人可以拉过来？"姓吴的异想天开。

"我平时同他们没有来往，说不上什么交情。"周明三说。

"你畏缩了，是吗？"姓吴的冷笑一声，"不要怕，大会照样开，可以见机而行，你的59岁生日还是要大摆宴席。"姓吴的自作镇静。

事到如今，周明三已是进退两难了。

周明三早上刚起床时就有门徒前来报告："太湖别动队程万军司令到，他的轮船停在码头上。"周明三顿时感到兴奋，他知道这个程万军可是青帮头面人物，他来捧场，万万怠慢不得。他匆匆漱洗完毕，便由门徒带着赶往码头迎接。程万军同徐朴诚有交情，他当然知道周明三是一个小兄弟。

"失迎，失迎，新市周明三拜见程司令！"

"好，好，不客气。徐朴诚大哥对我说了，我是看在徐局长的面上，连夜赶来的！"

"谢谢，谢谢，请程司令移步，先到寒舍用早点，我们开会时间还早呢。"

这个程万军，肥头大耳，戴顶十二角星的国民党军帽，上身厚厚的皮革，下身马靴，后面跟四个背"快慢机"的大汉，真是威风凛凛。

周明三明白，程司令既是徐大哥的朋友，当然也就可以介绍徐大哥的代表吴敏益和赵碧见面。最重要的是，程万军的到来，在周明三和两位说客的心理上增加了巨大的信心比重。

一起吃早点的时候，程司令问："你们今天开这个会，是想对浙西各地分散的游击队实行统一改编，这个野心太大了，你们有把握吗？"

姓吴的回答："我们这样做，是徐局长按照上头周凤岐主席的要求指示的。"

"我这次赶来，不是支持你们统一改编，我是想，你们这样做目前条件不够，我不得不赶过来压压阵。"

"程司令，请你指示，该怎么办呢？"周明三战战兢兢地问。

"心急喝不了热粥。这种事，得放长线钓大鱼。现在也只是喊抗日口号，时机未到嘛。徐朴诚当了苏嘉铁路护路总队司令，日本人还不放心呢。"

周明三好像放下一桩心事，急急地说："我懂了，我懂了，请程司令指示，该怎么办？"

姓吴的也见风转舵，表示："昨天晚上我说过要见机行事，程司令有什么指示,我们照办。我想,今天的祝寿大会照样开,可以不谈统一收编问题,改为加强游击部队友好联系问题,剿匪问题、军饷筹措问题,等等,程司令以为如何?"

程万军点点头:"依我看,中国这么大,日本鬼子想吞并中国,是蟒蛇吞大象,吞不下去的。它占领了几座大城市,小地方要靠和平军和维持会。我们的行动要看形势发展。"

一切悄无声息地照常进行。

尽管杭嘉湖已成沦陷区,德清县城和新市镇却仍暂时偏安。周明三把会场安排在新市镇政府大礼堂。他一身丝绸面料长袍马褂,红光满面,喜气盈盈,站在大门口迎客。由姓吴、姓赵的陪同,程万军司令是最后进场的贵宾,周明三早已安排程司令的前排座位。会议开始时,周明三宣布今天到会的游击队领导人名单,并特别表示感谢,他煞有介事地宣告:"本人在59岁生日之时,得到诸位赏光,三生有幸。现在是抗日战争时期,国难当头,我们为保障地方治安,防范日军窜扰,保护人民生命财产安全,今天能够聚集在一起很不容易。根据各方面的意见,我以邀请人的身份,在这里提议大会讨论几个问题:一、如何加强各地游击队之间的友好联系,如何加强信息沟通,彼此和衷共济;二、如何筹集游击队军饷保证供应问题;三、加强防匪剿匪安定地方问题;四、游击队如何搞好军民关系问题。欢迎各县游击队的领导同志发表意见。"

会场席上连坐一排的吴辞炎、李泉生、王文林、郎玉麟、温永之听着,一边听一边大感诧异:怎么调子全变了,要什么花样?他们以目示意,坐在中间的李泉生暗下给两边递条子:"戴上了假面具。"左边吴辞炎回条:"我们说我们的。"右边郎玉麟回条:"其中必有诈。"

周明三高声喊:"我们请远道赶来的太湖别动队程万军司令讲话,鼓掌欢迎!"

在热烈掌声中,程万军步上讲台。

"浙西游击队的同志们!我应邀参加周明三先生的生日祝寿大庆,能同大家会面,很高兴。周先生要我讲话,我就讲几句。中不中听,请诸位别客气尽管说。我们都是国军撤退后留下来的军人,守土有责,就是我们的思想,如果大家都逃难去了,自己的老家都不要了,那就真是让日本人看笑话。日本人想吞并中国,它是蟒蛇吞大象,吞不下去的。所以,我们在敌后活动不但要有勇气,还要有信心,保护地方,保护老百姓生命财产就是我们的任务。我的话完了!祝大家成功!"

又是一轮热烈的掌声。

接着有几个大队长发言,但没有人提到周明三的《告浙西游击区部队同仁书》,这个情况让吴辞炎肯定周明三的阴谋计划没有市场,他站起来发言了。他的话是:"今天我是想来听周明三先生讲几句真话的,但是有点失望,他给我们的信上说了一大套,今天却什么也没有说。好,这样也好,大家还是自己人,是抗日爱国同胞。我在这里声明:团结御侮,抗战到底,中国人与日本侵略者誓不两立,是不共戴天的仇敌,我们决不可以因一时的利害认贼作父,做出遗恨终生的蠢事来……"

全场的掌声更热烈了,经久不息。

李泉生站起来说:"我代表长超抗日义勇军,完全同意吴辞炎总队长的严正声明!我们也收到《告浙西游击区部队同仁书》,你们想干什么,我们心里有数,骗不了人。谁要背叛国家,谁就是民族败类,人人得而诛之!"

郎玉麟也站起来:"我叫郎玉麟,是吴兴县抗日游击大队的队长,我们的队伍归属吴兴县政府,我们成立刚刚一个月,已经多次打击日本鬼子,我今天到这里参加大会,同杭嘉湖地区的抗日游击队同志们见面,非常高兴。我们对吴辞炎总队长的严正声明和李泉生主任的表态完全支持。对那些抗日思想动摇的人,我们要警告他们早日猛醒,悬崖勒马,希望同志们提高警惕,互相支援,坚持敌后斗争!打倒汉奸,打击侵略者!"

在全场掌声中,周明三强自镇定,脸色变得煞白。

风波平息了,好像什么事也没有发生。

午间的宴会上,各路游击英雄举杯痛饮,不少大队长频频向周明三祝贺生日,姓吴、姓赵的陪着程万军司令,若无其事地谈笑风生,坐在同一桌上的吴辞炎、李泉生、郎玉麟、王文林、温永之时相低语,他们不参与祝酒,只是相互间举杯对饮,颇有笑傲江湖之态。

俗话说:"偷鸡不着蚀把米。"周明三是亏了,但他毕竟还能见机而行,总算保住了自己的体面。社会世态常常显示,弃恶扬善者不会被抛弃,他在江湖上并没有完全落败。没过多久,一个惊人的举动,让他们可以尽弃前嫌,暂且按下不表。

李泉生邀请郎玉麟去长超,但郎玉麟一心想着刚建立的部队,只想早日赶回西乡。他对李泉生说:"西乡地区狭小,我们开展活动,一定会引起敌人注意,所以我们打算向东乡发展,你以为如何?"李泉生回答:"你们到东乡来,我们联合起来更有力量。"郎玉麟谈了部队到东乡给养比较困难,李泉生说到时候他们可以帮助解决。二人约定保持密切联系便分手了。

又过去一个多月,传出了一件重大新闻。

1938 年 3 月 8 日,上海租界英商《大晚报》载:

三十年代以前,国民革命军二十六军军长,一度曾任浙江省主席周凤岐,浙江长兴县人,3月7日午,周氏在上海寓所法租界亚尔培路八十号门口,送客出门时遭预伏枪手四人开枪射击,周氏身中十一弹,当场血流如注,急送附近广慈医院时已毙命,年60岁。据传周氏已内定为浙江省政府主席伪职云。

受到正义严厉惩处的汉奸卖国贼周凤岐,已被钉上历史的耻辱柱。由于时代变迁,21世纪的读者,未必知道20世纪二三十年代的轶事,由于前面的故事背后暗藏着周凤岐的黑影,这里有必要向读者作些交代。

1987年《长兴文史资料》第二辑《周凤岐其人》专文有如下记载,摘录于此:

周凤岐生于1879年,即清光绪五年。此人自幼早慧机灵,塾师曾赞叹:"周家子弟众多,唯凤岐可以造就。"21岁时得中秀才并补为廪生,1905年毕业于杭州武备学堂,经秋瑾介绍与夏超等同入光复会,在浙江陆军第二标任职,至1910年保送保定陆军军官学校第三期,辛亥革命后追随新军朱瑞,驻防宁波、金华一带,朱瑞在袁世凯1916年称帝时附逆,周凤岐与吕公望等发兵夜袭,朱瑞仓皇遁走,浙江宣布独立,吕公望被推为浙江都督兼省长,周凤岐被任命为都督府参谋长。1917年北洋政府迫使吕公望下台,周凤岐等起而反对,失败后曾东渡日本暂避,后回到宁波倡议"浙人治浙",省议会及浙江旅外人士褚辅成、沈钧儒等抵达宁波,酝酿独立,由于驻浙第十三旅旅长童保萱突然变卦倒戈,致使浙江独立功亏一篑,周凤岐再次游走日本。1919年卢永祥任浙江都督,沈金鉴为浙江省长,祖籍湖州菱湖,与周凤岐有乡谊,经疏通卢永祥表示不再追究,周凤岐返国后不久,又接任浙军第二师师长。1924年8月江浙军阀混战,浙督卢永祥命周凤岐师留守杭州。9月,孙传芳自闽入浙占领仙霞岭,此时周凤岐与夏超密谋逐卢永祥。10月迎孙传芳入浙,孙为酬答他们驱卢之功,委夏超为省长,任周凤岐、陈仪为浙军第一、第二师师长。1926年初,北伐军剑指武汉老镇,孙传芳感到唇亡齿寒,调周凤岐部防守九江,此时周凤岐已有顺应时势、响应北伐的想法,孙传芳对他曾起杀心,但总参议蒋万里从旁劝阻,未敢临阵斩将。实际上,周凤岐已趁着前线战事胶着状态,密派所部杜伟、樊松甫等人化装潜入汉口及江西前线,与北伐军邓演达、陈铭枢、张发奎,乃至蒋介石总司令多次接触,表达响应北伐、伺机起义的诚意。双方取得默契后,周凤岐命部下周岩、祝绍周等率军轻装捷进，迎接北伐军第一师抄捷径突入九江。孙传芳的行营"江新"号轮已在北伐军步枪射程之内。孙传芳部在猝不及防的形势下，"江新"轮紧急转舵向东逃逸，防线崩溃，北伐军攻占九江，孙传芳主力十万余人大部溃窜或被歼，孙传芳本人逃回南京。北伐军入浙前，省长夏超已于10月16日宣布浙江独立脱离孙传芳，又闻孙传芳派北军孟照月师入浙，夏超从杭州出奔余杭遭遇追击，途中战死。北伐军入浙，12月24日原孙部陈仪、周凤岐分别被任命为国民革命军第二十五、二十六军军长，北伐军刘峙部向浙东兰溪、金华一带进军时，周凤岐作为右翼配合，1927年2月17日，进入杭州，指向淞沪。3月22日上海工人武装起义胜利，解放上海。3月26日蒋介石到沪后，密谋筹划反共政变，4月6日蒋把同情革命的北伐军调往南京，而由周凤岐部接防，9日宣布戒严，委白崇禧、周凤岐为戒严区正副司令，4月12日凌晨，上海青洪帮徒众袭击工人纠察队，周凤岐部队借口工人内讧，下令解除工人纠察队的武装，死亡人数十人，伤二万多人，引发上海工人、学生、市民集会游行请愿，又受到周部机枪扫射，死伤枕藉，这就是"四一二"反革命事件。8月12日，蒋介石在武汉冯玉祥、李宗仁等的压力下宣布下野，浙江省政府主席张静江辞职，由周凤岐继任省主席，1929年蒋介石重新上台后周被迫辞职。1930年阎锡山、冯玉祥联合反蒋，发生中原大战，周凤岐与冯玉祥代表秘密联系，愿策动旧部反蒋，冯玉祥应允事成给以浙江省主席之职。蒋介石派人希望他保持中立，但周对人说："蒋在一天，我姓周的终不吃蒋的饭。"随即在太湖一带联络大刀会，组织"江南人民自卫军"，攻占长兴泗安城，扰乱蒋的后方，为此招致蒋下令通缉，所谓"自卫军"不久即被蒋派钟济桓部击溃消灭。后来周凤岐在上海利用帮会及游杂部队继续进行反蒋活动，亦告失败。从此意志消沉，与鸦片烟灯为伍。福建省主席陈仪一度在蒋介石面前为他说情，蒋说："此人生平反复无常，见利忘义，一再犯上作乱，终不可信。"直到抗战军兴，蒋介石才勉强同意撤销通缉令。他曾在1937年抗战爆发前去南京，携带拟就的抗战意见书，要求面呈蒋介石，但不被理睬。11月24日，日军侵入湖州，长兴县20日沦陷，日26日在长兴一带大肆烧杀，周凤岐竟于28日邀请长兴城乡绅商在石壁庙集会，提出组织维持会，动员绅商以自愿自认方式参加伪组织。29日派人持其亲笔信至日军司令部投名敕自我介绍，恰巧碰上一个老同学的儿子是日军翻译官兼情报组长，于是日军头目亲自前往周家村洽谈，要他密切配合组织湖嘉地区维持会，然后被送去上海。他得意扬扬地准备出任伪浙江省主席之职。其妻闻讯曾劝其远走美国,或就近去香港避祸;其长子周斯男则跪地泣劝,不能投敌。此际,国民党军统局特务已遵照蒋介石手令:"上海沦陷后,凡背着中央通敌、投敌、资敌者,杀无赦。"周凤岐的末日到了。

周凤岐在上海私宅门前被爱国志士暗杀的消息,对周明三震动极大,他心中暗自庆幸自己踏上贼船的半只脚抽了回来,否则就要面临灭顶之灾。到五月间,已经当上苏嘉路绥靖司令的徐朴诚又来信说要派吴敏益找他,周明三考虑这个人如果再在新市出现,被人认出来就麻烦了,于是约定在邻县崇德的洲泉镇某处见面,这个姓吴的对他说:"徐大哥要我告诉你,程万军司令已经参加和平军,日本人给他当和平军第一师师长,你要是拉一支部队来,当个团长没问题。"周明三变得谨慎了,他口头上假意答应考虑,当晚邀姓吴的到一处喝酒,周明三特意问上次同来的赵碧先生最近有何高就,姓吴的不疑有他,直白地说赵碧是嘉兴维持会郭剑石的人,他被派去湖州,在京杭国道上设税卡。周明三笑着说:"管税卡是个肥差呀,京杭国道的什么地方?"姓吴的顺口回答:"湖州南门外的一个据点,好像是埭溪。"周明三"啊!啊!"地应着。姓吴的喝得半醉时,周明三早已布置几个亲信得力门徒,把姓吴的劫持、捆绑、装入麻袋里,沉于洲泉镇外的石六桥下。

随后,一不做二不休,青洪帮出身的周明三派人到京杭国道吴兴段了解赵碧的踪迹,证实他果然是埭溪伪税卡主任,趁他星期六晚回湖州时,在途中将他击毙。周明三心头的隐患就这样抹除了。

八

德清新市之行,对郎玉麟、王文林的思想都有积极影响,主要是眼看杭嘉湖游击区各路草莽英雄良莠不齐,既感到忧虑,又产生紧迫感。温永之老师见多识广,一语中的:"我们不能局处一隅,只有发展自己的力量,才能进一步打开局面。"其实郎玉麟、王文林何尝不这样想呢?

杭嘉湖地区是以天目山为中心的行政区域,包括 21 个县市,天目山以南简称"天南",指的是於潜、昌化、临安、富阳、余杭、新登、分水、桐庐;"天北"指的是孝丰、安吉、长兴、吴兴;沪杭铁路以东,杭州湾以北简称"海北",专指海宁、海盐、平湖、嘉善、嘉兴;另外,京杭国道以东、沪杭铁路以西,处两干线之间称为"路东",包括德清、崇德、桐乡、杭县四县全境,还有吴兴、武康的大部分,海宁、嘉兴的一部分。抗日战争开始后的1938年，杭嘉湖地区日寇占领区仅限于几个城市和主要水陆交通线据点，上述地理区分的简称完全是为半沦陷区恢复行政权而形成的，当年的浙西地区实际上位于杭州湾以北。

彭林率领部队在西乡山坞地区抓紧训练活动，这里地形复杂，远离妙西镇敌伪据点。过了几天，郎玉麟等人通过联络点找到部队驻地，互相交流有关情况。彭林说："最近得到情报，驻妙西日敌守备队常常四乡窜扰，十分猖狂，老百姓恨之入骨，希望郎部给以打击。这支日敌守备队人数不多，出来窜扰的往往是一个班十来人，如果我们组织力量，出其不意，在途中给以突袭，足以全歼。"郎玉麟返回时，正为部队如何发展犯愁，王文林也同意向路东开辟新区，如果能在离开西乡之前打一个漂亮的伏击战，也对得起西乡父老的爱护。大家商量筹划，研究东行路线和目的地，郎玉麟、温永之是"老土地"，为了与长超部队靠近，二人都认为应把东行目的地预定为临近太湖边的织里，这样的话，部队应向西乡以北即长兴交界处三天门转移，然后迅速向东行动，沿南太湖边向织里方向发展。在妙西打一个伏击战很诱人，只要密切关注掌握日寇窜扰动态，费点时日，抓住战机，也可能歼灭敌人。他们在西乡立足，已经得到当地群众很多帮助，转移之前给敌人一次狠狠的打击，也可缴获一些武器，但应该想到敌人肯定要实行报复，附近的村庄一定会成为报复对象。即使全歼日敌一个班12个人，被击毙的那些日本鬼子的尸体也很难处理，这就反而给地方百姓留下后患。经过思前想后，郎玉麟拿不定主意，彭林也不是坚定的主战派，王文林总是从政治方面考虑得多些，部队里只有一些骨干和战友们跃跃欲试，求战心切。经过一番斟酌，领导班子决定放弃拟议的伏击计划，即日向北而东，越过京杭国道，二月底到达距织里约半日路程的瑞祥兜，从这里向南距离长超仅一天路程。初到新区，首先要解决粮食供应问题，郎玉麟打算同温永之去长超见李泉生，告知部队东来后目前的困难情况，希望得到帮助，王文林说："我在新市见到李泉生时未能深谈，心里很想向他请教发展部队的经验，我跟你们一起去行吗？"郎玉麟说："当然可以，不过要问问彭林同志。"尽管彭林觉得一个人管理部队，又在新区，总不太放心，王文林心里也有些犹豫，但为了部队发展最后还是决定三人一同去走一趟，速去速回便是。

温永之到过长超部队，在他带领下他们顺利找到李泉生驻地，大家相见时那种真诚热烈的战友情谊不用说了，郎玉麟在李泉生面前始终以晚辈自谦，王文林也毕恭毕敬尊称"李老师"。郎玉麟介绍说："这是我们的政训员，王文林同志，他是特地来向你请教部队发展经验的。"知道郎玉麟部队已从西乡转移到东乡织里附近，李泉生很高兴，他知道一支部队转移，肯定会有种种困难，郎玉麟还未开口,他就先问:"情况如何? 需要我给你们做点什么吗?"郎玉麟回答:"李老师,我就是为这个来的。初到一个陌生的地方,粮食供应接不上。"李泉生点点头:"是这样的,同老百姓打交道,要有一个过程。我们是人民的抗日游击队,取得老百姓信任,同他们的关系密切了,事情就好办了。我们长超部队在织里一带都有群众基础,我熟悉的人不少,我可以给当地一些人写信,说明你们同长超部队是兄弟部队,请他们尽力帮助你们解决困难。放心吧!"几句话,大大减轻了郎玉麟心头的重担。

李泉生不像一个带兵四五百人的游击队长,他的身材修长,穿的是蓝布长衫,看上去同温永之是一个类型,书生本色。他的部队叫抗日义勇军,自己既不称司令,也不称大队长,而是自称"主任"。

王文林与面前这位革命前辈——一个早期领导农民暴动而一度被捕入狱的失去党籍的人——缩短了距离。郎玉麟又向李泉生介绍:"王文林同志是北京大学学生,参加过东北义勇军赵尚志部队,他是上海的朋友介绍给我的。我们部队的思想教育和民运工作全靠他和温老师来做。"这样,王文林和李泉生就自然而然地交谈起来。

王文林问:"李老师,我们在西乡建立部队,总感到很难发展,我这次前来拜望你,就是想了解一下,你们的抗日义勇军怎么能发展得这么好?"

李泉生笑了,他回答:"经验嘛,恐怕不是主要的,我想实际上是天时、地利、人和三个问题。"停了一下,他继续说:"东乡和西乡有很大区别,淞沪大军撤退时,东乡首当其冲,沿途阻击战遗弃大量武器弹药,都在我们东乡。这些散落民间的武器,很容易为抗日武装所用,这是一。二是由于日寇沿途烧杀抢掠,农民青年抗日情绪高涨,客观上形成了组织抗日武装的有利形势,这里有一个具体过程。长超镇上有一个地痞流氓分子叫夏金生,他被吴兴敌伪维持会任命为'长超维持会会长',我们知道他每天上午都带一帮门徒在镇上的悦来茶馆呼幺喝六,我们决定不失时机把他干掉,我带人不动声色地把茶馆的前后门堵死,持长短枪的十多个人飞快冲进去,夏金生眼皮也来不及眨一下,就被连发的子弹击倒了。他身边带有武器的几个门徒魂飞魄散,听到'缴枪不杀',当即举手投降。镇上老百姓听到枪声,纷纷赶来,我站在门口,宣布夏金生当汉奸维持会会长的罪状,老百姓对夏金生的恶行早已怀恨在心,我们镇压汉奸,正是大快人心。我们的抗日义勇军就是这样打出旗号的。三,诛杀汉奸后,我们的武装力量迅速成长,许多热血青年、爱国知识分子纷纷要求参加,聚集了100多人,武器也收集到不少,还有3挺轻机枪。队伍壮大后不久,1月15日那天,突然有人跑来向我报告,说是湖州城里一个翻译官向他透露,吴兴维持会已经向日军报告长超维持会会长被打死了，日军准备出来扫荡。我不懂军事，怎么办呢？一个队员叫马忠仁，是当过兵的，他说日本鬼子从湖州城里出来，一定是坐快艇，如果来长超扫荡，必定要经过西北面的九里石塘，我们三挺机枪和近百支步枪埋伏在河岸石塘后面，可以打它个措手不及。这时全体队员都跃跃欲试，我于是决定利用敌人送上门的机会，搞一次大伏击。我带领近百名队员，马忠仁指挥机枪手，跑步赶到九里石塘前方的草兜村，前后左右布置埋伏。约莫过了一个多小时，果然听到'哒哒哒'的马达声，三艘长形快艇相继出现了，估计有一百多名日本鬼子，他们谈笑自若，绝对想不到这里有游击队埋伏。一瞬间，三艘敌船已驶近火力网，我的枪声号令一响，石堤下埋伏的步枪、机枪齐发，快艇上的鬼子突然被打得晕头转向，有中弹毙命的，有栽入河中的，鬼子惊慌之中立即掉转船头开足马力逃跑，两三挺机枪猛烈扫射，也不知道打死了多少鬼子，光是落入河中淹死的就有二十名。这次伏击首战告捷，传播四乡，人心振奋，长超附近的下昂乡有一个旧军人叫周枝枚，是过去我在国民党陆军监狱时的同乡难友，出狱后回家乡成了患难之交，淞沪大军后撤时，他作为一个枪林弹雨中的过来人，见到国军散落这么多的枪支弹药，便大量收集起来，在动乱中拉起了一支一百多人的队伍自任游击队长，他听说我在长超如何如何，立即赶来找我，我们一拍即合，决定联合正式成立一支部队，周枝枚起名为'中国人民抗日义勇军'，我也同意。以上所说的部队发展经过，不就是天时、地利、人和吗？哈哈……"

听了李泉生的讲述，王文林频频点头，他说："我明白了，关键是李老师抗日爱国的人格魅力和号召力。如何使天时、地利、人和结合为我所用，这对我们是很重要的启发。不简单啊！"

郎玉麟也说："我们在西乡，人和这个条件还可以，缺少的可能就是天时、地利。"

李泉生答话："情况是不断变化的，我想你们开辟新区，更要重视天时、地利、人和，太湖边织里周围一带没有敌伪据点，应该注意的是地方上的坏人，你们终究是外来势力啊！"

郎玉麟三人辞别李泉生，下午回到织里瑞祥兜西北面部队驻地时，发现出了大问题：彭林同志受到来自长兴鸿桥的一支"红枪会"袭击，被劫持到车桥村去了。事发经过是这样的：这天上午，彭林给部队上军事课时，来了一支人数众多的"红枪会"队伍，彭林以为这股"红枪会"同西乡的一样是可以团结的，毫不警惕，正想派人同他们联系，哪里知道这伙人竟蜂拥而来，当时周少兰、徐锋二人还算机警，见来者不善，便对空放枪表示警告，可是这时的彭林脑子里一根筋:团结抗日。他冲到前面高声叫喊:"朋友们,我们是西乡的郎玉麟部队,我们是抗日的队伍,你们不要误会,我知道你们也懂得团结抗日的道理,你们打土匪,我们是支持的,请大家不要误会……"他喊破喉咙,那些红布头、红缨枪、长矛、大刀早已把他团团围住,有人喊:"这个人是头头,是土匪,把他绑起来,带走!"彭林拼命解释:"你们不能这样不讲道理,我是郎玉麟部队的彭参谋!放开我!放开我!"他喊叫着,部队也被隔开来,周少兰、徐锋继续向天上放空枪,"红枪会"置之不理,数百人带彭林呼啸而去……

听到部队被突然袭击、彭林被劫持的报告,郎玉麟、王文林大惊失色。郎玉麟不假思索,认定必须立刻救出彭林,马上到东桥村去"红枪会"交涉,他对王文林说:"你在家稳住部队,我和温老师前去交涉。正义战胜邪恶,我不相信'红枪会'这帮家伙会蛮干到底!你们要准备好,万一我们也被扣留,你们就动用武力解决!"郎玉麟卸下自己的木壳枪,二人转身出发。

他们到东桥村时,只见村道两旁都是头包红布,手执红缨枪、长矛的会众,有些杀气腾腾,郎玉麟二人心理早有准备,理直气壮地走进村子。他们被带到一间屋子,只见那头头端坐在大厅中间,对他们不搭理,旁边突然有一个大汉蹦蹦跳跳地脱去上身衣服,喝下一大盆水,然后怪腔怪调地胡言乱语:"菩萨来了,菩萨看到大土匪来了!要把他抓起来,他是大土匪,要杀他的头……"郎玉麟明白这个"菩萨上身"的汉子就是"巫师",正要进行答辩,几个红头巾徒众跳出来把他团团围住,将他的双手反绑,郎玉麟对这套把戏并不慌张,站在大厅里大声说:"你们'红枪会'把我这个吴兴县抗日游击大队长绑起来,你们是自己人打自己人;把我的彭参谋劫持,这是你们侮辱抗日军人。我老实对你们说,我们是因为你们也是要抗日的,所以对你们客客气气,我们手里有枪,完全可以对你们开枪,你们说什么'刀枪不入',这是骗人的,你们如果不听劝告,继续扣留我郎玉麟和彭参谋,我的部队不会放过你们,我们的机关枪不是吃素的,机关枪一扫射,你们就完了!"这时那个头头对身边的人耳语了几句什么,这身边的人站出来说:"你们有枪,我们知道,你们不敢对我们开枪。这样吧,我们也要抗日,但我们没有枪,只要你们给我们一批枪,我们就放人。"

他们为了威吓郎玉麟,竟然把他和彭林一起押到大厅外面的空场上,声称如果不答应给枪,就要动刑。郎玉麟、彭林二人面不改色,大声说:"我们部队的枪是吴兴县政府的,我们是人民游击队,我们是打日本鬼子的,我们的枪绝对不能交给任何人。你们'红枪会'信奉菩萨,打土匪,我们部队可以帮助你们,大家团结起来保护老百姓,共同抗日救国。"

在郎玉麟义正词严的对抗之下,"红枪会"会众受到感染,不敢鲁莽下手。

正在这时，听到远处传来"哒哒哒"的马达声，这是日本鬼子的汽艇来了，又是鬼子下乡扫荡来了。"红枪会"本是一群乌合之众，顿时陷入慌乱之中没了主意。郎玉麟轻声对彭林说："不要紧，机会来了！我有主意。"他高声喊道："快点告诉你们头头，大家不要乱！日本鬼子的汽艇从北面离这里还远着，请你们头头快下命令，向南面的戴山方向撤，不会有事的。"那头头听到，觉得郎玉麟大队长还真是一条好汉，当即传令给二人松了绑，几百号"红头巾"争先恐后向南逃逸。在撤退路上，郎玉麟、彭林同那位头头走在一起，才知道他姓范，长兴人，原来是道士出身，在谈话中，郎玉麟继续宣传团结抗日的道理，劝告范头头不要做出对抗日救国不利的事，范头头觉得郎玉麟和彭林是不怕死的硬汉，表示消除对立，双方和解。到戴山时，范头头让郎玉麟向"红枪会"徒众讲了话，一场危机就这样过去了。

在路东织里地区活动了近两个月，郎部队虽然得到李泉生介绍的地方关系，保证了钱粮供给，但是没有获得作战机遇，部队情绪波动，由于王文林坚持抓紧政治思想工作，部队里建立了民运工作队、少年先锋队组织，吸收了进步知识青年孙厥谋、鲍学贤、张志萱，还有女学生许斐文、许斐然姐妹等人，充实了政治工作干部队伍。因为路东情况复杂，存在游杂部队及土匪的生存空间，一支小部队似乎难以发挥更大作用。这个问题王文林、彭林也有同感。近两个月部队发展情况不尽如人意，使他们越来越感到留在路东维持现状不是办法，不如撤回西乡。郎玉麟、王文林都想起李泉生关于发展部队要靠天时、地利、人和的话，觉得在路东缺少的正是这三个条件。这样思考的结果变成了实际行动。5月间郎部队130多人回到西乡的楂树坞驻地。

郎玉麟绝对想不到的是，部队到达楂树坞休整下来才几天，又出现了意想不到的特殊情况。一天半夜里人们突然被惊醒，只听得一阵阵"冲啊""杀啊"如临大敌的喊叫声，从经验判断这不会是敌伪来袭，只能是"红枪会"。郎玉麟、彭林部吃过"红枪会"的亏，这种情势下唯一正确的做法应该是立即布阵应战，开枪不是武力应变，而是把冲在前面的会众撂倒几个，"刀枪不入"失灵了，他们就会瓦解。但是郎、彭二人却因为前几天在东桥乡的事情，避免与"红枪会"正面冲突，采取撤离措施，在茫茫黑夜中撤出楂树坞。可是王文林率领的民运组和少年少锋队跟不上，只能躲在村边山沟乱石堆里，躲过一批又一批的"红枪会"徒众，到中午时分，终于被一股徒众发现，他们用长矛乱戳，躲在丛林中的许斐然腿上被戳中了，发出尖叫声。"有女人，有女人，快走开，快走开！"会徒惊喊。原来"法师"对会徒灌输迷信思想，说是道法上身不准碰女人，一碰上道法就不灵了，这是他们最忌讳的。在小头领的唆使下，会徒继续搜索，终于在一水沟处的巨石边,发现了王文林,会徒们直呼"土匪!土匪!一个大土匪!"狂暴的会徒不问情由,举红缨枪便刺,王文林手臂上鲜血直流,立即被押到一棵大树下,这时很多村民都聚集过来,年长者带头全都跪下来为王文林求情:"王政训员是好人,不是土匪,他是真正抗日的。我们全村人用生命担保他,你们放了他,不要伤害他,放了他吧,你们'红枪会'也得讲良心啊!"

在这种情况下,王文林面不改色,大义凛然,面对会徒的呼喊,他昂然挺立,大声斥责道:"你们不要胡来,老实告诉你们,我是吴兴县抗日游击大队的政训员,大家知道郎玉麟部队是打日本鬼子的,你们'红枪会'不是说自己也是打鬼子的吗?现在怎么这样胡来,把抗日游击队当作土匪!全村老百姓给我担保,你们要相信老百姓,你们有本事去打日本鬼子,不要打自己人!"

听了这些话,一批徒众顿时愣住了,面面相觑,不敢动了。这时楂树坞一个头领接到报告,马上派了几个凶恶的会徒狂奔而来,手中的红缨枪一齐向王文林身上乱戳,他抵挡了几下,全身受到重伤,终于倒在血泊之中。狂暴的会徒还不放过,把王文林拖到红山岭下,王文林气息奄奄,又被乱戳无数枪,活活地被戳死,一个 26 岁的革命者,不明不白地牺牲了!

后撤的郎部已撤到长兴边界的一个村子,直到许斐文、许斐然姐妹找到部队时,涕泪双流,郎部才知道王文林已不幸遇害。郎玉麟、彭林得知这个噩耗,捶胸顿足,痛哭失声。部队战士们个个义愤填膺,发誓一定要抓到元凶,为政训员复仇。

郎玉麟和彭林自省,造成这样的损失,是自己对红枪会的反动面目认识不足,"红枪会"的成员绝大多数是受愚弄的农民群众,为了团结抗日,对他们步步退让这是莫大的错误。早在部队成立之初,地方人士就告诫,对红枪会不可等闲视之,对红枪会一而再地退让是自食其果。

郎玉麟决定,找回王文林的遗体,葬在潘店附近山上的郎部公墓,并立下墓碑。

郎玉麟和彭林进一步想到,"红枪会"对自己搞突然袭击,他们抓住王文林后,许多村民跪下来担保求情,他们硬是把王文林戳死,这里面肯定有鬼!郎玉麟部队抗日,老百姓拥护,除了日本鬼子和汉奸,没有别的敌人。这支穷凶极恶的"红枪会"是哪里来的?郎玉麟立刻派人调查了解,搞清楚了他们是靠近湖州的下庄、薛家兜方面过来的。下庄那边几个村庄的土豪地主不仅控制着"红枪会",而且那边的维持会组织是"良民"组织,日本鬼子来了就打着太阳旗出来欢迎,鬼子要什么给什么。这些村里的"红枪会"头头以费冠英为首,是从长兴"红枪会"发展过来的,他勾结几个"坛主"以"防匪保家"为口号,欺骗大量农民入会，成了一支与日伪勾结的"红枪会"。他侦知郎玉麟部队在路东吃了亏，一百多人回到西乡楮树坞，认为机会来了，在日伪指使下集中"红枪会"近千人，对楮树坞实施突然袭击，目的是擒拿郎玉麟向日伪献媚请赏。弄清情况后，郎玉麟以吴兴县抗日游击队的名义向下庄各村秘密张贴《告红枪会全体徒众书》，大意是：揭露费冠英勾结敌伪充当汉奸，袭击抗日游击队，杀害郎部抗日人员的罪行。劝告"红枪会"一般会员不要盲目迷信，不要受汉奸分子蒙骗与抗日游击队为敌。如果你们执迷不悟，继续骚扰抗日游击队，我们将动用武器，你们迷信什么"刀枪不入"，这是骗人的，我们的子弹无情。希望你们"红枪会"的追随者回头是岸，我们可以不予追究，否则自取灭亡。切切猛醒！这个传单散发后，引起下庄、薛家兜一带会徒的恐慌不安，不少人宣布退出"红枪会"，有的人观望动摇。郎玉麟继续接到报告，说费冠英近日还在下庄威迫阻止会徒退会，如能抓紧时间进攻下庄，可以活捉费贼。郎、彭二人当即率领80名全副武装的战士，携带长短枪、机枪、手榴弹傍晚前出发，黎明前到达下庄，首先把村外的瞭望哨拿下，得知费冠英昨天确在下庄活动，可能夜宿姘妇家中，游击队分别派人把守村庄前后出入口，不准任何人进出，押着瞭望人带路，由郎玉麟亲率武装战士50多人进村，直奔费贼夜宿地点，哪里想到扑了个空，姘妇说费冠英昨晚是在这里，今晚到薛家兜去了。郎玉麟同彭林商量，抓不到费贼，也要查出杀害王文林同志的凶手。这里的老百姓大都参加"红枪会"，先要找出"坛主"，加以审问，同时，可以争取那些有点觉悟的人站出来揭发。彭林马上带十多个战士，由一个年轻农民带路，到装神弄鬼的"坛主"住处把他抓来。这个画符念咒的江湖道士，在游击战士押解下失去了威风，审问时变得一副狡诈相，他承认"菩萨上身"是假的，宝剑上的符咒烧灰撒入酒里喝下去"刀枪不入"也是假的。他说："我是长兴人，一向靠给人做法事为生，兴起'红枪会'以后，费冠英把我请过来，我没有参与杀人，敛财骗人的事是有的。"追问他知不知道哪一个会徒用红缨枪刺死王政训员，他说不知道。郎玉麟警告说："费冠英下命令突然袭击郎部队，你肯定参与作法，刺死我们的政训员，费冠英肯定会奖赏，你能不知道吗？只要你说出这一个会徒的名字，我们可以免你一死，否则要你去见阎王菩萨！"这个"坛主"的脸一下变得煞白，颤巍巍地说："我是听说过奖赏两个人，我不认识，名字记不牢……"郎玉麟怒气冲冲地下命令："算了，你不肯说，给我拖出去，崩掉！"只见这位"法师"扑通一声跪下，战战兢兢地说："我真的不记得名字，真的……"这时不少村民都过来看，实际上他们都是受骗参加"红枪会"的会徒，读到《告红枪会全体徒众书》后，已先后表示退出。郎玉麟示意战士们暂时不对"坛主"执行枪决，大声对村民们问道："你们都是'红枪会'的人吗?"他们回答:"我们已经退出'红枪会',不相信'红枪会'了!"郎玉麟说:"你们做得对,'红枪会'是骗人的,他们借口'防土匪保家乡',竟然袭击我们抗日游击队,杀害我郎部队的王政训员,我们今天是来捉拿费冠英的,被他溜走了,费冠英是汉奸,我们一定要抓到他,他逃不了的。现在我们要查出用红缨枪刺死王政训员的人,你们有谁知道,快说!"

退出"红枪会"的村民一个个回答:"我不在那个地方,没有看到。"

这时十多名游击战士押着两个低着头的家伙到了郎玉麟面前,响亮地报告:"报告大队长,这两个家伙在村东口鬼鬼祟祟,爬上茅草屋想跳下去,肯定不是好东西。"游击战士对他们踢了一脚,喝道:"跪下!"

郎玉麟问:"坛主,这两个人你认识吗?"

"坛主"看了一眼,回答:"这两个人的名字我不知道,他俩是费冠英的听差,天天跟着费冠英转的,受奖励的就是他们两个人。"

郎玉麟明白,这两个家伙可能就是刺死王文林同志的凶手。

"你们叫什么名字?"郎玉麟问。

一个说:"我叫李得财。"一个说:"我叫胡生富。"

"你们老实坦白,跟费冠英干了什么坏事?"

二人低着头。

"你们抗拒坦白?"

郎玉麟震怒了:"你们受费冠英指使,袭击我们郎部队,你们不顾老百姓苦苦哀求,刺死王政训员,杀人偿命,你们有什么话说?"

二人都说:"我们有罪……"

郎玉麟向周围聚集的村民宣布:"我们抓到了'红枪会'两个杀人凶手,杀人偿命,现在郎部队要为王政训员报仇,你们说该怎么办?"

"枪毙! 枪毙!"众人齐声喊。

游击战士早已将二人捆绑起来,押到空场上,郎玉麟决定亲手为战友报仇,他拔出腰间的手枪,几下枪声响过,两个坏家伙命归黄泉。

这个事件的影响非常大。原来"红枪会"自称"防匪保家",土匪游杂部队避之唯恐不及,也吃过大亏,自从郎部队坚决实行反制,打击费冠英,其他游杂部队、土匪手里的枪对"红枪会"也动了真格。过后不久,长兴、湖州各处十多万之众的"红枪会"像一阵风吹过般烟消云散了!

郎部得到情报,费冠英逃入湖州后,向日敌情报机关报告请功,说自己已杀了郎玉麟的部下,不能再回去了,请求在城里给个差事。日敌要他去东乡搜集长超部队的情报,给他一笔赏钱,叫他以做生意作掩护。郎玉麟派人给李泉生直接送去一封信，说明部队遭遇"红枪会"突然袭击，王文林政训员殉难，主犯费冠英逃跑，现已由湖州日敌派到路东菱湖附近，以做小生意作为伪装，做长超部队的情报工作。过了一个多月，李泉生派专人前来告知，费贼已抓获被当场正法了。

王文林牺牲后，郎玉麟心情沉重，不知道下一步怎么办，部队骨干和战士们的情绪也受到影响。彭林暗自思忖：我和王文林受地下上海局派遣搞游击武装，王文林负责上级单线联系，如今王文林不幸牺牲，我要坚持下去就必须想办法同上级组织恢复联系，以利继续斗争。他知道张爱萍同志也到浙江来了，但游击区信息闭塞，完全不知道张爱萍同志的动向，无奈之际，想起从延安出来时途经郑州，在火车上见到过董必武同志，当时他去武汉八路军办事处，如今千里烽火，路途遥远，不可能直接去找他汇报请示，该怎么办才好？想来想去，他想到国民党的军邮审查很严，写信也有危险。犹豫不决之间，他找郎玉麟悄悄商量。郎玉麟认为，在这种情况下，给董必武同志写信是一个办法，问题是不能直白写董必武的名字，武汉八路军办事处是抗日统一战线的合法机关，收信这不成问题，但收信人要用一个化名。"在延安你叫彭栋才，可用彭栋才的名字写给儿子彭某某收，这样写成一封父子报平安的信，八路军办事处的同志看到这封信马上就懂，而通过军邮检查也容易得多。"郎玉麟说，"这个信由我来执笔吧！"就这样，彭林的信上写：

福林我儿知悉：

你到武汉后来信收到。自从十一月二十四日湖州沦陷后，为父与你母亲弟妹到西乡潘店姨夫家避难，目前安好无恙，已合伙在附近开一山货行，但资金不足，货源不畅，如有可能，你设法告知当地同学朋友多多光顾帮助，以维持生计，并谋求发展。你在外要保重身体。候复。

父栋才字示

民国二十七年四月二十日

信封上写：彭栋才寄自浙西天目山北吴兴县西乡潘店村。此信寄出时，浙西与内地的邮路经富春江走金华浙赣线与内地联通，仍是顺畅的。据浙江新四军历史研究会编印的《潜龙归海》记载，两个多月后，收到的复信是张爱萍同志的笔迹，原来张爱萍那时恰恰到武汉八路军办事处汇报工作，此前他化名"张舟"，在浙江省主席黄绍竑创立的"浙江抗日自卫总队"总司令部隐蔽活动。黄绍竑在进步人士影响下，1938年2月颁布《浙江省战时政治纲领》，促进了省内国共合作统一战线的形成和发展，全省各地团结抗日情绪高涨，已引起国民党内部顽固派的高度紧张。

进入 1938 年初夏,我军正面战场经历徐州大会战中的淮河阻击战、济南弃守、临沂保卫战、台儿庄大捷、兰封战役等一系列战斗,我军伤亡 10 余万人,伤亡日军 3 万余人,打破了日寇速战速决的战略企图。接下来日寇的目标是向武汉进攻。这时国民政府名义上虽已迁都重庆,但最高统帅部和中央重要机关仍驻武汉,日敌大本营认为,"攻占武汉是早日结束对华战争的最大机会",甚至扬言"攻占武汉,迫使中国政府投降"。

为减轻武汉面临的压力,1938 年春,国民党最高统帅部下令,全国各战区必须立即组织力量,向敌占区全面发动游击战。第三战区司令长官顾祝同,1938 年春夏之间决定以天目山以北的杭嘉湖地区为第一游击区,派遣正规军向天北的孝丰、安吉、武康、德清、吴兴一带挺进,杭州湾以北的海宁、海盐、平湖等县,简称海北,也有正规部队活动。这些部队化整为零,以团营建制为单位实行游击战,到处袭击敌伪据点和交通线,给水深火热中的杭嘉湖老百姓带来希望。

杭嘉湖游击地区"各路英雄"乱了一阵子以后,先是"红枪会"很快销声匿迹,完全瓦解了,他们那套所谓"菩萨上身""刀枪不入"的神话,无知农民受骗快,散伙也快。到 1938 年夏,国民党正规军五十九师、六十二师、七十七师、八十三师等,相继向浙西北敌占区推进,地方游杂队伍受到限制,如德清吴辞炎的"浙西游击总队"已完全接受正规部队改编,原来被日军控制的沦陷区逐渐成为中、日军队犬牙交错的阴阳地带。

随后的一段时间里,郎玉麟部队转移到吴兴西部边界的长兴深碛村休整,对战士们进行政治教育,提振士气。附近驻扎一支国民党正规军九十八师。一个晚上,郎玉麟和彭林等几个骨干坐在户外纳凉谈心,意外跑来一个国民党上士,自称是九十八师王师长的传令兵,说是王师长早闻郎玉麟大队长之名,很希望见见面。九十八师师部离此不远,王师长诚心请郎大队长过去谈谈。当然,郎玉麟无意拒绝,他想要去也得与彭林二人一起去,于是对传令兵说:"好啊,谢谢王师长厚爱,我们部队彭参谋是个老行伍,同我一起去可以吗?"传令兵爽快表示:"欢迎! 王师长最喜欢交朋友。"

王师长是位 40 岁左右的豪爽军人,见到郎玉麟一副文质彬彬的样子,一面热切握手,一面赞叹:"想不到,想不到,我们的游击英雄原来是个知识分子!"又握着彭林的手:"彭参谋倒是我们队伍中人,一看就知道!"听到彭林说是湖南攸县人,王师长哈哈大笑:"湖南老乡! 好极了! 我是湖南长沙人!"王师长的随和态度,让郎玉麟二人感到放心。

坐下来以后，王师长说："我们部队奉命向游击区挺进，对杭嘉湖敌占区的情况完全不了解，所以特地请你们来谈谈。你们郎部在老百姓中很有名气，多次打击日本鬼子。杭嘉湖地区敌伪据点犬牙交错，怎样进行游击战，我们正规军也要向你们游击队学习。"

郎玉麟回答："不敢不敢，王师长太过奖了，我们不过是一支小队伍，一百多人，武器配备也不足，无非凭着抗日保家乡的一股蛮劲，坚持下来罢了。"

彭林插话："杭嘉湖地区在地理上有个特点，是广阔的水网地带。敌人占据水陆交通要道，大部队活动难以施展。正规军进行游击战，我看最重要的是随时抓住战机搞突袭，搞伏击战，必要时可以集中力量拔除敌伪据点，帮助地方政府恢复行政权。"

王师长点头表示同意。

接着，郎玉麟谈了湖州沦陷区的基本情况：沦陷早期比较混乱，因大部队转移，沿途阻击战不断，遗留枪支弹药落入民间，造成土匪、游杂部队遍地，老百姓不堪其苦，随后又出现喧嚣一时的、破坏性很大的封建迷信组织"红枪会"。吴兴县抗日游击队建立较早，但发展得不顺利，只能在西乡的艰苦条件下坚持。路东地区有一支李泉生长超部队，号称中国抗日义勇军，实力强，有几百人，打过不少漂亮仗。最近听说吴兴桐乡交界的乌镇，有一支朱希游击队正在迅速发展，有几个大队。听说朱希是黄埔七期、原万耀煌集团军十三师的炮兵连长，骨干都是国军旧部。另外，听说太湖苏浙边境有"太湖别动队""江南挺进队"，有些地方还有村镇自卫武装……"太湖别动队"的程万军，已投降日寇，成了伪"和平军第一师"。

王师长问："你们是吴兴县的抗日游击队，为什么不能发展呢？"

"县政府流亡到安吉去了，我们部队给养都靠自己，武器不足，特别是我们吃了'红枪会'的大亏，连我们的政训员都牺牲了。"郎玉麟黯然地说。

"啊！"王师长应了一声。

彭林说："我们部队受到的最大限制是武器不足。郎大队长土生土长，在地方上很有威信，我们的群众关系很好，要求参加游击队的爱国青年也很多，但是不能空手去打敌人，得有武装呀！"

王师长似有所思地说："也许我们可以来一次合作。"

郎玉麟不明白是什么意思，问："合作？怎样合作？"

"这样，我是这样想，我可以给你们补充一些武器。"

彭林急急地问："王师长，你说的当真？"

王师长："不假。你是队伍里待过的，国军的枪支弹药都是一一登记在册的,我这个师长无权随意报销,只有作战消耗,我和军需官才有这个权力。"

彭林又问:"王师长的意思是我们合作打一仗?"

"对呀!"王师长笑了,"你不愧是个老行伍。我寻思要帮助你们,只有找机会合作打一仗。"

"好!王师长够意思!"郎玉麟站起来,兴奋地说:"我说我们合作打湖州城吧?早在今年一月底,湖州敌伪的《新湖州报》就说'郎玉麟部企图窜犯湖州,已被皇军击退',其实我们一支小游击队,怎么敢去打湖州?倒是它当了我的义务宣传员。如果王师长派部队去打,我郎某一定冲锋在前!"

王师长说:"我师奉命挺进敌占区,正如刚才彭参谋所说,也就是参加游击区作战,帮助地方游击队是我们的神圣职责。郎大队长提出打湖州,是游击战还是攻坚战呢?"

郎玉麟没有正面回答。

"湖州是杭嘉湖地区敌人的重要基地,要去攻打它,恐怕得请示三战区司令长官批准,我们一个师的力量也不够。还是考虑攻打据点吧。"

郎玉麟的脑筋转得快,他回应说:"王师长,你说得对。不过,我们也可以考虑攻打湖州城外围。我是湖州人,我知道西门外有个横渚桥,由伪军一个连驻守,我早就有个想法,把横渚桥的伪军打掉,但有一个问题,如果我一接近横渚桥,就会遭到城楼上日军火力的抵挡。若能得到贵军的支持,情况就不同了,如果你们用炮火摧毁城楼上的日军防御,袭击战的胜利把握就很大。"

王师长觉得郎玉麟言之有理。当即命令传令兵把作战科长请来,决定明日前往西门外实地察看。

彭林轻声对郎玉麟说:"我们没有问问王师长,他可以派多少部队参加战斗。"郎玉麟回答:"是呀,要摧毁西门城墙上的火力网,得有重炮,轻重机枪还是不够的。"

王师长派作战科长,会同郎玉麟、彭林前往湖州西门外,利用夜幕掩护作实地观察,实地观察的结果是,作战科长完全同意郎玉麟和彭林对攻打横渚桥必须有强力炮火支援的分析。彭林说:"以我队现有的实力,还不足以担当全面进攻任务,希望九十八师全面部署作战方案。"

第二天,作战科长又找郎玉麟,传达王师长同意对湖州西门外据点发动袭击战,让郎玉麟看作战科长给师长的一份报告,师长批示:同意吴兴县抗日游击大队配合湖州西门外突袭作战任务,军需处可发给轻重机枪各2挺,中正式步枪50支,手榴弹200枚,即日向军需处具领。

这个指示给郎、彭和全体游击队战士带来极大的兴奋感,人人斗志昂扬,一扫前段时间失利残留的低迷情绪。

彭林对郎玉麟说："看来王师长对我们游击队很支持，但是我们不知道他们准备投入多少兵力，派不派炮兵支援，这个作战科长没有说，我们心中无数。"二人带领一批人前往军需处领取枪械时，决定再去拜访王师长。先是深表谢意，保证勇猛行动，打击敌伪势力，然后提出问题："我们游击队从两侧隐蔽前进，逼近横渚，伪军发现必定猛烈开火，城楼上的日军火力也随之而来，只有把城楼上的炮火压下去才可能前进，敢问王师长如何部署？"

王师长爽朗地说："这个你们不必担心，我命令炮兵营派一个连，几门迫击炮配合。你们一旦向横渚桥外发动冲锋，我们炮兵连就向城楼上开炮，摧毁鬼子在城楼上的碉堡，你们在轻重机枪掩护下消灭据点里一个连的伪军没有问题吧？"

彭林回答："好，有炮兵连支援！消灭伪军没有问题！"

经过两个多小时的急行军，郎部150多人，国军一个炮兵连、一个步兵连随后，星夜赶到西门外，横渚桥遥遥在望。这个湖州城的外围据点筑有前后两座碉堡，有密密的铁丝网。郎部向正面前进，突击班在摸黑中静悄悄地接近铁丝网，剪出缺口；国军两个连左右分布，临阵以待。郎部的手榴弹雨点般投向两座碉堡，炸得敌人鬼哭狼嚎，游击队乘胜向伪军喊话："伪军兄弟们听着，国军九十八师和郎玉麟抗日游击队来了，你们不要给日本鬼子卖命了，赶快缴枪投降！缴枪不杀！欢迎投诚！"轻重机枪扫射下，伪军们早吓破了胆，纷纷倒戈，整个防御阵地散了架。国军两个连埋伏左右，两侧远处，炮兵连马上向城楼上开炮，日敌也摸不清炮从何来，只能胡乱还击，向远处发射小钢炮、掷弹筒，国军炮兵连续发射，城楼上燃起熊熊烈火，守敌显然受到重创，一下子全哑了。这时横渚桥据点早已被郎部占领，伪军一个连大半被打死，活着的几十人全部缴枪投降，郎部迅速打扫战场，收缴战利品，押解俘虏急速撤退。湖州城内日军闻声急急支援，盲目发射小钢炮、掷弹筒，而郎部和国军连队早已无影无踪。后来那些俘虏经过抗日爱国教育，近半数自愿要求参加游击队，郎部人数增加到180多人，有了轻重机枪，实力大大增强了。

据郎玉麟口述，这是他唯一一次获得国民党正规军的直接支援。

自从1938年2月，浙江省政府主席黄绍竑接受中共抗日民族统一战线思想的影响，颁布《浙江省战时政治纲领》，几个月下来，各县战时政治工作广泛开展。省政治工作有两个大队，到湖州地区的是省政工一大队二队，实际上以中共地下党员作为骨干。郎玉麟部队自王文林牺牲后，已失去同上级组织的联系，部队在国军支持下，袭击横渚桥据点成功，声名大振，政工二队队长姚旦率队到郎部慰问,并作文艺演出,游击战士们情绪高涨。民运组长温永之对郎、彭二人建议,政工队人才众多,可以向姚旦队长提出请他介绍政治骨干充实干部力量。姚旦是中共党员,虽然不知道郎、彭的政治背景,但他从民间的种种传说和郎部的官兵平等、纪律严明等方面,肯定他们是自己人,当即同意介绍政工二队副队长刘苇亭、队员王印庠、李子新到郎部工作,这三个同志都是地下党员。刘苇亭是嵊县人,24岁,是个中等个子能说会道的知识分子,1938年初去延安陕北公学学习后回乡参加抗日救亡活动,这些经历他没有对郎玉麟公开。有了这样三位年轻干部,在失去王文林的政治领导几个月以后,郎部的核心力量终于能得到增强和发展。

也就在这个时段上,浙江省政府建立天目山浙西行署,目的是逐步恢复杭嘉湖沦陷区的国民党政权,原县长王崇熙调任奉化县县长,政府派来了新县长杨哲夫,驻地在西乡之南的山区上方村,郎玉麟接到通知前去开会,由此出现了一个新的大问题。

杨哲夫对郎玉麟说:"你们对抗日游击战做出了很大贡献,现在国军已进入敌占区,形势变了,你们抗日游击大队的任务也要随着形势变化,改编为吴兴县抗日自卫大队,协助恢复政权建设,过去你们一切供应都是自行筹集的,改编为自卫大队以后,就列入县政府编制,按照国家规定,发给军饷。你是上尉大队长,等于正规军的连长,一百多人编为三个中队三个排。这样,部队给养问题,你就不用操心,听候调遣就可以了。怎么样?"

"我们大队还有一个老行伍彭林参谋呢。"

"连是没有参谋编制的,可以让他当副大队长嘛。"

事出意外,郎玉麟陷入了进退两难的境地。彭林说:"国民党改编游击队,性质上就是收编,收编后我们就不能独立自主,等于入了人家的手掌。怎么办?如今我们没有上级组织,无法请示,要自己拿主意,我们可得深思熟虑啊!"

郎玉麟想来想去,没有想出一个好办法。"问题是我们自己不过一百多条枪,如果拒绝改编,马上会引起他们怀疑、敌对,最后我们会很难撑下去。接受改编,不是逼着我们向国民党妥协吗?"他皱着眉头说。

彭林是见过大世面的人,从延安派出来时,接受过"孙悟空钻进妖怪肚皮里"的教育,他清醒地说:"我想,这个难题可以解决。我们是在隐蔽战线上斗争,我们是在国民党统治区进行隐蔽斗争,当然要利用国民党的合法身份。我们当初通过王崇熙县长组织游击队就是靠的合法手段,为什么今天不能通过杨哲夫取得合法地位呢?如果我们现在不接受改编,自己蛮干,在湖州敌占区能打开局面吗？恐怕暂时还不能。郎玉麟同志，不用犹豫了，我们接受抗日自卫大队的番号，自己内部保持党领导的抗日武装的实质。"

结果是，杨哲夫县长同意郎玉麟提出的条件：保持郎部原有建制不变和作战指挥自主权。郎玉麟是上尉大队长、彭林是上尉副大队长兼第一中队长，刘苇亭是第二中队长，周少兰是第三中队长。这时，全大队总人数170人，包括下设民运工作组组长温永之，副组长是学生许斐文，少年少锋队队长徐锋。许斐文的妹妹许斐然也同时参加了部队民运活动。由此，郎部有了县政府拨发的军饷。郎、彭二人研究决定，为了区别于一般的国民党部队，自卫大队领到全部薪饷后实行供给制分配，用意是体现部队官兵一致，也隐示一种革命性质。正是这种倾向性，在随后的年月中，郎玉麟在灰色中染上了丝丝抹不去的红色。

在此前后，郎部虽然没有重大的作战行动，但是自从得到国军支援攻打湖州西门横渚桥据点得手后，武器弹药得到补充，部队士气已大大振作起来。民间有许多关于郎部在西苕溪两岸打日军汽艇杀汉奸的故事。有这样的传说：郎部一个情报员从日常给据点送鱼虾的农民嘴里得知，第二天将有11艘鬼子的汽艇运送枪支弹药和汽油去安吉梅溪，中午前可能经过大刀湾，郎玉麟知道大刀湾是西苕溪最窄处，于是赶到广西军某团驻地，请求团长派一个连协同伏击。连长给游击队配备一挺重机枪，还有两挺轻机枪前后安排在前沿阵地，国军布置在坡岸边的桑林地带。果然那天午前时光，一支拉响汽笛的艇队驶入大刀湾，汽艇外形像只乌龟壳，艇上的物资用油布掩盖着，紧接汽笛的尾音，11艘汽艇完全进入大刀湾，郎玉麟眼看机不可失，立即发出鸣枪信号，轻重机枪声如一阵狂风暴雨，只见11艘汽艇在河里摇晃，日本鬼子驾驶员早没命了，其余的嗷嗷乱叫，伤的伤，倒的倒，根本来不及还手，片刻之间，整个艇队在河面上互相碰撞，动弹不得。郎玉麟发现最后一艘艇上钻出一个头带"枪顶帽"、肩佩军阶的日本军官，大概是这个艇队的头儿。日本军官哇哇乱叫命令艇队往北靠岸，但艇队由于载有汽油熊熊燃烧，早已变成一片火海，他的这艘艇上没有汽油，并未燃烧，只是在袭击中瘫痪了，有几个鬼子跳河向北逃命，鬼子军官在绝望中也窜入河中，在水里扑腾挣扎时，游击队员的一颗子弹像长了眼睛一样钻进他的脑袋。已逃到岸上的几个日本鬼子企图闯入民家，农民群众拿了铁耙锄头挡住去路，当场一个个将他们乱棍打死。据说后来妙西据点日伪军到大刀湾报复扫荡，附近居民早已躲避一空，房屋尽被焚毁……

郎玉麟打汉奸也有种种传说。

传诵一时的"火烧西门外三里亭哨卡""生擒汉奸王麻子和十多名伪军"，

似乎把郎玉麟说成是一个郎大侠了。传说的是长兴县"五毒俱全"的大汉奸殷银生,手下有一个走狗叫王麻子,殷逆向主子日军中佐中山一郎献上两条毒计:一、对西苕溪两岸保甲长严密控制,凡知道郎玉麟部队行踪不报者以通敌论处;二、在三里亭设立武装哨卡,既可收税,又能经常派出巡逻队监视游击队活动。王麻子坐镇这个哨卡后,被提升为伪军连长,他吹牛说:"我王麻子保证在三个月里提着郎玉麟的头去见日本中佐!"郎玉麟同彭林商量定下计策,决定尽一切力量,收拾王麻子,拔除这个伪军哨卡。

郎玉麟第一次派一个中队长带二十多个人黑夜摸哨,在离哨卡几十米处正要摆开阵势准备向哨兵袭击,不料背后还有暗哨,"什么人?站住!"枪声骤起,中队长机灵,立即指挥队伍后撤,夜袭失败了。

郎玉麟心想,摸哨偷袭不成,怎能罢手?他对彭林说:"要收拾这个王麻子,我有一计。"彭林问:"什么计?"郎说:"隐身计。"彭林摸不着头脑,什么"隐身计"?他这个老游击战士可没听说过。原来郎玉麟想的是由自己化装成一个丝绸商人,身藏武器,带一批货物和几个伙计,给哨卡送慰劳品,亲自去闯王麻子坐镇的哨卡。彭林说这不行,太冒险了。郎玉麟不以为然。他认定,王麻子没见过郎本人,怎么也不会想到这个送慰问品的丝绸商人会是郎玉麟。这样出其不意,出奇制胜,当场把王麻子干掉,在他们的武装威吓下,那些伪军也一定会乖乖地举手投降。彭林见郎玉麟主意已决,只好协助挑选随行游击队员。

从长兴纽店桥开出的长湖航班船,一日往还,搭乘的大都是做生意的客商或上城卖农产品的农民,手头不是有钱就是有物,一天下来,王麻子乘搜查之机捞的外快真是不少,有的客商图个平安,都会主动送上"买路钱",王麻子来者不拒,大捞油水。他怎么也不会想到,有一天向他"进贡"的客商竟然会是鼎鼎大名的游击队大队长郎玉麟。

这天,航班靠岸时,有四个伙计搬上来一批物品,随后走出一个客商,他头顶礼帽,身穿长衫,藏青色西裤配一条杂色毛围巾。他走到哨卡王麻子面前,毕恭毕敬地拱手说:"拜见王连长,鄙人姓张,是长兴达昌绸厂副经理,我厂货物来往,多蒙哨卡关照,今日特趁便送上一批薄礼,请笑纳。"伙计们把礼物抬到王麻子跟前,王麻子说:"好,好,张经理不客气。"他们把礼品抬进屋,说时迟,那时快,几个伙计刚放下礼品,张经理的手就摸出腰间的"快慢机"指着王麻子:"不许动!"王麻子呆住了:"你是谁?"张经理回答:"你别问,你在我们手里,一声枪响你就没命。""张经理"的枪口顶着王麻子的脖子:"快,我要你对外面喊:'外面的人统统给我到屋里,到屋里来开会!'"王麻子话音刚落,哨卡的伪军一个个走拢来。而这时河对岸小港浜里早已有一条小船划过来,十多个游击战士上了岸,一下子包围了哨卡,哨卡的明哨暗哨都被击毙,进屋的伪军一个个被四个"伙计"缴械,一共八名。"伙计"们早已准备绳子,把骄横一时的汉奸王麻子和八名伪军逐个捆绑成"诸老大粽子"似的,在河埠头丢下去,沉没了……

据郎玉麟自述,"七七"抗战一周年那天,郎部在南埠一带对汉奸分子大开杀戒,一天杀了7名汉奸。

1938 年 8 月,郎部驻地在西乡靠近长兴边境的朱家庄,一天正午,村口来了一个陌生年轻人,向过路村民打听这里有没有郎玉麟部队,村民有点警觉,问他是哪里来的,认识什么人。年轻人回答说是过路的,听老百姓说郎玉麟部队纪律好,打鬼子、打汉奸,很佩服他,今天经过这里想认识一下。村民知道在敌后打游击,最重要的是防止奸细。他进村恰恰碰上副大队长彭林,对彭队长说明村外有个年轻人打听郎玉麟部队,不知道是哪里来的。彭林自从接到张爱萍手迹的武汉复信,实际上天天都在等消息,现在听说村外来了年轻的陌生人,自然有点联想,他立刻派一个通信员出去把陌生人带进来。见面时彭林请年轻人坐下,通讯员送上一杯茶。年轻人说:"我是从皖南那边过来的,进到浙西境内,处处听人说郎玉麟抗日游击队,心中十分敬佩,特意前来拜访,得见您郎玉麟大队长,真是三生有幸呀!"彭林心理估摸,这一个陌生人不可能是奸细,倒更像是自己人,他笑着回答:"不敢当,不敢当,我不是郎玉麟同志,我叫彭林,我是副大队长。敢问你从皖南来,可以告诉我们一点皖南抗日的消息吗?"年轻人乐了,他掩饰不住自己的高兴,这样说道:"啊,彭副大队长!失敬失敬!说实话,我的名字叫吴林枫,新四军政治部的。今天真是踏破铁鞋无觅处,得来全不费工夫呀!我就是奉命来找一位姓彭的,您副大队长不就是彭栋才同志吗?"彭林一下子站立起来,最近以来他日夜盼望着组织上来人,现在这个人坐在面前了,还有什么比这更值得高兴、更令人激动的事呀!他舒畅地吐了一口气:"同志,我是彭林彭栋才,由于王文林同志牺牲,我和郎玉麟的组织关系中断了,心理焦急万分。吴林枫同志,你来得正好,我是日日夜夜记挂着新四军的老同志呢!"其实,吴林枫并不了解彭林是在井冈山参加长征的青年模范师师长,这次上级布置的任务是陪同彭林到皖南泾县新四军军部向项英和邓子恢同志汇报工作。这是新四军接到武汉八路军办事处的密电后决定的。

彭林把吴林枫介绍给郎玉麟,进一步谈了杭嘉湖敌后的一般情况,吴林枫住了三天,决定陪同彭林去皖南向新四军军部汇报。彭林原来想象新四军军部所在地泾县云岭,大概像当年井冈山一样,气势威严,岗哨林立,到达时看去却只是普通的山村,和浙西山区差不多,走进去才知道村子比较大。耳边听到阵阵的抗战歌声,走到一条大溪边,只看到嘻嘻哈哈的青年男女,有的洗衣,有的洗脚戏水,那情景让他脑海中隐隐浮现过去在延安抗大学习时见到过的景象,心里挺兴奋的。

吴林枫带着彭林到军政治部报到,安排好住宿,次日,军政治部主任袁国平接见彭林,彭林在井冈山时是他的部下,见面时的亲切可想而知,他要彭林写一个书面报告,以便组织上研究。这就不在话下了。

彭林在军部住了三天,见到了不少老战友,感受到革命的情谊,特别是了解到新四军军部在云岭,军容整肃,新四军第一、二支队已建立苏南茅山根据地并继续向苏北发展。同志们对他讲了粟裕、陈毅司令在过去九个月对日敌大小数百次伏击歼灭战的故事。有这样一个故事:日军联队长松野在受到打击后很不服气,他散发了一份传单,说什么"新四军不会打仗,只会偷偷摸摸地打,不是堂堂正正的军人。你新四军有胆量吗?敢不敢面对面同日本皇军较量较量?"他把这份可笑的传单送给陈毅司令员,陈司令员大笑一番,这样说:"好嘛,我们可以回答他。"陈司令员在传单上写了答复松野的话是:"你们日本鬼子侵略中国的手段是阴险毒辣的!我们新四军是堂堂正正的中国人,我们对文明人用文明的办法,对日本野蛮人用点自己的办法,有什么奇怪呢?如此而已,岂有他哉!"这个批示把松野气得半死。

在离开云岭前夕,项英副军长在袁国平主任陪同下接见了彭林。项英同志看了彭林的书面报告,肯定他们目前采用合法手段站稳脚跟是正确的。在目前国共抗日统一战线条件下,敌后武装要谋求发展,一方面要保持独立自主,一方面要有长期隐蔽的准备,一切看形势发展而定。袁国平主任决定派共产党员干部孙秉夫和浙江青年陈祖猛去郎部,还赠送了一套十万分之一的浙江军用地图。

彭林从皖南带回两位党员干部,郎玉麟真是高兴极了,彭林对他讲述了在云岭的所见所闻,传达了项英、袁国平对敌后工作的指示,使他更有决心坚持斗争,对革命事业的信念也增强了。特别是过了不到一个月,驻地来了一个"卖布先生",自称是彭林的朋友,彭林见面不相识,马上意识到这是上级组织派来的同志,"卖布先生"交给彭林一封密信,上写:"介绍来人顾玉良,刘英。"彭林会意,引进内室密谈时"卖布先生"自报姓名顾玉良,说出自己的身份是中共浙西特委书记,奉省委书记刘英之命,从宁绍地委调来浙西开展工作。彭林告诉他:"我们这里有一个支部,郎玉麟大队长是党员,我从军部带回的孙秉夫也是党员。你初到浙西,可以随我们部队行动。"顾玉良说:"我来时省委指示,根据情况发展，我们要召开一次浙西特委会议，已决定你彭林任特委军事部长。"随后，连续几天几夜，郎玉麟和彭林向顾玉良汇报杭嘉湖敌后的复杂发展情况：日伪占领的县城市镇据点，他们的兵力部署，郎部在西乡的创建、挫折和战斗发展过程，各地抗日游击队的现状——吴兴东部的"长超部队"，领导人李泉生，此人是30年代湖州农民暴动的领导者之一，从监狱被保释后失去组织关系，目前"长超部队"拥有四五百人枪，号称"抗日义勇军"，打击日伪战绩辉煌。还有今年2月从安徽宁国到浙西莫干山，后在德清、吴兴、桐乡地区活动的朱希部队，朱希原是淞沪战场撤退下的国军二十五集团军十三师夏斗寅部的一个连长，此人有战场经验和指挥才能，又善于做民众工作，连续取得歼敌战绩，短短半年时间，部队已从两三百人发展到五千多人，五个团的建制，打出"第三战区第一游击区司令部"的旗号，自称"司令"。顾玉良对李泉生、朱希的队伍特别感兴趣，问这两支部队有没有共产党员，郎玉麟、彭林回答不了。

形势的发展不以人的意志为转移。正当郎玉麟、彭林满怀希望，可以依靠党的领导放开手脚迎难而上时，1939年冬，出现了一股强大而持续的寒流。

1938年夏季，日寇向内地进攻，战线延长，兵源不足，杭嘉湖地区日军在扩充伪军的同时，仅留少数守备队驻守，敌占区点线之间出现大片空白地区，因此，国民党当局决定乘虚而入，向这一地区推进以恢复政权，杭嘉湖出现国军与日伪势力相互交错的局面。此时浙西敌占区内所有自发建立起来的抗日游击武装要统一进行整编，纳入三个系统：地方自卫队及一些零星地区武装，一律编入地方部队即省政府所属的国民抗日自卫总队，当时吴兴县属第一专区，郎玉麟部队编入一区专员公署抗卫总队三大队第九中队，郎玉麟为中队长；李泉生长超部队编入直属第三战区的江南第一挺进纵队直属独立大队；朱希部队编入江南挺进纵队独立团。杭嘉湖游击区进入了一个新的历史阶段。

九中队在安吉县小溪口驻留不久，七月调到安吉金钟山青松乡参加抗卫总队第三大队集训。受编前郎玉麟和彭林商讨，原大队人数超编，又附设民运组及少年先锋队，于是决定抽出一个中队人数和武器，取得杨哲夫县长同意后成立吴兴抗日自卫中队，由郎的胞弟相季贤任中队长，以此来保持实力。这是一个明智之举。同时，民运组的温永之转为吴兴县政工队长，姐妹二人——许斐文、许斐然被吸收进入省政工大队二队，由中共浙西特委妇女部长张子华进行联系。

1939年2月，中共浙西特委正式成立，第一次会议在郎部驻地安吉青松乡的一个较偏僻的村庄召开。到会的有顾玉良、彭林、徐洁身和张子华（女）等特委成员，彭林是军事部长，徐洁身是宣传部长，张子华为妇女部长。（以后又增加朱辉为组织部长,黄炎为青年部长。)会议首先研究当前杭嘉湖地区的政治、军事形势,明确国民党三战区正在倚靠军事力量,全面恢复从县级政权到乡镇保甲以加紧控制,对中共的活动非常不利。在这种形势下,隐蔽战线的同志,首先要坚定信仰,毫不动摇地以抗日民族统一战线的合法性为掩护,积极开展工作。会议决定的工作方针是:依靠郎玉麟部队,团结李泉生部队,争取朱希部队。各部队的分工掌握:郎玉麟部仍是彭林负责党务,朱希部派去徐洁身建立特别支部,李泉生部由贺千秋为地下组织领导人(后派钟宗发接替),特委机关随郎玉麟部行动。(20世纪80年代初我与郎玉麟见面,曾问过他这个"方针"的问题,郎的回答是:"当时我不知道。")

随后,顾玉良去金华汇报工作,地下中共浙江省委派成员薛尚实、汪光焕二人告知已派去浙西的地下党员名单,所在部门单位、联系地点和方式,还给有关负责人写了介绍信。随后,浙西中共隐蔽战线的斗争全面开展,国民党的《限制异党活动暂行办法》也接踵而来,东南前哨山水间的故事继续着……

九

杭嘉湖沦陷初期的抗日游击武装,对日伪威胁最大的,不是吴兴西乡的郎玉麟部队,而是京杭国道以东广大水网地区的长超部队——吴兴东乡菱湖附近长超乡的李泉生部队,发展到五六百人,影响更大的是桐乡乌镇至苏浙边境地区的朱希部队"第三战区第一游击区司令部",发展高峰时编制有五个团,数千人。这两支抗日游击队都有中共党员的秘密活动。

同郎部所处西乡的狭窄地带不同,李泉生的家乡长超乡位于湖州城东南20多里路的广阔地带,河流纵横,陆路交通不便,一般以船代步。李泉生开展对敌伪打击行动并取得战果,都是发挥战术指挥才智的结果。以部队成立之初的草田兜伏击战报捷为开端,游击战士和当地群众都看到了日本鬼子是可以战胜的。1938年2月初,李泉生得到内线情报,驻湖州日军将派出一个中队到长超扫荡,他先把镇上全部妇孺用小船安全转移到隐蔽的小港,然后调集二百多名战士,分别布置在几个必经的河段,各路人马都有后勤支援。那天日本鬼子分乘6艘汽艇,下午1时左右,6艘敌艇首尾相接,机声雷动,杀气腾腾而来,也许是没有忘记上次在草田兜受到歼灭的教训,每艘汽艇上的鬼子们都持枪蹲伏在船舷边严密戒备。这时静静埋伏在高低不平的桑林里和堤埂上的游击战士们瞪大眼睛等待攻击信号，当6艘敌艇完全进入伏击圈内，李泉生打响了第一枪，分布于左右两侧的两挺轻机枪及百余支步枪猛烈发射，河上敌艇船舷边戒备的那些鬼子未及还手，已当场丧命，当了活靶子的6艘敌艇遭此袭击慌了手脚，开足马力向前直冲逃窜，岂料埋伏在东南角岸边的是周枝枚率领的一股精兵，敌艇钻进了更猛烈的火网里，有的相互冲撞，有的熄火瘫痪，活着的鬼子跳河逃生，但哪里还逃得了，不是中弹而亡，就是水中溺毙，河面上漂浮着鬼子的尸体。

李泉生

有一天，李泉生接到报告，流窜的鬼子在一个村子里作恶，大肆奸淫妇女，发泄兽欲后十分放松，有的呼呼大睡，门前的岗哨拎着枪打瞌睡，李泉生率队悄悄包围，先无声无息地用刺刀戳进瞌睡着的岗哨的喉咙，使其侧翻在地，再由战士们冲进院内，一个个把手榴弹扔进屋内，爆炸声中，日本鬼子血肉横飞，内室还有几个鬼子被惊醒，急急携枪向后门逃窜，后门竹林里早有埋伏，枪声响处，企图突围的几个日本鬼子一个个倒毙。另有一名鬼子窜向另一方向，哪里知道这个方向正是李泉生率数人埋伏的地方，兽兵正在急急奔逃，李泉生下属一个身强力壮的战士，看兽兵逃到跟前，突然跳上去飞出一记勾魂腿，把那兽兵绊倒，几个战士一拥而上将其擒拿。众人哈哈大笑。清点下来，共15名日本鬼子，被歼灭14名，生俘1名。李泉生命令战士对日俘搜身，结果在内衣袋里搜到五道"神社护身符"，我们的游击战士把这些烧杀奸淫的日本"武士"们的"护身符"撕得粉碎。

这个日本俘虏后来写了一份《坦白书》，翻译如下：本人名小仓后，是日本名古屋人士，年21岁。昭和十二年九月出征，初至上海华中派遣军柳川部队松岗队。在杭州湾上陆，十二日进入湖州。参加战事两回。家有一子，尚有老母，今思念。中国人爱和平，日本国内报道并非真实。

日本侵略者犯下的罪行不可胜数。2010年出版的《湖州市抗战时期人口伤亡和财产损失》一书记载:仅吴兴县一地死亡人口达1.8万人,因战乱而导致伤残者4万多人,公私房屋被焚毁3.9万间,被敌劫去被服约60万件,耕地荒废10万亩,蚕桑损失50亿元,工商业损失数十亿元,日伪支持劫夺粮食至少近400万石……杭嘉湖各县总损失无法计算。杭州于1937年12月24日沦陷后,余杭县乔司镇在敌人屠刀之下,居民惨遭杀戮,留下"千人坑"——戊寅公墓埋葬着千余具我被害同胞的尸体。乔司镇230户,住民2000余人,大部逃散,日本鬼子把逃到镇外或躲藏的人搜查出来,乔司方圆十里内的农村也难逃劫难,一批又一批村民被集中屠杀。这年秋天,驻乔司的一百多名鬼子才撤到笕桥。1941年地方人士方寿僧返回乔司,贴出"复兴乔司市集"的倡议,希望逃难在外的人回归故乡,重建家园。随后,又号召大家收集被害人的白骨,有的出钱收购,大部分主动拾献,在保庆桥池塘边空地上挖坑埋葬,竖一石碑题记"戊寅公墓",以避日寇耳目。抗战胜利后,方寿僧、李厚耕等数人发起,为永记日军暴行,在泥坟原址重建公墓,碑名为"戊寅公墓"。解放后又经过维修,现墓高1.8米,外加围墙,吊唁死难同胞。

富阳县城西约9公里的宋殿村,即1945年9月3日浙江省政府接受日军投降的地方,现名受降镇。1940年日军第二十二师三十五联队三大队有一个中队驻扎于此。在此前后,这一带被日军屠杀的老百姓,大多被抛尸于村东南一华里山岙的沟坎里,日久腐烂发臭,日军抓老百姓填埋,接着又挖一条沟,前后挖有6条之多,总共埋了多少尸骨已无法计算,光是本镇死难同胞就有371人之多,因此,当地老百姓也把山岙叫作"千人坑"。

日军残杀我沦陷区同胞,除枪杀、刺杀外,还有军犬咬、开水烫、沸水煮、活埋、坐老虎凳等手段。八年间,日寇在杭嘉湖犯下的滔天罪行,我们永远不能遗忘!

长超部队在地方上著名的有"血战罗田漾""升山袭击战""八里店之战""白龙潭之战"……不胜枚举。经过这一系列战斗,湖州日寇知道了"长超部队"的厉害,每次被派下乡骚扰扫荡的敌伪军,行动畏首畏尾,向老百姓虚张声势一阵便缩回去了。

这样一支民众自发的抗日武装,没有政府军饷供给,一切依靠自己,得到地方群众拥护,充分保证供应,这无疑是杭嘉湖抗战初期的一个奇迹。从1938年1月—7月的半年时间,长超部队作战50余次,合计消灭侵略者600余人。1940年李泉生被国民党剥夺兵权,被任命为桐乡县县长,但一年后即调任天目山浙西行署青年招待所所长。1945年新四军到达湖州地区,李泉生投奔革命,任民主政府菱湖区区长,后随军北撤并重新入党,1948 年他在山东根据地搞土改,1949 年调党校学习,因积劳成疾不幸逝世。

可以告慰的是,1949 年解放以后,菱湖区为纪念李泉生而成立了"泉生小学",这是根据中共华东局指示由菱湖区东泊小学改建而成的。

1985 年 7 月出版的《湖州文史——抗日战争史料专辑》刊有朱希的遗作《回忆我在浙西的抗战》。朱希是湖北黄麻县人,黄埔军校七期炮科毕业,他在"八一三"上海抗战时,是国军夏斗寅部十三师七十五团一营第二连连长,参加了上海南翔罗店一线的战役,日寇在金山卫登陆后,他随军后撤到浙皖边的宁国,因为不愿意向后转移,受命与汪鹤松组织游击队,深入杭嘉湖敌后。1938 年 2月,他率部 200 余人,推进到孝丰、武康,从莫干山下德清,4 日挺进到京杭国道以东的吴兴练市镇外围。当时敌后情况混乱,人心惶惶不安,但大家看到朱希的部队衣着整齐,头戴钢盔,都以为是国军回来了,表示热烈

朱 希

欢迎。朱希是个真正抗日的爱国军人,他以游击队司令的名义,号召民众积极支前,激励士兵提高斗志。当时,新市有张性白部队,菱湖有李泉生部队,富有作战经验的他,认定必须开辟新区方能立足,他了解驻练市的日军人数,大概仅 200 多人,自己的部队已逐步扩展到 400 多人,想在敌后继续发展壮大,非夺取日敌的几个据点不可。他分析说,这时日军乘胜而来,不把游击队看在眼里,满以为可以稳坐钓鱼台,我部正可以出其不意,夺取练市这个集镇。这样决定下来,他立即对部队作了动员,指挥迅速疾进。次日,朱希部队利用时机,迅疾进攻练市镇,这完全出乎日敌意料,加上日敌发现来者头戴钢盔,服装整齐,大吃一惊,真的以为是国军来攻。双方一阵交火,朱希部队的重机枪重创守敌,日敌一个守备队全数被歼。朱希部队进入练市后,四郊农民杀猪宰羊,纷纷前来慰劳,风声远播,连乌镇的爱国居民代表也暗暗前来接洽,反映日敌情况,希望"国军"早日拔除乌镇据点。朱希分析日敌在乌镇的兵力相当薄弱,

认为以他们当前锐气完全可以乘胜进击。朱希认定日敌总是轻视中国军队，不会想到中国军队敢主动对它进攻，防备存在弱点。主意已定，朱希便命令组织围攻。据点内守敌数十人，一个宣抚班在据点之外，另有一个伪军中队。伪军中队长早已向居民代表表示投诚倒戈，进攻部队同时悄悄包围了据点外的宣抚班和据点内的日敌本部，准时发动攻击，宣抚班全军覆没，日军伍长剖腹自杀。据点里的日寇大部分被歼，少数逃窜奔向桐乡。短短一日一夜之间，朱希以惊人的胆略，连战连捷，顺利达到以杭嘉湖平原中心一带的乌镇为武装发展基地的目标，这时日本鬼子吓破了胆，急忙把周围的一个个小据点的日伪军撤至苏嘉铁路沿线和湖嘉公路的南浔、震泽龟缩避战。

朱希部队声势大振，许多爱国志士、热血青年纷纷参加抗日救亡行列，面对新情况，朱希把部队番号改称为"第三战区第一游击区司令部"，自任司令，汪鹤松任副司令兼前敌总指挥，同时大量收编失散部队人员，短短两三个月，兵力以倍数增长，基本队伍是原第一支队程国钧部，扩充为一团，驻防乌镇南栅；原第二支队陈奇部扩编为二团，驻防严墓、新塍一线，为前锋部队；新建的是来自太湖之滨的三团约 500 人，担任乌镇东西北栅警戒；新建四团，为原湘军刘锟部，从上海撤退后滞留的各地散兵游勇数百人携械来归。

朱希的司令部设在乌镇南栅扶栏桥块，设立政治部，以郎玉麟部队的民运组长温永之为政治部主任。当时省政工大队二队的中共地下党员向朱部渗透的，有直属少年先锋队副队长杨林，战地青年服务团团长姚逊。据传，进入朱希部队的中共人员还有周迟明、李秋生、赵坤、韩昌、丁真、刘明等，并输送有志青年去新四军教导团受训。为保证军费供应，设立税收机构，解决吃饭穿衣的大事。此外还有医疗队、电台。仅一年时间，在特定历史条件下，朱希部队从二百多人扩展至 1938 年 10 月风传达万人，实际 5000 人左右的庞大游击队伍。在白底图框中嵌红色"希"字的臂章，在浙西地区声名远播。

为保存历史真实，这里引用朱希在 20 世纪 80 年代写下的自述《回忆我在浙西的抗战》，他这样写：

　　乌镇攻下后，南浔、严墓、嘉兴等地的伪军惊慌失措。盘踞在严墓的伪军是伪绥靖第一区司令徐朴诚(按：此人即战前上海水警局局长，前文记述他投靠日寇，与大汉奸周凤岐勾结，1938 年初企图收编浙西游击队失败)的第一大队，大队长杨某(名已忘)，大队副巨春山派人来接洽投诚。杨某是徐朴诚老部下，嗜鸦片很深，委他为司令部参议，以巨春山为大队长。驻扎在新塍的伪二大队、三大队也表示有投诚之意，为了试探他们是否有诚意，我就偕同卫士二人进入驻有日寇的新塍镇(嘉兴)和伪军谈判，结果当时就拉去了七八十人，带了武器，偷偷地跑回到严墓。次日，日军发现我亲自到了他们的据点进行招降，大为惊恐，就急电震泽、南浔、盛泽据点之敌出动。我部副司令汪鹤松率部接应。激战一日夜，严墓三次失而复得，我部还攻占了新塍。敌人深恐南浔、震泽有失，即引军退去。我乘胜追击，俘敌汽艇二艘，迫击炮一门，机枪数十挺，终于奠定了苏浙边境我部的局面……

定乌镇，克严墓，夺新塍，降伪军，使嘉兴伪第一绥靖司令徐朴诚为之胆战心惊。徐连忙来信，表示他不得已的苦衷，还说什么"有饭大家吃，也望留一点我们吃吃"。当即我便严词驳斥："汉奸饭是吃不得的，你要吃也吃不成，只有抗日到底才有出路，才有饭吃。"尽管如此，这个老汉奸仍是死不悔悟，其部下大队副巨春山二百多人反正后编为第五团，但他们多是酒肉之徒，不堪纪律约束，企图携枪叛逃，被及时发现后全部缴械。

一九三八年六月间，我部又攻入南浔，至南栅新市场，与当时尚未投敌的太湖地区程万军所属的田文龙部相遇，与田约定：我部警戒东南面。田部警戒西南面。后日寇从湖州方面冲入，进抵新市场。警报传来，田部大惊而遁。当时，我正集合部队训话，听到汽艇声，还以为是我们自己的汽艇，毫不介意。岂知敌艇进入市内，即以手榴弹向岸上投掷。我迅速分散迎击，我军凭借岸埠，居高临下，以火力阻住敌寇登陆，又以一部分兵力绕到敌后夹击，临近天晚，敌败退，我缴获敌运输汽船三艘，装满啤酒汽水，大概是从湖州运往南浔据点敌人的慰劳品。接着，我吩咐汪鹤松率部先行袭击震泽，我率部继之，于次日攻入震泽，敌伪军不战而退，我们冲进伪军第二绥靖区司令部，只见桌上尚有伪绥靖区司令张大天与敌酋下棋之残局，杯中茶尚温，这就可见他们退出的匆忙了。这次我夺获敌伪军械及罐装食物甚多，而最有价值的是几幅详细军用地图。地图上绘以红、绿、蓝三种圆圈，红色为坚决抗日之部队，必予以消灭；绿色为有投日可能之部队；蓝色为正在洽编投日之部队。我部驻地为红色。震泽攻下后，敌控制的嘉（兴）湖（州）线势将中断。因此，他们就从苏杭嘉湖调集大批人马准备反扑。我知道他们的计划后，就率部从震泽向南迂回，返乌镇驻地。

这时，敌军认为要稳定浙西沦陷区，必须解决朱部。要解决朱部不是小规模的扫荡所能了事的。所以敌由杭州据点派出兵力，夺占德清的晖山、干山、龙山三个山头，使我军归路断绝，交通阻梗。然后慢慢收缩，大网捕鱼，势在必得。于是我们不得不组织力量攻占这三个山。我决定以第一团攻晖山,第四团攻干山,第三团攻龙山。敌居高临下占领优势,而河港纵横,进军不易。我认为生死存亡关键在此一役,所以鼓励官佐士兵奋勇争先,并以迫击炮及平射炮(以夺获敌人的高射炮改制而成)猛轰晖山塔,敌素知我军没有大炮,今忽来炮轰,惊慌失措,加之我部队弟兄皆奋不顾身。不久,夺取干山、龙山,因此迫使晖山之敌不战溃退。这样,我部后路威胁解除。时在一九三八年八月间。

练市、乌镇之役奠定我部在沦陷区立足之基础。南浔、震泽之役为我部最旺盛之时期。接着,便是"三炮定三山",这是我部最后放射之光芒。而钟家墩之役,则为我部溃败覆亡的最后一战。我们的顺利发展,是因为得到游击区广大爱国人民群众的帮助;客观上说,当时武汉、广州正在大会战,日军在杭嘉湖地区兵力薄弱,有利于开展游击战。十月间,日军相继占领武汉、广州,陆续向东战场调回兵力,我个人在胜利发展后,显得骄傲自满,失去警惕,加之指挥失误,终至我部在强敌攻击下溃败……

朱希作为一个抗日军人,他以上述简练的文字记述自己的抗日成败,值得载入史册。但是对钟家墩之役,他语焉不详,下面有必要根据史料做出补充。

11月7日晨,朱部接到敌伪内线情报:日敌区在频繁聚集,扬言要对杭嘉湖地区实施大扫荡,主要目标是消灭朱希部队。在乌镇周围的岗哨频频发现形迹可疑分子,还有日本飞机在低空盘旋侦察,乌镇周围的气氛也日趋紧张。这时的朱希司令内心仍然很镇静,自恃自己是沙场老将,所谓"水来土掩,兵来将挡",正是朱希的一个信念。他可能还有一种想法:"仁者不忧,勇者不惧。"日敌大扫荡不可怕,他们领教过了,这次如果能粉碎敌人的大扫荡,他朱希就在游击战中创造了伟大的奇迹,成为敌后战场上的一个大英雄。

乌镇,是朱希生平的无限感叹之地!

当然,部队里潜伏的中共地下人员中也有亲近朱司令的人,他们曾经进言:"游击战术讲究敌进我退,敌驻我扰,敌退我追,现在敌人以优势兵力准备向我进攻,来势凶猛,我部理应避其锋芒,实行战备撤退,是为上策。"

可惜,不但朱希个人听不进,副司令王鹤松也大不以为然。朱希理直气壮地说:"日本鬼子有什么了不起,不用怕,我们士气旺盛,以一当十。同志们,听我说,打胜这一仗,我们就能创造游击战的奇迹,可以扬名天下!"

从11月8日开始,日军以一个师团的兵力,开始出动全面扫荡。原来朱希分析判断日军至少需一定时间才能集结完毕,事实上他召开军事会议第二天,便纷纷传来不利消息,杭嘉湖各个驻地的日军已倾巢出动,以闪电方式对朱希各部实行铁壁合围式的扫荡,方圆百里的水乡到处战火纷飞。仓促之间,朱希不可能进行统一指挥，只能命令部队各自为战，乌镇西线的双林失陷后，双方反复争夺，南浔的敌人以迂回战术进抵乌镇西栅，副司令汪鹤松指挥三团奋勇阻击；南线即乌镇南栅，朱希亲率一团程国钧部拦击崇德、桐乡来犯之敌，最激烈的战斗就在乌镇附近，战斗中不知杀死了多少鬼子，一次一次将来敌击退，朱希甚至把直属特务排、卫士排、少年先锋队也拉上火线。激战中，敌机飞临上空狂轰滥炸，乌镇教堂的屋顶中弹，全镇陷入火海之中；更严重的是西栅，已被日军突破，西栅外的河上出现数十艘日军汽艇，"膏药旗"在河上飘扬，不仅西栅大门洞开，北栅、南栅外的日军也先后占了优势。全线惨烈交战直到黄昏时分，日敌前锋已进入镇内，发生巷战，此时朱希终于明白大势已去，不得不下令，杀出一条血路，撤出乌镇。

经过一整天的恶战，各条战线都在日敌疯狂进攻中相继失利。朱希各部的重要据点，除桐乡邻近的练市仍在手中。朱希率领着一团程国钧余部及直属机关的共3000余名官兵向练市方向转移，11日深夜到达练市附近的钟家墩，这个三面环水的"墩"东西北三面都是河漾，仅南面陆路可通练市；特别是名为"墩"的这个村子，中间又有一条小河把它一分为二，从东村到西村要走过一条狭窄的石拱桥，这样一个水乡孤岛，实不宜驻扎，但部队全体已疲惫不堪，急需歇息。朱希不放心，连夜检查岗哨，布置警戒，半夜才在行军床上合眼。

他哪里想到，天还未亮，村南便响起密集的枪声。朱希猛然惊醒，立即冲到门外，正好值班参谋跑过来报告："司令，不好了，南面路口发现敌情，警卫连挡不牢……"实际上，早在黑夜里日军已奔袭而来，悄悄包围了钟家墩，拂晓时分从四面发起攻击，一时间钟家墩成为战场，枪声爆炸声连续不断，程国钧部在酣梦中不知所措，一时难以组织反击，朱希提一支"快慢机"，向天鸣枪，高喊："不准跑，坚决抵抗！不准跑，抵抗！抵抗！"但是没有用，溃散的士兵向西村涌去，小河上埋伏有日本汽艇，当溃兵涌至石拱桥边，连串的子弹飞来，溃兵一个个栽入河中。朱希在卫士排掩护下，以火力压倒河上的敌艇，急急冲过石拱桥，到达西村，这时跟随着他的只有一群少年先锋队副队员和司令部直属的男女政工队员。但是西村前面是河漾，日军的狙击手用机枪封锁河面，根本无法渡河。朱希正无计可施，忽然河对岸发生战斗，日军狙击手被击倒了，原来副司令汪鹤松听到钟家墩枪声密集，赶紧派出一个连队前来搜索，发现情况后立即对河岸上的日军狙击手开火，这样便保证西村河面上有了缺口。卫士排急急找来老乡用的十几只采菱桶，在左右护卫下，朱希坐上农民邱阿彩的菱桶脱险，登上对岸。日军随后蜂拥而至，岸边仍留官兵数百人，尽数惨遭屠杀。

朱希逃得性命，内心不是庆幸，而是内疚，是一种强烈的负罪感，一想起便呼吸困难,眼眶里满含热泪。据不完全统计,钟家墩一役,朱部共牺牲官兵900余人,少年先锋队副队长杨林在内的19名少年先锋队队员全部被俘,恶毒的日寇在每个少年手心戳一个洞,用一根铁丝串起来押解上路,少年们失血过多,步履艰难,他们拒绝再走,日本鬼子用利刃威胁恐吓,一个队员突然高喊"打倒日本帝国主义",其他少年们也一齐高呼"打倒日本帝国主义",日寇头目大怒,威胁道:"谁敢再叫一声,把你们统统嘶啦嘶啦!"少年们宁死不屈,又是同声高喊。日本鬼子把他们捆绑在桑树上,架起机枪,一声令下,19名少年倒在血泊里。少先队长俞国亮在乌镇溃败前被调去三战区游击战教导团培训,副队长杨林在河岸上牺牲。

记述京杭国道以东最有战斗力、影响力的李泉生、朱希部队的同时,我们不能忘却杭州湾以北,即海北地区,这里有一个盐贩出身,在抗日游击战中殉国的英雄。1937年11月5日日寇柳树平助师团在金山卫、沿海一带蜂拥登陆,11月7日日军占领平湖县城,从右侧包抄上海,11月11日上海弃守。这时的平湖乡间,盗匪横行,家家户户朝不保夕,当地许多热血青年便揭竿而起,各乡村组织"守望团"守望相助,抗拒盗匪。平湖东钱塘江村有一个盐贩子,名叫陈新民,抗战前,他曾以贩私盐获罪入狱,敌机轰炸前获释。他幼名"老虎",个性坚强,日军登陆后的烧杀抢掠强烈激发了他心中的抗日思想,他立即在家乡一带聚集乡勇人员,建立"守望团",青年投效者众多,尤以钱塘江村为最多。陈新民的父亲陈宝和原是大革命时期当地的共产党员,党组织破坏后又曾与同伴打出"劫富济贫"的旗号反对官府。陈新民既是农民,又是盐贩,活动能力和地方人缘都好,到1938年秋,他领导的"守望团"已达到200多人,武器都是国民党后撤部队遗弃的,有四挺机枪。他们守望的范围是全公亭、秀平桥、虎哨桥、周家圩一带,与其他乡村的"守望团"也保持联系,互通消息,甚至"结拜兄弟",互相协助。"守望团"的发展壮大,使平湖县境内的日伪据点,如新仓、金丝娘桥、乍浦的日伪军不敢轻举妄动,望而生畏。国民党的县行动委员会干凯军等人,感到"守望团"可以为他们扩张势力所用,特呈请在浙东的省政府正式任命陈新民为海北抗日游击队第一大队长。陈新民受命后建立了三个中队,进一步提高了战斗力,成为驻平湖日伪军的眼中钉。一次,平湖城关发生日军骚扰抢掠、强奸妇女的情况,为陈新民部队情报员侦悉,陈新民率队中途设伏袭击,日军落荒而逃,缩回城区。从此,日寇对陈新民游击大队十分忌恨,欲灭之而后快,他们于4月15日派出便衣汉奸密探二人,潜至东乡侦察,在赵家桥被岗哨觉察,正欲扣押时两密探跳河泅水潜逃,钻到河对岸的一片蚕豆田里隐蔽,结果一人被击毙,一人逃逸。4月17日,日军调集平湖、乍浦、新埭等据点的兵力,水路沿新浜河东进,陆路由大营头北犯,向杨庄大庙形成包围圈。当时附近驻有国军六十二师一部,陈新民即与该部会商,他对连长说:"我们游击队熟悉水陆两路,我来打先锋,你们支援可以吗?"连长一口答应。

杨庄大庙是一座乡间小庙,庙周围一马平川,庙东一里外是一条南北向的小河,庙南边有一条东西向的排水沟,沟的南侧有一座隆起的坟堆,庙西北距水沟二三百步,有一个茂密的大竹园,竹园向北横向挡着东南向的新港河。这个地形只要兵力布置好,对防御敌人攻击是很有利的。

据当时参与战斗的游击战士回忆:那天,陈新民率游击队员 40 多人,从赵家桥出发迎击,队伍穿过庙东、南边那条沟上的小桥,折向西北,占领庙前堤沟。这时日军躲藏在庙西北的竹园里。竹园背后,新港河北岸,国军六十二师一个连占据有利地势配合。陈新民与弟兄们埋伏在沟沿上,向北边竹园里的敌人射击。港河北岸国军也射击了。敌我对打,但双方都看不见人,只听得子弹呼呼乱飞。

陈新民的遗孀回忆说:"我的哥哥顾其生伏在陈新民旁边,听到有人对陈新民说:'东洋人很多,我们还是退走吧!'陈新民回答:'决不后退,日本鬼子杀人放火坏透了,他们来得正好,我们要狠狠地打!'机枪手田阿二的位置在陈新民近旁,他打了一梭子弹后对陈说:'大队长,我们转移一下。'机枪手转移了,陈新民还来不及动,敌人机枪就向我机枪发射点密集扫射,弹如雨下,乱弹飞来,正巧击中陈新民头部,他应声倒下,机枪手田阿二惊呼:'不好了,大队长中弹了!'游击队的其他人无伤亡,当即后撤,小河北岸国军火力继续着,双方对峙,到下午四时,日军乘机焚烧赵家桥西市,并殃及数户农家。当晚,国军与地方游击队得到情报,埋伏在大港头西北三里外的秀平桥,打沉敌船一艘,击毙日军数十人,陈部也有多人伤亡。1939 年 1 月,在周家圩西南三里的张家祠堂,驻军代表、地方人士召开陈新民烈士追悼大会。"

"冲过钱塘江,收复杭嘉湖!"这是 1938 年 8 月末钱塘江对岸绍兴专区即三区专员贺扬灵发出的口号。贺扬灵是浙江省政府委员,受省主席黄绍竑授权兼顾政权基本瓦解的海北地区。他下有省国民抗日自卫团第五支队,支队长郑器光。当时在海北地区的二十八军六十二师决定调防,商定由省自卫总队五支队接替。五支队主要由参加淞沪之战的广西军组成,官兵素质较好。渡海时日军的大扫荡已近尾声,待其主力撤回沪杭铁路沿线,郑器光即迅速行动,一举攻克海盐县城,随后部队化整为零,分散游击,发展到平湖、海盐等集镇,使当地抗日民众深感振奋。贺扬灵连连接到捷报,自恃是省府委员,觉得自己局处绍兴一隅,虽然也独树一帜,把古城搞得热火朝天,办政工大队,办

《战旗》杂志,搞妇女营……但是贺扬灵有更高的政治野心,一心要搞得更吸引人些。他创建的妇女营,全国少有,现在海北形势非常有利,可以派妇女营到海北显显身手,肯定可以得到良好声誉。他指示秘书给郑器光发电报,征求意见,郑心里对女子打游击当然有想法,但也不愿有拂贺专员之意,还是复电欢迎。这个妇女营共80余人,女营长戴谷音,嘉善人,战前毕业于上海暨南大学教育系,一直当小学教师、校长,参加抗战后一直是妇女界领袖型人物。国军六十二师进驻海北时,她是政训处妇女队长,日寇大扫荡时曾遇险,幸跳水潜泳脱身。她来到绍兴后即为贺扬灵赏识,在绍兴地区国民党内十分活跃,她受命率妇女营去海北打游击毫不迟疑。

戴谷音率领娘子军安渡钱塘江,向五支队支队长郑器光报到,郑器光心里明白,尽管妇女营受过一些军事训练,为了保证安全,不能让她们仓促参战,先把她们安排在一个隐蔽的小村子里,向她们讲讲周围敌伪的情况,让她们对游击战有所体会,大约过了一个月,郑器光认为机会到了。据点内线送来情报,沪杭铁路王店段日军守备队长上津次郎到上海去了,临行交代伪军连长负责岗哨,严格检查指挥。郑器光估计伪军战斗力不强,日军也暂无负责人,我方可以利用这难得机会,对王店实施一次袭击。据侦察员报告,王店敌伪军主要集中在东关庙和西关庙两座碉堡内,郑器光决定以部分兵力牵制西关庙之敌,而以主要兵力围攻东关庙,具体布置是青年营居右,妇女营居左,五支队主力担任主攻任务。

妇女营在戴谷音指挥下遵令进入夜袭位置,在河岸边的土墩、树丛后埋伏。女兵们头一回参加夜袭,出发时挺兴奋,到达位置看到屹立在黑夜中的敌人碉堡,人人紧张得心跳加速。她们不知道主力队伍和青年营已派出数名敢死队员悄悄接近铁丝网剪开缺口,随即向碉堡投掷手榴弹,在爆炸声和一片火光中,五支队主力早已发起进攻,这时敌伪军如大梦方醒,轻重机枪猛烈还击,夜空火网密集。敌伪火力炽旺,但他们在碉堡里不露面,五支队和青年营也前进不得,双方射击对峙。妇女营的娘子军跃跃欲试,戴谷音下令向敌方连连射击。在这个节骨眼上,通讯员传来命令:"妇女营停止战斗,立即撤回原地。"戴谷音有点疑惑,只好带着女兵退下阵来。郑器光司令对她说:"今晚是对敌人偷袭,不必强攻,达到骚扰敌人的目的,就可以收兵了。"

五支队、青年营、妇女营在偷袭王店之夜无一伤亡,消息传到绍兴,贺扬灵的《战旗》杂志登出了《妇女营夜袭王店》的通讯,客观上有点宣传效果,实际上妇女营不过是游击区的战地之花。

五支队在海北的战斗是可歌可泣的。1939年初春,海北日军又开展扫荡，主要攻击目标就是五支队这支抗日力量。五支队司令部驻地在海盐县石泉乡龙王庙。得到内线情报判断，日寇此番扫荡，其主力可能由硖石至沈荡公路推进，以我部驻地为焦点，由此，郑器光决定在海盐西部的百步乡、沈家桥水网交错地区分布后兵力，对敌实施阻击战。当时百步附近有三个大队，一大队李全部实力最强，配置一个重机枪中队，扼守沈家桥至断帘桥一线；为防敌人迂回侧击，二大队赖松部埋伏于右翼大桥之侧；三大队则为预备队，随时候命策应。

从硖石出动的日寇前锋部队，首先接近了海盐西部之沈家桥，20多名尖兵接近桥头时，被早已埋伏在桥边桑园、树林里的李全大队一部发现。李全大队立即以猛烈的机枪火力扫射，给敌人迎头痛击，20多名日军尖兵纷纷倒毙。日敌后续部队立即就地散开，掷弹筒、重机枪随之而来，轰了一阵，不见回响，满以为得手，又在公路上继续前进，哪里想到，两侧火力骤如雨下，一起扫向公路，日寇反应迅速，倒卧公路一侧，依靠地势还击，经过近一个小时激战，100多名日军鬼子多有损伤，只能狼狈溃逃，用步话机向硖石请求支援。李全大队预计敌人会来报复，即行布置转移，绕经沈家桥之南渡河西去，这里也是来敌必经之路。李全大队在劈开坟至汇家堰之间的掩体内埋伏，待机拦击来犯之敌。待一个多小时，日军两辆军车果然沿沈硖公路急驰而来，想不到斜刺里掩体下埋伏着李全大队，手榴弹迎面爆炸，又响起机枪，日军根本来不及还手，军车上已七倒八歪，连车上的守备队长岛国大尉也一命呜呼。李全部队速战速决，随后撤出战斗。午前十点钟，临平据点日军专车派出援兵150多人到达，吃过大亏后，他们改变战术，以一部分后兵力正面佯攻沈家桥，而以主力向李全部右翼之断帘桥进攻，该处守军仅一个中队，日寇使用步兵加农炮轰击、重机枪扫射，守军前沿被突破，中队长重伤倒地。在沈家塘佯攻的敌人得到增援，李全压力大增，向司令部求援，郑器光命令在六部桥之赖松大队紧急行动，但赖松临阵不前，贻误战机，使李全陷入险境，他毅然从正面阵地调集两个中队的战士组成敢死队，亲自率领敢死队成员由庵堰西渡，进击日军之右侧背，但此一危急行动为日寇察觉，即被一股日军团团围住，李全临危不惧，指挥敢死队突围，不幸中弹倒地，敢死队赶紧背起李全突围而出，途中李全失血过多，壮烈殉国。沈家塘阵地守不住了，郑器光只得下令全线撤退。这次战役，五支队阵亡官兵51名，伤59名，日寇被歼大尉、小队长、伍长共24名，士兵120名，伤者难以计数。

五支队安全渡江返回绍兴驻地。

1938年秋后，三战区决定派遣正规军进入杭嘉湖半沦陷地区，省国民自卫总队海北的传奇人物要数妇孺皆知的"双枪黄八妹"。真实的黄八妹其人，我是1944年冬跟随浙西行署一位视察官员去海北采访时，在平湖的一个村庄里遇见的。当时天气已冷，她赠我蓝布棉大衣一件，钢笔一支。1948年夏，杭州记者访问团到平湖乍浦访问时与她再度相见。当时我在隐蔽战线做策反工作，1949年初她来杭州住沧州饭店，我受组织指示前去试探，得知她受军统特务毛森推荐，衢州绥靖公署主任汤恩伯任命她为"浙江省绥靖第一团上校团长"。在那种情况下，我只能望而却步。后来她逃到海岛上去了。

大时代中的每一个人，都在历史进程中做着自己的选择。

黄八妹生于紧靠平湖的金山扶王埭。她的身世、个性、遭遇以及看到的日寇侵略者对妇女的暴行，促使她拉起一支队伍，成为坚决顽强的抗日游击战士。一个嫁过三个丈夫、30岁的乡下女人，在奉贤向桥镇地方的十年浪荡生涯中，在方圆数十里结交了几十个"死党"，大敌当前，她一声令下，竟然能轻易聚集几十个盐贩子，弄到十多条枪。她想得很简单，有了人和枪，然后想办法打汽艇上的日本鬼子。冤有头，债有主，替18个受害的姐妹报仇，是她最大的心愿。她的第二任丈夫阿书是个大流氓头目，组织过盐贩武装"天下第一军"，在太湖南边几个县胡作非为，受到会剿后被捕，1931年4月押到金山游街后斩首。黄八妹早在当年就精通枪法，有了这支抗日队伍，她当然也想起阿书的"天下第一军"，但时势不同了，如今是轰轰烈烈的抗日高潮，这年头人人对日本鬼子有深仇大恨，问题是要扩大队伍，要有更多的人更多的枪。

有这样的传说：法国驻上海领事的妻子樊菊丽到淀山湖浏览，被土匪阿书部队扣留，企图勒索赎金，樊菊丽又哭又闹，惊动了黄八妹，她看到阿书不怀好意，就把她保护起来。当时法国领事馆正通过上海滩大亨黄金荣设法寻找。黄八妹脑子灵，决定自己把樊菊丽送去上海，亲自交给黄金荣。当然，黄八妹这样就同上海滩大亨拉上了关系，黄金荣还带她去拜见杜月笙。早年的这一层关系，使她每次去上海都要去浦东同乡会向杜月笙表示问候。抗战开始，蒋介石给杜月笙的官衔是"军委会苏浙行动委员会主任"，下辖"淞沪行动总队"。这时的黄八妹已经是江湖上小有名气的人，她为了搞到更多的枪，自然想到可以找杜月笙想办法。见面时，黄八妹说了一通，杜月笙不多说什么，着人把手下干将陆京士请来，然后拉黄八妹坐上汽车，到"老正兴"吃了一顿本帮菜，最后杜月笙才开口说话："八妹，你想打日本赤佬，我支持你。但是你自己一个人在下面搞，上头不晓得，到头来是个草寇，我是军委会苏浙行动委员会主任，我可以给你一个名号'淞沪别动总队第一大队长'，你拉上二三百人就可以跟日本赤佬干一干了。"这次杜月笙嘱咐黄金荣从水警队调给黄八妹一百多支枪，还有勃朗宁手枪。之后，黄八妹的队伍就迅速膨胀到三百人。她弄了几条船，从金山、奉贤往太湖运私盐，解决军饷问题。这时，附近有一支国军什么挺进纵队在活动，而掌握枪杆的游击队伍也不少，挺进纵队司令金中灵为拉拢这些队伍，在金山钱家圩举办了一个"挺进纵队军官促成班"，把这批人召集起来受训，黄八妹当然也在其中。为什么要写这个？因为她在这个速成班里认识了挺进纵队第五大队长谢友胜，他驻在平湖乍浦，距金山不远。谢友胜是帮会中人，见到黄八妹长得壮实、富态，圆圆的鹅蛋脸，高鼻梁，圆鼻翼，大眼睛，虽已人到中年，还是有点魅力，憋不住开口就说："早听说八妹是臂膀上跑马的女中豪杰，今天见了，真是五体投地了！"黄八妹喜欢别人吹捧，对眼前这个40岁左右长得蛮气派的男子也有了几分好感。

意外的是黄八妹接到报告：她的母亲被日本鬼子抓去了！她气急败坏地把部队集中到奉贤金山交界处准备冒死去救娘，但随后消息传来，母亲被抓去后已自己撞死在牢房里。悲痛之中，她腰间插上两支枪就要去找日本鬼子拼命。哪里知道，队伍晚间到达金山一个村子的祠堂歇夜，却被好几百名伪军包围。夜间伸手不见五指，周围枪声不断，军心大乱。黄八妹对队伍呼喊："大家不要慌，敌人把我们团团围住，只有突出重围才有活路！"黄八妹双手举起两支枪，高声叫喊："大家听着，我们要冲出去，如果打散了，可以到平湖乍浦镇找谢友胜大队长的队伍！记住平湖乍浦！"

这是1938年3月，黄八妹突围的残余部队一百余人，从金山到了海北。

40岁的谢友胜在乍浦是地头蛇。他靠祖上的遗产，一向不务正业，过着奢靡的生活，劣迹昭彰。他的部队两百余人，给养都靠收取捐税和商号摊派。他在"军官速成班"认识黄八妹时，心里就打过算盘。想不到时过不久，黄八妹竟不请自来了，使他心花怒放。他家里当然有老婆，但这并不妨碍他讨好黄八妹。经过一番突围杀斗，黄八妹受到谢友胜的盛情款待，酒过三巡，谢友胜趁着酒意潇洒地说："八妹，我心里早想请你来，我想的是我们两支部队合并起来，我们俩成为一家人！"

黄八妹说："你说什么？我现在这点人，你还看得起吗？"

谢友胜接话："哪里，哪里！我是真心实意，我们俩合作，第一把交椅是你的！"

已有三分酒意的黄八妹一点不糊涂，她冷笑了一声，盯了谢友胜一眼，坦然地说："你让我坐第一把交椅？这是什么话？我估摸你是想乘人之危捡点便宜，趁机讨个小的。"

谢友胜毫不退缩，反而举起酒杯来了劲地说："这杯酒为你而干！你放心吧,我哪能让你委屈!家里的我早就不要了,你跟我一起合作,我谁也不要!我们一起打日本鬼子,共同闯一番事业!"

黄八妹摇摇头,心里暗暗地叫苦:"命啊!"

从此,黄八妹与谢友胜同居,两支队伍称为"江南挺进纵队第三大队"。

黄八妹名气这么大,她在抗日游击战中的活动时间很长,让我们找找史料,看看她有多少业绩。

在奉贤、金山败走平湖与谢友胜会合之前,她凭自己的枪法,在暗处左右开弓射杀日本鬼子若干名,这是记载之一。她的队伍有了几百人,主要是在太湖上贩运私盐,看不到面对敌人的战斗,反而是为拯救被鬼子掳去的母亲,在伪军包围中狼狈而逃。她到乍浦后,有一天看到鬼子对女子施暴,黄八妹正准备出手救援,鬼子身后窜出一个男人举起扁担去打,鬼子早已惊起,拔出刺刀往男人胸口刺去,地上的女人机灵,跳起来抓住刺刀不放,黄八妹火速拿出竹篮里毛豆下的手枪,对准日本鬼子射个正着,鬼子倒地不能动弹。这时黄八妹才想到如果鬼子有同伙就麻烦了,叫夫妇俩赶忙离开,自己也找一条僻静小路溜走。再有一个记载是黄八妹智擒乍浦守备队长米山的故事:米山是个色鬼,从南京打到杭嘉湖,血债累累。黄八妹商量决定对米山实行跟踪诱捕。那天上午,米山独自在乍浦街上走,在布店门口色迷迷地看女人。黄八妹早已布置两个清秀的男青年,脸上胭脂水粉,穿得花枝招展,故意引起米山的注意,米山跟着这两个"花姑娘"向东门走去,不知不觉已到镇外,两个"花姑娘"拉起花衣裳急急逃进瓜田边的竹园里,米山哪里肯放,正要去追,突然被一个大汉从身后死死抱住,米山知道自己中计,只见他低头躬腰,双手使劲,把这个大汉摔到一边,他学的柔道派上了用场。这时那两个逃进瓜田的"花姑娘"扯去头巾回过头来,是两个男的,米山灵活,夺路而逃,瓜田藤蔓缠绕,他踩到两个大西瓜,一下就仰天绊倒了,他挣扎着爬不起来,胸口上被死死踏上一只脚,一支手枪指着他的脑袋。拿枪的人身穿男人短打,草帽下是一张女人的脸,大声说:"米山,你不是要抓黄八妹吗?看!我黄八妹来了!"

日本鬼子米山被五花大绑,用农船押送到新仓镇西市后被枪毙了。

黄八妹擒杀米山,成了浙西重大新闻。到天目山巡视的三战区司令长官顾祝同得知决定召见她。顾祝同对这个江湖女人游击大队长是什么印象,不得而知,但身边的副官早已得到了黄八妹的好处,为她说了不少好话,加上黄八妹当面讲湖荡18个姐妹惨遭日寇摧残,使她下决心拿起枪杆同日本鬼子拼,这一番话得到司令长官频频点头,觉得"双枪黄八妹"名不虚传,自然多加勉励,嘉奖一通。过了不久,黄八妹的部队就奉命到於潜整训,她的上尉官阶也升为少校。

有这样的记载：1939年春，黄八妹的突击大队通过京杭国道，经过武康县三桥埠前的日伪据点上柏。这时黄八妹抓住一个战机，决定对上柏据点来一次夜袭。上柏日伪守敌有两连兵力，真打起来，游击队不是对手，但黄八妹在黑夜中进攻，双方交火，一阵乱枪，日本鬼子先就吃了亏，日本兵被收拾了一二十名。上柏是京杭国道上日军一个重要据点，前后都有碉堡守卫，攻进去哪有这么简单。这次夜袭后黄八妹被追击，在山路上与敌人遭遇，无处躲避，竟在一座坟堆上躲进一具棺材里，她被部队找到时，已在棺材里昏迷，只剩一口气，头肿得像南瓜，好不容易找到土郎中用偏方治愈，才恢复过来。这些记载可信度难以查考。

当然，有的记载难分真伪。据说黄八妹率领部队到了沪杭铁路线嘉兴附近活动，在嘉兴芦头运河边发现一艘日军轮船，在船头见到几个值岗的，一时摸不清多少鬼子。河湾桥下有两条鸬鹚捕鱼船，也算凑巧，渔船上有一个人上岸走进桑林里出恭，黄八妹马上派人把渔民带过来，渔民吓坏了，以为遇到土匪，弄明白原来是碰上打鬼子的游击队。黄八妹问他轮船上有多少鬼子，捕鱼人回答：30个人，这伙鬼子是附近一个据点里的，平时军官克扣，伙食不怎么样，这几天发了饷，就到城里来大吃大喝，船上只有几个值勤的，进城的那帮鬼子吃饱喝足，回来怕要到半夜了。黄八妹也算是会动脑筋，用调虎离山之计，弄几个人在轮船的岸边吵闹打架，吸引轮船上值勤的日军注意，同时安排几个好枪手，"叭叭叭"把鬼子收拾了，黄八妹立即领一批人一拥而上，把船上的轻重机枪搬上岸，在路边的隐蔽处埋伏，醉醺醺的一群鬼子回来，都成了活靶子，二三十个鬼子官兵被全部歼灭。

1942年下半年，她的部队撤到天目山，浙西行署主任贺扬灵将其奉为上宾，行署所属的《民族通讯社》发过一篇访问记，题目叫《新中国妇女的钢》。这以后不久，浙东四明山由共产党领导的三五支队建立了根据地，已发展到1000多人，成为国民党的心腹之患，顾祝同想到了黄八妹可以派上用场，便给她一个新头衔——"杭州湾护航纵队司令"，命令她率部渡海去浙东慈溪三北地区，配合"锄奸"。黄八妹浑然不觉，谢友胜却觉得这碗饭难吃，"锄奸"不就是打共产党吗？怎么办？抗命吗？怎么可能？不几天，黄八妹只好带着几百人马随"忠义救国军"第一支队艾庆章部渡海到慈溪三北去了。

黄八妹在三北的经历没有使她清醒过来。新四军三北游击司令部起先为顾全大局，尽量忍让，但"忠义救国军"的艾庆章很疯狂，跟日本鬼子一样到处烧杀，缴了三北游击队的被服厂，抢了大量军需物资，扬言扫荡四明山。黄八妹的队伍跟在后面,不少帮会出身的人也都趁机捞好处。一个寒冷的晚上,黄八妹喝得酩酊大醉,等到第二天早上醒来,发现自己和谢友胜都被捆着,几十个部下也一个挨一个绑在一起。他们被四明山三五支队俘虏了!

原来前一天夜里,黄八妹带一部分人到了上虞北边一个小镇外,又饿又冷,便住进一户地主人家。一个中年人客客气气让他们进了厅堂,同谢友胜讲了几句,还认了同宗,对黄八妹也笑眯眯的,知道他们饿了,立刻张罗饭菜表示慰劳。黄八妹、谢友胜哪里会想别的,摆上来一大碗霉干菜烧肉,一大盘风鸡,他们便大口喝酒,狼吞虎咽,不用主人殷勤,早就酒足饭饱。在外间的几十个人吃了顿热饭,也在大堂里倒下便睡。

门打开了,黄八妹心里一震,看到昨晚殷勤接待他们的主人身后站着十多个荷枪实弹的便衣,昨夜春风满面的男主人脸上带着笑意,冷冷地说:"黄司令,委屈了!"

黄八妹抬头看到外头尽是带枪的人,她心里叫苦:完了!落在共产党手里了!想不到的是,这位男主人回头命令:"给他们松绑吧!"

黄八妹像从云端里跌落下来,似醒未醒,不知道怎么回事。

男主人说话了:"黄司令,你的部队是打日本鬼子的,这次你被国民党骗了,派来打我们三北抗日游击队,你错了!我们共产党搞的是团结抗日统一战线,反对摩擦,反对自己人打自己人。我们希望你不要跟"忠义救国军"的艾庆章一般见识,这个姓艾的是军统特务分子,他们消极抗日,积极反共,你不应该跟他们走!"

黄八妹不搭话。她心里听不进,只是想既然把我黄八妹绑了又放了,也不知这葫芦里卖的是什么药。

她听到有人过来,对男主人喊:"报告谢支队长!"悄悄说了几句话。

这位谢支队长对黄八妹说:"我们决定把你们的枪支弹药和一切物品全部发还,你可以自由决定何去何从。马上就是农历小年夜,你们愿意的话,在我们三北过年好了。"

黄八妹终究是个女人,被感动得有点心软了。谢友胜也按照江湖规矩,临别抱了抱拳头,走了。

黄八妹心想,这个谢支队长倒是一个好人,不像人家说的共产党一天到晚讲斗争斗争,但是自己被俘又被放,传出去让忠义救国军的艾庆章知道,那可是不好做人,于是她传令身边这几十个人守紧嘴巴,对外人一个字也说不得。不等大除夕,就悄悄渡海回海盐平湖去了。1943年正是日伪搞"清乡"最起劲的一年,汉奸伪政府公开发传单招降,愿出多少多少金条收买她,黄八妹冷笑一声不为所动。黄八妹一度在接近天目山的偏僻山区里打转,保存一点实力。到1944年春,日伪"清乡"成了强弩之末,天目山浙西行署重新部署全面恢复游击区政权,任命张木舟为平湖县长,黄八妹又成为"平湖县抗日自卫大队"大队长,平湖的一些日伪小据点实际上都是谢友胜过去的门徒或是黄八妹贩私盐时的对手,谢友胜的门徒都乖乖地投诚。值得一提的是,1944—1945年夏天,黄八妹也曾抓到过几个日本鬼子,派人押解到已从天目山迁到昌化的浙西行署处理。

抗战时期浙西游击区赫赫有名的"双枪黄八妹",听起来很神秘,实际上也就是如此。她曾亲口对我说:"我是会用双枪的,人家传说我的'双枪'有多厉害,那是太过头了!"

海北抗日游击队著名人物还有海盐的汪耀父子、海宁的自卫大队长俞文奎等人,不再细说。以抗日游击队之名行"老刀牌"之实,比比皆是,其中嘉善大队长张鹏飞臭名昭著,抗战胜利后在上海做寓公,遭人唾骂,不说也罢。

十

杭嘉湖沦陷区敌伪据点与游击区犬牙交错,情况异常复杂,要描绘它的全貌,几乎是不可能的。

在敌伪流窜、游杂部队横行不法的重重压迫下,老百姓的生命财产毫无保障,时刻处在危难之中。正如南宋诗人陆游的诗句:"遗民泪尽胡尘里,南望王师又一年。"老百姓翘首企盼的是不受压迫、免于恐惧的和平生活。

整体而言,国民党政府和三战区长官司令部面对杭嘉湖乱局,采取对策是势在必行。从军事方面看,当时的主要对策有三:一、派遣江南挺进队进游击区,对分散杂乱的游击武装实行整编,使之纳入正轨;二、派遣国军正规军部队进入游击区,化整为零,分散活动,开展敌后游击战;三、省政府在天目山建立浙西行署,杭嘉湖沦陷区各县全面恢复原县、区、乡镇政权及保甲制度,同时组织县抗日自卫大队作为地方武装力量。

1938年间的杭嘉湖地区,地方与地方之间,各个游杂部队早已形成各自的势力范围,其中打着抗日旗号的不下数十伙。这年3月间,七十九师旅长冯宗义第一次受命对游杂部队进行整编工作,在德清新市设立"东战场挺进军指挥部",把杭嘉湖地区分为五个游击区,分别任命五名"司令",但受编游杂队伍背景不同，各怀异志，难以协调，冯宗义的整编工作无功而退。同年5月，三战区司令长官部派遣张性白为总指挥的江南第一挺进纵队授权统一指挥杭嘉湖游击部队，他的做法是统一改编为三个总队，德清吴辞炎的浙西游击总队是其中之一，那些溃散的原国军人员也重新聚集。收编李泉生部队时受到抵制，后来李部见朱希部也收编，接受为独立大队。1938年下半年，张性白江南第一挺进纵队在敌后有相当影响，问题是在日寇发动全面大扫荡的形势下，朱希部队11月10日乌镇钟家墩之役严重失利，第二游击队司令钱春贵投敌，程万军利欲熏心，在日寇500万金的钓饵下成为汪伪"和平军"第一师师长。张性白于总指挥部退驻杭县太公堂后辞去职务。

1939年3月，三战区司令部再向杭嘉湖派遣江南第二挺进纵队，以丘玉林为总指挥，省政府委任他为第二区行政督察专员，集军政职务于一身。据《天目抗日》记述，江南第二先遣纵队在昌化南屏山举行庄严的誓师大会，在南屏塔旁竖立"誓师碑铭"，由丘玉林用隶体书写，文曰："倭寇侵华，踞我疆土，吾为自卫，御侮图存，缨冠披发，屡挫凶锋……实行主义，挺进金陵，成功成仁，服从统帅……"仅此几句，足见陈词滥调。这块石碑迄今完整保存于昌化南屏塔边，引人思考。

实际上，这个江南第二纵队，到1941年移师四明山，番号也不存在了。其原因不言自明——四明山的新四军游击队三五支队正在发展。

当年喧嚣一时的三战区江南先遣纵队，其真实面貌，我是从一个名叫唐之淮的国民党人员的亲历回忆录中了解的。淞沪大会战转移，大量国民党散兵携带各式武器流散苏、浙、皖中间地带，部分投奔新四军。蒋介石为防范流散兵员为共产党所用，命令顾祝同收编这些自动组合的游杂武装，三战区江南第一、第二先遣纵队由此而来。唐之淮参加的是第一挺进纵队，他说，这是一支以政治为主的特工部队，从排长起至挺进司令部的骨干，都必须是军校出身，再经过特训班训练。从连队起各级都设指导员、团政工指导室，并撤换收编后的连、营、团长。第一、二纵队招收录用低级骨干的标准也很严格，必须是各特训班的学生或有文官荐任、武官校级的可靠背景。唐之淮说："我当时将在中央军校长沙分校结业，又是大学生，又是浙江人，并且已参加康泽主办的三青团，靠山硬，所以我被第一名录取，长沙共招收100多名学员。1938年11月，在皖南屯溪和休宁集中约1000人，再筛选300人到休宁三战区挺进队政工训练班，文化低些的进'干训班'。我在政工班，当时我最感兴趣的是由三战区情报专员室的少将委员张超和教育长等讲授的特工课。我那时虽有一股爱国热忱，一心想去前线，却丝毫没有想到我们要对付的是共产党的新四军……先遣纵队的副司令兼政治部主任是谢一中(黄埔六期)，由于我们都是长沙人，他对我特别好，我到了挺进纵队，但保留情报专员室的通讯员身份，被规定要经常给张超报告情况……"

唐之淮回忆的亲身经历，使我们对江南挺进纵队有了更具体准确的了解。挺进队收编的范围在浙西，收编的主要对象是富阳的赵振华、余杭的黄延规、於潜昌化的钟林，还有德清的朱希。收编的方法主要是封官许愿，这些人原本都自称"司令"，收编后列入正式建制，赵振华为第一团团长，黄延规为第二团团长，赵安民为第三团团长，钟林为第四团团长，朱希人、枪最多，要求编为一个师，几经谈判，编为独立支队，朱希被任命为"挺进纵队"副司令兼支队长，破旧枪支一律换成中正式。这是因为上面得来消息，新四军也在拉拢他们，所以待遇特别从优。

收编赵振华部队时，赵团长摆了酒席，请点验人员和派到团部的政工人员吃酒，各营营长也都列席作陪。酒过三巡，赵团长起来讲话，一个个敬酒，哪知敬到二营营长，二营营长一举杯，赵团长另一只手早已掏出手枪，对准他头部，枪声响起，二营营长当场倒下，马上有人把死尸抬走。赵团长宣布："二营营长图谋不轨，准备在点验发饷换枪后把队伍拉走，投靠日本鬼子当汉奸，我已请示点验长官得到批准决定在酒席上结果他。我已派特务连和司令部一个连包围二营全部缴械，请大家不要惊慌，安心喝酒吧!"

朱希部的收编仪式最为隆重。谢一中副司令带领特务连、司令部人员点验官员、政工人员等，在德清洛舍乘上朱希亲自来迎接的轮船，不料一行数百人在到达桐乡后，突闻乌镇方向枪炮声大作，这时朱希的副官乘汽艇慌慌张张赶来报信："日本鬼子分八路，从嘉兴、德清、平湖各个方向围攻乌镇、新市，扬言要消灭朱希部队，消灭挺进纵队。"朱希急忙下令轮船停止前进向后转，此时又发现前方有日军汽艇，轮船急急靠岸。靠着挺进纵队带来的几个连，朱希部边打边退，总算甩掉了敌人，以为可以松一口气，人人又累又饿。练市附近河边有一座龙王庙，司令部人员就在庙里过夜，剩下的两个连驻守在庙外小山坡旁的几个草棚里，前后布置岗哨。人们疲惫不堪，不由都睡着了。谁知深夜日本鬼子由汉奸带路，摸了哨兵，一直冲到庙门外才被发现，特务连拼死抵挡，总算夺出一条路，把副司令谢一中和朱希等高级军官救出重围，而政工队和一些女同志就这样陷入敌手。逃出后朱希提出脱下军装化装成老百姓分散走比较安全，谢一中副司令带着特务连长唐之淮和几个编验人员脱险后，过了好多天才回到新市司令部。这次收编未成，反而牺牲了不少官兵，政工队全军覆没。后来一份汉奸报上面刊出一张照片，照片上有两具穿军装的尸体，标题是"匪首谢一中、朱希双击毙"云云。

自朱希钟家墩之役遭受惨重挫折后,江南第一挺进纵队司令张性白,还有其他几个总队也相继分崩离析,陷于瓦解,其中仅钟灵的200余人继续抗日游击战活动。1939年3月江南第二挺进纵队丘玉林、谢一中重返杭嘉湖,钟灵成为第二团团长,1941年都调往浙东四明山,番号也改变了。四明山"三北"地区的任务是"防奸",那边出现了从浦东过来的新四军三北支队。

1942年4月,以钟光仁为司令的江南第三挺进纵队在杭嘉湖出现。挺进纵队下设支队长,相当于正规军一个师,实际上人数不足,没有正式军饷供给,实行自给制。《天目抗日》记载:部队做生意成风,桐油运出,布、烟、糖、盐等运进,进出都是紧俏物品,获利丰厚,也有官长自己发财的。浙西行署一度同意为纵队副食筹垫,责成各县代为垫付,凭据发还,但之后又指令该纵队在敌后之供给自行经理。战时物资统制进出,部队做生意虽然违反战时经济法规,但管理部门也管不了。至于直接向民众摊派,对过往货船敲诈勒索更是常事。

作为二十八军所属的挺进纵队,也是有战绩的。据有限记载,在德清通杭州的运河上,挺进纵队经常伏击敌船,敌军疲惫不堪,1942年8月只好放弃德清县城,退守瓶窑,纵队的战斗活动范围东至嘉兴、平湖一带。《嘉兴市文史资料》第一辑上说:1942年4月,纵队司令钟光仁率领一个支队挺进敌后嘉兴与吴江严墓乡双燕村时,夜半得悉日寇追踪而来,便立即退至新塍、王店附近,穿越沪杭铁路,到达风桥、新皇地带,此时日伪正部署"清乡",该支队在日伪军间穿插、迂回游击,以虚避实的灵活战术应对,虽处于劣势,仍能击破"清乡"伎俩,保存自己,这也是很不容易的。当时一个支队的武器装备,一般是一个迫炮连和三个机枪连,小炮各大队轮番使用。三支队第三大队用炮时,敌人集中火力摧毁我方阵地,大队长刘志吾不幸阵亡。

《德清文史资料》第二辑中有二十八军挺进纵队第三支队副支队长回忆他参与的三次战斗:"1943年4月,三支队驻钟管、青墩一带时,菱湖与湖州之敌百余人,另有伪军一队,经千金向金家甸扫荡与我部遭遇,激战两小时,敌伪军在我前后夹击下,向栎树圩方向退却。支队接到报告,敌伪占据栎树圩后停留,布防烧饭,无撤退迹象。我支队研究敌情后决定追踪袭击,时已天黑,我利用夜色掩护发起攻击,开始时敌伪据守民房向我还击,但我火力集中较强,敌伪不敢恋战仓皇逃窜。此次战斗我方死战士8名,伤15名,敌伤亡更多,死伤被全部带走。我军一名医官在千金战斗时牺牲。

另一次战斗在1943年9月21日,我三支队围攻新市镇,战斗在晚间打响,我军扫清外围后,敌军凭借西栅之坚强工事拼死抵抗,我军未能突破敌之主阵地，连续激战至次日凌晨。据报湖州、菱湖、塘栖之敌伪军600余人已向新市驰援，我部撤离新市，向青墩方向转移；我第一大队转移途中与钟管方向来敌200余名遭遇，激战一小时，我士兵伤亡20余名，第三中队长负重伤，当部队退至青墩、横塘桥附近时，驻新市日伪军尾追而来，从塘栖方向出动之敌亦已到达，我二支队各大队陷于被包围之境，一大队死守长桥阻敌前进。经数小时激战，双方均有伤亡。支队在险境中奋勇夺围，经风车桥过洋溪港后，大批敌军已尾随而至，双方展开白刃战，其中一部撤至后窑、蔡家桥，青墩以东、洋溪以南的大片桑地、稻田间，敌用掷弹筒等武器向我猛轰，我坚持反击，双方均有伤亡，直至天黑时，我军迅速转移。是役三支队伤亡120余人，敌军也伤亡30余名，用汽艇运走。这次战斗后，第三支队转移至下舍乡，后至雷甸附近休整。

第三次战斗在1943年11月25日，三支队在雷甸附近驻地接到情报，日军由塘栖出发护送大批蚕茧运往湖州，运河上12艘船，前后有日军汽艇武装押运，三支队掌握时机，在必经之地三角塘附近布置伏击。上午9时汽艇进至伏击圈内，我军重机枪突然猛烈开火，前后敌艇被打得在河心打转，艇上日军被击毙多名，失去还击之力，急急向湖州方向逃窜。装满蚕茧的民船被迫靠岸，我一大队七中队迅即分批冲上民船，共缴获蚕茧500包，全部解运德清挺进纵队司令部处理。"

从三支队一个大队长的战绩，可见二十八军所属的第三纵队在游击战中的战果，也是用鲜血浇注的。1944年秋，我以记者身份到海北嘉善地区时，原二十八军纵队副司令任嘉善游击县长。据知德清勾村茅山公墓合葬的游击战士遗体有1000多人。

以陶广为军长的二十八军，其基本部队原属湘军，原属第四方面军的第十九师，曾在淞沪战场作战，但是装备比较落后，是有名的"笠帽兵"。抗战前，二十八军调来皖浙，在淞沪战场伤亡四分之一。日军在金山卫登陆时，驻守全公亭的即为二十八军六十二师的一个连，血战两个多小时，全体壮烈牺牲。抗战时期驻浙西的有六十二师、一九二师、五十二师，口碑还是不错的。

1938年上半年，杭嘉湖敌占区日军抽调西进较多，力量减弱，三战区利用时机，命二十八军配合江南挺进纵队行动。当时京杭国道是第一道封锁线，被青年学生及行旅客商视为畏途，险象环生，遭遇袭击时有所闻。部队进入路东，必须作好战斗准备。二十八军六十二师三六八、三六七团先后分两路进军，右翼由团长谢明强率一个半加强营夜间从武康附近突破公路封锁线，左翼由该营营长罗子忠率一个加强营从武康埭溪附近突破封锁线时，被驻扎大王山、小王山碉堡之敌发现,一时探照灯四射,小钢炮齐发,罗营长身先士卒,不幸中弹牺牲。到拂晓时,两路人马在德清下舍会师后继续东进。

三六八团团长谢明强,受军部委托,以浙西游击纵队司令名义收编游杂部队。为了对游击区的武装队伍一视同仁,他采用的收编策略跟以前的不同,主要是对"老刀牌"式的游杂队伍采用广泛团结政策,不用过激手段分解游杂部队或没收其枪支给予打击性处理,而是承认他们也有抗日思想,可以成为抗战的一份力量,所以游杂部队乐于服从改编。他委任周明三为第一支队队长,王柏青为第二支队队长,李正鸿为第三支队队长,吴良玉为第四支队队长,李泉生为第五支队队长。这个过程很不简单,发生不少纠纷,甚至人员伤亡。1939年5月,天目山浙西行署企图改变杭嘉湖游击区的乱象,请第十集团军总司令刘建绪出面配合,商定以刚柔并济的手段,促使全部游击队接受整编,得到省政府拨款5万元,交由二十八军陶广军长主持收编工作,浙西行署派高级参谋、参议到游击区向游杂部队晓以大义,说明整编方案。但游杂队伍成分过于复杂,第二支队王柏青中途生变,率众逃跑只剩下100多人;第三支队第一大队邓义部与第五支队李泉生部发生火并,第五支队周枝枚及士兵24人惨死,邓部死70余人,邓义夺取李泉生部枪支溜之大吉;第一支队也发生逃散事件。经过反复斡旋,竭力调处,事端平息,最后各支队集中于临安青云桥进行清点收编,成立浙江省抗日第一、第二自卫总队,以周明三为第一总队长,李泉生为第二总队长,有40多名编余官佐被遣散,发给一个月薪金。总队从1939年6月1日起,按陆军国难饷规定发放军饷。7月份起,浙西行署在昌化河桥专设浙西抗日自卫团督练处,分两期实施训练,每期3个月。到1940年9月底,省抗卫总司令部裁撤,这批部队分别转为行署青年营、特务营、专区保安大队、县国民自卫队。在分散杂乱的游杂武装编练为地方自卫队,杭嘉湖与县政权相继重建的条件下,1941年7月浙西行署第三次行政会议统计,全境自卫队官兵人数已达9800余人,平均每个中队有1挺机枪、2副枪榴弹筒、50支步枪,弹药每一挺机枪平均配足2000发、步枪100发、枪榴弹20发,手榴弹平均每个士兵2枚。经过如此一番编练,游击区武装力量素质提高,战斗力提高,社会秩序相对好转,除偏远、鞭长莫及的小部分地区外,治安基本得到控制,老百姓的安全感也提高了。

坚持抗日游击战得到民众赞誉的朱希,在天目山经过一段时间休养,被浙西行署委任为德清县长,他的余部由副司令汪鹤松率领进入江苏地区,后并入该地区部队。朱希任德清县长期间,率领地区自卫队300人马,在反"清乡"斗争中多次作战。1942年初,湖州之敌集合几个据点敌伪军倾巢出动,自卫队在新塘之战中,与友军合作迎敌,友军失利后撤,朱希在危急中孤军奋战,指派第二大队长陈奇驻守士林镇南面的罗安桥,要求死守待命,又把保安大队二连配置给陈奇,以顶住东面之敌。朱希自己率领大队附满炳才由下市向西进击,穿过敌军的侧面,到达高升桥时,他命令大队长车成萱、满炳才分别带一个分队,绕至敌人后方,对敌实行牵制,他自己率领一个分队折向南面,直捣塘栖、德清两路敌军背后。这样的外围作战,迫使敌产生错觉,以为从早到晚,到处都是游击队,陷于"狮子捕风"的迷乱之中。敌人不断受到伤亡,疲于奔命,不得不灰溜溜地收兵回巢了事。1942年全国慰劳总会前线将士慰问团来到天目山,赞扬朱希县长"以少克众,以小易大,以智事力,以勇攻坚",并颁给奖章。朱希1943年后调升为海北第十行政督察区专员。

这时李泉生也被任命为桐乡县长,但时间不长,1943年,他就调回天目山任青年招待所主任之职。

在杭嘉湖游击战中,国民党二十八军的六十二师、一五九师进入路东、海北地区化整为零,展开反"清乡",反扫荡,配合地方自卫队对敌伪进行反击,战绩卓著。1986年《湖州文史》第四辑载六十二师三六七团团长龙叔韬《在浙西抗日的回忆》,有十分具体的记述。龙叔韬原是湖南保安第六团团长,1937年10月调华东抗战,编入二十八军,1938年初驻守钱江大桥防线,3月调浙西富阳、新登、临安,协同三七一团切断富阳至余杭公路,在夜战中与敌展开白刃搏斗击退增援之敌,使富阳敌军陷入孤立。同年7月,龙叔韬在武昌珞珈山中央军官训练团受训,聆听周恩来讲授《论持久战》,得益甚大。1939年3月,三六七团奉命进入杭嘉湖地区,在通过京杭国道时,发动群众将武康至湖州公路挖断,并由上级调来山炮两门,把武康埭头附近大、小王山的日寇碉堡摧毁,敌方也调来大炮还击,双方发生炮战,敌炮受损,仓皇向武康撤退,我部又乘机炸毁三桥埠和埭溪两座大桥,乘胜进军吴兴、东乡、菱湖地区,切断湖州至杭州的西运河(东苕溪)主要航道。4月,部队进至千金镇时,正值日寇到处流窜,劫掠奸淫无所不为,三六七团团部驻地元通寺也遭敌机轰炸。正在此时,六十二师三六八团等部队相继到达,经商定对德清、桐乡、吴兴等县城敌据点分别包围,切断据点之间的联系,使之陷于孤立。日寇分散流窜抢掠各项物资,主要是供应沪杭日寇生活需要,我军各部组织便衣队,开展俘敌比赛,使日寇受到意外打击,不敢轻易出动。例如在新市镇附近设下埋伏,引敌入室活捉,用麻袋捆扎抬回驻地。有一组便衣化装成农民,手提竹篮、鸡蛋、香烟,隐藏一包石灰,从临平铁路桥经过时,守桥敌哨发现烟弹,急忙下手,我便衣乘机取石灰撒入敌哨眼中,不但活捉敌哨,还击毙了一名。这项便衣俘敌活动,使日寇下乡搜劫受到限制,农村也平静不少。5月间,龙叔韬与营长们商讨如何破坏临平铁桥,第一次击毙数名敌哨,拆钢轨运走,但敌人很快修复钢轨通车。第二次改用爆破,在斜桥夹石段轨道下埋炸药,使用皮线点火,次日一早敌军车一列驶来,一声巨响,车头被毁,列车倾覆,日寇死伤不少。从这次炸车后,敌寇即在铁路沿线两侧安装铁丝网和竹篱笆,并节节筑碉堡加强守护。我三六七团并未因此罢手,其后仍设法越过障碍炸车五次,日敌防不胜防,蒙受重大损失,沪杭铁路一度陷于半瘫痪状态。

1939年9月,据情报得知,湖州通往上海的北运河,次日早晨将有日寇一个中队乘汽艇通过。龙叔韬命第一营营长在升山双林间航道设伏突袭,这段河岸狭窄,北岸有陡坡不能攀登,我军埋伏南岸,在此段以机枪、手榴弹、战防炮猛击,顷刻间将敌艇全部击沉,歼敌120多人,我团伤亡25人。这次歼敌胜利获得上级传令嘉奖,从此北运河完全受我控制。当时天目山的一个文艺团体还前来作慰问演出。

1939年9月下旬,三六七团为了切断上海通往杭州的大运河,拔掉运河中心桐乡石门湾敌据点,派第三营担任主攻任务,师长陶柳亲临督战。这个据点原是一家大型缫丝厂,墙壁坚厚,四面环水,一条小木桥已被拆除,在我军猛攻下,敌寇凭炮火坚守,我先锋部队死伤颇重,三营长也受了伤。此时嘉兴、杭州之敌,从东西两面增援,我方即转向外侧与援敌对抗,石门湾残敌乘机撤逃,来援之敌也被击退。从此,西、北、东南运河都在我控制之下。为阻止敌汽艇活动,我方在民众协助下在各运河的进出口筑土坝加以堵塞。这样,杭嘉湖地区所属各县可以连成一片,大大有利于敌后政权的恢复和巩固,增强老百姓抗战必胜的信心。

1939年10月10日,三六七团奇袭杭州,只是轶史鲜为人知。当时龙叔韬团长与政工队长鲁一平(中共地下党同志)商议,如何利用"双十节"对杭州城发动一次突然袭击,后决定派遣英勇善战的连长龚文华乘敌人不备,夜间越过护城河登城进入市区,放火焚烧多处日伪机关。当夜火光冲天,日寇出动坦克车巡逻,我连队在隐蔽中向敌人一阵射击,及时安全撤回,并无损失。另据王国林先生《天目抗日》记载,此次袭击杭州参与部队除六十二师,还有保安团队及省抗日自卫总队一、二支队之一部,并先派人员潜入市内作为内应,攻入艮山门、拱宸桥、湖墅,毙敌伪甚多。敌伪大出意外,十分恐慌。次日出动坦克巡逻戒严。

1940年2月,二十八军陶广军长进入吴兴练市,宣布六十二师三个团调整番号为一八四、一八五、一八六团,改派龙叔韬、胡国猷、汤家楫为团长。

1941 年 3 月日寇准备打通浙赣铁路与粤汉铁路接通，为减轻腹背受敌，首先对杭嘉湖六十二师采取行动，以一个师团（二十二师团）的兵力，在飞机掩护下向国军师部所在地练市进迫，逐步形成小包围，妄图把六十二师打垮。国军以排为单位化整为零，与敌展开灵活战斗，敌军行动迟笨，处处扑空挨打，经 20 多天扫荡，一无所获，不得不颓然而退。

1943 年 5 月，日寇沿浙赣线向金华进犯，军部严令一八四团切断沪杭铁道，但日寇防范甚严，难以接近，龙叔韬改用牧童在铁路边割草的策略，选一身轻战士，当火车远驰而来，化装成牧童的战士跃上铁道迅速安置炸药，火车刹车不及立即爆炸，车厢互撞倾翻，国军设伏部队同时开火，使敌伤亡惨重。一八四团又得到上级嘉奖。

龙叔韬团对肃清游击区土匪也采取积极行动。这些青帮土匪头子多为日伪收买，作恶多端，其中的太湖巨匪刘麻子与陆某曾谋害国军班长一名，劫去轻机枪一挺。龙叔韬派聂毅营长侦查匪踪，不出半月，抓到刘、陆二匪，追回机枪并找到班长遗体，经军部批准处刘、陆二匪以死刑，围观群众拍手称快。同时，在新市、桐乡也捕杀土匪头子三人，保护地方平安。

1941 年底，二十八军陶广军长调任第三战区苏浙皖挺进军总司令，陶柳接任二十八军军长，刘勋浩接任六十二师师长，龙叔韬调任副师长兼政治部主任，贺炎煌提升为一八四团团长，接替龙叔韬担任游击任务。1942 年 3 月，太平洋战事急剧变化，日寇为巩固沪杭占领地区，乘国军兵力单薄之机，再次发动进攻，战斗极为激烈，团长贺炎煌、营长熊紫云在一次战役中牺牲。陶柳军长命龙叔韬重入游击区接回部队，经过三天战斗，龙叔韬摆脱敌军纠缠，将部队接回孝丰整训。

六十二师三六八团自 1939 年 3 月与三六七团前后进入路东，继续跨越沪杭铁路，在海宁地区活动，日敌发现后，从沪杭线据点抽调四路兵力，在三架飞机掩护下猛烈阻击，与我国在马桥附近发生激烈战斗，驻守马桥的三六八团第二营营长陈士伯率部奋勇迎击，该营在当地实行坚壁清野策略，完成之前牺牲战士 200 余名，接到团部撤退的命令，陈士伯坚守不退，在敌人密集的炮火下，他胸部中弹，不幸牺牲。陈士伯的事迹，曾在 1939 年 11 月的《民族日报》上刊出由海宁抗日青年屠琦报道。

关于谢明强带领三六八团的战斗事迹，《嘉兴文史资料》有以下记载：

> 1939 年 5 月 13 日三六八团在桐乡崇实小学校长金匀其等人内应下，突袭县城，对盘踞城区日军实施包围，日军猝不及防，全部被歼。汉奸沈怡和等四名被抓获，桐乡城区光复。5 月 18 日夜，三六八团谢明强团

长率部破坏硖石至嘉兴王店铁路上的莲花桥,使交通中断。21日三六八团围攻崇德石门湾,歼灭日军七八十人。24日,日敌分三路进犯崇德灵安地方,三六八团一部诱敌深入,造成日敌之间自相混战,日军死20余名,我方无一伤亡。

六十二师三六八团在桐乡、海宁的战绩还有不少零星记载,如在海宁袁花和天星桥交界的包家山与日军五六百人激战至天黑,敌伤亡二三百人。7月27日,三六八团在桐乡屠甸镇西竺村庙一次伏击战中,使日本鬼子运回三船伤亡人员。又在周家坟与日军200多人发生遭遇战,歼灭敌人50余名。1938—1939年多次攻打崇德县城,一举攻克桐乡县城,多次夺取海盐城。葛伟先生《喋血杭嘉湖》写他记忆中有一位当年住在海盐大曲附近农村的人,据此人口述:

> 五月上旬的一天中午,三六八团大约以一个营的兵力,对盘踞城内(海盐)的那股日寇发动了一次猛烈进攻。当时部队指挥部设于陈家门,部队经大曲进入西大街,然后分兵两路:一路越过西门吊桥直插城内;另一路则扼守于河南面的石匠江。那天,我前去吊桥旁,看到战士们扛着枪,身上挂着手榴弹,有几个士兵腰里插着笛子,背上背一把胡琴,进城后先在杨家弄附近街边坐下休息,高高兴兴拉起胡琴吹起笛子来了⋯⋯等我回到村里时,很多老百姓正在准备欢迎部队胜利归来⋯⋯

这段生动的记述,反映了进攻海盐城取得胜利的喜悦,实际上这场激烈战斗也是作出一定牺牲的。三六八团1938年三四月到达海北后连续作战,到达海盐的第一仗是在城北门外之环三向桥伏击战,意外歼敌数十名,其中有大佐一名姓中野。谢明强团长考虑海盐城是海北的一座小城,守敌不过200余人,如果集中兵力包围它,切断敌军外援,绝对可以获得全胜。经过一番筹划,谢明强决定联合嘉属自卫总队姜维贤部实施包围海盐之战。5月1—3日,以全团兵力加上地方部队投入战斗共约1000人,连续对敌包围攻击。海盐守敌八木大队仅有200余人,但城墙工事相当坚固,拥有野战炮、迫击炮、重机枪组成立体交叉火力网,要摧毁它很不容易。在经历多次强攻受挫后,谢明强团长决定改变战法,分兵挡住来援之敌,而以主要兵力实施"车轮战",24小时昼夜强力压迫固守之敌,守敌200余人待援无望,极度紧张疲惫,战斗力下降,防守终被攻破。敌军除战死者外,幸存者全部被俘,我进攻部队获得全胜,欢天喜地进入海盐城⋯⋯

据温永之《浙西抗战初期史话》记载:1938年8月27日,驻海盐沈荡的三六八团一个连队发现公路沿线日敌布置严密警戒,28日从沈荡内部情报得知,日敌有高级官员到达,可能次日离去。连部决定选派100多勇士,以50人为一队,携带大批手榴弹,在距沈荡10里的公路南北两侧不远处埋伏,约定发现情况时,见机迅速行动。29日清晨6时,公路上3辆小汽车从沈荡方向疾驰而来,第一辆过来了,第二辆过来了,公路北端埋伏的50名战士立即掷手榴弹,第三辆车动作很快,掉转头折回沈荡,这时埋伏在公路南端的战士将50颗手榴弹向第二辆猛掷过去,车子被炸毁了。第一辆车上跳出来四五个敌人反击,双方短兵相接,我战士们因任务完成,无心恋战快速后撤。

原来被炸毁的第二辆汽车上,坐的正是日军的佐藤师团长和他的高级随员,他到杭州海北地区视察检阅部队后,有一艘"小钢丸"在平湖乍浦等他,上海华中派遣军司令官将召开军事会议。如今运回去的只能是一具佐藤的遗骸了。

二十八军一九二师在天北地区的战斗也享有盛名,师长胡达、副师长王育以作战沉着缜密,善于判断敌情著称。王育1941年晋升师长之职。据记载,一九二师与六十二师曾互相调防,有限的材料说明一九二师曾深入嘉兴、平湖地区作战。1939年某连驻桐乡屠甸附近的圣王庙,因汉奸告密,被日军合围,该连在突围中全部殉难。一九二师某团在离富阳城不远的鹿山设伏,将敌人诱入伏击圈大败敌军,但城内敌人援兵赶到,该团全团覆没,团长牺牲。官兵遗体由化民乡民众掩埋,敬为国殇。《德清文史资料》第二辑详细记载1940年的高峰山区之战,战事持续五天四夜,牺牲官兵400余人。直到1943年8月,一九二师在天目山地区的战斗仍经常见于报端,如黄湖反包围战,《民族通讯社》记者高流有专文,此役消灭日敌500多人,俘获战马40匹,重机枪4挺。又如二十八军所属钟光仁挺进纵队(第三挺进纵队),在路东分兵深入海北地区,在星罗棋布的日伪据点中兜绕穿插,在扫荡"清乡"的严酷形势下坚持游击作战方式,取得一定战果。该纵队的一个支队在德清通往杭州的大运河两侧,经常伏击敌船,1943年日寇放弃德清县城,退守余杭瓶窑,该部又在瓶窑京杭国道线上屡屡出击,日寇最终弃瓶窑而退守杭州。

1938—1939年,日寇在浙西杭嘉湖驻军是第二十二师团(土桥一次郎)及独立第一混成旅(高桥重业),两部合计约1.8万人,外加汪伪军约8000人。据知当年淞沪大会战后侵华日军现役38万人。由此看来,浙西杭嘉湖游击区的二十八军、挺进队、民间游击队等所有抗日武装力量,对企图"速战速决"灭亡中国的日本侵略军起了很大的牵制作用,对抗战全局,对持久战是有力的支援和配合。浙江省政府浙西行署主任贺扬灵1941年在《浙西敌情》中总结说:

"……浙西自长兴起至富阳的国防线上,同时攻入富阳、武康、余杭三个据点,敌人为牵制我方的反攻及掠劫我方正待秋收的粮食起见,乃有9月天北流窜,敌人欲摆出南进北进的姿态……在各地敌军中大都抽调一部分兵力……浙西亦抽调一联队之众,在上海龙华待命出发,致浙西游击区形成空前的兵力单薄时期,我乃乘机进攻,敌军不得不将新调龙华的兵开回来,重新增援天北一带。"上述情况,足以说明二十八军及其他抗日武装力量的存在,对日寇的兵力调动有相当的牵制作用。

据我个人查访,浙西抗日阵亡将士的纪念地是分散的,缺乏一个集中的纪念碑。其中有:1937年10月第一次天目山保卫战的"告岭抗敌阵亡将士纪念碑",黄绍竑题;1943年10月第二次天目山保卫战有西天目赵家村义冢;二十八军直属挺进纵队牺牲的1000多名官兵的余杭勾村的茅山合葬公墓,此外,还有"浙江保安团工兵大队"抗日牺牲的30名战士,在临安城南华石岩的墓地,也有黄绍竑题词……思之令人黯然。

中部：东南前哨

十一

以上篇章，我们对1937年"八一三"淞沪大战后，杭嘉湖地区惨遭日寇蹂躏，人民奋起抗日、军队顽强战斗，反扫荡、反流窜、反"清乡"作了简略的记述。国难当头，既显示了我们民族不屈不挠的精神力量，也暴露了一些人的低劣人格。抗日战争是对中华民族的严重考验，不愿做奴隶的人们是民族的脊梁，他们面对敌人的屠刀无所畏惧，赴汤蹈火，勇于牺牲，高唱"大刀向鬼子们的头上砍去！"他们追求正义，追求真理，在白色恐怖中成为先锋战士！但不容否认，抗日战争中也出现了不少民族败类，背叛祖国、出卖灵魂、为虎作伥的汉奸！虽然无法统计抗战时期中国到底出了多少汉奸，但是说句不好听的话：中国汉奸多如牛毛。

杭州被惩治的第一个巨奸是谁？待查考，可能是1939年5月19日被处死的余逆祥祯，此逆是杭州日军宪兵司令部侦缉科长，他罪行累累，手下拥有爪牙万余人，自称杭州安清同盟会会长。他的被杀，不知是仇杀还是被志士诛杀，未见任何记载。

对今天的人们来说，国民党"军统"特务是"杀人的黑手"，这是长期国共斗争形成的观念。但是在抗日战争时期，"军统"同汉奸斗争是真正的爱国行动。我记得1940年从上海"孤岛"逃出来到抗日地区，同行的一些上海青年谈个人志愿时会脱口而出："我要做特务！对准汉奸分子砰的一枪多痛快！"实际上，防奸、锄奸也确实是一项爱国行动。沦陷区的汉奸走狗，混饭吃当伪军，认贼作父当傀儡，丧心病狂当情报员，善良老百姓恨之入骨。围绕"军统"分子执行上级命令刺杀重要汉奸人物，可以讲出一系列的惊险故事。

浙西於潜绍鲁镇有一支毛森领导的"军统"行动队，行动队番号为"大侠"，队员无论在前方或后方一律穿便衣，他们威震敌后，在正规军和民众心目中有一个特殊称号——"绍鲁便衣队"。他们使用的武器是一批专门从比利时买来的强力手枪，杀伤力很强。"军统"上级有规定：对日寇可以不论军阶高低，一律格杀勿论，对汉奸人物则必须事先呈报核准才能执行，因国民党有派入敌区潜伏之人，以避免误杀。这里不妨以"军统"绍鲁行动队相强伟1939年刺杀投敌大汉奸唐绍仪为例，展开一系列杀汉奸这个话题。

1937年12月，日本扶植王克敏在北平建立伪"中华民国临时政府"，1938

年3月,又指使梁鸿志在南京建立伪"中华民国维新政府",1938年7月15日日本政府决定攻占武汉后立即组建"新中央政权",7月26日首相近卫又决定由在中国从事间谍活动20多年的日本大本营间谍机关长土肥原,专门负责对华建立中国"新中央政府"的工作,先后物色唐绍仪、吴佩孚、靳云鹏为未来"新中央政府"领导人,吴佩孚严词拒绝。9月下旬,土肥原在上海秘密召见唐绍仪并举行会谈,唐绍仪很快起草《和平救国宣言》等文件,计划以唐绍仪为首,合并改组北平、南京的"临时"、"维新"伪政府,网罗失意政客,在南京组织伪中央政府。

唐绍仪何许人?他早年留学美国,回国后官运亨通,在清王朝官至邮传部尚书之职,辛亥革命爆发时,曾代表清廷赴上海与孙中山南方政府议和。袁世凯窃取大总统职位后,以唐氏为内阁总理。孙中山在广州成立大元帅府,他出任财政部长,又代表南方与北洋军阀议和。一个如此翻云覆雨的人物,成为土肥原的首选对象,并不是偶然的。

唐绍仪与土肥原接触后,"军统"1938年1月28日情报云:"相传唐已同意一俟(武汉)达到相当败绩程度,即进行对日议和。"当时武汉重镇已在日军三面包围之中,武汉败局已成定势,"军统"上海组织准备下手,蒋介石得知后认为上海"军统"不能轻易暴露,所以此项任务落到浙西绍鲁行动队的相伟强等人身上。相氏其人出生在嵊县西乡,那地方土瘠人贫,不少人以抢劫为生,世称"木壳佬",即土匪。相伟强16岁走上这一行业,后来成为浙江警察局侦缉队长楼某的青帮门徒,又为"军统"所吸收,转入行动队。他身材魁梧,射击准确,勇猛果敢,是格斗拼杀的好手。他们到上海后,了解到唐绍仪的有关情况。唐绍仪平日爱好古玩,相伟强决定投其所好,设法从古董商处高价买进古董,以低价卖给唐氏,通过法租界公董局秘书楼某的推介,进入唐宅。行动必须一次成功,做到一击致命,他决定采用嵊县老猎人用的"戈箭药",该药毒性极为剧烈,击中不痛不痒,随即麻醉中毒而死。1938年10月浙东《东南日报》刊登中央社10月30日电讯:

> 沪讯:行刺唐绍仪者共四人,一为西装少年,二为仆从,一为车夫,彼等乘6132号黑牌自备汽车前往,抵达唐寓时,西装少年即出印有"谢志壁"(一说谢志伟)字样之名片,携精装之珍贵古玩八件请谒。唐极少见客,但见谢片,即欣然请进,仆从遂导往客室进茶,退出后,行刺者即在古玩箱中取出童子军式利斧一柄,突然向唐猛砍两刀,一刀左面脸部,一刀左面额角,利斧深嵌骨中。凶手见目的已达,即退出客堂,西装少年立在门首佯称长者不必远送,乃与随从谈笑自若,出门登汽车急驰而去。十余

分钟后，唐之仆役见主子犹未出，乃开门亲视，则见唐仰坐沙发上，额间嵌一利斧，血流满面，左手指间犹夹有雪茄一支，惊骇而呼，当由门警通知捕房，送往广慈医院，历时已两小时矣。至下午4时20分不治身亡。凶手所乘汽车，旋在附近麦根路发现，其所用号码，查系某一古董商所有，领出尚仅一星期，故该车究系借用，或系伪造号码，犹未查明。又警探至唐寓调查时，在礼品三大花瓶内，发现手枪一支，可见凶手不但手段敏捷，布置亦至周密。唐氏向住法租界开森路，门前有外籍士兵站岗，守卫戒备很严，据法租界巡捕称，已拘捕二人，与暗杀或有关。

在租界行刺，租界当局深感有失体面，先后逮捕"军统"上海潜伏区情报组长以及上海区负责人周伟龙等人。相伟强逃离上海，直奔后方。他的果敢行动大受戴笠激赏，被升为少将，命为"国老"，一时名声大振，当年临安、於潜一带，几乎众所周知。

1939年12月，汪精卫执意叛国投敌，响应日本首相近卫的诱降声明，从重庆逃往河内。蒋介石对此十分恼怒，下令戴笠派专人去河内，趁汪精卫去香港之前实施暗杀，相伟强参与此次行动。12月31日相伟强等人翻窗而入，撬开楼下大门，上楼到达汪精卫卧室外，击破玻璃门，手提机枪进行扫射，床上人起来看时立即倒地，另一人钻入床底，他们以为汪精卫及其妻陈璧君均已被击毙，哪里知道，一命呜呼的是汪的亲信曾仲鸣，钻床底受伤的是曾的妻子方君璧。原来曾仲鸣刚从香港来，汪精卫将住的房间让给他，曾仲鸣代替汪精卫挨了几十发枪弹。

1939—1944年，杭州两名汪伪市长，都是被击毙的。1939年1月5日，杭州汉奸市长何瓒，上任后发布实行横征暴敛的"第一号通令"，於潜绍鲁的"军统"行动队正打算对他实施制裁，岂知当时在金华的国民党"中统"浙江站站长徐沧虚先下手为强，抢得了先机。有关这件事的经过，在《杭州抗战纪实》一书里，载有亲历者沈国英的专文——《汉奸市长何瓒被诛记》，摘编如下：

沈国英是杭州井亭桥附近聚丰园菜馆的一名年轻杂工，聚丰园是当时有名的大酒家，老板是北京人，专营京菜，最有名的是"北京挂炉烤鸭"。日寇占领杭州后就把这家菜馆据为"大日本皇军指定支那料理"，是专供日寇及汉奸饮宴的场所。何瓒也是这里的常客。沈国英看到日寇及其走狗们的烧杀抢掠，时时有逃出沦陷区参加抗日救亡的想法。在此期间，有一个拉胡琴的老人和14岁的少女常到聚丰园卖唱，沈国英后来得知，他们父女常常出入游击区，与游击队时有接触。有一天，拉胡琴的老人介绍三位陌生人同沈国英相识，经过一段时间考察，他们认为沈国英是一个爱国青年，可以信任。沈国英后来知道他们的名字叫周林法、吴荣才、陈夏牛,是国民党"中统"行动组的人,他们叫沈国英利用在聚丰园当杂工的条件,随时了解日伪头目的动向,特别是注意散席后汉奸头目遗留在席上的名片。沈国英就在清扫店堂时暗中收藏名片,交给陈夏牛,其中有一张"苏、浙、皖绥靖司令徐朴诚"的名片,陈夏牛认为很有用。他们问沈国英:"我们有一个锄奸计划,就是要刺杀汉奸市长何瓒,你敢参加吗?"沈国英回答:"我有什么不敢!我对汉奸分子早恨透了!我要参加抗日!"于是周林法、吴荣才、陈夏牛同沈国英一起商量锄奸计划,他们特别对沈国英说:"何瓒是第一任伪市长,杀掉他可以大煞日伪的'威风'。"沈国英谈了他所了解的何瓒的情况,何家住在积善坊巷 8 号,那座房子原是一位绸庄大老板的私宅,房主在杭州沦陷时逃难去了,只留一个老仆人看房子。后来日本鬼子把这座大宅赏赐何瓒作公馆,老仆人留下作杂役。这座宅邸周围筑有高墙,平时两扇黑漆大门紧闭,门内设有"门房",有两名保镖作为何家的警卫。因为何瓒喜欢吃聚丰园的北京烤鸭,常常要店里送货上门。沈国英曾被派去他家送过几次烤鸭,与老仆役有些相熟,从他口中得知,何在家时,除和家人一起在餐厅吃饭,闲时常常一个人在卧室里,随手关门,外人难以接近。因此,要对何瓒下手,选择他在餐厅吃饭时最为有利。

　　1939 年 1 月 22 日下午 4 时许,沈国英按照布置,前往何公馆,问那位老仆役:"今天要不要送烤鸭来?"老仆役说:"今晚没有客人,不会要了。"沈国英汇报情况后,"中统"锄奸组几个人换上很有气派的衣服,暗藏武器,在湖滨租了一辆西子出租车,来到积善坊巷 8 号门前。吴荣才、陈夏牛上前敲门,向门房问:"何市长在家吗?"保镖开门,他们即递上名片:"麻烦一下,我是徐朴诚,请向何市长通报一下。"保镖接过名片一看,"苏、浙、皖绥靖司令徐朴诚",感觉来头很大,马上点头哈腰进门报信,随后不久出来开门。吴荣才和陈夏牛跟着保镖进入大门,陈夏牛对周林法说:"你在门口等待,沈国英留在门外望风。"陈夏牛跟保镖到了餐厅,见到何瓒正和家人坐在餐桌前吃饭,何见有人进来礼貌地站起,陈夏牛已拔出手枪对准汉奸市长连开两枪,何应声倒下,他又迅速转身,把保镖击倒,又把一颗手榴弹向餐厅扔去,何瓒的妻子儿女数人受伤。留在门岗外监视的周林法手快,早已拔出手枪把另一保镖击倒。他们二人逃出屋内拔腿向青年路方向奔逃,路上行人听到枪声和爆炸声,惊慌不已,店家也匆忙拉上排门。三人按预定路线跑到迎紫路(今解放路)"明湖"浴室,买了浴票脱衣入池,乘人不备用毛巾包住手枪塞进浴池的通水洞里,一边洗了一个澡,然后回到座位上躺下休息。这时澡堂门口已被日本宪兵封锁,禁止出入,几名端着刺刀的日本兵闯了进来,吆喝着搜查浴客的衣物,没有发现可疑之物,只得悻悻而退。

沈国英参与行动后,仍回聚丰园工作,一个多月后,吴荣才将他带去富阳游击区,之后又到了诸暨,见到了当时诸暨抗日自卫大队的大队长李士豪,沈国英因此走上了抗日的道路。李士豪后来成为农工民主党浙江省的领导人。

汪伪《浙江日报》1944年2月15日,刊登题为"狙击谭书奎市长凶犯尽落网"短文:

> 杭州市长谭书奎,于本月7日下午1时25分,在湖滨路被暴徒狙击丧命,军警当局得讯当即汇同日方军宪,下令阻断交通,从事搜捕,经3日3夜之检查,于10日将凶犯全部缉获,除犯人叶某外,一名凶犯受重庆军事委员会密令,于1月下旬潜入市区,谋乘隙暗杀市长,遂发生此事。

17日再次刊载消息,进一步披露内情:

> 杭州市长谭书奎,于本月7日午后1时25分,由长生路寓所乘自备包车至南府办公,途经湖滨路,突遇暴徒狙击,立时殒命,其随从卫士亦中枪受伤……中日宪警机关在案出后,即将各城门封锁,逐户严加搜索,至10日上午,先后缉凶犯叶某等4人,经分别严讯,据供系浙西特别行动队,担任暗杀工作不讳,即于是日下午3时,解除全部封锁。

实际上,参与狙击行动的是两位勇士,他们是"军统"浙西行动队余向华派出的,一位是叶华青,一位是俞阿四,杭州安排内线倪宝林、倪阿毛父子二人,事先带领叶华青、俞阿四识别谭书奎其人,熟悉环境和路线。谭书奎家住长生路,南有柳营巷敌伪特务机关,北钱塘门有卫兵把守,各距百米左右,这个地段行动危险性很大,脱身机会不大。那天,二人埋伏在湖滨西湖饭店门侧,见谭书奎坐包车经过时,二人觉机不可失,连发数枪,谭逆狗命呜呼。西子湖畔突起枪声,敌伪紧急出动,叶华青沉着老练,迅速转移,向水城门退去,安然脱身,另一位勇士俞阿四,年仅23岁,他逃进一家酱坊,用酱缸罩住身体,敌伪四处搜索一无所获,他不幸为看到的奸细出卖被俘。俞阿四受严酷折磨,被拔去指甲,钳尽牙齿,最后被活活烧死。抗战胜利后,国民政府给俞阿四家里送去"荣哀状",那是后事。

1941年初,敌伪"苏浙皖绥靖区"发动杭嘉湖地区"清乡","中统"浙西锄奸组志士诛杀杭州市长何瓒、富阳伪县长王扬后,又把正义之剑指向德清伪县长朱育人。朱逆在"清乡"时上任向敌伪提出所谓"篱樊策划",强迫乡民在交通要道筑起一层层的竹篱笆,妄图阻隔我抗日部队活动,又积极搜刮民间铁器铜器供日寇军用。1944年5月中旬,我锄奸志士沈某到县衙附近观察地形时被汉奸发现,后突围,被日伪追到河边,他跳水后未能逃脱,壮烈牺牲。锄奸组初战失利,改而策反伪县政府自卫队中队长卢烈,把他召至城外,晓以民族大义又赠以金钱,他即表示愿秘密反正,答应提供情报,并安排他掌管的东门水城门让诛杀朱逆的锄奸志士安全撤出。6 月 19 日,卢烈送出情报说,日寇黑泽部队派到德清监督朱逆的顾问到杭州去了,锄奸组决定次日早晨快速行动。

朱逆住宅离县衙不远,每天早上他由两名保镖左右护卫,步行去县衙仅五六分钟,要诛杀他,只能在这段路上行动,难度极大。6 月 20 日上午 7 时 30 分,朱逆按时离家往县衙走去。县衙前两侧是白粉墙,一侧墙上还贴着半个月前锄奸志士被害的告示。平时老百姓绕道走,很少人来看,今天他见到一位穿长衫戴礼帽的士绅模样的人在告示前驻足,聚精会神地观看,他不免心中一乐,经过此人身后时"唔唔"连声点头,两个保镖看到主子面露喜色,也放下警觉,跟着前行,朱逆等三人走不到一米距离,看告示的长衫客把长衫一撩,快速出枪,倏忽之间,连发数弹,朱逆后脑骨被击碎,连哼声都没有便仆地丧命。两个保镖也受了重伤。只见那刺客边跑边扔掉长衫,奔过丁家弄转入凤栅弄,汉奸们追到弄口时,弄堂里埋伏的锄奸志士突然袭击,小汉奸们吓坏了,他们哪个肯为死去的伪县长卖命?锄奸志士悄然而去……隐蔽在埠头的一艘小篷船早守候于此,锄奸志士终于顺利通过水城门洞安全撤退。

1940 年 11 月 11 日浙东《东南日报》载《杭州肃奸记》,有几则小故事。

董逆秀林人死财散

他在上海日本纱厂当翻译,战后充当敌探,任伪杭州警察局翻译及情报组长,统辖爪牙 500 余人,平日作恶多端,破坏我地下抗日活动,以取媚敌人。9 月 14 日上午 7 时,董逆自众安桥永福寺巷永福里 10 号私寓乘包车赴警察局上班,我锄奸勇士 1 人化装乞丐,其助手则手持信件,趋包车前作送信状,董逆停车准备询问,锄奸勇士立即开枪射击,董逆连中 6 枪,当场毙命。日寇宪兵驻于《东南日报》旧址近在咫尺,听到枪声赶至时,我勇士已无影无踪。查董逆之兄董锡林任职杭州日本领事馆已十余年,实乃汉奸家庭。董逆秀林生前搜刮造孽钱十余万元,存于杭州的日本正金银行,董逆死后,其妻向正金银行提款,遭到拒绝,并被伪警逐出银行,董妻不甘,向敌特机关哭诉,不料非但不予受理,反称杭州的便衣支那兵,为何不杀别人,单杀你丈夫,可见你丈夫不是好东西,你丈夫这些钱都是皇军帮他赚来的,他死了应该献给皇军使用。董妻心中愤恨,但不敢争辩,怏怏而去。

王逆五权魂飞魄散

王逆五权，绍兴人，年40余岁，抗战前在杭州救火会任事，日寇陷杭州后，即与谢逆虎丞、陈逆秉钧等出面组织维持会，后任伪市政府社会局长，凡居民办理通行证，须先经王逆审核认可，方可向敌特机关领取。王逆权倾一时，成杭州大汉奸，他对破坏我敌后活动、操纵市场、控制资产等均全力以赴。王逆私寓在水陆寺巷10号，每日上午7时乘包车去伪市政府，下午5时回家。我锄奸志士策划于傍晚王逆回家途中杀之。10月13日王逆因其妻患病提早于下午3时回家，而锄奸志士则在4时后在水陆寺巷等候，哪里知道，守候至7时许，始见王逆的包车回来——这辆包车实际上是王逆派去接一位中医来给妻子看病的，车上是著名中医杨倾山，因时已近晚，车上坐的人面目不清，锄奸志士立功心切，不辨真伪，即向车中人击3枪，均中要害，殊不知中医杨倾山作了王逆的替死鬼。车夫逃回告知王逆，并说便衣曾高呼汉奸王五权，你的末日到了！王逆闻之，魂飞魄散，心惊胆战，已向伪市政府辞职，云云。

邹逆燕孙与日寇同归于尽

邹逆燕孙，年50余岁，杭州人，现任伪警务处主任秘书兼杭州地区治安委员会委员，致力捕杀抗日青年，制订绥靖清乡计划。去夏我抗日志士王某为邹逆所获，惨遭毒打，不屈而死。王烈士之弟闻讯悲愤，誓除邹逆为兄报仇，近闻伪政府改组，邹逆卸任调职，乃决心于10月18日晨行动，暗藏邹逆私宅大塔儿巷附近。8时许邹逆乘包车经过，王烈士之弟突然袭击，连开4枪，邹逆毙命，适有日敌二人行经该处，即图拔枪相助，我勇士眼明手快，又转身连发数枪，敌一死一伤，我勇士安然远逸。日寇对我制裁汉奸，每次仅仅宣布临时戒严，搜索一阵，此番有两名日寇遇袭，且邹逆乃是得力走狗，故认为事态严重，立即宣布戒严，又下令紧闭城门，大肆搜索，自该日起，每晚8时起至次日晨5时，严禁市民在路上通行。无辜民众被捕者达数百人之多，我杀敌志士早已远走高飞。

陈逆阿根恶贯满盈

陈逆阿根，余杭瓶窑人，当年日敌陷杭州时，他还是一个16岁小流氓，受敌伪特工班训练后派在瓶窑当敌伪密探。开始时，我抗日游击队对他还不大在意，但陈逆死心塌地当汉奸，两年内我抗日便衣队情报员连续在他手下遇害，我方决定加以严惩。瓶窑镇是杭州外围敌伪重要据点，这家伙平日住在敌伪军营内，有自备手枪，外出时跟随敌伪军官。10月22

日上午,陈逆随同一名敌军官至大桥头购物,我锄奸战士数人见他们进入店内,当即决定抓住时机,待他们出来时一齐动手。锄奸战士各自找到掩体,当他们露面时,片刻之间,数枪齐发,陈逆连中7枪当场毙命,敌军官也中枪倒地,便衣战士们迅速向镇外撤退,敌伪闻讯出动队伍,勇士们已安然脱险,敌伪拘留无辜民众多人,严词逼供,但民众不知究竟,又查无实据,数日后只好全部释放。

经以上多次除奸后,汉奸们闻风丧胆,顿失威风,日寇则强调维护治安,实际上锄奸除暴事件从未停止。例如发生于余杭城区的敌伪特工刽子手"宋福林授首"事件便是一例。

说起来这件事其实是一个无名英雄砍下一个敌伪刽子手的头的故事。1941年余杭城区是被敌伪占据的,城区汪伪特工组38号刽子手宋福林,平日作恶多端,我方特工决定对他采取行动,但困难不少。这个行动组的组长沈似梅,在城外阴阳界,手脚也不干净,常敲诈从沦陷区偷运煤油、火柴、药品的商户。有一个做生意的人,日本鬼子流窜时曾帮敌人烧饭,沈似梅据此硬说他是汉奸,目的是敲诈勒索,有人站出来担保说,此人确是余杭城混堂弄的何水根,从来没有做过坏事,沈似梅无奈,只好放过了事。当时沈似梅正为刺杀汉奸头目宋福林发愁,听说何水根是城区人,于是就决定要他带行动人员潜入余杭城区惩治汉奸头目,但行动期间,沈似梅要何水根的妻子留在行动组本部加以"保护",何水根是聪明人,当然懂得这个"保护"意味着什么。

余杭城里有6个有名的汉奸,何水根见过的有朱妙林、宋福林,要进入城区,必须通过铁丝网,他向行动人员提出必须准备剪铁丝网的钢钳,这是行动组原来就有的,又到仓前镇铁匠店打了一把长柄的尖刀,一把大刀带着备用。三人在晚间来到城东铁丝网前趴下,剪开一个洞口慢慢爬进,来到盘竹弄,他先找朱妙林,未发现,来到朱的原住址混堂弄,听到一座房子里传出打麻将的声音,就耐心静听。时近11点,有人说:"算了,歇手吧!"大门打开,一个个人走出,他们都不认识,走到最后一个,却是宋福林,说也奇怪,朱出门时瞎子房东正要关门,宋福林说:"不对,等一下,我还有一顶礼帽忘记拿了!"这可使何水根的心紧张得砰砰跳,手里的大刀握得紧紧的。这时死神已降临到宋福林头上,他一出门刚背过身去把门关上,躲在门边的何水根一步跃出,手起刀落,宋福林就无声无息倒在地上。何水根心中早有盘算,用尖刀割下宋福林的头颅,以证明行动成功,两个行动组人员没有什么"行动",坐享其成。他们把人头用腰带包起来,何水根还想到要用一只竹篮子装上,已经深夜了,他敲开一家熟人的门借到竹篮,人头拎在手里。他们从容经过冷僻的小巷,顺利地离开城区。

回到城外，何水根一时间成了一个平民锄奸英雄。这是 1941 年 5 月 22 日晚发生的事。宋福林的头颅经铜岭送到临安，挂安阁弄示众，再送到绍鲁别动队门口标明"余杭大汉奸宋福林"字样示众。

特工便衣队人员惩治汉奸的行动是群众赞扬的，但这些人员成分复杂，在后方的表现则是生活腐败，赌博成风，他们的头头如金向华在藻溪，相伟强在昱岭脚，金向华在寺坞，楼水金在新登，各自广收门徒，成百上千，收取"拜先生"礼金。藻溪的吕国华设宴"祝寿"，酒席上百桌，人人破费，成为一种风气。主要头领已不入敌后执行任务，流弊日多。三战区长官部下令："据报各级指挥机关所谓谍报，有地痞流氓插足其间，藉谍报名义，滋扰民间，甚至私通敌伪，影响抗战前途，仰即转饬所属，严加注意。"又颁布特工人员调整限制办法，一律停止吸收外围，停止一切帮会活动，以防流弊云云。后来"特工浙西行动队"名义也被取消。

我收藏有一份难得的特殊资料，36 小开本绿色薄富阳土纸双面排印，共 16 页，题为"驻杭敌七〇师团俘虏收容所全貌"。纸页上印有刊名《洛钟》，估计是德清洛舍镇民间刊物，作者具名"陆造平"，其人情况不详，不可能是首发。据记载，被收容人员来自海北及京杭国道以东地区最多，路西的次之，钱江以南的较少。由该文的内容判断，我想此文的首发，可能是浙西民族文化馆编印出版的《敌伪研究丛书》，但已无法查考。这里摘录该文的主要内容如下：

> 侵华日寇的每一个师团，编制内都有一个俘虏集中营或收容所，不懂内幕的人看起来很费解，因为日本军队不顾人道，蔑视国际公法，对俘虏以杀戮为主，为什么会有收容所呢？原来日本人的字典里，与文明世界的定义并不相同，例如"友好"就是"服从日本"，"提携"就是"日本独霸"，它对"日本投降日"称为"终战日"，所以对日本的"俘虏收容所"决不可望文生义。日本军队对"俘虏"一词的定义是：一、在战场上捕获之敌军官或政治工作人员，地位较高者，有做傀儡资格者；二、在战场上捕获之住民体格强健头脑简单可代用牛马劳役者。除此之外，便认为没有被"收容"的资格，因此，所谓"收容所"实质上是汉奸养成所、苦役养殖场。

> 杭州清波门直街 107 号，它对外的名称是"大日本华中派遣军第 2339 部队第二联络所"，实在的名称则是"第七〇师团部第二俘虏假收容所"。——这个"假"字即"临时"之意，听说第一收容所在金华。

> 第二收容所成立于 1942 年 8 月，因为七〇师团是那时来接防的，开始是在旧陆军监狱内，1942 年 11 月迁到清波门直街，此处原是战前某闲

人的公馆。管理这个俘虏营的日寇,是七〇师团参谋部的一个干员,名叫久保日作,年 26 岁,他兼管有名的东坡路 84 号日敌情报室,同时还兼伪省保安处情报顾问,是一个"中国通",他操控着俘虏的生杀大权。他凭着自己的经验,深信情报的来源,以俘虏最为可靠,商人次之,最靠不住的是密探,所以他以特务工作的手段来管理俘虏,在俘虏营中有"魔王"之称。

据调查,俘虏有这样几条去路:

第一,出卖灵魂去当汉奸。这样的人,本身需有基本条件,例如原是军官、官员或知识分子,在俘虏营中,经不起考验,丧失立场,向敌人提供情报,表现卑躬屈膝,获得俘虏营头目的好感。这种甘心做日本鬼子走狗的人虽不很多,也不在少数。前后人数不详。

第二,改编伪军。例如,1943 年 6 月,伪省保安队在整训期间缺额,曾在收容所内选去一批人补充,但这些人中有不少天良未泯,以后逃跑者不少。

第三,遣发杂役。遣发又名"后发",即送到敌人后方去做苦役,去向不明,人数最多。

俘虏营中有严格规定,企图潜逃者死,知情不报者同罪。但是这并不能阻挡抗争。1943 年 2 月,日寇押着 20 名俘虏到绍兴附近抢修军用电话线,黑夜里逃跑 12 人,到第二天早晨发现,其余 8 人都被日本鬼子用指挥刀劈死。还有一次是在 1938 年 7 月间,80 名俘虏,由 30 名宪兵监视,在余杭瓶窑附近山上伐木,其中一个叫胡阿毛、一个叫俞士奎,二人密议组织暴动,刺伤敌卫兵 1 名,夺得轻机枪一挺,企图逃亡,经敌寇追击,胡、俞等共 15 人殉难,李宝荣等 8 人脱险。自此以后,敌寇对俘虏出城做工颇具戒心,但城内做工时个别逃亡事件仍时有发生,从 1942 年 8 月至 1943 年 4 月期间,先后共有 84 人逃亡。一次在城站敌野战仓库做工,逃跑 1 人,当时敌寇宣布戒严,如临大敌,开出三辆汽车兜圈子搜索,结果并无所获。因为做工时个别逃亡不能追究到别的俘虏身上,总算没有杀人。这说明俘虏营的抗争始终是存在的。

总而言之,俘虏临时收容所是变相的汉奸养成所、苦役养殖场,这样说并不错,但无法弄清哪些人员被选中而成为汉奸分子,因为这些俘虏原来都是抗日战士,具有不屈不挠的民族精神,他们在这中间的抗争令人钦佩。日本侵略者实行"以华制华"的阴险政策,沦陷之初即媚敌投敌,死心塌地谋得一官半职的汉奸分子更应该斩尽杀绝。高举正义之剑惩治汉奸的行动,是对作恶多端的汉奸分子最有力的警告。有一个事例可以附带说一下:杭嘉湖游击区著名

的抗日游击司令朱希,在反"清乡"斗争中连续攻克敌伪据点,"苏浙皖第一绥
靖司令"徐朴诚为之胆战心惊,徐逆给朱希司令来信,表示自己投敌是不得已
的苦衷,还说:"有饭大家吃,希望朱司令留一碗饭让我吃。"朱希当即复信严厉
驳斥:"汉奸饭是吃不得的,也吃不成,只有抗战到底才有出路,才有饭吃。做
汉奸是自寻死路。"徐惊恐不已,为保全自己,向朱希司令表示愿接受改编意
图,提出洽商条件。朱希司令即通知他,策动他率部投诚。实际上,这是徐逆
的狡诈缓兵之计。后来因杭州日敌集中大量兵力实行大扫荡,练市、乌镇之役
朱部指挥失误遭受失败,徐逆依旧死心塌地做他的汉奸。这就足以说明对这
类汉奸是不容饶恕的。

抗战胜利后,清理和惩治汉奸的情况复杂,国民党政府忙于接收敌产,发
"劫收"财,对汉奸惩治不力,甚至纵容汉奸分子逍遥法外,值得反思。

十二

天目山垂两乳长,

龙飞凤舞到钱塘。

这是东晋风水学鼻祖郭璞(郭景纯)抒写天目山诗中的名句。《天目山》杂
志 2014 年第 1 期何贤寿先生所著《天目山诗解读》一文说:前句是写实,以"两
乳"比喻天目山东西两峰,体现天目山的美丽形象,第二句以动态的笔墨突出
天目山山体的巍然绵长,山海相连,气势壮观。这样的解读当然恰当。我个人
出于对天目山的深情,特别喜欢这两句诗,是因为我有比较远的联想,那就是
说,我把"两乳"看作是天目溪流向东西苕溪,而"龙飞凤舞到钱塘",则是天目
溪向分水江、桐江、富春江与钱塘江聚合而奔流入海。当然,这是个人的感觉,
一种浪漫的想象。

《天目山》杂志的封面上印有这样的地理简介:"天目山地处东海之滨的浙
江省西北边陲临安市境内,东毗杭州,西枕黄山。东西两峰拔地而起,耸天而
立,峰顶各有一池,宛如双眸仰望苍穹,'天目'之名由此而得。"人们口头上通
常说的天目山,一般是指西天目山,而今天天目山国家级自然保护区作为"浙
江诸山之祖",当然是西东一体的宝地。

西天目山离临安城 41 公里,距杭州(经余杭镇)94 公里。自古以来,上山
有东、南、西、北四条路线:东路由临安新溪东天目之麓经门岭、朱陀岭而入;南

路自於潜出北门经白鹤、大有村而上；西路从千秋关至莲华峰过鸟卒岭而进；北路自孝丰经青岭、大洋湾至开山老殿而至。明代从禅源寺后砌石阶曲折上山，直上仙人顶，抗战期间修筑藻溪至告岭公路，解放后修筑白鹤村至禅源寺公路，20世纪80年代又修筑盘山公路，小汽车上山已经非常方便了。

今天的天目山作为国家级自然保护区，是天然的植物园，生物资源和环境保护的科研基地，它有"大树王国"的美誉——"活化石"野银杏，"冲天树"金钱松，大树华盖柳杉林……据综合调查，天目山上各类植物有2000余种，兽类70余种，鸟类140余种，其中不少种类列入国家保护，有的动植物以"天目"命名。天目山作为宗教名山，佛事起于晋代，建开山老殿，是临济正宗中兴之地，清康熙四年(1665)西天目南麓建成庄严的禅源寺大雄宝殿，前后占地40余亩，房舍500多间，僧侣最多时达1000多人。八年抗日战争时期，天目山地区作为苏浙皖边境的国民党军政领导机构所在地，以及中共开展抗日救亡运动与新四军苏浙军区游击根据地，是名副其实的东南抗日前哨。省政府主席黄绍竑在这里建立浙西行署，出版《民族日报》。1939年3月国民政府军委政治部副部长周恩来曾到天目山视察，并在禅源寺的百子堂对浙西战时第一临时中学师生、浙西行署公务人员和战时干训班学员1500余人发表演说，讲解"坚持抗战，反对投降，坚持团结，反对分裂，坚持进步，反对倒退"的思想方针，产生了重大影响。

以天目山诗作为《东南前哨》的导引，其意旨还是表达巍然屹立的天目山是伟大的抗战精神的象征，以及它的战略地位的特殊性和重要性。记述东南前哨山水间的人物故事，应该是历史回顾所不可或缺的。

让我们抓住历史的来龙去脉，从头说起吧。

1937年12月13日南京沦陷，12月24日敌寇进占杭州。天目山第一次保卫战发生在杭州沦陷前夕的12月20日至21日，这是我们在《不屈的杭嘉湖》篇章里作过交代的。国军弃守杭州，主动炸毁新建的钱塘江大桥，敌我隔江对峙，浙江的政治文化中心向浙东金华、永康方岩转移，这时大批抗战团体、各界人士、进步文化人士等，从沪杭撤退后相继来到或途经金华这个浙赣线上的重要城市，浙江省政府以永康为临时省会，在方岩地方办公。省主席黄绍竑其人，原是桂系李宗仁、白崇禧集团巨头之一，在蒋桂矛盾中以李、白自重，为蒋介石所拉拢，曾任国民政府内政部长，一度任浙江省主席、湖北省主席，抗战开始时任第二战区(太原)副司令长官。他在政治上有比较开明的头脑，手腕灵活，是一个想干一番事业的人。1935年他第一次任浙江省主席的时间很短，主要是因为为地方国民党三大势力——CC系、黄埔系复兴、地主豪绅反动势力所不容,他的继任者就是典型的 CC 派人物朱家骅。不知道蒋介石出于何种考虑,在淞沪抗战失利后,第二次任命他在自己的老家——东南前线的浙江任省政府主席。吃过地方三大恶势力苦头的黄绍竑,知道浙江的事难办,但心想如果对蒋介石拒绝这个任命是不明智的,眼下是抗战时期,第三战区浙江前线驻军有湘军刘建绪,第十集团军防守钱江南岸,桂军廖磊第二十一集团军主守天目山、於潜、分水、桐庐一线,浙江地处前线,如果把民众发动起来,团结起来,组织起来,还是大有可为的。以前蒋介石对浙江人事抓得很紧,限制极大,战时天高皇帝远,总可以放开手干。这样一想,他同意去浙江。黄绍竑在山西时与军委政治部副部长周恩来见过多次面,此时周恩来也在武汉,于是黄绍竑前去请教。他知道用国民党那一套不行了,要向共产党学一点,于是请周恩来派一些人来帮忙。1960 年黄绍竑在《我与蒋介石和桂系的关系》一文中,谈他在战火中主浙八年时说:"我到浙江后他们(指中共)给了我直接的或间接的帮助。"

黄绍竑下车伊始,提出要刷新政治,动员全省人民"保卫大浙江"。他深知要稳定自己在浙江的地位,并使自己做到不受掣肘,首先是人事上的突破,组成省政府委员的核心班子,他从民政、财政着手,任命他在中央当内政部长时的司长王先强与黄祖培为民政厅长、财政厅长,他们秉承黄绍竑的意图,开辟了一些税目增加政府收入。建设厅长伍廷飏也是思想进步人士,他后来组织浙江合作事业工作队,其中有著名共产党人张锡昌。人事上的部署,使历年来在 CC 系、黄埔系、地主豪绅把持下的浙江,被黄绍竑打开了一个缺口。

黄绍竑完全意想不到的是,1937 年 12 月 20 日,在苏浙皖边休整的桂系二十一集团军廖磊部——在第一次天目山保卫战中取得胜利的"笠帽兵"广西军全部被调走了,是不是蒋介石怕黄绍竑又同桂系搞在一起不好说。黄绍竑无奈之中还是向李、白伸手借来两个团的兵力,马上扩编为两个师,同时着手整编地方民间游击队,成立"浙江国民抗日自卫总队司令部",自任总司令;为了调训军政干部,又设立"浙江省军官教导总队",兼总队长。这两个新设军事机构都在金华,他自己也常驻金华,住在罗店。在财政收入增加的条件下,他又创办兵工厂。

1938 年 1 月,黄绍竑在临时省会永康方岩召开了一个士绅座谈会,希望听到刷新政治等方面的意见,特别是如何集中财力物力并进一步动员民众积极抗日的问题。到会的有各县国民党党部书记长、县商会会长、著名地方耆宿,但是结果达不到预期,这使他想起 1935 年知道的一位报人——《东南日报》评论员严北溟。当年严北溟曾发表文章引起黄绍竑注意,人家告诉他,严北滨因写社论与CC派立场相左已脱离报社,现在仍是金华文化界活跃分子。省政府里有一个委员贺扬灵,当时算得上是黄的亲信,奉命专程拜访严北滨,传达黄主席约请面谈抗战文化宣传工作之意。严北滨是抱着"试试看"的心理前去的。

严北滨同黄绍竑见面,感觉印象不错。黄40多岁,身材高大,衣履朴素,谈吐自然,他的见解和风度不同于常见的国民党军政大员,没有什么官僚气。他开口就说此次来浙之前,曾向周恩来先生请教,周先生给了他很多鼓励,希望他坚持团结抗日和进步立场,大力支持浙江青年文化运动和统战工作,这次谈话历三小时。黄绍竑说:"我觉得在国家危难时刻,要坚持团结抗战,政治上必须有一个能为广大群众所拥护的政治纲领,作为政府与抗战军民共同的行动准则。这个纲领本来应该由中央政府去制定颁布,但是目前中央政府正忙于搬迁,战局紧张繁忙,好像不可能考虑这个问题。我们浙江就不同了,我省地处东南前线,浙西杭嘉湖地区是沦陷区、游击区,浙东也动荡不安,为安定民心,动员民众,凝聚实力,以贯彻长期抗战争取最后胜利的方针,我们实在有必要制订一个省的战时政治纲领,时不我待,争取越快越好。我请你来,就是因为你同文化界有广泛联系,希望你能听取各方意见,写出一个草案来,我提到省府扩大会议上讨论通过就可以施行了。"严北滨听了这些话,感觉大大缩短了对黄绍竑这个人的距离感,想不到一个国民党主席能有这么卓越的见识,令人刮目相看。严北滨对浙江的情况知道得不少,CC派分子、复兴社人物他都是领教过的。实际上他是湖南人,1935年以前受聘《东南日报》任主笔,当时一篇社论触犯了国民党省党部,他被社长胡健中批评愤而辞职。谈到个人业余爱好,黄绍竑兴致很高,他说自己最喜欢骑马,爱马,在广西真的找到了一匹千里马,在江南是难以见到的。严北滨笑着说:"江南有没有千里马我不知道,但是最难得的恐怕还是识马的伯乐吧!"彼此会心一笑,话题就转到抗战中的人才问题,特别是青年人才,在战火熔炉中,一定会涌出许多青年人才,人才不少,伯乐奇缺。严北滨已听说兰溪县有一个青年建议成立抗日宣传政治工作的组织,他趁此机会向黄绍竑进言,力主推广和加强政治宣传工作,依靠青年,培养新的政治力量,黄绍竑颇以为然,又着重地说:"我希望战时政治纲领颁布后,可以一新耳目,振奋人心,扩大政治影响,冲破阻力,把地处东南前线的浙江搞出一个新局面。"最后分手前,严北滨表示他支持黄主席提出的关于草拟一个浙江战时政治纲领的想法,让他回去认真考虑一下再作答复。

这时总政治部第三厅(厅长郭沫若)所属战地服务团已到金华,团长是著名老学者杜国庠(中共党员),这个团的成员有二三十人,包括左翼文化人士王亚平、何家槐、石凌鹤、麦新、汪新民等,他们正在研究如何开展活动。严北溟找到战地服务团驻地,杜老听说黄绍竑有意延揽严北溟草拟战时政治纲领,非常赞成,他说:黄绍竑同CC派、复兴社、地方势力有矛盾,站在我们的立场,这个正是开展抗日统一战线的适当对象,我们的同志要争取机会,帮助黄绍竑推进工作,不要因为他是国民党的省主席,就不敢接近他。杜国庠还对严北溟说:"他主动找你,说明他对你了解,对你信任,这个工作你可以去干!"

这样,严北溟同战地服务团的同志们,商议起草浙江战时政治纲领的主要内容,基调是按照坚持抗战、刷新政治和一个地方政府所能接受的高度,严北溟执笔写出

严北溟

《浙江省战时政治纲领》草案,又经杜国庠和少数同志反复推敲,作了补充修饰。第三天,严北溟兴冲冲地把缮写清楚的草案稿交到黄绍竑手里。黄绍竑当场急切地仔细阅看,思索一会,肯定地说了一句话:"可以,可以,写得很周到,我让省政府委员们先看,立即召开一次省政府扩大会正式通过,然后颁布施行。"

黄绍竑意料不及,在省政府扩大会议上,掀起了一场风波。这个扩大会议除若干名省政府委员,参加者还包括国民党省党部在金华的一些主要委员、高等法院院长、省检察署检察长等,其中CC派的代表人物许绍棣、吴望伋、方青儒之流发言激烈反对,说什么中央还没有颁布战时纲领,为什么浙江自己搞,这不是搞独立王国吗?甚至污蔑这个浙江战时纲领是中共《十大政治纲领》的抄袭版。黄绍竑1935年主浙时,已经吃过他们的苦头,当下仍记忆犹新,他看透了这些顽固分子的嘴脸,坚决给予反击。黄绍竑说:"我们保卫浙江收复失地的总方向错了吗?我们要惩办汉奸错了吗?我们要澄清法治、铲除贪污、严禁苛派、取缔投机、禁绝日货,错了吗?我们要进一步动员民众投入抗日的洪流、实施青年及政治工作人员训练,巩固抗日阵线,号召文化人回乡服务,武装国民抗日自卫队,等等,错了吗?我们的十条战时政治纲领,条条符合长期抗战的精神,你们是一叶障目,不见泰山,你们的反对是毫无道理的!"黄绍竑的坚定、强硬态度,压倒了在场的噪音,《浙江省战时政治纲领》十条终于获得通过并报呈中央备案。

十条纲领原文如下：

一、浙江省为贯彻中央抗敌自卫之国策，在现阶段之政治设施，以动员全省民众参加抗战，创造新的政治及军事力量，保卫浙江，收复沦陷土地，为一切努力之总方向。

二、培养民主精神，领导民众运动；并绝对澄清吏治，铲除贪污，提高各级军政人员战斗意志与技能，厉行战时严格的自觉的新风纪。

三、对战时人民之负担，以有钱出钱，务求公平原则，严禁一切藉名苛派减轻地租，改善平民生活，实行减免战区地赋，另筹战时费用，并节减行政经费至最低限度。

四、调整物产，保证战时生活品自给，活泼社会金融，逐步推行公营及管理贸易，振兴民间手工业，以救济失业，增加生产，禁绝日货，取缔奸商投机操纵。

五、健全交通组织，实行水陆联运，并负责军运、民运，严禁拉夫、扣车、扣船等事情。

六、实施战时青年及政治工作人员训练，提高其民族意识，强化其战斗精神与技术，养成政治及军事上之新干部。

七、国民兵役之推进，当改良其方法，严厉惩办藉征壮丁舞弊之各级人员，出征军人家属之赡养与保护，伤亡将士之抚恤，地方政府应予切实执行。

八、发动并统一全省文化界救亡工作，号召文化人回乡服务，推广战时民众教育，普遍提高人民之政治意识及文化水准。

九、以国民抗日自卫军之统一组织与领导，动员及武装民众，坚强人民之抗战精神与自卫力量。

十、巩固抗日阵线，如肃清汉奸，凡背叛或脱离抗日阵线者，政府得征发或没收其财产，佃户对之得不纳租，债户对之得不偿债。

这个《浙江省战时政治纲领》通过后，于1938年2月9日明令颁布，立即施行。问题是当时金华的两份CC派的大报——《东南日报》《正报》拒绝刊登，他们的负责人胡健中、吴望伋还重复散布说这个纲领是中共《十大政治纲领》的抄袭版。浙江省党部的一些人还批评说，中央的抗战纲领还没有制定，浙江省为什么先单独制定？名称为什么不用施政纲领而叫政治纲领？岂不是把浙江当独立王国吗？加上对黄绍竑在人事安排上的不满，都一一向蒋介石报告。后来黄绍竑得知,蒋介石阅后只是说:"末尾关于'巩固抗日阵线'的一条欠斟酌。"这就是说,蒋介石对抗日民族统一战线心存芥蒂。从客观上看,黄绍竑的这个纲领公布后,不仅形成全省的抗战高潮,而且在作为抗战政治中心的武汉,各报都以显著地位登载并作出好评。

放在黄绍竑面前的问题是:CC派掌控了舆论工具,如何冲破他们的舆论封锁?省政府有必要创办一份报纸,但一时搞不到印刷设备,最好能先办一个周刊,只要有人就行。他想,严北溟是报人出身,这件事就请他去办。严北溟说:"黄主席想办一个周刊,我建议这个周刊可以定名为《浙江潮》。诗人苏曼殊在日本时有这样的诗句:'风雨楼台尺八箫,何时归看浙江潮。'现在是抗日时期,周刊定名为'浙江潮',怎么样?"黄绍竑不假思索地加以肯定:"《浙江潮》周刊,可以,好极了,就这样办!"

问题是办刊不难,印刷难。金华只有《东南日报》社一家印刷厂,他们不肯印。幸好有一位温州朋友说:"不用担心,我们温州有一家设备齐全的私人印刷厂,去温州印得了。"严北溟立即以最快速度成立编辑部,向战地服务团的作家、文化人组稿,自己写发刊词,创刊号全文刊出《浙江省战时政治纲领》,主编严北溟亲自火速赶往丽水转温州,《浙江潮》周刊像瓯江上的快船一帆风顺地出版了。创刊号印1万份。这时的温州地区,青年救亡运动风起云涌,当地要求留下一半5000份包销,带回金华仅5000份,远远不够分配。从第二期开始,印行到30万份。

正当黄绍竑把全部精力投入各项工作,如组建国民抗日自卫总队,为培养军事政训干部成立军官教导总队,推动各县成立政工指导室和政工队,考察选拔全省各县的县长人选,特别关注浙西杭嘉湖地区的情况,为工作顺利开展而感到兴奋,充满希望的时候,1938年6月间,他忽然接到蒋介石的电报,劈头就说:"你在浙江的本任政府声名狼藉,声誉不佳,应切实注意。"黄绍竑傻眼了,到任仅仅半年,做的都是有利团结抗战的好事,没有做一件对抗战不利、对不起老百姓的事,怎么就变得"声名狼藉"了呢?他想自己在蒋介石底下工作了将近十年,还从来没有受过这样严厉的责备,心里愤恨极了,马上打电报提出辞职。蒋介石的复电则是"耳有所闻,则以之告"这样轻描淡写的一句,后面是"慰留""继续安心工作"云云。不难想象,这是浙江的CC派、复兴社、地方豪绅又在告"御状"。黄绍竑心想不能委屈了事,于是又去电蒋介石,表示要到武昌"面陈衷曲",蒋介石复电同意。黄绍竑到武昌住进东湖疗养院等候召见,后来蒋介石对他说的话大意是:"你自山西作战回来,逢人便说共产党八路军的纪律好,如何动员民众,如何团结民众,如何长于游击战术,军民配合如何如何,人家听了自然不服气,要说你的闲话。你的战时政治纲领和用人方面的问题,也都有让人指责的地方。我打电报给你,无非要你知道,说闲话的人多了,这很不好,要你多加注意,并希望你能改正过来。你不要再辞职了,还是回去,把工作搞好。"黄绍竑无奈,只好重返浙江。

尽管黄绍竑明白自己头顶上悬有蒋介石的利剑,脚下踏的是三大势力统治的土地,但是他毕竟是一个经历多年风雨锤炼的政治人物,面对抗日的艰危局面,有自己一定的政治价值观,对自己正在做的事情不可能轻易否定,他把当前浙江要做的和应该要解决的问题整理成书面材料,呈请蒋介石批准,中间有一条就是请求继续组织和发展政治工作队的问题。对此,蒋介石批示:"青年是要组织的,但在国民党中央的青年组织(指三民主义青年团)没有健全以前,你组织起来岂不是替共产党组织,供他们利用? 以后一定要由三青团来统一领导。"

形势的发展令人乐观,1938 年 2 月下旬,继《浙江省战时政治纲领》颁

第二次国共合作时期担任国民党浙江省政府主席的黄绍竑先生

布之后,浙江省抗日自卫委员会又陆续公布了《浙江省战时各县政治工作队组织通则》《政治工作队队员守则》《政治工作队实施纲要》等法规,到 9 月间的这个时间段里,全省各县政工队像钱江涌潮一般,前浪逐后浪呼啸而来,普遍建立起来。黄绍竑于 9 月底在永康方岩附近的派溪镇万里公祠,主持了为期一个月的政工队员集训,参加的有高中以上文化水平的队员 300 多人,10 月底结业时,另选 100 多人组成"浙江省政府直属战时政治工作队第一大队",下设 3 个队,国民党中央政治学校毕业的方元民、郑邦琨分别任正、副大队长。11月,省政工第一大队离开永康向浙西前线进发,他们跋山涉水,经金华、兰溪、富春江到达於潜,休整 3 日后,分别开入游击区,一队派往长兴,二队去安吉、孝丰、吴兴、武康,三队到临安、余杭。随后的 1939 年春,省政工第二大队部分人员由于以定(中共秘密党员)从浙东带到浙西,继续吸收流亡学生参加,第二

大队长杨维礼是临安地方著名人士,驻地临安、富阳一带。省政工第三大队则在绍兴专区,由战地政工队改编而成,包括妇女营、少年营、剧团,大队长胡云翼。

青年政工队的发展,后来似乎证实了蒋介石的"先见之明":政工队是国民党政府组织的合法抗日团体,中共则积极利用它的合法性,秘密派遣中共党员渗透进去成为骨干并发展组织。政工队的宗旨是:"后方县队的工作以动员民众抗战为重心,前方县队及省队则以深入敌区,展开对敌斗争为最高之要求。"凡是政工队到达的地方,群众抗日活动就热火朝天,通过识字班、夜校、歌咏队等形式,进行启蒙教育,《流亡三部曲》《大刀进行曲》《救国军歌》《救亡进行曲》《游击队之歌》……把死气沉沉的乡镇搞得热气腾腾,使受苦受难的人民群众重新燃起了希望。当年隐蔽战线的中共浙江省委书记刘英,在1939年7月召开的第一次省党代会上作的政治报告,把组织政工队列为政治形势进步的重要表现之一,给予高度评价。由于政工队中秘密共产党员的骨干作用日益明显,国民党当局已开始感到无法控制,1939年秘密制订《限制异党活动暂行办法》。1939年11月底,浙西行署在天目山朱陀岭举办了一个"政工人员训练班",各县政队骨干共500余人集中受训,实际上以"溶共、防共、限共、反共"为目的。到1940年夏,三青团浙江支团成立,以统一青年组训和领导为借口,将各县政工队改组为三青团战地青年服务队。浙西行署成立"浙西战地反敌行动团",号称"武装政工队",指派原行署科长、中政系张洪仁为团长,鲍自兴为团附兼第一大队长。在此过程中,身份暴露的共产党员和进步人士被迫转移或转入地下。

向光明,向自由,向胜利,浙西天目山地区一场为不同政治理念而进行的斗争继续着,继续着……

十三

作为东南前哨的天目山杭嘉湖地区,因日寇分兵西进,防守相对薄弱,大大有利于抗日力量的聚集和增强。《浙江省战时政治纲领》第八条强调文化宣传工作,黄绍竑为掌握自己的舆论工具,已通过严北溟创办《浙江潮》周刊,在群众中发挥了广泛的影响。鉴于开辟浙西前线抗日宣传的必要性,他萌生在天目山区办一张报纸的想法。时任国民抗日自卫总队第三支队政训室主任的王闻识,与黄绍竑是广西同乡,二人谈及此事。王闻识是秘密的中共党员,他向在金华的中共地下文委骆耕漠、邵荃麟、葛琴作了汇报,文委指示应尽力促成此事。不久,黄绍竑决定正式创办浙西《民族日报》,由王闻识任社长并组成编辑部。四开四版的《民族日报》于 1939 年 1 月 5 日在於潜鹤村创刊,成为当年天目山区的文化盛事。

《民族日报》报头四字,是收集孙中山先生手迹复制而成,由年青木刻家杨嘉昌(杨可扬)制作。

当时办报的物质条件很差,置办印刷器材、铅字、纸张都十分困难。由地下中共浙江省临委徐洁身具体帮助购运,文委骆耕漠协助物色编辑部、电讯室、排印工场负责人、工人以及总务、发行等人员。组成的班子是:总编辑金瑞本(进步文化人),编辑主任单建周,编辑陆鲁一(后继任总编辑)、崔晓立、徐里平、杨嘉昌;采访部主任张若达,记者林刚(林国霆)、毕平非,电讯室主任朱万年。以上均为中共地下党员。初创时期连同排印工人共 40 余人,后增加到 50 余人。这样一份浙西前线的报纸,从社长到工人每月一律拿 20 元生活费,吃的是粗粮,物质生活的艰苦可想而知。

於潜鹤村是离城 5 华里的小村子,仅有 30 多户人家,村子西侧有一座祠堂,面积约三四百平方米,得到村里老百姓的同意,这所祠堂就用作编辑部、经理部、电讯室,排字房只能租旁边一家民房,一部手摇四开印报机和脚踏圆盘机,就是初创时期的重要设备。至于职工食堂和宿舍就得另外想办法,如何解决桌椅板凳,也是煞费苦心。

报纸创刊不久,就刊登了一篇《向郎玉麟学习》的文章,作者是省政工二队副队长、派到郎部工作的刘茞亭。那时郎玉麟抗日游击队改编为浙江省抗日自卫总队第三大队九中队,已被新任吴兴县长方元民借调到沦陷区去恢复区乡政权。记者毕平非曾深入路东游击区写了敌后游击战和抗日锄奸的通讯。报纸的社论由王闻识、陆鲁一、单建周轮流撰写,每周时事述评由张若达执笔,国际问题大多由崔晓立负责。中共浙西特委书记顾玉良,1939 年底被派到浙西,原驻郎玉麟部队,后转移隐蔽入驻於潜鹤村,并指示中共於潜中心县委书记何绍章(贺千秋),公开以《民族日报》特派记者身份掩护工作。经过相当一段时间,顾玉良和浙西特委机关才向莫干山转移。报纸的发行得到民间抗日团体,特别是省、县政工队的大力支持,各县、区、镇设有发行站,战时各地有"递步哨"组织,天南、天北两条线,每天逐站转递机关文件、书信、报刊等,短时间内,《民族日报》发行量达到 9000 份,报纸成为前线军民的重要精神食粮。

1939 年 1 月 5 日《民族日报》创刊一周年纪念,社长王闻识发表署名文章，他写道："……我们这一小队文化战士……（一年前）来到了东南战场的前哨——於潜，开始了这艰苦的工作，克服了经济上、物质上、交通上的种种困难，冲破了重重障碍，在不少人惊奇、怀疑的目光中，这一小队拓荒者竟在一个小小的山沟里开发、耕耘出这一块肥沃的园地。"又写道："一切客观条件的限制，都不足以难倒我们，神圣的抗战可以使中国在废墟上新生；同样的，独立自主的民族新文化，也将在漫天烽火中锻炼成长。"

《民族日报》作为东南前哨抗战初期文化战线的奇葩，将要面对的真正的历史风浪还没有到来。作为浙江省主席的黄绍竑，因为受到地方反动势力的诸多非议，向蒋介石辞职却又"慰留"不准，虽然他已先后创办《浙江潮》周刊和《民族日报》，发挥一些舆论作用，但是"胳膊扭不过大腿"，从 1939 年春天到 1941 年春天，他感受到的是两种完全截然不同的滋味。

1938 年底，黄绍竑去重庆出席一个会议。会后有一天，李济深约他到神仙洞家里茶会，座上有冯玉祥和中共方面的周恩来、秦邦宪、陈绍禹、叶剑英，桂系的李宗仁、白崇禧也在座，一共十多人。当时秦邦宪说："蒋委员长常说'以不变应万变'，我看这话是说不通的，是不合逻辑的。"大家让黄绍竑谈了一些浙江的情况，冯玉祥说："这才可以算是抗战工作。"周恩来说："现在到处发生摩擦（指国民党与共产党之间发生摩擦），只有季宽先生那边还没有发生。"黄绍竑心想，你们不知道，我为这个问题不知受了多少气，摩擦迟早都会发生的啊！当时周恩来作为国民政府军委会政治部副部长，说打算去浙江看看。黄绍竑表示欢迎，并说最好一同前去。这一次茶会，本是偶然的，但因为他与周恩来由桂林乘浙赣铁路火车同行，有意挑剔的人看来则是有意安排的了。实际上同车的还有新四军军长叶挺，火车到江西横峰，周恩来和叶挺一同下车去皖南泾县云岭新四军驻地，1939 年春 3 月，周恩来才到金华。黄绍竑作为省主席，陪同他前去丽水视察兵工厂，CC 系的《东南日报》则别有用心地以"黄绍竑与周恩来同车赴某地"为题惹人眼目。黄绍竑与周恩来对兵工厂工人讲话，受到工人热烈欢迎。他们发现丽水云和的国民党县党部书记长都来了，黄问："你们来做什么？"他们回答："省党部通知我们，周副部长到这里，要我们来欢迎。"黄绍竑心里清楚，他们的用意真是"欢迎"吗？

周恩来离开天目山后，转道桐庐、富阳、萧山前往绍兴。黄绍竑回到金华后，忽然接到蒋介石的电报，问他同周恩来谈了些什么。实际上此前黄绍竑并未接到什么指示要了解什么问题，黄绍竑只能把自己同周恩来之间所接触的情况向蒋介石报告，主要是：一、请周恩来指定一个中共的代表，遇到什么问题双方可以商量解决。周恩来沉吟后提到一个名字——汪兆泰，想了一想又改口说："还是吴毓吧，吴毓一向同你接头，就以吴毓为代表好了。"二、我要求周恩来提供在浙江参加抗战工作的中共党员名单，同时要求中共在浙江参加地方工作的人员，只能在工作上努力，不发展组织。对这个问题周恩来回答说："我不管地方党组织，我哪里有什么党员名单啊。"三、我对周恩来说："中共在我游击区或后方地区，不能发展武装组织。"周恩来说："据我所知，到今天为止，我们在浙西敌后没有建立什么武装，更不用说在浙江后方建立武装了。"

时过境迁，以今天的眼光评价历史，当年国民党省主席黄绍竑向周恩来提出的问题是幼稚可笑的。当年国共抗日民族统一战线时期，中共地方组织是不公开的，在隐蔽战线上的中共临时省委的统战部长吴毓，是国共之间的当然任联系人。中共在国民党统治区发展组织，都是秘密的地下活动，且有严格的组织纪律，向国民党暴露身份无异于叛党。黄绍竑向中共中央副主席要求提供参加抗战工作的党员名单，岂非缘木求鱼？周恩来听了，心里一定觉得黄绍竑想入非非。以黄绍竑的政治经历和政治智慧，他对蒋介石的报告也许仅仅是为了应对质问而已。

从黄绍竑对民族抗日统一战线的积极态度，可以肯定他是一个爱国主义者。这里不妨抄录他在天目山填写的一首《满江红》词：

> 天目重登，东望尽，三江逶迤，依稀是，六桥疏柳，微波西子。寂寞三潭深夜月，岳坟遥下精忠泪。怀年来守土负初心，生犹死。　收失地，心兹始。越勾践，应师事。愿勿忘训聚，胆薪滋味。逸弹有伤家国运，辛劳勤把我行沾。枕长戈，午夜警鸡鸣，扶桑梓。

1939年春天，周恩来的浙江之行，对黄绍竑肯定产生了不可磨灭的影响。周恩来作为中共中央副主席，在逗留金华的几天时间内，接触的人很多，文史资料纪实也不少，唯独没有再出现黄绍竑在金华与周恩来见面的记载。说得明白一点，周恩来到金华，主要是为召集中共浙江省委负责人谈话和举行一次省委扩大会议，东南局组织部长曾山也随车同来。中共省委书记刘英早一天来到金华，化装成富商模样，戴一副淡墨色眼镜，他按照金衢特委的安排，当晚到紫敦巷15号省文委住所，向邵荃麟等同志了解工作，随刘英来金华参加会议的还有浙南特委书记龙跃等人。在城北郊区举行的省委扩大会议上，周恩来作了五个小时的重要讲话。谈到时局形势，指出日寇进攻武汉，蒋介石恐慌万状，几十万兵马溃不成军，又仓皇指使在洞庭湖畔搞什么"焦土抗战"，火焚长沙古城，损失惨重，民怨沸腾。在衡山，蒋介石亲自主持召开高级将领会议，周恩来按照毛主席指示，在会上提出坚持抗战到底的24字方针："坚持抗战，反对投降；坚持团结，反对分裂；坚持进步，反对倒退。"大义凛然，无可辩驳，镇住了会场上的歪风邪气，李、白桂系和蒋的一部分嫡系将领也表示支持，蒋介石被迫也只好顺水推舟，表示接受。

周恩来到金华，在忙碌的活动后，在离开金华前夕约见进步文化人《浙江潮》周刊严北溟作了一次谈话，对他的工作表示充分肯定，希望他继续坚持下去。严北溟对周恩来表达自己最大的心愿：回到党的组织中来，直接参加抗战工作。周恩来对他说："你的愿望我是理解的，但是你以党外人士的身份可以做更多的工作，发挥更大的影响力。我们对你的期望很高啊。你要记住，你不入党，党也是把你看作自己人的。"严北溟特别谈到当前浙江的抗战形势发展得不错，但暗礁四伏，斗争是不可避免的，黄绍竑能否应对顽固派的压力，还必须有所警惕。谈话中，招待员端上了几盘饭菜，严北溟忙说自己是用过晚饭过来的，周恩来却硬拉他坐下来一同吃饭。谈话从六点进行到八点多，不知不觉近三个小时过去了，严北溟怕耽误周恩来休息就告辞了。严北溟回到《浙江潮》周刊社时，大家都在等着他，他约略讲了周恩来的谈话，大家都很高兴。编辑王平夷、沈任重提议，邀请周恩来给军官教导总队的学员作报告，因为对一批军事基层干部做思想工作是值得的。严北溟第二天一大早就赶到周恩来住的旅行社。周恩来本来准备上午离开金华，便临时改变计划，由严北溟陪同来到军官教导总队驻地原金华中学大礼堂，向一千多名学员以及《浙江潮》临时发动的进步青年百余人，作了关于抗战形势和任务的报告。周恩来首先谈了全民抗战必胜的前途，又针对当前破坏抗日民族统一战线的谬论，谈到东南地区坚持抗战的重要性，指出日寇必定要继续进攻浙赣线，大家要提高警惕做好战斗准备。周恩来对一批国民党基层军事干部的这次讲话，影响是深远的。

国民党情特系统对周恩来在金华的短暂活动能得知多少，没有什么记载，黄绍竑本人亦不可能直接掌握。周恩来离去后，严北溟被找去谈话，黄打算了解得多一点。严北溟是党外人士，不可能了解共产党的活动机密，他所了解的也仅是周恩来的公开的社会活动。那时从皖南泾县云岭到金华，道路崎岖，涉水越岭，经茂林到太平县才有公路通车。那时歙县的岩寺设有新四军兵站，是新四军的一个公开联络点，负有来往人员和物资运输的任务，往来于温州（当时通上海的唯一口岸）与岩寺、太平之间，周恩来将从岩寺到金华的消息，就是从这条路线传来的。周恩来为避免国民党军警的注意，由兵站准备两辆大卡车，与随行人员直奔金华铁岭头十号基督教军人服务队刘良模歌咏队的办公处，这里原是金华教会房屋，刘良模有教会关系得以借用。这时中共地下文委的邵荃麟等人认为周恩来上午从太平岩寺出发，到金华应在下午两三点钟，他们组织一批同志在金华火车站西边的公路旁等候,省政府安排周恩来在中国旅行社金华分社住宿,所以也有十多位省政府上层官员在分社宾馆迎候。周恩来得知后,便离开刘良模到中国旅行社金华分社去了。刘良模领导的歌咏队,当时组织群众开展歌咏运动,高唱抗战歌曲,影响是很大的。

关于周恩来给军官教导总队一千多名学员作报告,黄绍竑是听下属汇报的,他不知道的是周恩来还在百忙中挤出时间应邀对"金华读书会"的会员作了报告。这是使当时金华各界人士震动的大事。实际上读书会是金华中共地下县委领导的一个外围群众组织,是对付和抵消复兴社在金华"励志社"的消极影响而组织的。那时读书会的挂名会长金华县长谭计全是黄埔学生,他平时不太管读书会的事,但得知邀请周恩来副部长,便显得特别积极,亲自前往宾馆迎接。报告会在一个中心小学举行,恰好是星期日,一个大教室挤坐六七十人,室外还有大批人席地而坐,总人数一百五六十人。周恩来报告的中心内容是衡山高级将领会议上关于中共提出的 24 字方针如何得到广泛支持,为争取抗战最后胜利打下扎实思想基础。报告会历时一个多钟头,内容新鲜,对听众极富吸引力。当周恩来离开会场时,校区内外一片欢呼,大家为有缘见识到这位革命家的雄伟风采而感到振奋。

黄绍竑的《浙江省战时政治纲领》受到公开挑战时,他说过一句话"摩擦迟早是会来的",1939 年下半年终于应验了。

在文化战线上,3 月间,周恩来曾对在金华出版的由骆耕漠等人编辑的《东南战线》说要讲究斗争策略,不要搞得太红,然而,他们到下半年就被停止出版;《浙江潮》主编严北溟,受到 CC 派文人和复兴社分子不断攻击,几乎待不下去,黄绍竑只好叫他暂时放下文字工作,去浙西沦陷区长兴县当县长,从此《浙江潮》挂的主编名义上虽仍是"严北溟",但思想内容发生很大变化,原来编辑部的一些人后来也相继被捕进了集中营。严北溟是 1939 年底到长兴上任的,他带去一批秘密中共党员,充实了县政府和政工队的领导力量,黄继武任民政科长,瞿毅任财政科长,董超任政工队长,萧卡任政工指导室主任,丁星(丁柯)任政工队干事长。这样一个领导班子,对长兴的地方发展进步应该是有利的。1940 年夏,县政工队发现国民党三战区情报处派遣的女特务卫萍,专门窃听政工队中党员的活动情况,偷抄材料,记黑名单,于是将她扭送县政府,迫使她交出特务证件。此事遭到二区专员于树峦的干预,他派遣警佐室对政工队、县政府的瞿毅、童超、萧卡等人的居室和办公室进行突击搜查,但并无所获。1940 年 5 月浙西行署主任贺扬灵专程到长兴视察,国民党县党部散布"长兴被赤化"、长兴已经成了"共产党的天下",由此贺扬灵宣布长兴县为"重点防共区"。在情势迅速变化中,中共浙西特委及时指示长兴县委书记何坚白(何行之),及单洁、瞿毅、童超、萧卡等人迅速隐蔽和撤退。严北溟在长兴任职不到一年,1940年10月黯然而退,被劫夺的《浙江潮》也"寿终正寝"了。1941年3月严北溟又在永康城外岭张村创办《浙江日报》,开始的短时期内接受省财政厅补贴,不久即自给自足,转为民营性质,拥有职工160余人,编辑部没有一个国民党员和三青团员,整个班底以进步青年为核心,至1946年6月停刊,这是后话。

接二连三的事件继续发生。1939年1月在黄绍竑支持下创办的浙西《民族日报》,于1940年9月被天目山浙西行署主任贺扬灵强行改组,社长王闻识被宣布没有辞职的"辞职照准",王闻识回到金华后,在1941年被捕关入上饶集中营。金华出版的《浙江妇女》月刊倾向进步,主编林秋若(林琼),它名义上是战时儿童保育会浙江分会的刊物,接受省政府的经费,但刊物的编辑部是中共地下党领导的,保育会理事长是省主席黄绍竑的夫人蔡凤珍女士。1940年正是国民党顽固派策动第二次反共高潮前夕,6月间中共金衢特委机关被破坏,特委宿士平和秘书鞠耐秋被捕,随后省文委书记邵荃麟、委员葛琴及保育会秘书贵畹兰等都及时撤离金华,向福建转移。这时林秋若既任《浙江妇女》主编,又兼顾着保育会的行政、业务工作,已成为特务注意的目标。1940年9月的一天早晨,金华国际新闻社记者、《台湾先锋》编辑王坪跑来紧急通知她:"昨天特务搜查共产党一个秘密机关,发现其中有你的材料,这是一个台湾同志告诉我的。"得知这个消息,林秋若想到前些日子,温州一位叫陈章瑶的女同志被疏散到金华保育会来,她曾给上级组织写过有关的汇报,此外没有任何其他资料。当时她根本没有考虑自己个人的撤退问题,首先通知陈章瑶即刻向外地隐蔽,当天下午果然有特务上门,但并没有把她抓走,她的行动被严密监视。到1941年1月25日,仅金华一地,就有8位中共党员或进步文化人士被逮捕,林秋若也在其中。几个便衣和宪兵闯进保育会,声称:"林秋若,三战区长官司令请你去谈话。"林秋若抗议:"你们没有理由抓我,你们是非法的!"她不肯带被子、衣服用品,最后是第二天由保育会的同事送到关押所的。她被关在上饶茅家岭集中营16个月,1942年浙赣战事时又迁去福建崇安。

林秋若(林琼)在集中营中的故事,对我们认识抗战时期国共斗争真相是非常有帮助的。林琼写的回忆录《被捕·坐牢·出狱——上饶集中营的斗争》是一个革命战士的形象写真。对于自己被捕,林琼是有思想准备的,并做了必要的安排,已将银行支票、公章等重要文件交给一位可靠的同志王民华保管。在被捕带出保育会前,她借口上洗手间,双手戴着手铐不方便,要王民华过来帮她松衣服,在王的耳边轻轻地说:"我没有什么证据落到敌人手里,放心好了,你们要坚持工作,保育会这个阵地不能丢。《浙江妇女》要继续出版。"还叮嘱王民华迅速向上级报告情况。出门之前,林琼又把自己的两件贵重物品——一支派克钢笔和一块瑞士手表留下。

初进茅家岭集中营,第一场考验是对付审问。第二天上午,绰号"狗头"的管理员第一次提审,他一张嘴就问:"你是异党分子吗?"林琼回答:"中国党派多得很,现在都是团结抗日,合法存在,不知道谁是正党,谁是异党?""狗头"又问:"那你说说中国有哪些党派。"林琼说出了一大串党派的名称。"狗头"抓不到把柄,反问一句:"你怎么到这里来?"林琼非常气愤地回答:"你们无缘无故把我抓来,怎么问我? 我做的是政府支持的战时儿童保育工作,保育会理事长是黄主席夫人蔡凤珍,我们到前线、到灾区救援遇难儿童和孤儿,犯法了吗? 犯法的是你们!"虽然当时"狗头"无法回答,但要把她关进专门用来折磨犯人的"铁刺笼",后经过同监的吴大琨、郭静唐两人向"狗头"说了好话,才改为罚站。在多次审问过程中林琼态度强硬,特务提的问题都被她驳回。特务搬出搜来的笔记本,翻到有关皖南事变的评论文字便问:"你说你不是共产党,为什么那么关心新四军的事?"林琼大声回答:"我是报刊编辑,注意报纸舆论,发生这样的大事,我是参加抗战的中国人,能不关心吗? 怎么就成了共产党?"他们又拿出搜到的许多名片:"这么多人来找你,这些人都是干什么的?"林琼冷笑一声回答:"哼,你们要知道这些是什么人,名片上不是都写着吗? 我办的刊物全省发行,还有长江以南那么多省市,都有作者、读者和兄弟报刊的编辑记者来来往往,这有什么可怀疑呢?"他们又问:"你的办公室里有那么多图章,你要干什么非法活动?"林琼回答:"不都是私章吗? 能有什么非法活动? 这些私章都是作者托我代领稿费用的。"特务们无话可说。集中营里对共产党人用刑是家常便饭,但是他们对林琼没有用刑,可能是特务认为她有省主席夫人的"后台"。这一点无法证实。

集中营里囚禁着一批被俘的新四军干部,这些久经考验的革命者鼓舞大家坚持同特务作斗争,粉碎敌人诱降的阴谋,也顶住了各种毒辣的刑罚。1941年4月日寇向浙赣铁路进攻,日军逼近上饶,三战区司令部向福建撤退,集中营特务又犯下了不可饶恕的罪行,他们以最为卑鄙的手段向食物投毒,新四军被俘将领黄诚、李子芳、廖正文、胡崇德等同志遇难。1942年6月5日,上饶集中营的6个中队向福建移动,6月17日行至福建崇安赤石河畔时,第6中队几十名机智的战斗者突然组织了一次暴动,成功地冲破特务、宪兵的魔掌,直奔武夷山区,获得了胜利和自由,重新投入战斗。6月19日,被俘的新四军战士行至虎山庙时，有数十名坚贞不屈的革命战士被特务、宪兵枪杀，其余人在 6 月 26 日到建阳徐市时，因天气炎热，沿途严重体力消耗，难友大部分病倒，不少同志被苦役、疟疾、痢疾夺去了生命。林琼的身体也被摧垮了，死亡的阴影在她眼前晃动，在疟疾折磨下，双腿软绵绵，全身无力，她咬紧牙关，总算坚持到 10 月 25 日，这天下午 4 点钟，难友吴大琨同志急促跑来对她说："林琼！听说黄绍竑来保你了，你有希望出去了。"林琼一面感到愕然，一面惊喜，她跟随吴大琨去找中队长，中队长爱理不理地眼睛对着窗外，淡淡地说了一声："林秋若，算你运气，你去整理东西，准备出去吧。"于是林琼找到管理员，向他索回收走的钱，岂知这个无赖回答："今天拿不到了，你留个地址，以后给你寄去。"林琼想，你侵吞我几百元钱，还想让我给你留个地址，去你的吧！她不再同这个无赖纠缠，快快整理一下自己的衣服便走了。她在山沟里摇摇晃晃地走，幸而有吴大琨和另一个同志搀扶着，走到了公路边，特务队长把她交给了黄绍竑的警卫员，便押着吴大琨二人往回走。这时林琼看到公路上停着一辆小汽车，旁边一座小茶亭，茶亭里坐的一个人正是黄绍竑。走近茶亭，警卫员上前通报说："报告主席，林秘书来了。"黄绍竑走出茶亭对她点点头，走到小车前打开车门对林琼说："我这个车是开到桂林去的，你呢？如果回浙江恐怕还有危险。"言下之意是：你已恢复自由，去向由你自己决定。林琼想了一下，身上已一无所有（一点余钱都已给吴大琨了），公路上既没有长途汽车，也没有旅馆，自己一个人行动困难很大。她决定上黄绍竑的车。上车后发现还坐着一个人，黄绍竑介绍说是国民党省党部主任委员吴挹峰，这次黄绍竑和他同去重庆出席国民党五届四中全会。

车到南平时，黄绍竑的随员给林琼安排晚饭及住宿的地方，晚上林琼到街上寻找新四军驻闽办事处或熟人，但没能找到。次日，她只好跟随一伙人坐上一辆大卡车到江西赣州，再到广东曲江，然后换乘火车直达桂林。在曲江至桂林的火车上，黄绍竑叫随员把林琼领到他的特级车厢里谈话，谈了这次保释她出狱的经过。黄绍竑是在三战区长官司令部召开的华东各省军政首脑会议上，找到三战区高级参议卢旭（主管上饶集中营的头目），向他提出保释林秋若和王闻识二人出狱问题，卢旭说王闻识因病（痢疾）不治已经在狱中病故，黄绍竑以坚决的口气对卢旭说："我原来要保两个人，现在你们说一个已经病故，还有一个你们一定要让她活着让我带走。"在车厢里的谈话时间很短，林琼没有问黄绍竑为什么浙江方面那么多人被捕，而他只保释林秋若和王闻识二人。实际上王闻识是他的广西同乡，又是他亲自委任的《民族日报》社长，林秋若则是帮他的夫人蔡凤珍主持保育会工作的，常到他家活动，被捕后保育会同事向黄夫人报信时曾请她出面保释。早在上饶集中营时，黄夫人就派专人到集中营看望林秋若，并提出保释要求，只是因为林秋若拒绝在"悔过书"上签字，才使那次黄夫人派来的保人没有完成使命。来人要林秋若写个信交他带回好向黄夫人交差，林秋若趁此给黄夫人和保育会的全体朋友写了一封信，信中说："我很清白，什么问题也没有，特务抓我没有任何依据，请大家放心。"这次黄绍竑亲自出面，直接向集中营头目要人，同林秋若及时把情况传出去是有很大关系的。

林秋若到达桂林，见到邵荃麟、葛琴夫妇后，埋头写了一份亲历的集中营实况报告，充分暴露国民党在抗战中大搞秘密监视，对外严密封锁消息的事实，中共南方局文委认为应该向党中央汇报，因文稿很厚不便邮寄，给林秋若写了致周恩来副主席的介绍信，让她踏上去重庆的旅途。

国民党浙江省党部主任委员吴挹峰与黄绍竑同到重庆后，这个CC分子竟在重庆散布"黄绍竑带一个女共产党同车到桂林"等消息，大造舆论，重庆的一批浙籍上层人士更是哗然了。

黄绍竑到浙江，一心一意要做几件对抗战有利、对抗日民族统一战线有利的事，短短几年间，惹出了一场又一场的风波——组织政工队、开放抗日救亡舆论、建立抗日自卫队、创办兵工厂……浙西及各地的政工队事件频发，报刊被顽固派劫夺，他建立的省自卫总队到1941年已扩充到21个团，还有2万多县自卫队，一省的财力养这么多军队，地方负责自担太重，老百姓不无怨言，有些居心不良的人造谣，说他扩充私人武力准备造反，也有一些人凡遇战役失败，如省自卫总队防守钱江南岸，杭州日寇利用雪天"白衣渡江"占领萧山，省临时参议会就有人提出质问，说用那么多钱扩充自卫团队、办兵工厂，结果连"钱塘天险"都守不住，要他负责。其实钱江南岸是刘建绪集团军防区范围，如果地方团队守必固、攻必克，那么整个抗日战争中，丧师失地又叫谁负责呢？1941年夏，日寇占领绍兴、诸暨，CC派的《东南日报》就以"政治不能配合军事"大做文章，把一切责任归于地方行政人员，绍兴专员邢震南被蒋介石下令判处死刑，但是那些负责地区作战的军长、师长却不受任何责备。这分明是做给黄绍竑看的。不仅如此，黄绍竑的用人政策也备受质疑。1941年初，国民党中央党部要求撤换省政府民政厅厅长王先强，直接任命CC派人物阮毅成为省民政厅厅长。黄绍竑气极了，又呈请辞职，还是不准。黄绍竑对三战区顾祝同说："我们政治与军事实在配合不好，请你帮帮忙，换一个能配合得好的人，好让我下台。"顾祝同回答："你就忍耐一点吧，你这样大的鬼，也要找那样大的庙才摆得下呀！"黄绍竑觉得情形太复杂，责任太重了，向中央请求协同处理自卫团队,结果蒋介石派他的亲信俞济时来,把省自卫总队改编为4个师,俞济时任集团军总司令,省自卫总队撤销。1942年春,黄绍竑建立的兵工厂也由军政部派员来接收,搬迁到福建去,但后来一年多还安装运转不起来。从此以后直到1945年抗战胜利,黄绍竑成了挂名的省主席,连省府委员任命也不让他过问。抗战胜利日本投降,浙西富阳举行受降仪式,主持人是省主席行辕主任、浙西行署主任贺扬灵。回到杭州后,1946年上半年,蒋介石到杭州,黄绍竑又当面提出辞呈,蒋介石仍是不准。那时旧全国政协会议还没有破裂,严北溟当社长的《浙江日报》登出政协会议的口号,陈布雷秉承蒋介石意旨,把严北溟叫去大骂一顿。他说:"政治协商会议不过是暂时的,你们不要随便宣传。"不久,新四军撤出江南的各个根据地,四明山三北地区"三五支队"渡钱塘江北撤时受到袭击,随后内战就开始了。黄绍竑去意已决,又飞重庆面见蒋介石辞职,得到的仍是一句"慰劳",临行蒋还虚情假意请他吃饭,他哪里想到飞回上海,刚下飞机,就接到"免职"的电报。有人说,抗战八年,蒋介石把他的老家浙江交给黄绍竑是对他的信任,黄绍竑说:"什么信任,我是整整受了八年的气!"

十四

　　抗日战争初期,杭嘉湖名镇海宁县硖石镇有一个身残志坚的女青年,是一个"绝无仅有"的奇女子,之所以说是"绝无仅有",不只是说她这个人,主要在于她做的事。

　　前面写到天目山区《民族日报》1939年1月5日创刊,是浙西抗战文化界的盛事。这份《民族日报》是由省主席黄绍竑支持,隐蔽战线上的中共南方局浙江省文委协助,中共党员负责的报纸,而"绝无仅有"的这位身残志坚的女子吴曼华(又名吴梅),早在1938年9月18日,就在海宁县路仲镇郊一个小村庄里,团结几位青年——陆欣夫、李国庆、姚逸凡(肖牧)、钱慧珠、史大雄等人,办起了一份八开的铅印日报,定名啸报》,同年冬改名《浙西导报》,也就是说这份抗日小报诞生于《民族日报》之前。也许可以说,《浙西导报》是全国所有沦陷区、游击区由抗日青年自发创立,在相当长时间内坚持下来,并对当地民众产生一定影响,以致为国民党顽固派所不容的民间报纸。

　　吴曼华1914年12月出生,幼年患脊骨结核症,成为驼背的残疾人。她父亲是一家小染坊主，家庭生活比较优裕。她以优秀的成绩在家乡硖石镇读完小学去上海读中学、大学，关心时事，热爱阅读报刊和社会科学书籍，接受进步影响，1935 年 21 岁时参加左翼社会科学家联盟和救国联合会，从"一·二九"运动开始，对日本帝国主义侵略中国的意图有明确认识。1936 年初回到家乡海宁，成为硖石镇抗日救亡运动的发起者和组织者，她为工人办夜校，教唱抗日歌曲，这年 12 月发生的震惊中外的"西安事变"，中国共产党从"反蒋抗日"到"联蒋抗日"的策略转变，让她认识到抗日救亡工作的新局面。当她读到中共中央颁布的《抗日救国十大纲领》，思想认识更进一步提高，对照社会现实，她相信中国共产党的理想是非常好

吴曼华（吴梅）：《浙西导报》创办人、《民族日报》编辑

的，是中国人民组织起来、团结起来战胜日本帝国主义的希望所在。

"八一三"淞沪抗战爆发，战火逼近海宁硖石，吴曼华在镇上各界人士支持下及时组织救护队，得到镇商会捐款购买药品，11 月中旬硖石被日机轰炸扫射，她率领救护队不顾危险，救死扶伤，时任海宁县抗日后援会会长的学者宋云彬在上海租界出版的《中学生》杂志发表文章，赞扬吴曼华身残志坚、投身抗日的事迹。宋先生文章里写到他问吴曼华："日本鬼子打过来了，你们有什么打算？"她回答："我们希望能留下来参加打游击！"宋先生问："你们空着双手，怎么打游击？"吴曼华回答："不能留下来，我们就到后方参加抗战工作。"她又想了一下："我想最好能找到共产党的关系……"宋先生说："你想得对。共产党的关系可以到南昌或者武汉去找嘛。"

日军在杭州湾金山卫、全公亭登陆，淞沪大军后撤，硖石在沪杭铁路线上，战火正在迫近，吴曼华和张纪斐、陈才庸等六人决定离开，他们凑了点钱，带部分必要的药品，连夜经马桥到盐官，向县抗敌后援会拿了一封给省抗敌后援会的介绍信，这样就参加了战地服务团，到前线地区的建德、桐庐、富阳一带从事宣传活动，大家觉得这样的工作不符合理想，便借口要去读书先后离开。陈才庸、张纪斐二人决定去浙南龙泉县，另三人决定去武汉找党的关系，后去了延安，吴曼华因身体残疾，不便远行，决定回家乡海宁。这是 1938 年 2 月间的事。

吴曼华回家乡，心里是有盘算的，她想起抗战前夕的一件事，那时她和几位好友曾为《硖石商报》不计报酬编副刊，副刊定名《女声》，主旨是提高妇女觉

悟，鼓励妇女冲破封建束缚，奋发图强，争取男女平等。当年她从上海带回的进步杂志有李公朴主编的《读书生活》、沈兹九主编的《妇女生活》，对她的思想很有影响。回海宁家乡去做抗战工作的想法，使她从留在记忆里的《女声》副刊想到如果在敌后办一种报纸，可能是沦陷区、游击区在敌伪压迫下的老百姓最需要的，对持久抗战、争取最后胜利是一件很切实的工作，自己虽然是个残疾人，但是做敌后抗战文化工作是可以胜任的。

吴曼华回到海宁硖石后，找到熟人陆欣夫，她知道陆欣夫有一位亲戚原来在镇上办一家印刷厂，经过了解，这家印刷厂停工了，那些机器设备都闲置着。吴曼华对陆欣夫说："我们可以同你的亲戚商量，借用他的印刷设备，把机器铅字偷运到远离敌伪据点的地方去，自己办一份报纸。"他的亲戚果然同意了。关于吴曼华如何从敌占区硖石镇，在敌伪岗哨的眼皮底下把印刷器材偷运出来，当年金华出版的《浙江妇女》杂志曾有专文介绍："水乡的交通靠手摇船，全部器材压在船舱里，上面看到的是家私杂物，一个驼背小女孩坐在船头，敌人岗哨从桥上望下去，没有发现什么异样，驼背女孩一口本地方言，船老大早已给岗哨送上去一只大母鸡和一篮鸡蛋，敌岗哨接下来挥挥手让船过去了……"

1938年9月18日，吴曼华团结六位抗日青年，在海宁路仲镇郊外一个小村庄里，办起了一份8开的铅印小报——《啸报》。他们缺乏办报经验，也没有收音机，只能从上海租界出版的报纸新闻上摘要登载。同年冬，国民党政府绍兴三区国民抗日自卫总队第五支队和政工队以"冲过钱塘江，收复杭嘉湖"为口号，渡过钱塘江到海宁、桐乡、崇德地区活动，对这份抗日小报很感兴趣，经过双方谈判，达成两项协议：一是报纸改名为《浙西导报》，二是由胡云翼兼任社长，吴曼华任副社长兼总编辑。随后，报纸发行量上升，影响力扩大。1939年夏，日寇扫荡频繁，五支队撤回绍兴，吴曼华把《浙西导报》转移到崇德洲泉镇附近，得到省政工一大队二队队长姚旦的协助，取得省政府主席黄绍竑亲笔题写的报名"浙西导报"四字。洲泉镇的金文楚自办油印《后盾》周刊，也并入《浙西导报》开辟一个《后盾》副刊。金文楚已由政工队发展为共产党员，他是一家油车作坊的账房先生，后来长期在地方上秘密坚持，是浙西隐蔽战线的一个联络站。他对《浙西导报》的主要贡献是：他拥有一台收音机，使报纸消息灵通，发行量成倍增长。

1939年夏，经过近一年的奋斗，吴曼华深深体会到，要进一步办好报纸，必须有党的直接领导，靠绍兴三区专员公署支持是办不好报纸的，于是她做出一个大胆的决定，去浙南龙泉找陈才庸，请他帮助。实际上陈才庸、张纪斐二人早已在1938年入党。他们见面后，张纪斐向龙泉党组织汇报，得到的答复是:可以考虑派人到《浙西导报》开展工作,加强报社的力量。吴曼华回浙西经过金华时,持张纪斐的介绍信找到中共地下文委的邵荃麟、葛琴,他们听了吴曼华在浙西敌后办报的情况,很受感动,事后《浙江妇女》刊出葛琴写的专稿《活跃在浙西敌后的文化女战士》,附有一张吴曼华在煤油灯下编报的照片。在龙泉金华约一个星期,吴曼华学习了《论持久战》《论新阶段》等文章,还带了许多书报资料回来。1939年冬,中共浙西特委陆续派遣骆静婉、陈才庸、排字工人余天民同志,以战时政治工作队队员的身份到《浙西导报》工作。这时省政工一大队二队驻在洲泉,队长姚旦是特支书记,由姚旦同他们接上关系后,发展吴曼华入党。1940年3月,中共《浙西导报》支部在洲泉蒋家浜成立,书记陈才庸,是年8月,支部改建为特别支部,组织委员余天民,宣传委员骆静婉,党的力量得到了充实和加强,使《浙西导报》成为中共浙西特委领导的、具有明确方向的抗日进步报纸。

　　1939年9月,国民党已秘密制订《限制异党活动暂行办法》,敌后的《浙西导报》已进入其视野之中。国民党首先派来一个反动爪牙罗越崖,任命罗为副总编辑,来后不久,他趁吴曼华外出之机,擅自转载国家主义者张君劢的反共文章,吴曼华发现后向他指出:"你这样做不利于国共合作。"罗越崖申辩,引起编辑部同仁一致指责说放弃原则地刊登稿件是错误的。又有一次,谈到汪精卫叛国投敌,罗竟公然说他可能是"曲线救国",为汪逆的卖国行径辩解,立即受到大家申斥。吴曼华向胡云翼反映,要求把罗越崖调走后,国民党又先后派站在国民党立场的王新民、张星希、胡企曾三人前来编辑部,都被赶走了。国民党崇德县党部派中统特务陆达明收集报社人员活动的材料,目的是了解共产党的活动。1939年9月,绍兴三区专员贺扬灵调任天目山浙西行署主任,这年冬天他派人把吴曼华找到天目山,表面上是关心她,实际上是想试探她是不是共产党,吴曼华对贺扬灵说:"我是个残疾人,什么党派都不参加,只求在国破家亡之时以身报国,别无他求。"贺扬灵说:"你参加国民党吧,我做你的介绍人。"吴曼华一笑:"谢贺主任,你真想照顾我,你就不要拉我参加党派,我这个人的思想是打倒日本帝国主义,把日本鬼子赶出去,后半生有个平安日子……"贺扬灵抓不到把柄,还得假惺惺表示安慰关心……

　　1940年夏天,国军驻浙西的二十八军军长陶广在敌后召开的一次宣传工作会议提出,希望《浙西导报》能随军行动,可以得到供应和保护。吴曼华当即提出三个问题:一是印刷器材笨重,怎么行动? 二是这样一来发行网全打乱了,怎么办? 三是报社是浙西行署领导,她不能做主。这三个问题难住了陶广,他只好作罢。就在这次会议期间,《浙西导报》刊登了延安召开反汪大会和毛泽东讲话的消息，国民党顽固派对报纸投注了更多异样的目光。为了对报纸加强控制，贺扬灵派一个小官僚张国桢来报社坐镇，不意张国桢胆小如鼠，日寇扫荡消息传来，他竟偷偷躲进敌伪据点，直到敌人回巢他才摇摇摆摆回到报社。根据这个事实，特别支部派吴曼华代表报社去天目山向贺扬灵告发，贺扬灵只得同意把张国桢调走，但反过来质问吴曼华："你们为什么刊登延安消息，现在三战区怪罪下来，怎么回答？"吴曼华理直气壮地答："这个怎么不好回答？汪精卫是卖国贼，全国老百姓都在骂他，我们报纸登个消息也不算过分。"贺扬灵严肃起来："吴曼华，你说你是无党派，我看你是拿了国民党的钱，给共产党办事。你是被共产党利用了。"吴曼华不慌不忙地说："贺主任，你说错了，参加抗日救国，反对卖国投降，是光明正大的事，怎么可以说是被共产党利用呢？"尽管贺扬灵是个老奸巨猾，面对吴曼华这些话却是词穷理屈，抓不到吴曼华的把柄，心中十分不快，但又不好怎样发作，于是他对吴曼华下了一道命令："你的嘴巴很会说，我不同你耍嘴皮子，我要你写下保证书，如果以后查明陈才庸是共产党，你要负全部责任。你写吧！"吴曼华面不改色，毫不犹豫地写："保证书——据我所知《浙西导报》陈才庸是一个抗日爱国的纯洁青年。吴曼华写于民国二十九年六月十日。"

这时的吴曼华根本不知道，不仅《浙西导报》正被贺扬灵盯着，连黄绍竑亲手创办的《民族日报》也已经岌岌可危。这就是说，浙西的政治斗争正在明明暗暗地酝酿之中。1940年8月，省政工二队被迫解散，浙西行署调查统计室已下令通缉省政工二队队长、中共嘉崇桐工委书记姚旦，隐蔽战线的人员相继转移。吴曼华回到《浙西导报》时，情况还没有明显变化，她一如既往地时刻注意国民党县党部、县政府的动静，与这些人周旋打交道不露痕迹，机敏大方。有一次，编辑何文潮（高流）在副刊上发表一篇题为《县长太太》的小品文，描写在一次日伪扫荡中，县长和太太带了全家老小，还有鸡、鸭家禽狼狈逃命的丑态。小品文不点名，但县长钱万镒认为是影射自己的，于是指使县自卫队把何文潮扣押，并扬言要送去浙西行署处理。吴曼华在钱万镒面前据理力争，钱万镒知道吴曼华可以找贺扬灵诉说，怕事态扩大于己不利，对编辑何文潮训斥一番后，只好放了。国民党崇德县党部一再告密，也说《浙西导报》同政工二队关系密切。崇德县属第二行政督察专员管辖，1940年11月1日专员于树峦密电崇德、德清两县县长，电云："《浙西导报》吴曼华等人，以报社为活动机关，妄介异党邪说，挑拨政府与民众间的恶感，即希严密查察。"11月间，浙西行署主任贺扬灵认定《浙西导报》是中共在浙西游击区的一个据点，必须予以拔除，他指示特务杨巨松起草密电，以《浙西导报》经常刊发失实消息为名，下令崇德县政府即日予以封闭,停止出版。行署中统调查室特务以突然袭击手段搜查了吴曼华、陈才庸等十多人的宿舍,但并无所获,对他们也无可奈何,只好同意报社人员分别调动,吴曼华被安排到於潜鹤村"民族日报"任编辑,陈才庸调天目山《民族剧团》,排字房工人余天民调《民族日报》印刷厂。骆静婉自行设法转移。

《浙西导报》创刊在《民族日报》之前,终止则在《民族日报》社被强迫改组之后。吴曼华到1941年秋才巧妙地骗过贺扬灵脱身。当时有这样的传说:吴曼华同贺扬灵的太太卢继芳常有接触,有一次卢继芳需要一种进口西药,内地买不到,得知吴曼华的亲属在上海经商,便要她去上海买,吴曼华利用机会,一去无踪影,到太滆根据地去了。

陈才庸在《浙西导报》同吴曼华一起工作,任中共特别支部书记,报社被封后,他也调到天目山,在"民族剧团"任副团长,暗中受到监视。据说吴曼华走后曾化名给他一信,此信落入邮检之手,信上也提到李益中、高流等人。1941年冬,"民族剧团"在天目山上演话剧《日出》,陈才庸担任配角,轮到上场人却不见了,后来剧团才从天目山脚的一都老百姓口里知道,他在羊角岭山上被秘密处决。为此,剧团排演话剧《风波亭》,暗表抗议。

解放后,吴曼华(吴梅)任上海《解放日报》群工部副主任、上海人民广播电台文艺部副主任等职,1985年病逝,终年71岁。

《民族日报》1939年1月创办后第一年,报纸的编辑发行受到国民党的干扰不大。1939年9月,浙江省政府改组浙西行署,以绍兴三区专员贺扬灵为行署主任,他从绍兴带来一批干部,其中多有国民党中央政治学校毕业的CC骨干,行署设

陈才庸:《浙西导报》特支书记,原调任天目山中共民族剧团副团长,1942年秋被国民党特务杀害

秘书处、政务处、警保处、调查统计室(中统),在绍兴搞的青年营、妇女营、少年营、特务营一应俱全,才被带到浙西。表面上看,是为了加强浙西前哨对敌斗争,实际上是加紧了防共、反共部署。贺扬灵在绍兴时就重视文化宣传,到天目山后成立浙西民族文化馆,设立编译部,出版敌伪研究,编印丛书,成立民族通讯社、民族剧团,后来又建立天目书院,招揽沦陷区来归的文人雅士。关于贺扬灵其人,应该专章描摹,这里可以确认的是,他是抗战中期东南前哨叱咤

风云的主要角色。

贺扬灵以两面手法骗得黄绍竑的赏识主政浙西,正是得到 CC 派湖州人二陈的支持。黄绍竑在抗日统一战线形成时期创办的《民族日报》,社长王闻识是黄绍竑任命的,以贺扬灵的政治手腕,他不会一下车马上把王闻识赶走,相当一段时间内他不动声色,1940 年 1 月 5 日《民族日报》创刊纪念一周年特刊,他也题词表示祝贺。随着国共摩擦增加,国民党不加掩饰地执行《限制异党活动暂行办法》,浙西行署解散政工队,监视和逮捕"赤色"可疑分子,施用卑劣手段公开散布报纸为"赤色"分子控制,以至多次向黄绍竑告状,并暗中命令"递步哨"总站把每天的《民族日报》扣压,邮检处报纸堆积如山。报社累次交涉,以至提出抗议均被置之不理。前线天北各县只好派人越过六十华里的羊角岭到鹤村来取报纸。看来贺扬灵是准备对《民族日报》下手了。

1940 年 3 月间,王闻识派崔晓立同志上天目山找浙西民族文化馆总干事乐培文,了解贺扬灵的意图,同时商量对策。崔晓立 1938 年春初从武汉回浙江,曾在绍兴成立的省政工队第三大队任副大队长,到天目山后协助曹天风先生建立浙西民族文化馆。崔晓立从乐培文口中得知贺扬灵已准备劫夺《民族日报》领导权,只是时间迟早的问题,应有所应对,崔晓立即转告王闻识。到 4 月中旬,崔晓立又到天目山与乐培文秘密会商,转达王闻识的意见,希望乐培文能找机会到鹤村来。乐培文得到曹天风默许,以到於潜办事为由,在鹤村与王闻识详谈。王闻识向他介绍了《民族日报》艰苦创业的情况,表明自己眼看它将被劫夺,实在于心不甘。王闻识问乐培文:"看来报社改组近在眼前,我有一个想法,为避免报纸完全变质,如果请曹天风先生出面主持报社工作,有没有可能?"乐培文思索一会,回答说:"这是有可能的。目前国共之间还没有完全撕破脸皮,贺扬灵惯于挂羊头卖狗肉,他搞浙西文化馆收罗不少无党无派的人,也是为了利用曹天风做招牌。不过我想,如果曹天风一个人来报社,也没有什么用,贺扬灵一定会派 CC 派的骨干分子来掌握实权的。"王闻识问:"你能跟曹天风先生一起来吗?"乐答:"难说,他们对我也是不放心的。"

尽管王闻识同时给省主席黄绍竑写了报告,陈述贺扬灵意图劫夺《民族日报》的种种表现,请求省主席制止他的这种企图,但是没有答复。

1940 年 6 月,贺扬灵去金华开会时,又向黄绍竑进谗,说了许多《民族日报》如何如何"赤化"的话,国民党省党部也向黄施加压力,黄心里明白,整个国共合作已面临危险,他个人不可能力挽狂澜,与其反对,不如提出《民族日报》改组的方式要稳妥。9 月间,浙西行署便以抗战形势发展、进行人事更迭为由,对《民族日报》实行改组,王闻识并没有提出辞职,浙西行署行文说:"王闻识辞职照准。"中共在抗日统一战线中高举战斗旗帜,为东南前哨广大进步群众所欢迎的报纸,就这样夭折了。事前,国民党内部为了抢夺这份报纸,各个派系互不相让,而老奸巨猾的贺扬灵则需要曹天风这块招牌来坐镇,于是组成了一个混合班子:以曹天风为社长,中央政治学校出身的 CC 派骨干郑小杰为副社长,而以代表国民党地方势力的许焘为总编辑。这个班子是过渡性的。

前后两次改组后的《民族日报》,可谓"树欲静而风不止",也不断发生一些颇有战时特色的故事。1940 年上半年,中共浙西特委书记顾良玉,一度从郎玉麟部队移驻鹤村活动,后转去莫干山。宣布王闻识"辞职照准"后,中共於潜中心县委书记贺千秋决定,大部分身份较红的共产党员应该撤离,只留少数身份隐蔽较好的同志及党的外围同志继续坚持,团结全体职工,坚守阵地。党员经理张若达、会计郑六麟受委托办理移交后撤走。王闻识、陆鲁一撤离前接到贺扬灵的邀请,在天目山住地潘庄设宴送别,作陪的有曹天风、吴曼华等人,宴会上贺扬灵彬彬有礼,频频举杯,玩"杯酒释文权"的把戏。王闻识意识到贺扬灵"送客"了,此地不可久留,当夜由张若达写成社论《告别浙西父老》,大家讨论觉得口气过于激烈,经过修改定稿,于九月底改组前最后一期发表。只是王闻识回到金华后不至半年,即被逮捕关入上饶集中营,转移至福建建阳集中营,1942 年 10 月 16 日被折磨致死。

第一次改组后,曹天风实际上未到报社管什么事,仅仅由乐培文担任总务主任,编辑部大权掌握在总编辑许焘(国民党地方派人士)手里,乐培文与许焘个人关系尚好,但贺扬灵派行署的一个股长吴先文当编辑股长,此人不懂编报业务,许焘觉得一个凑拢班子简直无法办报,又亲自去金华招聘编辑,《东南日报》副刊主编陈向平(中共地下党员)介绍青年作者谢狱、木刻画家邵克萍应聘而来,还请来新闻专科学校毕业、原在绍兴《国民日报》的记者宋子亢任采访股长,两个外勤记者,一个叫梁获云,一个叫杨萍(叛徒分子),谢狱和邵克萍思想倾向进步,但在政治上保持缄默,埋头编报。这时,副社长 CC 派郑小杰对编辑部不能插手,与许焘暗中存在矛盾,主要是印刷工场的管理业务在协理徐惠人之手,印刷工人比较团结,时有经济待遇上的斗争,还有电讯室主任中共党员朱万年、沈逸民等人,每天收抄国民党中央社的新闻稿,译出后都经过选择后才发到编辑部,凡是不利于团结抗战的电讯都不发,起先没有引起注意,发现后被追问,电讯室便以信号微弱,电码不清漏抄为由,推说收报机质量不够好。1941 年 1 月 13 日发生袭击新四军的"皖南事变",《浙西日报》以头条刊登中央社新闻稿,《民族日报》则在一版右"辟角"次要地位刊登,其中有少量刺激性字句被删去。此事追查是一版主编宋子亢所为,受到责难时,宋辩称:"我是学新闻出身的，新闻的原则是客观性，古语云'兄弟阋于墙外御其侮'，所以我把太富刺激性的字样删减了。"总编辑许焘主动为宋子亢承担责任了事。宋子亢觉得这样办报纸没多大意思，不久后辞职另谋他就而去。后来他成了一个民主人士。

了解种种情况后，郑小杰向贺扬灵报告，报社内一定还有共产党活动。这话不假，当时各部门还潜伏秘密地下党员 8 人，但他们都是单线联系，同志之间互不了解。1941 年 1 月贺扬灵找曹天风谈话，曹当然什么也说不上，但知道情况不妙，立刻通知乐培文，随后朱万年便请长假离去，工作事务由沈光明代理。沈光明是宁波电讯学校毕业生，技术全面，朱万年给他办过入党宣誓手续。

不久，贺扬灵为便于监督，下令《民族日报》社从鹤村迁去西天目山，开始工场拒不从命，他即以停发经费相威胁，到 3 月间迁移完毕。哪里想到，日寇利用汉奸提供的地形分布图找到此地，1941 年 4 月 15 日，敌机多架飞临天目山上空盘旋。汉奸在青龙山上燃火为号，西天目山受到重创，行署所属机关及《民族日报》编辑部、工场被炸毁，仅电台幸存。这样一来，报社不得不回迁鹤村，但印刷设备不存在了，只好委托于潜出版的《浙西日报》代印。经过相当一段时间，重新购置印刷设备。这段时间里，从吴兴县政工队调来的编辑王维，被浙西行署调查室特务逮捕，曹天风向贺扬灵提出保释，理由是：一个年轻人有些思想问题不奇怪，可以教育过来，只要他今后不参加左翼活动就可以了。贺扬灵总算给他一点面子，让王维回编辑部工作。过不多久，王维以回天台探亲为名请假，利用机会到根据地去了。（王维在"文革"后任上海《解放日报》总编辑。）在此之前，曹天风也保释过几个人，例如省政工二队队员贺友榕被抓到天目山，因禁于南庵监狱，日机轰炸天目山时没有趁机逃走，由曹天风保释，到文化馆工作"以观后效"，不久有位工作人员患盲肠炎，急需送往金华医院做手术，贺友榕向曹天风讨到这份差事，曹天风有意让他得到自由，同意他陪病人上路，后被特务发现，向贺扬灵报告，贺立即下令追赶，但突遇山洪暴发，分水至桐庐线路无法通行，贺友榕从富春江远去逃逸。此次曹天风保释王维又被其溜走，从此贺扬灵让他"免开尊口"。自 1940 年 10 月《民族日报》第一次被改组，席不暇暖，贺扬灵在 1941 年 12 月就进行第二次改组，曹、乐二人没有辞职而宣布"辞职照准"，任命中政系的副社长郑小杰为社长，《民族日报》完全变为贺扬灵手中的御用工具。曹天风在民族文化馆受了一肚子闷气，1942 年他终于主动离开天目山回家乡天台当中学校长去了。

1941 年冬，我从上海"孤岛"回归不自由的"自由祖国"，1942 年 2 月进入

鹤村《民族日报》编辑部,开始了报人生涯,我亲历了这样几件大事:

第一件事:1942年7月副刊《实生活》刊登小品文《佚子曰》署名"周华",又有一篇杂文《"学而优则仕"有补》署名"闻问",发表后引起了浙西行署一场风波。我手头保存了这两篇文章,这里引用似无必要,讲一讲当时发生的情况,倒是很有时代特色的。"周华""闻问"都是马园太个人的笔名,八九十年代我们通信,他谈到当年这两篇"闯过祸"的小文章,他信上说:"1942年春夏之交,谢狱在《民族日报》编副刊《实生活》,我在行署秘书处一科任编纂股长,在此之前,已为副刊写过几篇讽刺小文,某日老谢突来函告,行署已警告以后不准再刊这类文章,问我还有胆量再写否。我即函复,你有胆量刊出,我就有胆量再写。就这样,又写了两篇,其中一篇小品文《佚子曰》,内容是通过几个民夫之口,说有些官僚搜刮民脂民膏太狠,离职他调时,要派大批民夫挑行李及大量财物,包括杂货土产、一笼一笼的鸡鸭、马桶,长长一大串,官老爷本人、太太、少爷、小姐都坐在轿子里抬着走。还有杂文《'学而优则仕'有补》,写时是有所指的(没有写出名字),主要是指浙西行署主任贺扬灵和行署参议施叔范、吴宝基(原《良友画报》摄影记者)等人,大意是说,好多人读书是为了做官,竟也有'不做事'的官,这类人往往喜欢在大官左右奉承讨好,那个大官也就飘飘然的与这些'清客'经常来往,三日一小宴,五日一大宴,或饮酒吟诗,或对月清谈,老百姓与小职员的清苦全置之脑后,更莫谈与前方浴血抗日将士有什么奉献了……"大概最使贺、施之流恼火的就是这一篇,这篇我记得用的是"闻问"(后查明实为"平方")笔名。另外还有一篇写的对象好像是××处的副处长王某,其机构油水很足,王某是捞饱了的,题名、大意及笔名皆忘。

浙西行署派人到《民族日报》向副刊编辑调查作者真实姓名地址,编辑谢狱回答:按照规定,编辑室对作者真实姓名是要保密的,不能相告。行署的中统调查室派专人到报社强行调阅原稿,谢狱仍然拒绝,特务对谢狱说:"你以为我不懂吗?我也是当过编辑的。"作者的原稿被搜查出来,谢狱也以所谓"赤嫌"被请到天目山上软禁起来。大概经过半个月,报社派副社长郦时言上山与曹天风一起保释他,据说摆了两桌酒表示道歉,谢狱被放了回来。遭受这次"文字狱",老谢以"人身自由没有保障"为由,拒绝再编副刊,一度被派去联系造纸厂购买纸张,但不久他便由《东南日报》南平版著名编辑陈向平介绍到丽水版《东南日报》编副刊去了。

马园太的遭遇如何,他信上是这样回忆的:

> ……我则是在每星期一上午行署全体人员参加的总理纪念周上,被贺扬灵大骂了一通(承他的包涵,没有骂出我的姓名,可人人都已知道骂

的是马园太，幸好当时我是纪念周会议纪录，自己只管低着头记，没让人见到我的窘态），没想到，当日午后上班，贺一人跑到编纂股办公室（这是从未有过的事），他打着哈哈跟我说："马园太，你是个聪明人，眼下天目山的空气不好，我日子也不好过，闲话太多，你还是暂且离开一下吧！"就这样，我被逐出天目山，流放去了天北孝丰。我走后，编纂股亦给撤销了。事后还听到一个插曲：当时中政系势力颇强，导致一些非中政系的人无形也形成一个派系。我写的几篇东西碰巧针对的皆非中政系人物，于是他们就在贺面前造谣，说中政系用一笔钱把马园太收买攻击他们，要贺表态，意思就是不要偏信偏听。这使我想起贺对我说什么"空气不好，日子也不好过"的话，还真是有点来由。

重读马园太 1942 年的作品，我不能不为他的文学生命被扼杀而诅咒逝去的时代。例如他的短篇小说《菜花黄的时节》，以第一人称手法，写一个战时女性的故事。大意是：我遇到一个聪明的女子，这个女子有一张过得去的脸，有一个窈窕的身材，有一口好的谈吐，有一副大方的态度，会写文章，又懂得一点时髦的社会科学，看起来她是那么骄矜，那么有志气，好像对金钱、权势、名分都不放在心上。一天，我的一位表亲从沦陷区来，谈到一位中心小学校长和我在该校读书的小弟弟被敌人的刺刀活活刺死……当时这位女子在旁也听到了，她慷慨激昂地说："敌人是疯狂的，它们杀的就是手无寸铁的人，我们是有血性的抗日青年，不能袖手旁观，我们要到游击区去，到敌人后方去，去战斗！"我觉得这些话句句打在我心上，使我重新振作起来，毅然参加政工队到敌后去，她也跟随在部队工作的叔父去了游击区。不到半年，我看到天目山的报纸，突然发现报上有一则订婚启事，男的是某师政治部主任，女的就是她。一年以后偶然相遇，她成为一位衣着华贵、满面脂粉的太太。马园太写道："我在游击区过了一段艰苦的生活，对现实增加了许多认识。今年我从敌后带着血腥气火药气回到后方，又可以幽静地在菜花丛中踯躅，今年春天的菜花仍然如往年一样，但我的心情却已变异多多了。"战时生活如此愤懑，如此困惑，小说可说写出了当时游击区男女青年的真实一面。还有以寓言形式写的《做梦专家》，以抗战中的暴发户为讽刺对象，不难看出作者的愤世嫉俗之情，发人深省。可叹的是作者受时代环境的局限，解放后，遭遇坎坷。正如他自己所说："一生中值得遗憾的事情太多了。"

第二件事：1942 年 11 月 12 日夜间，浙西行署中统调查室特务到鹤村我们住的民房宿舍对电讯室人员实行大逮捕，住楼上的译电员李鹤尧（李岩枫、李鹰）和报务员许待坤是抓捕对象，晚间许待坤外出，得以逃亡，李鹤尧警觉，立马跳窗逃脱,他是於潜中心县委贺千秋领导的城区工委储蔚单线联系的中共党员,另外一个电讯室报务员沈述儒被捕后受尽酷刑,特务得不到一点口供,把他打得体无完肤,最后他被活活打死,埋于西天目山朱陀岭山中。其他被捕者有贺圣量等多人,但随后放回继续工作。

第三件事:1942年冬,排字工人屠济林被捕,听说轮番用刑审问,问他平日搞什么活动,他只说了一句话:"每天空下来什么都不做,就是晒晒太阳。"从此屠济林就失踪了。

第四件事:1942年冬,排字房来了一个排字工人赵澄,他原来是《民族日报》的排字工人,不知他何时参加共产党,是於潜县委组织部长,这时已成了出卖组织的叛徒。

1940年初,中共浙西特委在莫干山的一次会议上,决定将於潜、孝丰、昌化工委改建为於潜中心县委,曾在《民族日报》有外勤记者身份的贺千秋为县委书记,组织部长王野翔,宣传兼妇女部长许斐然(她是当年参加郎玉麟部队的许斐文的妹妹)。1940年4月,於潜中心县委组成天目区委,叶诚为书记,叶在西天目山门口的大有村以小学教员身份为掩护,贺千秋曾派李鹤尧为叶诚代课,让叶诚主要从事天目山一带农村组织的发展工作,先后建立了8个支部,发展有党员80多人。1940年12月,王野翔调往苏皖区党委,此时赵澄从苏南根据地培训学习结束回到於潜,贺千秋在横路头召开了一次县委会议,赵澄受任组织部长,许斐然仍任妇女部长,此时中心县委领导於潜、昌化、孝丰、分水、桐庐、新登、临安、宁国8个县的工作,包括4个区委和26个支部,党员发展至258人。1940年底,中共浙西特委顾玉良传达指示,鉴于斗争形势的严酷性,必须组织武装力量,在天目山区与浙皖边境宁国东部地区开展游击战争。贺千秋在宁国东部虞家村讨论了特委指示,决定组织游击武装,研究如何收缴地主豪绅的枪支上山打游击的问题。1941年5月上旬,由中共宁东区委提出在仙霞乡公所夺枪起义计划,5月15日早晨,仙霞公所的两名中共党员配合,"游击支队"一批人员冲进乡公所夺18支步枪,不料当地保长和乡公所乡丁等人持枪紧追,最后游击队被包围,队长中弹牺牲,其余人员被冲散或被俘,夺枪暴动完全失败。当时担任组织部长的赵澄,在於潜横路头登村也被察觉而落入敌手。赵澄经不起酷刑,供出了组织后成为叛徒,最后送回《民族日报》排字房监管。

第五件事:1943年3月19日对开四版的《民族日报》在一版刊登广告"周义群等一千零九十三人脱离共产党宣言",这个所谓"宣言"中的周义群,标明是中共浙江省委书记刘英的秘书,名单中还有中共金华特委书记朱伯善,衢州中共特委组织部长姚祖培。但是名单竟然把坚贞不屈绝食而死的许斐然也列入其中,可见虚假性极大。文章内容是对共产党、新四军的恶毒攻击,其手法之拙劣只能显示浙西行署中统调查室特务的愚蠢可笑。

据我所知,曾在《民族日报》工作先后遇难的中共党员共11人,姓名籍贯分别是:王闻识(广西南宁)、吴树人(原名吴月平,江苏无锡)、崔晓立(浙江鄞县)、贺千秋(何孝章,又名何绍章,浙江海宁)、沈逸民(余姚城南)、沈光明(宁波)、沈述儒(余姚城南)、屠济林(绍兴)、杜继堂(原籍不明,工场摇机工)、华鹤年(杭州)、缪进文(原籍不明,电台台长)。遗漏在所难免。

贺千秋(原名何孝章)

十五

浙江省战时政治工作队是根据1938年2月省主席黄绍竑颁布的《浙江省战时政治纲领》,作为抗日民族统一战线的产物而诞生的。它存在于1938—1940年,岁月不长,却足以反映抗日救亡运动的曲折发展和不同政治理念之间的激烈斗争过程,这是国民党政权和中共势力此消彼长的一页真实记录。

浙江省主席黄绍竑,1938年1月下旬接受兰溪县一个知识分子邵惠群(中共地下党员)的建议,首先在兰溪县建立县战时政治工作队(归县长领导),并亲临成立大会讲话。随后全省各地相继成立县政工队,省政工队第一大队也在春夏之间组成,初时人数不多,主要参加者是上海、杭州的抗日流亡青年,同年9月间在永康方岩派溪镇万里公祠举办为期一个月的政工队集训,参加集训的有300人,黄绍竑亲自动员优秀学员参加省政工大队,去浙西前线担负"政治进攻"的使命,有100多人报名,成立了省直属政治工作第一大队,隐蔽战线的中共组织也及时派遣一批中共党员及进步分子参加进去。政工大队下分三个队,国民党中央政治学校毕业的方元民、郑邦琨被捐派为正、副大队长,11月间离开永康,跋山涉水,经兰溪沿富春江到达浙西於潜县城,经过短期休整,大队部和直属分队留在於潜,三个队分别开上前线敌后地区,一队去长兴,二队去天北的安吉、孝丰、吴兴、武康,三队到临安、余杭。政工队的宗旨是:"以动员民众抗战为重心,以深入敌区,展开对敌斗争为最高之要求。"

省政工第二大队、第三大队也于1939年先后组成。二大队由三部分人员组成,一部分是由中共地下党员于以定从浙东带队到浙西,第二部分是刚从杭嘉湖沦陷区流亡到天目山参加过"浙西战地青年训练班"的中学生,第三部分是在浙东参加过第二次政工人员集训的。省政工第二大队长由浙西行署委派杨维礼担任,他是临安地方望族,驻地即在临安、富阳一带。

还有绍兴三区专员公署的战地政工队,改编为省政工第三大队,大队长胡云翼,附属妇女营、少年营、战旗剧团。1939年9月绍兴三区专员贺扬灵调任浙西行署主任,省政工第三大队就不存在了。

派到长兴去的省政工第一大队一队,队长丁山(丁篾孙),长兴本地人,1912年生于长兴雉城镇的大户人家,1933年毕业于无锡私立国学专修馆,曾任中学国文教员,受左翼文化思想影响,抗战发生后他向往革命圣地延安,自己个人辗转到达西安,向八路军办事处提出去延安抗大的请求,当时到西安要求去延安的青年很多,粮食后勤等供应不易,中共中央在陕北前沿安吴堡创办"战时青年训练班",接纳四面八方来延安的青年,丁山参加了训练班的学习,3个月后结业时,班部动员大家不要集中在陕北,应该回到原地参加抗日工作,发动和团结群众展开斗争。丁山回到绍兴后去中学任教,他显示的国学根底,连自视甚高的绍兴三区专员贺扬灵也另眼相看,表示赞赏。当时黄绍竑在永康方岩培训政工队人员,贺扬灵亦参与主持,丁山被任命为一队队长正在于此。丁山到达长兴之后,先后在泗安、合溪、大都岕、煤山等地开展抗日宣传活动,他的主要贡献是在长兴合溪西山庵举办了三期"长兴战时青年研习班",培养青年积极分子100余名,其中不少人在实际工作中表现出色而被地下组织吸收成为中共党员。虽然他一直在党外,但始终追求进步,与地下党组织紧密合作。1940年秋,省政工大队被撤销,丁山一度被浙西行署主任贺扬灵软禁,直到1943年2月才利用时机逃出魔掌,携妻子以商人身份取得"良民证"逃入湖州沦陷区,千方百计寻找共产党,同年7月中共浙西特派员罗希明批准他成为正式党员。为什么丁山一直没能成为党组织发展对象?我猜测似乎同丁山本人浓重的"书生气"有关,我在天目山时听人谈到丁篾孙,往往带一种嘲讽的口气。浙西行署贺扬灵也没有把他等同于共产党。1944年长兴发展为新四军南下根据地,丁山回到家乡,任长兴县抗日民主政府民政科长,后随军北撤。解放后他曾在浙江大学工作,后调回长兴任中学校长。

省政工第一大队二队派到天目山以北的孝丰、安吉、武康及路东吴兴、德清数县,成为最活跃、最有创造力的群众工作队,队长姚旦,队里原有虞路文(王子达)、谢勃、吴崇清三名中共地下党员,到达浙西后建立特别支部,先后发展姚旦等30多名党员。队部编辑油印《突击》半月刊,由孙志翰、范裕昌、骆静苑等人编辑,人手一册,并寄发金华、桂林后方的文化中心,有时被中国香港、新加坡的华文报纸转载。队里有一位诗人王听涛(笔名远征)以其清新、质朴、纯真的笔调,描写水乡的生活风情,很有特色。结集油印本《河沼间》,可惜已无处寻觅。

这里存留远征的诗两首:

车水

运河的水/静静地流着/晚上它润湿土岸。

从今天起/没有车水的声音/日本鬼子出了告示:/禁止妨碍轮船通行。

几十亩的新秧/在枯萎下去/几十里的良田/还无法下种/几十里乡村的农夫/怒视/飘浮火油花的河。

(1941.6.25)

河流

桑林绿了/说桑林是一块玉/则河流是明珠缀玉的线/是阳光中游动的蛛丝。

从乡村到小镇去/要踏过石桥/说一个大墩是一片碎磁/那末桥是铜的攀钉。

我们在河边的小镇上/像蜘蛛那样穿来穿去/或许到银色的丝抽光了/有一群执着来复枪的青年人/在桥边伏击敌人。

(1941.6.28)

不幸的是,诗人王听涛有一次进入沦陷区执行任务时被俘,失去了年轻的生命。

缺少足够的史料以充分反映省政工大队及县政工队的全面活动,我们只能作主要记述。

最能代表政工队活动情况及其影响的就是以姚旦为队长的省政工第一大队二队。姚旦率队通过京杭国道初入路东时,其中党员只有4人,且虞路文、谢勃因面目太红很快退出,经一段时间工作相继先后发展的党员有30多人,实际上成为中共所掌握的一支群众工作队。1940年2月,他们进入崇德、桐乡、嘉兴地区,姚旦把队部设于崇德洲泉镇北约三里的蒋家浜,以洲泉为基点,迅速向三个县的小镇、乡村辐射推进,这时队里已有中共党员 62 名和进步青年若干,他们组织各界人士"抗日反汪大同盟"、读书会、妇女救国会等群众团体,创办工人俱乐部、识字班、青年歌咏队、图书流通站,等等,建立了广泛的群众基础。中共浙西特委为加强嘉、崇、桐地区党的领导,决定以二队特别支部为基础,建立中共嘉、崇、桐地区工作委员会,以姚旦为书记,组织委员刘明,宣传委员丁国荣。工委决定由孙宁负责青年工作,应雪英负责妇女工作。他们以政工队合法组织的名义深入群众,发动群众,派孙宁、王听涛、王亨钧、何文樵等党员骨干培养积极分子,首先发展洲泉镇进步青年金文楚入党,他是私营北公和油坊账房,随后又吸收周有章、沈邦人入党,进而建立中共洲泉支部,并注意培养考察对象,壮大抗日救亡队伍,逐步发展党员。到 1940 年 7 月初,中共洲泉支部党员人数增至 15 人,又以此为基础建立中共洲泉区委,由金文楚任书记,周有章、沈邦人为委员。与此同时,开辟石湾地区的工作,在上峰村发展青年农民多人入党。在此前后,原吴兴东乡游击队长超部队被整编后,负责人李泉生被国民党浙西行署任命为桐乡县县长,中共浙西特委利用时机派遣党员多人追随李泉生到县政府工作,以王建为书记建立中共党支部,又从长兴县调去党员周政、施展、吴林枫 3 人,周政任县教育局督学,施展任县政工队队长,吴林枫任石泾区区长。在桐乡嘉兴毗邻的濮院镇地区,也由刘明与被派回乡的陈慕天建立发展党组织,主要活动方式是秘密串联、广泛结拜兄弟,壮大抗日救亡力量,镇郊党员带领群众多次利用夜幕掩护,破坏公路桥梁,切断日伪军交通线,特别是惩治汉奸分子,如对镇南郊石桥村一个绰号"尖刀三少爷"的汉奸高善富实行除奸斗争,首先抓住他的狗腿子白阿福,由陈慕天用手枪迫使狗腿子白阿福带到门口叩门高叫:"高站长(高善富是双料货——既是汪伪汉奸,又是国民党挺进纵队交通站站长)! 塘北来了一位先生找你,请开门!"门内一个爪牙把门打开,陈慕天飞起一脚把爪牙踢倒,其他人立即把他捆绑,房内高善富正躺在床上抽鸦片,听到外面声响,跳起来一骨碌爬到床底下躲藏,当他被拖出来,在陈慕天的枪口下还高喊:"你们不要胡来,我是挺进纵队的交通站长! 你们是干什么的? 你们抓错人了!"这个夜里,在离村子不远的池塘边,这个汉奸及其爪牙被处决了! 不久后,了解到从濮院到嘉兴边境的祝家浜有一个敌伪情报员叫祝阿米,是一个游手好闲的恶棍,经常出入敌伪据点王店镇,向敌伪报告游击队活动消息,陈慕天决定除掉这个隐患,一个晚上,他又带领几个人直扑祝家浜,半夜里,这家伙做贼心虚,听到门外叩门,心知不妙,立即悄悄溜到屋后翻墙跳河而逃,陈慕天早已布置人员四周监视,发现后立即追踪,快步跑到河边,游到对面的祝阿米正要上岸,陈慕天毫不迟疑开枪射击,祝阿米翻入河中淹死了。

在这段时间里,国民党对共产党的活动越来越不放心,他们的正规军、党政部门相继进入路东加强控制,中共的隐蔽活动受到一定的限制。1939年11月,浙西行署下令各政工队集中到天目山受训。行署主任贺扬灵在训练班宣布:凡是共产党员都要公开身份,站出来搞"国共合作",不是共产党,一律参加国民党或三青团。面对这种反动阴谋,中共浙西特委研究,认为政工队这个合法组织还是要尽量利用,对于在政工队里的共产党员,凡是面目暴露的主动撤走,政治上比较幼稚软弱的也退出,其他地下党员都被批准可以填表参加国民党,但不准参加三青团,因为参加国民党是形式上挂个名,它向来不过组织生活,不用汇报工作,地下党员们参加进去,政工队到下面活动,他们就管不着了,而那时三青团的制度较严,每个礼拜要开会,要汇报,那就不好办。国民党这套"反共、限共、溶共"的办法实际上没有多少效果。

政工二队在德清地区的活动有声有色。活动中心在洛舍镇,1940年夏秋间发生的"洛舍事件"是震惊浙西的重大事件之一。洛舍镇位于德清、武康、吴兴三县的交界处,一度被日寇短期占领,后来长期偏安一隅,国民党势力相对较弱,也无正规军驻扎,而京杭国道线上武康埭溪、菁山都毁于战火,三桥埠、上柏、下柏等地则是敌伪据点,路东、路西的许多居民都逃到偏安的洛舍小镇避难营生,使小镇人口增多,商业兴旺。政工二队决定挺进洛舍开展工作正是由于这个原因。当时浙西行署已在杭嘉湖游击区恢复县区乡镇政权,德清县政府驻地在戈亭乡,相距不远,队长姚旦到达后即拜会县长张友才,又拜镇商会会长朱春谷。接着政工二队全体到达,在镇外南草塘会合,研究后决定分为两部分,一部分由姚旦带领前去桐乡洲泉镇,一部分由副队长刘芾亭带领留在洛舍开展工作,驻地设于镇外三支头村。这里已有隐蔽的中共武(康)德(清)工委机关若干人,书记是谢勃。

洛舍镇的群众工作,由中共浙西特委委员徐洁身——化名徐进直接指挥,徐步尧负责青年工作,王月秋(女)负责妇女工作,二人分别向徐进汇报请示,与二队队部不发生直接联系。徐步尧以政工二队名义,在镇上大佛寺北房开办一个文化室,为争取合法,向国民党县党部具文备案,开办后陈列各种进步书刊,放置乒乓球台,吸引青少年前来学习、活动,举办青年文化补习班,青少年踊跃入学达六七十人。在这期间,徐步尧发现和培养积极分子,吸收其中的一些人入党。党组织决定在洛舍建立一半公开的外围组织——"抗日反汪大同盟",以徐步尧、杨志伟、戴斌、沈瑛等七人为发起人,在大通桥畔一家茶室里聚会成立。王月秋创作了这样一首快板词:"同胞们! 细听我来唱,我们国家里出了一个大汉奸,那大汉奸的名字就叫汪精卫,他投降那个小日本,真正是个卖国贼,卖国贼……"在群众抗日文化活动中,先后被发展为积极分子入党的有十余人:杨志伟、张雨声、沈瑛、杨月华、杨如荣、唐金星、胡邦儒、陈飞(阿毛)、裘蓉芳、冯阿坤、冯小毛、步兆祥等。1940 年 7 月 7 日抗战三周年,政工队协同县政府洛舍区署发起抗战三周年纪念大会,在镇北小学校广场上举行,参加人数众多,特别是政工二队在洛舍乡下三支头、砂村一带组织的农民土枪队 200 多人,他们背着土枪、大刀、长矛浩浩荡荡地走过大街,高唱抗日歌曲,高呼"坚持抗战,反对投降,坚持团结,反对分裂,坚持进步,反对倒退"的口号,政工二队副队长刘芾亭在大会上发表讲话,阐述抗日形势,强调持久抗战、抗战必胜的真谛。会后,土枪队武装大游行,热闹的洛舍镇沉浸在群情激奋之中……

实际上,政工二队在各方面活动,早已引起国民党县党部的注意,他们派自己人混入"抗日反汪大同盟"探听内幕,商讨对策,决定纠集十来个人唱"对台戏",这十多个人聚集起来,清晨上街搞所谓"晨呼",针对政工队三个坚持二十四字的口号,高呼"四个一"的口号,即"一个领袖(蒋委员长)、一个党(中国国民党)、一个政府(国民党中央政府)、一个主义(三民主义)"。一连喊了三个早晨,他们这一手唱反调,不但得不到群众支持,反而引起老百姓反感,只好收场。8 月间,吴兴县发生"塘北事件",塘北地区的中共地下组织建立了一支小武装"抗日反汪军",名号很大,实力很小,武器不足,为了争取合法地位以利隐蔽,队长郑致平同吴兴织里区署挂上钩,名义上算是区署的自卫武装,但有一天行军中受到一股土匪袭击,继任队长熊飞牺牲,指导员贺友辂、中共吴兴县委组织部长王若谷,以及上级派到塘北检查工作的钟发宗等被捕,小武装完全解体。"塘北事件"引发了国民党的警觉,8 月 24 日,德清新任县长杨云指使县自卫大队包围省政工二队驻地三支头、砂村,又派区特务队到洛舍镇实行大逮捕。队部除副队长刘芾亭机警突围外,被捕的有谢勃、李勇武、张祖熙、谢铣、严正(女)、王盛轩 6 人,镇上被捕的有徐步尧、杨志伟、王月秋、张行方、冯二宝(冯潜)、张雨声、唐锦鑫 7 人,被关押到县政府所在地戈亭的临时看守所。谢勃懂国民党法律,向他们提出强烈抗议,提出按照法律条文第几条第几款规定,案件必须在 24 小时之内移送司法机关审理,严正提出这样拘捕关押是违法的。谢勃身材高大,声音洪亮,他每天领着大家高唱抗日歌曲,鼓舞大家坚持斗争,要经得起考验,数日后二队队长姚旦得知,即派总务主任应世雄携公函到德清县政府交涉。那几天被捕人员经过分批提审,特务队使用讹诈欺压手段无效,既得不到什么口供,又查无实据,不得不同意大部分人员交由家属及镇商会交保释放,其中徐步尧、王月秋二人被认为有"共产党嫌疑",押送天目山浙西行署处理。不久后,也由地方人士许雍圻先生出面保释。

"塘北事件""洛舍事件"发生不久,1941年1月就发生了震惊中外的"皖南事变"。

政工二队的积极活动受到浙西行署的特别关注,1940年8月其下令政工二队调去天目山整训,这分明是另有意图的。中共浙西特委研究后,指示姚旦召开全体会议,指出这是国民党的阴谋,必须加以抵制,初步决定除完全没有暴露身份的党员和非党群众可以去天目山报到外,其余同志均转入地下。后来,中共浙西特委认为不妥,又另作安排,决定政工二队就地宣布解散。9月间,中共崇桐嘉工委由洲泉秘密转移至嘉兴新塍张家浜,10月浙西行署对姚旦公开下令通缉,经上级安排,姚旦夫妻及孙宁等人撤往苏南根据地,中共崇桐嘉工委停止活动。

这时,中共浙西特委已传达毛主席"五四"指示,即《放手发展抗日力量,抵抗反共顽固派的进攻》一文的精神,遵照中共中央提出的"立即准备对付黑暗局面作为全党中心任务"的指示,陆续调整了一些县区组织,并撤退一些人到苏南根据地去。从1939年2月成立到1940年冬天,特委已发展到顶点,为适应形势变化,其决定按东南局指示,改变组织形式,把原浙西特委分为路西、路东两个特委,路西特委由顾玉良负责,成员有王子达、张子华,所属有长兴、安吉县委,於潜中心县委,横湖中心县委,武康莫干山区委;路东特委由朱辉负责,成员有邢子陶、黄炎、刘烈人,下属吴兴县委、嘉崇桐工委、海北工委等。两个特委是平行的。同年11月在莫干山召开一次秘密会,会上分析浙西形势变化,坚决执行"隐蔽精干,提高信心,坚持地下斗争"的方针。11月下旬,桐乡发生了意外的"于以定事件",经过是:海北工委书记于以定,携带国民党桐乡县政府财政科科员杨建提供的通行证,以县政府财政科科员的身份掩护,坐船去路东特委汇报工作,不料在同一条船上,有桐乡县财政科科长钮家龙等人,立即引起怀疑,受到盘问后,随身携带的一份书面汇报材料被搜出,随即被捕。幸而路东特委及时获得消息,被暴露的一些党员骨干立即安全转移,未造成更大的直接损失。

在此期间,浙西中共地下斗争最值得称道的是长兴县长期坚持的秘密交通线和政治交通员制度。1940年春,中共浙西特委为保持与苏皖区党委的联系,决定在泗安、煤山、白岘等地建立稳固的秘密联络站,特别是1941年1月"皖南事变"前后,浙西特委处于非常困难的时期,不少已暴露身份的党员转移、过境党政军干部护送、上级文件传达,都要依靠秘密交通线来完成,且从来没有发生重大失误或政治事故。可以说,长兴境内的秘密交通线是联结浙西和苏南根据地的动脉,对抗日和人民解放事业是不可或缺的。例如,设在泗安镇西门头朱家弄的徐一平(耿明)家的秘密交通站,地处偏僻,交通方便,徐的母亲热情好客,只要说是徐一平的朋友,她都会妥善接待,浙西特委政治交通员赵益群、县委书记何坚白,主要负责干部刘旦、王若谷、陈浩天等人以及其他秘密交通员也经常过往。1940 年 8 月,在国民党县政府粮食管理部门工作的徐一平,突然接到秘密交通员夏学辉通知,中共党员、批准加入国民党的县政工队干事长李锡麟接到国民党县党部命令,要他去泗安逮捕单洁、严文驹,他正在拖延时间,于是徐一平急急通知单、严二人安全撤离。1940 年秋,浙西形势迅速逆转,各地捕人事件接二连三地发生,急需开辟更方便的秘密交通线,县抗日自卫队指导员徐锡麟向县委组织部长倪柏年建议,在他的家乡竹园村开辟徐家秘密交通线,徐家兄妹 6 人都投入了这项秘密工作,形成"莫干—港口街西刘家埠—竹园村—杭溇港—太湖—苏南太滆根据地"的安全交通线。1941 年春,徐一平巧妙掩护县工委书记刘旦躲过特务追捕,徐自己也在同年 7 月通过水路秘密交通线撤往太滆地区。1941 年,根据党的地下斗争 16 字方针"隐蔽精干、长期埋伏、积蓄力量、等待时机",凡是在长兴担任过党的某一方面工作或较活跃的党员,未能撤退的都已散居全县各村镇,大都成了离线的珠子一般,新建的县工委书记刘旦、副书记兼组织部长王若谷、宣传部长李焕,依靠水上秘密交通线保持同上级的联系,原省政第一大队直属分队队长史致华,接替刘旦为长兴县委书记,他利用人熟、地熟的条件,在家乡夹浦环沉村购买了一条木船,一次可运载货物 60 担,对外是做买卖的,船工都是可靠的积极分子。这条水上交通线不但保证地方干部进出的安全,而且也为 1941 年 1 月"皖南事变"中突围的部分党政军干部、伤员等安全转移到苏南根据地发挥了作用。1942 年 2 月,中共浙西特委书记顾玉良,委员王子达、张子华等多人撤离浙西时,走的也是这条路线。遗憾的是,史致华于 1941 年秋为执行秘密任务进入湖州城,被日伪特务跟踪,逮捕后惨遭杀害,时年仅 27 岁。

浙西行署主任贺扬灵 1940 年 5 月到长兴视察时,曾宣布长兴县是"重点防共区",他的施政方针就是所谓"反清乡、反共防共"。形势不以反动顽固派的意志为转移,1943 年底,新四军十六旅在长兴西北部山区白岘、槐坎、仰峰岕一带活动,开辟了新的抗日根据地。1945 年 1 月,粟裕司令员率领新四军一师在仰峰岕成立苏浙军区司令部,向天目山地区、天北京杭国道以东扩展,揭开了东南前哨的新的一页……

十六

上述篇章写到郎玉麟部队被改为国民抗日自卫总队第三大队九中队。1939 年夏,郎部在於潜整训三个月后,突然接到新任敌后吴兴县县长方元民的邀约,上级同意把九中队借调,番号暂时改为"吴兴县抗日自卫大队"。方元民原是省政工一大队大队长,他希望依靠郎玉麟的武装力量,打开吴兴的局面,郎部民运组的温永之改任县政工队队长,许斐文、许斐然随同前往,她二人后来由浙西特委张子华另行安排地方工作。方元民率领部队进入吴兴塘北地区的狭长地带,这里南有运河、北有太湖。日寇盘踞塘北西端的湖州城,东端南浔镇是重要据点。在这个中间地带大股土匪活动频繁,老百姓深受其害。

塘北地区最大的一股土匪,为首的是一个 30 多岁的女子,能双手开枪,手下悍匪数十名,他们有两艘大帆船,在太湖上拦劫客商,或上岸对沿湖乡镇大肆抢劫。吴兴县政府要恢复地方政权才能站稳脚跟,必须首先消灭土匪。郎玉麟和彭林商讨如何行动,来了塘北区长王家聪,还有在郎部工作过的刘莆亭。郎玉麟奇怪刘莆亭怎么在这里,刘说他离开郎部后回到政工二队,队部在吴兴双林镇,他带了一个小组到塘北来,到这里有些时间了。郎玉麟很高兴,马上谈到太湖匪患猖狂问题,刘莆亭对情况比较了解,他说对太湖匪情作过调查,尤其对女土匪头子。女匪的姓名无人得知,匪徒称她为"张小姐",长得花容月貌,原生长在普通人家,被太湖土匪头子掳去做了"压寨夫人",她厌恶土匪头子,笼络一伙匪徒除掉他,自己坐上了第一把交椅,从此出没于烟波浩渺的太湖,已经作恶多年,战前官军进剿,她曾隐匿一时,抗战后又乘乱而起,干起了老行当。根据情况,郎玉麟和彭林制定了作战方案。他们争取到一个富商配合,租到两艘帆船,上载粮食、丝绸布匹,蚕茧等物资,事先故意泄露开船时间和到达地点,让潜伏的湖匪眼线知道。这天傍晚,彭林和周少兰带一个分队,刘莆亭和喻荣金带一个分队上船,两艘帆船向太湖驶去。

两艘货船来到湖口,皓月当空,朦胧中两艘帆船正快速驶来。站在船头的彭林和刘莆亭向战士们下达命令:"准备战斗!"

对方的船愈来愈近,船上有人向这边高喊:"货船听着,你们把风帆放下,把风帆放下,接受检查,接受检查,快!快!我们要开枪啦!"货船的风帆扯下来了,对方的船向货船靠近,一批端着木壳枪的土匪站在船边,大声命令:"你们船上的人老实点,不准动,我们要上船检查。"

"我们都是做买卖的,我们已经缴过税,有通行证。"货船上有人回答。

"不要啰唆,谁要乱动,我们就打死谁!"

双方船只靠拢,一批手端木壳枪凶相毕露的土匪跳上了货船,说时迟,那时快,彭林在舱后敲响一只铜锣,"嘡"的一声,埋伏在粮食麻袋后面的指战员一齐开枪,十多个跳上货船的土匪还未站稳,指战员们的机枪、步枪就打响了,另一个分队早已先后跳上匪船,暴风雨般的子弹射向匪徒,匪船上几名匪徒躲在角落里顽抗,在猛烈火力下明显不支,一名女匪和剩余匪徒跳进了太湖仓皇逃走。彭林刘苇亭清点战果,除了被打死的和跳湖逃脱的二十多人,七名受伤匪徒当了俘虏,缴获二十多支长短枪。战士们在船舱里发现一个 30 多岁的女子,双手被捆绑,嘴里塞了毛巾,战士们为她松了绑,带到彭林面前。

彭林问:"你是什么人? 为什么被绑在这里?"

女子哭诉道:"我姓李,我是良家妇女,家在苏州做生意,我被这批土匪绑架当肉票,要我家里拿出一千块大洋来赎人。我家出不起这么多钱,他们就打我,虐待我,还说如果我家再不送钱来就要撕票,把我扔进太湖里。现在你们消灭土匪,可救了我的命啦,感谢你们的救命之恩呀!"说着又呜呜地哭了起来。

彭林细看这女子,眉清目秀,朱唇皓齿,一身珠光宝气,确是像有钱人家的少奶奶。可是她虽哭哭啼啼,却并没有悲伤的表现。心里有些疑惑,随口说道:"既然你是被土匪绑架来的,我们一定想办法送你回家。"

那女子显出宽心的样子说:"你们救了我的命,太感激你们了,你们的救命之恩,我终生难忘。你们不必再麻烦,我只要上了岸,自己就可以回苏州,家里人可急坏了!"

彭林不以为然地说:"那怎么行? 我们救人救到底,你一个人走,万一再落到土匪手里,那就更危险。我们可以通知你家里,让他们把你接回去。你苏州家里的地址是……"

那女人急急地说:"这就不要麻烦你们啦,我在湖州有亲戚,自己可以平安回家。"

彭林心想,被土匪绑架得救,刚一脱险,既不问我们是什么人,又马上就想走……有点可疑。刚才交火时,看见跳湖的土匪中有个女的,跳湖后不知去向,这个被捆绑的女人究竟是什么人? ……彭林这样一想,对她说:"既然如此,我们随你的便,你先等着,我们的船靠岸后让你走。"彭林命令战士让她暂时回到后舱看管着。

　　彭林站到船头,周少兰已经对受伤被俘的土匪审讯过,他轻声对彭林说:"受伤的土匪审讯过了,他们都说跳进太湖逃逸的女人就是土匪头子张小姐,后舱捆绑着的女子是从大财主家绑来的'财神'。"

　　彭林心里想,两个女人中肯定有一个是土匪头子"张小姐",受伤俘虏的说法不一定可靠,还得一面严密监视,一面对俘虏进行教育,启发他们说真话。两艘货船上的客商告辞,扬帆而去,彭林率部押解俘虏七名,走上缴获的两艘土匪船。这时被救的"李少奶奶"看见受伤的土匪便破口大骂:"好啊,你们这帮土匪,也有今天的下场。我李少奶奶被你们绑架,向我家勒索重金,你们好狠心呀,今天你们完蛋啦! 我可要回家去啦!"土匪们听着她的骂声,一言不发,但相互交换着眼色。等到船只靠岸,彭林、刘苇亭正要带队伍押着俘虏返回驻地,那女子恭敬地问彭林:"队长,我十分感谢你们救了我,我可以回家去了吗?"彭林笑着回答:"李少奶奶,你不要着急,为了你在路上的安全,你一个人走,我们不放心,你先跟我们回部队驻地,我们会通知你家人来接你。你走不动,我们用担架抬着你走。"四个战士不由分说带一副担架过来,李少奶奶不敢拒绝,被抬着走。

　　回到驻地,"李少奶奶"被严格看管,彭林、刘苇亭抓紧对受伤土匪俘虏分头审问,各个击破,对他们实行"攻心战",要他们争取从宽处理,一个个俘虏终于开口证实,"李少奶奶"就是土匪头子张小姐,跳进太湖的是她的替身,男扮女装。受伤匪徒还揭露了张小姐的累累罪行,十年来已积累了很大的家业。

　　开始,"李少奶奶"还想抵赖,终于掩饰不住了,承认自己是张小姐,刘苇亭让她写信给家里,她说自己不会写字。刘苇亭揭穿她过去念过中学的事实,称:"我们已弄清你的底细,不必再演戏了。"刘苇亭对她说:"你写信给家里吧,说你要做一笔大生意,叫他们送一千块大洋过来,写吧! 干脆告诉你,如果不拿一千大洋,你休想活命!"

　　张小姐总算明白抓她的是有名的抗日游击队郎玉麟部队,只得老老实实写信,一面执笔,一面恳求:"我做土匪是误入歧途,虽然积攒了一笔钱,但大都分给部下,你们能不能给我减少一点?"彭林考虑后说:"可以,那就送六百块大洋,不能再少。"这封信发出后,过了些天,果然苏州来人送到两百块大洋,复信说家里几个亲兄弟都要用钱,不能再多了。

　　关于对匪首如何处理,郎部专门作了研究,一致认为她罪恶深重,贻害多年,不处理不足以平民愤,如果放了她,不思悔改,重新纠集匪部,老百姓肯定不答应,因此,决定列举她十项罪行,报请县政府批准处以极刑。太湖土匪被歼灭和女匪首被处决,震慑了吴兴塘北地区零星土匪,境内一时相当宁静。郎玉麟请示两百块大洋如何处置,县长方元民批示,全部留作部队经费开支。随后,路东地区,武靠郎部队,文靠政工二队,相互配合,数月之内,把双林、菱湖一带的区乡政权重新建立起来。

1939 年夏,郎玉麟部队——借调的"吴兴县抗日自卫大队"移驻路东菱湖地区。菱湖地处吴兴中南部水网地带,镇边有东苕溪,可通湖州城,南通德清县城,菱湖是两县水路交通要冲。1939 年以前,李泉生部队在这个地区活动,曾经创造了出色的抗日战斗业绩。正是在这个地区,郎玉麟部队在菱湖镇以北的安澜桥战斗,创造了部队创建以来杀伤敌人最多的一次伏击战,伤敌寇数十人,打沉敌人汽艇多艘。

这次战斗胜利不是偶然的,主要是及时掌握了日敌情报:早上日本鬼子在湖州附近河港里集合不少汽艇,有向路东进犯的迹象。又接到情报:德清县城的日寇正遭到国军六十二师的攻击,日寇湖州联队长已命令驻湖州的日军火速从水路赶往救援,现在日军汽艇正向菱湖镇开来驰向德清县城。这是一次十分难得的战机。

菱湖镇上有一个抗日爱国知识青年的组织"国魂社",他们听说郎部准备打伏击战,马上提出镇西北角地形很好,那一带岸边国军筑过工事可以利用,表示要替部队带路。郎玉麟对部队作了政治动员,战士们听了斗志高昂,摩拳擦掌,准备打个痛快。郎玉麟和彭林在国魂社年轻人陪同下,带领喻荣金、周少兰几个正、副分队长,沿着西北方向东苕溪的桑林察看地形,一面考虑战斗一旦打响可能出现的情况,如何部署兵力,取得战果后,如何撤出战斗,彭林在一处高地的旧有工事上指定埋伏地点,如何布置火力、人数等,他指着安澜桥对郎玉麟说:"在桥边布置一个分队、一挺重机枪,由你指挥。"又指着北面的一株大树说:"那株大树下面有壕沟,可能是国军挖出的防御工事,可以利用,我带两个分队两挺机枪埋伏,只要听到我的枪一响,全体立即发起攻击。"并着重告诫:"大家千万注意水面上,不能让快艇上跳水的鬼子逃走。"最后,他问各分队长有没有不明白的地方,大家回答:"明白了,坚决执行。"

菱湖镇北、苕溪两岸的平原上,一片宁静,成片成片的桑林,一片绿色的田野在初夏晌午的艳阳下闪光,这是多么富饶的杭嘉湖和平景象,但是它沦陷快两年了,在日寇铁蹄下,多少村庄尽是残垣断壁,到处洒遍我同胞的鲜血。今天,一场杀敌复仇的伏击战,就要在这里打响了。

战士们埋伏在阵地上,大家竖起耳朵,目光射向远方,到下午一时许,远处隐隐传来马达的响声,随着马达声越来越近,插着"膏药旗"的日寇汽艇在苕溪拐弯处出现了,接二连三的汽艇向安澜桥的方向驶来,马达声更响,还传来汽艇激起的水浪声。这一段苕溪并不很宽，埋伏在阵地里的游击战士们紧紧盯着，汽艇越来越近，战士们的呼吸都急迫起来，不一会儿，安澜桥侧的上空响起"嘭"一声枪响，指挥员彭林发令了，河岸机枪、步枪、手榴弹如暴风雨般骤起，领头的日军汽艇冒烟起火，卷起浓烟，后面的一串汽艇被打得晕头转向，有的倾斜，有的下沉，日本鬼子"哇哇"在叫，鬼子的汽艇乱成一团，不少鬼子落入水中，有的被当场打死，游到岸边要上岸的都被游击战士击毙。彭林发现最后面的敌艇已急急调头，在远处靠岸，显然是敌人心有不甘，准备上岸后对游击队实行包抄。富有作战经验的彭林当机立断，高声呼喊："同志们，伏击任务完成，全部按原定路线撤退，快！"

果然，日本鬼子上岸了，大大搜索一阵，游击队已无影无踪，只得把浮在水上和岸边的几十具尸体和伤员抬上汽艇，气恼万分地回湖州去了。

郎部的安澜桥伏击战传到天目山，《民族日报》刊登了胜利喜讯，郎玉麟的抗日英名也广为人知。

郎部在路东接连取得对土匪、日伪战斗的胜利，开创了路东地区的新局面，省政工二队的工作得到郎部的支持配合，把路东的抗日群众运动搞得红红火火，引起了后方天目山一区专员汪浩、一区抗卫总队长蒙志、副总队长吕师扬等人的议论，汪浩认为郎玉麟是吴兴地方上有声誉的人，他手下有过一个政训员王文林，是北方大学生，但此人已牺牲，另有一个温永之是书生，还有一个军事干部叫彭林，是湖南部队里行伍出身，他训练部队、指挥打仗都有一手，不像个搞政治的。"我觉得郎玉麟本人还是可以信任的。只是有一点，路东地区省政工二队很活跃，如果他们搞在一起，就麻烦了。"总队长蒙志说："我也在想，把九中队长期放到路东不合适。方元民县长借用已打开局面可以建立自己的县自卫队，我们九中队还是及早调回、归还建制为好。"

这样谈过，1939年9月，九中队终于被调回安吉集训，随后，彭林、郎玉麟一先一后被调到武义军事干部轮训班受训。11月间，彭林专门到莫干山庾村向特委书记顾玉良汇报情况，说明郎部可能调去浙东，问怎么办。顾玉良说，如果调去浙东，可以把他们的组织关系转出去。等彭林归队，一区抗日自卫总队包括三大队九中队果然奉命调去义乌，队里骨干周少兰、陈学明、潘海仁都不愿去，留了下来。1940年1月22日凌晨，杭州漫天大雪，钱塘江两岸白茫一片。驻杭州日寇利用雪天，实行"白衣偷渡"。驻守南岸的国民党军猝不及防，阵地失守，战线漫延数十里，一九二师在萧山河店阻击日军侧翼，击溃了大股日军，但在日军持续的强大火力攻击下，一九二师未能改变战场的被动局面，萧山失守。抗日自卫总队一部分参与战斗，三大队九中队在彭林带领下转移至绍兴柯桥,不久又被改编为省抗日自卫第三纵队第二中队,调到义乌整训,受到的限制和约束更多,看来他们回浙西的希望已不可能实现。如此编来编去,今后的路怎么走?他们想起顾玉良说过的话,觉得可以把浙西党的组织关系转到省委去。二人商量结果是派人去找浙西特委,队里除彭、郎二人,只有孙秉夫是共产党员,他们决定派孙秉夫向浙西特委汇报请示,向孙秉夫交代到莫干山脚的庾村后怎样才能找到顾玉良,并嘱咐万一发生意外,宁可牺牲自己生命也不能泄露党的秘密,又写了亲笔信,具名栋材,信封上不写收信人姓名。孙秉夫从金华到兰溪到富春江,翻山越岭经安吉递铺安全到达莫干山,找到了顾玉良。根据彭林的嘱咐,口头详细汇报了郎部当前的困难情况。顾玉良认真听取后表示:"你们的组织关系应该转给省委,由省委直接领导,有什么问题可以向省委请求。"接着顾玉良又向孙秉夫交代怎样找省委书记刘英同志。孙秉夫回来后,彭林和郎玉麟向大队请假,说是要去金华买点生活必需品,他们改穿了便衣,彭林带着顾玉良的介绍信。这份介绍信是一张很小的条子,上面是这样写的:"可夫老板兹介绍彭林、郎玉麟二人前来谈火腿生意。"他们到了金华,在旅馆住下,然后找到一条小巷,看到挂着"战时儿童保育会浙江分会"的木牌,彭林向门房问:"对不起,请问这里有一位女同志贵畹兰吗?"门房说有的,可以带他们进去,然后喊:"畹兰,有人找你。"一个年轻女子从办公室里出来,好像没有看清来人是谁,郎玉麟上前笑着说:"畹兰,不认识啦!"贵畹兰这才惊喜地叫起来:"啊,是郎大哥,你怎么来啦?"郎玉麟说:"我是和彭林同志一起从浙西来的。"贵畹兰看看彭林,这才想起:"啊,彭林同志,好极了!"进了会客室,还未坐下,郎玉麟二人觉得这里讲话还是不方便,轻声说:"我们有要紧的事,这里不便说话,最好找个安静的地方。"贵畹兰明白了:"好,就到我宿舍里去。"这样,三人走出保育分会来到附近的个人宿舍。小小的房间,临窗的书桌上放着《浙江潮》《抗战歌曲》等书刊,墙壁上挂着几幅版画和剪纸花,房间里还有一盆金华佛手发出阵阵幽香。贵畹兰给二人倒了开水,坐下来开始说话。

开始先讲了一番别后的情况,贵畹兰说自从在安吉被鬼子冲散以后,她同哥哥贵诵芬就到金华参加抗日救亡运动,哥哥到云和政工队去了(她没有说贵诵芬是云和县委书记),她自己留在保育会工作。她特别问到王文林同志的情况,得知他牺牲在"红枪会"之手,十分惋惜。接下来郎玉麟也把游击队如何几经磨难直到被改编到了浙东,简单说了大概。这才由彭林拿出浙西特委顾玉良的介绍信,告诉她这次是为了转移组织关系而来。贵畹兰阅信后说:"好,我带你们去找金衢特委,再由特委介绍你们去找省委。"贵畹兰留他们二人用晚饭,又谈了浙西游击区形势的变化。第二天一早,贵畹兰带二人找到金衢特委机关,顺利取得金衢特委的介绍,又带他们到去丽水的汽车站。抗战时期,从金华经永康、缙云到丽水的公路汽车都是木炭代汽油,公路也坎坷不平,从早晨出发到傍晚才到达丽水,他们先找好住宿处,再按金衢特委指示的暗号找到接头联络点,又经过另一个转接点,才终于到达一间小房子,见到了30多岁的省委书记刘英,他看了浙西特委顾玉良的介绍信,立即表示热情接待。彭林简单汇报了自己如何受中央派遣,随张爱萍同志从延安南下,后从上海到浙西同郎玉麟一起组建游击队,又如何被改编调到浙东的经过。郎玉麟也作了一些补充。听了汇报,刘英对他们在浙西的斗争充分肯定,最后指示:一,今后可以直接同自己联系,交代彭林有重要问题找他,就到什么地方,找什么人;二,今后要长期隐蔽,积蓄力量,等待时机,不要搞公开活动,不要认为自己只掌握一个连,在敌人的肚子里有了机会,一个连等于一个团,要看重自己的力量。那时郎玉麟心里有想法,就是认为到浙东后编来编去,都在国民党手里,没有什么活动余地,不如回浙西游击区去,这个小部队有彭林一个人就可以了,现在既然刘英同志说要长期隐蔽,如果他自己回浙西去搞,活动余地大,可以积蓄力量,时机一到行动起来,岂不是更好? 刘英让两人再切实研究一下,如果既能保住原来的部队,又可以谋求发展新的部队,当然是可以的。这样谈了两个钟头,回来后郎玉麟就给浙西一区专员汪浩和浙西行署主任贺扬灵分别写信,表示自己到浙东以后人生地不熟,很想回家去,如果有机会愿意效犬马之劳,继续直接打日本鬼子。这个信发出,很快就得到回信,两封信都表示欢迎郎玉麟回去。在这样的情况下,彭林也同意并写信给浙西特委顾玉良转去郎玉麟的组织关系。郎玉麟向副总队长吕师扬报告,说他想回浙西去,这里有彭林就可以了,吕师扬也同意彭林当连长。郎玉麟第一次组织的队伍,历时两年有余,到此结束。彭林的这个部队,不叫国民抗日自卫总队了,而成为省主席黄绍竑为总司令组织起来的部队,又改编为浙江省保安第四团,彭林作为一个连长,经历了艰难曲折的斗争,1943年夏日敌向浙赣线进攻,他乘国民党混乱之际,于1944年1月把部队拉出来,逐步发展为四明山根据地的金萧支队,彭林任支队长,杨思一任政委,抗战胜利时,渡江北撤。解放战争时期为华东野战军第一纵队第三旅,彭林在1955年被评定为中将军衔。

1940年5月,郎玉麟回到浙西於潜,到甲子山一区专署见到专员汪浩,以前两人是相识的。汪浩亲笔给贺扬灵写信,信上说了些好话,如郎玉麟怎么青年有为呀,在地方上有影响呀,等等。贺扬灵看了汪浩的信,点点头说:"你回到浙西来很好,我正在建立对敌经济封锁机构,浙西物产丰富,如木材、粮食、土特产等,为避免资敌,都不准随意出去,进来的东西也要管理。新成立经济封锁处,已有第一经济游击大队,你来了,我就建立第二经济游击大队,由你担任大队长。行署发给你委任状,又拨给60支枪。你应该参加国民党,你带部队没有党的关系不行呀!"他的副官送来一份参加国民党的空白申请书。在天目山停留的几天里,郎玉麟便翻越羊角岭到安吉递铺的经济封锁处报到,处长张树德对他表示欢迎。郎玉麟说要先回家一转,于是带同警卫员到莫干山村去找顾玉良,把彭林的组织介绍信给他。顾玉良见郎玉麟回来又组建部队十分高兴,让郎玉麟以后直接同他单线联系,郎玉麟说:"我在天目山,贺扬灵要我参加国民党,临走时还发给我一张申请表,怎么办?"顾玉良把申请书看了一下说:"为了工作方便,我批准你可以参加。国民党是拉拢人,我们共产党人是不会动摇的。"郎玉麟把表填好,附上照片,用信寄了出去。过了若干时间,发下来一张国民党党证,他一看有两个介绍人,第一个是金越光(国民党省党部浙西办事处主任),第二个介绍人是许绍棣(省教育厅厅长),这两个介绍人都是不认识的。这个"党证"发到后,也没有叫他开什么会,也没有要他交党费,真是奇怪得很。但是这个"国民党员"的身份,确是掩护了他的潜伏活动。

郎玉麟第二次组织的这个经济游击队发展很顺利,既有现成的武器,又有经济供给,用的都是一批旧人,原来九中队调离去浙东时,一批战士、骨干不愿去,就留在家乡,听说郎玉麟回来又组建部队,纷纷接踵而来。以贺扬灵拨给的60支枪为基础,经过多方筹集,三个月时间就成了一支拥有200支枪、4个区队长的队伍。第一区队长贺文铨,是彭林1938年夏结识的朋友,后在一支正规国军当班长,已提升为工兵排长,出于对郎玉麟的倾慕,他悄悄脱离,参加郎玉麟新建的队伍,他一直追求进步,1945年新四军到路东,郎玉麟任吴兴县人民政府县长,他参加工作,随军渡江北撤,解放战争中在华野第一纵队任工兵营长。第二区队长柳克强,原在李泉生部队入党,是地下组织派来的。第三区队长杨景汉和第四区队长关鑫煜,都是可靠可信的人。过了不久,贺扬灵又派来副大队长李谟焯,原是浙西行署警保处的人,也就是贺扬灵放在郎玉麟身边的耳目,还有军需、医官等干部。

对敌经济封锁处实际是一个捞钱的机构,贺扬灵要在浙西打开局面,必须开辟经济来源,办法就是在非沦陷区与沦陷区之间的交通要道设立税卡。凡粮食、竹木、土特产输入沦陷区或进口敌区商品都要缴纳税款。对敌经济封锁处在临安建立第一经济游击大队,在安吉递铺建立第二经济游击大队,天北设立的封锁站有十多个,包括安吉梅溪、长兴夹浦、水口、吴兴的潘店等地,范围相当广。郎玉麟的大队要负责保护这十多个封锁站的安全,大站派一个班,小站三五人，他想完全分散不行，就把大队的一半人分派出去，另一半百余人集中活动，对付日伪军和土匪。

郎玉麟安排好十多个封锁站的人员后，开始思考如何寻找战机。一天周少兰来了，告诉郎玉麟自己有一个难处，原来他在长江虹溪区当区自卫队长，有一次碰上六十二师一个逃兵，江西人，带着一挺轻机枪逃到他处，要卖掉机关枪作路费回老家。周少兰廉价买下了这挺机枪。但是此事不密，被六十二师知道了，要抓周少兰问罪，他听说郎玉麟回来建立部队，就带了机枪逃到他这里来了。郎玉麟觉得这并不碍事，到这里后，六十二师是找不到周少兰的。过了两天，周少兰又来对郎玉麟说：“我想来想去，我不能不做一点对得起自己的事，我现在有一个重要想法。”郎玉麟奇怪地问：“什么想法？”周少兰说：“是这样的。我可以跑到湖州城里向日伪军假投降，就是说我买了一支枪被六十二师知道了，要抓我，我就带着枪逃出来了。我争取骗得日伪信任，再策动伪军反正归来。”郎玉麟想了一下，慎重地说：“不行，你把问题想得太简单了。敌伪不是那么容易蒙骗的。”周少兰不理解，反问：“我有决心，你还信不过我？”郎玉麟说：“不是我信不过你，是日伪信不过你。你想想，你在城里有不少熟人，日伪也知道你是跟我一起搞游击队的。现在你凭这一点，就进城去充当汉奸，他们怎么会相信？如果你这样做，不就是白白去送命吗？我们不能去冒这样的风险。”听了这话，周少兰大不以为然，反而说：“不对，古话不是说的，不入虎穴，焉得虎子！我们可以用点苦肉计。”郎玉麟摇摇头：“什么苦肉计？敌人不是傻瓜，那么容易相信你的苦肉计吗？算了算了！”郎玉麟为周少兰的固执有点忍不住了。周少兰毫不气馁地说：“我要干出常人难以想象的事，总会骗过敌人！”面对这样一个周少兰，郎玉麟只好耐着性子问：“我不懂，你能干出什么令人难以置信的事？”

周少兰双目凝视着郎玉麟，决绝地说：“你带队把我家的房子烧了，并且公开扬言要抓到我马上就地枪毙，行吧？”

“不，不，这不行！怎么可以这样做？烧了房子，你父母妻子怎么活？你背上汉奸的罪名，他们怎么活？不行，不行，无论如何不行！”郎玉麟实在接受不了这样的“苦肉计”！

周少兰又慷慨激昂地说：“大队长，你不要说不行不行，在日本鬼子的烧杀抢掠之下，我们多少家庭妻离子散，家破人亡，日本鬼子烧了我们多少房，杀了多少人，还数得清吗？我个人为了抗日烧了自己一家的房子，骗取敌人的信任，取得消灭敌人的成果，这是很值得的。再说，我的父母妻儿为我背上汉奸家属的恶名是暂时的，虽然痛苦的，但是有一天真相大白，也就过去了。我主意已定,大队长应该好好研究一下怎样去执行。"

周少兰这种真诚的毁家纾难、舍生取义精神,终于令郎玉麟无话可说,他只是想:像这样的好同志,为什么没有及早吸收为共产党员呢?

郎玉麟白日不告诉任何人,夜间倒是同副大队长李谟焯商讨此事。想不到李谟焯态度鲜明,对周少兰的"苦肉计"很赞赏,他直截了当地说:"我也去,两个打进去有帮手。"郎问:"你去? 你怎么能取得敌人的信任?"李谟焯说:"他们不认识我,我只要说,我嗜好赌博,吃喝玩乐,在你这里纪律太严,蹲不惯,上司也不信任我,前途无望,所以前来投奔。"

郎玉麟原来以为李谟焯不过是贺扬灵的耳目,没想到他居然有如此爱国心,颇出意外。又把周少兰找来一起商量,他认为可行。当晚,周少兰和李谟焯带木壳枪溜进了湖州城。

第二天,郎玉麟带着一批人到周少兰家,怒气冲天地对他的父母妻子宣布:周少兰煽动士兵叛变投敌,被发现,昨晚投敌叛变,伙同李谟焯逃进湖州城当汉奸去了。把其父母妻儿赶出大门,命令士兵放火烧他们的房子,周少兰父母妻儿高声哭泣,郎玉麟于心不忍,暗中叫人给他们一家安排了简陋的住处,免得他们流离失所,更加悲惨。

且说周、李二人"逃"进湖州城后,先向伪军亮明身份,表达投诚归顺之意,伪军头目谈话后转送日军宪兵队。二人说出自己设计好的话,汉奸翻译后,宪兵队长摇摇头,用生硬的中文说:"郎玉麟坏坏的,你们也坏坏的!"立即命令把二人作为"支那兵奸细"扣押起来,派人审讯。特别对带头说话的周少兰,给他坐老虎凳、灌辣椒水,要他供出进城的真实意图,怀疑他与游击队有勾结。周少兰在酷刑中咬紧牙关,一口咬定自己是真心来投诚的。日寇又派出汉奸情报员到周少兰的村庄去调查,得知周家的房屋被郎玉麟带人烧掉了,家人流离失所不知去向。敌宪兵队长变得半信半疑,改变主意,把二人放了,发落到汪伪"和平军"第一师程万军的一个连当兵。

过了三四个月,二人在伪军连队中混熟人,跟班排长之间有了一些交情,但看来要取得敌伪信任组织一个连队伺机策反是困难的,只能另想办法。一个晚上,李谟焯偷偷出城到预定的联络地点杨家庄,建议郎玉麟定期攻打湖州西门外的伪军连队,他们二人可以里应外合。郎玉麟接到密报后研究,觉得这个方案可行,于是约定 9 月 27 日夜周少兰和李谟焯出城带路,郎玉麟率领两路人马攻打西门,由横渚桥过河,兵分两路,靠近伪军营房,西门洋桥南端的一座碉堡是首要摧毁目标(那里已有内应),由李谟焯率队用手榴弹爆炸打开,郎玉麟周少兰率队冲向营房门口,快慢机木壳枪一梭子弹把营房口的步哨打倒后，队伍迅速冲进营房，一百多名伪军从睡梦中惊起，有的跳窗逃出，所余全数被歼灭。郎玉麟指挥急速收缴营房内所有武器，经查点此次战斗共缴获步枪60余支，轻机枪1挺，短枪6支，但是检查人数时唯独不见周少兰，不料竟在伪军尸体边上发现他的遗体，这使大家惊呆了，原来是周少兰身先士卒，过快冲在前头，被混战中的进攻部队误伤。郎玉麟悲从中来，抚着周少兰的遗体，热泪盈眶。无奈下令背起周少兰遗体，过桥，向西沿苕溪北岸的预设渡河点撤退。这时城内日军听到枪声，不知道发生了什么事，不敢贸然打开城门，只在城头上乱放一阵空炮，郎部早就无影无踪了……

周少兰捐躯，使全队感到悲痛，郎玉麟想暂时不能告知他的父母妻子，而是立即向浙西行署申报，又在《浙西日报》上撰文《周少兰之死》，分三天连载，贺扬灵批发抚恤金，郎部又发动捐款，然后将详情告知他的父母妻子，用这两笔款项为他们重建房屋，余款买下几亩田产，保障他们的生活。

随后，郎玉麟的经济游击队又进行了两次这样的斗争。

安吉邻近长兴县的李家巷日伪据点，有一个民愤特大的汉奸头子余应山，绰号"小摆尾子"，平日作恶多端，为害乡里。郎玉麟了解情况后，知道他有一个贴身勤务兵叫胡来宝，这个姓胡的有一个情妇叫阿翠，住在丁家村，他以前常到丁家村与阿翠幽会，经济封锁处有一个小组在丁家村，经济游击大队也有武装常驻保护，因此，他现在不敢公开露面了，改而在夜间偷偷摸摸进村，拂晓以前离去。根据这个情况，郎玉麟决定争取阿翠，晓以利害，要她劝胡来宝弃恶从善，不要当汉奸头子的走狗，今后两人做长久夫妻。由此胡来宝终于答应改邪归正。一个夜晚，郎玉麟带领一个小分队，由胡来宝带路，秘密进了李家巷，直插"小摆尾子"余应山的住处，胡来宝先把住处周围的暗哨——向游击队指点，小分队不开一枪就把几个家伙缴了械。胡来宝叫开了余应山的房门，郎玉麟带领小分队突然冲进去，余应山在床上醒来，还不知道发生了什么，小分队战士举起刺刀，余应山当场毙命。战士们贴出布告，列举余应山种种罪状，安然带队与胡来宝退出李家巷回到驻地。胡来宝受到经济游击队奖励，从此与阿翠成了一对夫妻，另谋生计。

离湖州城西门三华里，有一处叫三里亭的地方。郎玉麟部队歼灭了西门上塘伪军一个连以后不久，西门外防务空虚，日伪又派来一个伪军班驻守，实际上是一个税卡，对行人和船队物资进出进行收税、敲诈勒索。不用说，群众恨之入骨。郎部得知后，决定歼灭这个班。郎自己带了8个战士化装成农民，身怀短枪，中途搭乘一艘从钮店桥去湖州的客船，过三里亭时照例被伪军喊住靠岸搜查，他们9人迅速上岸，以迅雷不及掩耳之势拔出短枪一齐开火，来个突然袭击，伪军措手不及，不到两分钟，税卡上一个班的伪军全数被歼灭，他们缴获了7支步枪，1支短枪，迅速向西撤退，等西门的日伪军赶到，郎部早已在杨家庄安全渡河了。

在那一段时间里，郎部还在长兴小箬桥突袭，俘虏带枪伪军7人，有一次袭击湖州南门外的庚村失利，牺牲了一位副区队长——谢晋益同志。

当时整个局面对中共不利，自"皖南事变"后，浙西地下党遭到严重破坏，新四军主力受损，原来苏南根据地大部渡江北上加强苏中解放区，苏南太滆地区亟须补充兵员，在这种情况下，1941年6—7月，浙西特委书记顾玉良再三动员郎玉麟把拥有两个连实力的浙西第二经济游击大队拉到苏南根据地去。郎玉麟在思想上记着省委书记刘英嘱咐的"长期潜伏，积蓄力量、等待时机"的方针，又因为当时省决定撤销经济封锁处，浙西行署贺扬灵准备把他的部队扩编为保安大队，委任他当大队长，顾玉良找他谈话时，正是他得到国民党表面上高度信任的时候，这样他就听不进顾玉良的话，而是想以后自己可以弄到更多的人、枪，到那时候再拉出去更有利。顾玉良对他固执己见十分不满，从此割断了对他"单线联系"的党组织关系。

1941年底，郎部果然被扩编为保安大队，郎玉麟也被任命为保安大队长，并从少校升为中校，但是仅仅一年，到1942年底，贺扬灵以"不是正规军校出身"为由将他调离，到行署派为"荐任视察"，这时他开始认识到自己的选择是大错特错了。

在失去部队、失去党组织联系的近两年时间里，郎玉麟内心非常痛苦，十分悔恨。在1943年上半年浙西行署从天目山搬去昌化汤家湾（后改名龙岗）后，他当个职务清闲的荐任视察，有时被派出去，回来写个视察报告，实在无聊得很，那时他又寻找机会，希望重新掌握枪杆子，于是向贺扬灵提出这个问题。正好，浙安省保安司令宣铁吾搞了一个"铁卫大队"，宣铁吾在浙江三青团成立后兼首任三青团书记，"铁卫大队"有三青团的背景，是个特务组织。当时湖州有一个大地主的儿子叫刘兴汉，他感到老是被土匪伪军欺压，便卖掉了100多亩田产，要自己搞部队。刘兴汉得知浙西也要成立"铁卫大队"，便跑到贺扬灵那里要求，贺扬灵对这个青年小子信不过，想到郎玉麟还可以用，就叫他去搞。对郎玉麟来说，这是一个机会，他想只要有部队，他可以慢慢设法找党，找顾玉良。贺扬灵不给枪，他说游击区民间流散武器很多，他可以写个借条，郎玉麟凭此去借就是了。郎玉麟想到自己出面去借枪，将来把部队拉走，地方上要他还怎么办？于是他决定找国民党吴兴县书记长施毅当副大队长，把用盖有大印的"省政府浙西行署"公用笺写的贺扬灵借条复印若干份，免得以后招惹麻烦。这支"铁卫大队"建立不久,有一天施毅不在,郎玉麟收到浙西行署密电,命令立即把吴德全抓起来送往行署。吴德全又名吴小土,郎玉麟知道他在李泉生部队入党,已断了关系。收到这个密电后,他立即告诉吴德全,并决定应对办法。吴德全是第一区队长,当天晚上,郎玉麟和他带几个战士,到李家巷日伪据点外围乱放一阵枪,然后谎报吴德全战死,弄了一口棺材抬回来,从此吴德全隐蔽起来。吴的家在楂树坞,家里得知后以为他真的战死,设了灵台。郎玉麟第二天电告浙西行署,说吴德全昨晚率队突袭李家巷,歼灭伪军若干,激战中不幸光荣牺牲。郎玉麟还让人写了一个报道,寄给《民族日报》登载(这个吴德全1945年当了新四军吴兴警卫营营长,一同北撤,后任空军某机场管理处长)。不久,宣铁吾下了命令,要把浙西"铁卫大队"调去浙东集训,郎玉麟不肯去,这支队伍就自动解散了。

以上是郎玉麟第三次组织部队失败,接下来的第四次失败得更惨。

1943年10月,日寇大扫荡,重点向天目山进攻,事前浙西行署向昌化迁移,原驻安吉递铺的二区专署逃到孝丰报福镇附近的影溪坞。一时间,天北地区如递铺、梅溪、妙西等地都成了日伪据点,抗战初期郎玉麟游击队活动的地区都变成敌后了。这时专员于树峦又想到郎玉麟,他向贺扬灵建议说,还是让郎玉麟出来吧,二区专署在吴兴、长兴、安吉三县边区设立一个办事处,叫郎玉麟当主任,给他一个保安中队,派他到这个地区活动。贺扬灵批准了这个建议,郎就去上任了。重组一个中队很容易,过去的老人马又聚拢来。那一个多月里,据点里的伪军四处抢粮,不仅地主、富农的余粮要抢,连贫苦人家的口粮也要抢,造成当地群众恐慌,叫苦连天。郎玉麟新建的中队首先就是狠狠打击出来抢粮的伪军。抢粮是日本鬼子交给伪军的任务,伪军也从中捞一点油水。在伪军出没的地方,郎玉麟指挥队伍埋伏,一下子给伪军沉重打击,夺回来的被抢粮食不少,伪军收敛得多,村、乡政权也渐渐恢复。可是,十分意外的是,于树峦忽然来了个命令,把保安中队要回去(后来听说是因为新四军十六旅已发展到长兴,于树峦的二区专署需要保护),郎玉麟只留下了几支短枪,加上又缴了伪军10多支枪,力量很小。自保安队被抽走,汪伪的"和平军"一师师长程万军得到这个消息,就实行"清乡",漫山遍野贴出布告,悬赏打死郎玉麟赏多少,活捉赏多少。好在郎玉麟地熟人熟,老百姓不要悬赏,伪军也抓不到他。郎玉麟的小部队改变活动方式,白天隐蔽,晚上继续对小股伪军搞突然袭击,得到老百姓拥护。几个村庄的头头合议,对他说:"你保护地方,应该扩大部队,成立一个'献款购枪委员会',发动捐款买枪,你再组织一支部队。"当时国民党六十二师在路东地区活动,通过关系,能秘密地向官兵买到枪支,他很快买到 2 支快慢机木壳枪、30 多支步枪,还买到 2 挺机枪。有了这批枪支,郎玉麟向贺扬灵汇报,请求给一个番号,贺扬灵说就叫"浙西行署第二特务大队"得了。特务大队就是警卫部队的意思。有人以为特务大队是特务,其实不对,不符合历史事实。部队成立起来,郎玉麟把"假死"的吴德全找回来,改用小名吴小土,贺文铨、刘兴汉也来了。1943 年 12 月底成立"吴兴安吉县办事处",1944 年 2 月保安队被抽调,1944 年 5 月有了"第二特务大队",这是郎玉麟第五次组织部队。此时,浙西形势大不相同了,郎玉麟没有忘记在 1941 年时不听顾玉良的话把部队拉去苏南的教训,现在新四军不是在苏南,而是很近了。这时郎玉麟要了一个小聪明,故意把老婆、孩子送到於潜妻子陈文霞的妹妹家,以骗取贺扬灵的信任,他可以通过中共浙西特派员罗希明的关系,把部队拉向长兴投奔新四军。真是"聪明反被聪明误"!他经过孝丰顺便去拜访于树峦,于客客气气请郎吃饭,饭后郎要走,被留下了,于树峦拿出省保安司令宣铁吾的电报让郎玉麟看,赫然写的是:"即将与奸匪勾结的郎玉麟送省。"原来 1942 年 3 月下旬,彭林在浙东把义乌抗日自卫大队拉出去参加金萧支队,宣铁吾查出彭林原是浙西郎玉麟部队的人,于是电令拘捕郎玉麟。郎玉麟被扣押十多天,"第二特务大队"被迫接受缴械,人员全部遣散。他又被押送昌化汤家湾浙西行署,软禁了一个多月才恢复自由。这就是郎玉麟最后一次组建部队的失败纪录。如果郎玉麟不要这点小聪明,直接把部队拉到长兴加入新四军不就得了吗?

郎玉麟的故事没有终结,下部《摇晃的天目山》再见分晓。

十七

这里摘录一份重要历史文献:《抗日战争时期的中共浙西特委》。这是 1939 年 2 月到 1942 年初北撤时期顾玉良的工作总结,附带写到 1944 年后新四军到浙西,现摘要如下:

1938 年 5 月,中共浙江临时省委成立,当时下面只有浙南、金衢、宁绍三个特委。这年年底,省委决定再成立浙西特委。

浙西是指富春江到钱塘江以北广大地区,按当时国民党行政区划,属于第一、第二、第十督察专区,包括……二十县(外加一个杭州市)。其中一半是山区,一半是平原水网地区,物产丰富,工商业发达,世称"鱼米之乡"。由于山林、土地、厂矿、商店都集中在山主、地主和资本家手中，"鱼米之乡"只是剥削阶级的天堂，对于劳动人民来说，仍然是"地狱"，所以，浙西一方面是浙江财阀的家乡，另一方面又是有名的"湖匪"出没之处。

阶级的两极分化，社会的动荡不安，日本帝国主义的灭华威胁，促使浙西劳动人民的先进分子和社会有识之士渴求改革，而"天堂"的受益者就是这种改革的最大阻力，他们的政治代表，就是以 CC 派为核心的国民党反动派。我党代表人民利益，一开始就重视浙西工作，除了党创建时"一大"最后一天会议在嘉兴南湖举行之外，在北伐战争、土地革命时期都有党的组织活动与斗争，有广泛的社会影响。但是由于当时党在指导思想上的"左倾"错误，给国民党以可乘之机，使党的组织遭到严重破坏，以致抗战爆发之前，浙西已经没有我党的有组织的活动。

1937 年 11 月 5 日，日本侵略者在金山卫登陆，11 月 12 日上海沦陷，12 月 24 日杭州沦陷，浙西主要城市和交通线，在一个多月时间里全部沦入敌手。……国民党政权就基本上垮台。在日寇烧杀抢掠之日，浙西人民陷于水深火热之中。……日本鬼子在意外短的时间内，轻易夺得苏、沪、杭三角洲广大地区之后……并为其进一步控制这个富饶地区，实现其"以战养战""以华制华"的目的……在 1938 年间，敌人以政治诱降，培植奸伪势力，扩大伪化面积为主……这时国民党军队慢慢回来靠近前线。1938 年底至 1939 年初，国民党开始逐步恢复公路（京杭国道）以西政权。而且国民党的官吏是不愿意到这地区来做官的，因此不能不任用一些愿意积极抗战的知识分子和进步青年，这样就给我党派党员到浙西工作提供了便利条件。国民党对自发的群众抗日武装，则利用他们之间的矛盾和渴求取得合法地位的心理，给他们以政府的合法番号，称之为浙江省政府第一专署（当时只剩一个专署）国民抗日自卫队……从 1938 年下半年起到年底止，中共浙江省委利用各种关系和合法渠道，陆续从浙东派了一些党员进入浙西，加上从皖南和上海去的，有共产党员 30 多人，分散在广大地区活动。如徐洁身、徐由整在朱希部队，彭林、刘苇亭去郎玉麟部队，郑致平、施鸣时、肖华等在安吉县政府，章寿松、王闻识、毕平非、陆鲁一等在《民族日报》社，于以定、王致和、曹大钧、徐珍等在浙西行署服务处，虞路文、谢勃、吴崇清等在省政工队。这就有条件也有必要迅速建立党的特委，以便把他们联系起来，在特委统一领导下，有计划地开展工作。

1939 年 1 月，省委书记刘英同志通知我到金华，在金衢特委机关开了一次省委会议，出席的有刘英、薛尚礼（东南局派来的新任组织部长）、汪光焕(省委宣传部长)和我(原任宁绍特委书记),龙跃和刘清扬缺席。会议专门讨论建立浙西特委,开辟浙西工作的问题。根据刘英同志的意见,会上决定把我从宁绍特委调去浙西组织特委,担任特委书记,并指定彭林(组织部长)、徐洁身(宣传部长)、张子华(妇女部长)为委员。彭林是红军干部,从延安派到上海工作,在1937年底,他和王文林从上海辗转到了浙西吴兴乡乡,联合当地知识青年郎玉麟等组织了一支抗日游击队,并发展郎玉麟入党。1938年底,他去皖南新四军军部,与东南局接上组织关系,然后由东南局转到浙江省委。徐洁身原在金衢特委,1938年下半年到浙西做朱希部工作;朱部是一支很大的武装,为此,又先后调徐由整、周达明等同志去该部工作。张子华是东南局新派到浙江工作的。特委委员至少应有五人,其缺额要我到浙西后在工作中物色补充。

会议认为浙西是抗日前线沦陷区,情况复杂,没有武装力量不易开展工作,因此必须注意武装工作。根据当时所得材料,知道浙西有许多自发建立起来的抗日武装,其中有名的有郎玉麟部队、李泉生部队和朱希部队。郎玉麟部队虽人数不多,但有党的领导,战斗力较强,群众纪律较好,深得群众拥护;李泉生原是共产党员,被捕出狱后脱党。吴兴沦陷后,他积极活动,搞起一支部队,有六七百人;朱希原是国民党军官,军队溃散后不愿去后方,留在敌后收集残部坚持抗战,群众拥护,部队迅速扩大至数千人。因此,会议指出,我到浙西后的工作方针是:依靠郎玉麟部队,团结李泉生部队,争取朱希部队,建立起一支强大的

刘英(第二次国共合作时期担任中国共产党闽浙边临时省委和浙江省委书记)

武装力量,开展党的各方面的工作,打开浙西游击根据地的局面。

会议还认为浙西靠近皖南、苏南,与我新四军活动关系密切,东南局要求我加强浙西工作,并与它取得直接联系;同时,浙西特委与省委驻地距离很远……因此特委除了与省委保持必要的联系和报告工作外,还要向东南局报告工作,取得就近直接领导。有些实际问题,如干部和经费问

题,即由东南局负责解决。最后,由薛尚实、汪光焕把去浙西的党员数量、负责人名单、所在单位、联系地点和联络方法,具体介绍给我,有的还写了介绍信。

1939年2月,我和妻子张子华由《民族日报》支部书记章松寿领路,把我们从金华带到了於潜……恰巧在旅馆碰到了章的熟人陈依心,从她那里得到徐由整已在日本鬼子扫荡时牺牲的消息。……到安吉找到了肖华……找到党的特支书记郑致平(公开职务是安吉县抗日自卫大队部参谋)……我们决定在安吉暂时落脚……在这里开了有顾玉良、彭林、徐洁身、张子华参加的特委第一次会议……当时首要任务是要迅速把在浙西工作的党员联系起来……尤其是要着手准备建立党的武装力量。……决定把特委机关移到彭林所在的郎玉麟部队驻地——小溪口(安吉)。

这时,浙西的群众抗日武装,都已被国民党改编为省政府的国民抗日自卫队,郎玉麟部队被改编为浙江省第一专区抗日自卫总队第三大队第九中队,在路西活动。李泉生部队被改编为挺进纵队独立大队,在路东活动。人枪最多的朱希、汪鹤松,在路东遭日寇严重打击,只剩下几百人,撤退至孝丰休整。这些与我出发前省委介绍的情况已起了很大变化。

根据当时情况,我们认为要建立起一支我党领导的独立活动的抗日部队,只有到敌后去活动,摆脱顽固派的控制才有可能。所以,我到郎玉麟部队后就与彭、郎商量,让郎玉麟部队开到路东与李泉生部队联合起来。为此,派吴林枫(从新四军来的共产党员,吴兴人,认识李泉生,当时在郎部工作)、陆鲁一(《民族日报》记者,共产党员)带了郎玉麟的亲笔信(郎与李有旧交情),先去路东找李泉生联系。吴、陆去后没有找到李泉生,只见到一个叫杨彬的,不肯告诉李泉生本人驻地,并且派人监视他俩的行动,吴、陆只好回来了。又考虑要郎部主动先去路东,然后找李联合,但郎玉麟意见:路西是山区,他本乡本土,路东是吴兴水网地区,地生人不熟,没有配合部队,不敢单独去。我们考虑了这个意见,决定再派人去联系。这时,国民党政府下令,集中所有受编部队去天目山进行军训。六十二师一部以接防为名开到敌后,逼迫这些部队前去受训,郎部当然亦在其内。如接受这个集训,我们的计划就难以实现;大家更怕部队受训后被调去补充正规军,因此曾拖延时间。当得悉李泉生部队接到命令后已开始上山,这样郎部既不能单独在路东,又不能在路西久拖下去,也就上了天目山。我们后来分析,黄绍竑还有抗日的积极性,他为恢复浙西政权,扩大自己势力,这批地方武装对他说来是需要的,估计部队受训后,不致会调去补充正规军,仍能回原地来参加斗争。于是我们决定把依靠郎、李、朱部队开辟浙西根据地的计划,推迟到部队集训回来之后再进行。郎部上山以后,特委机关转移到於潜鹤村。那时《民族日报》已办起来了,报社就设在鹤村。

1939年5月初……我到皖南东南局汇报工作。……见到了项英和曾山同志,他们要我先写个书面报告……东南局开会研究了浙西工作,指出:浙西属于战争区域,人民生活困苦,要求抗日是迫切的,要根据不同情况,采取各种方式,尽力动员和组织群众开展抗日救亡运动;在国民党区,要开展统一战线工作,支援前线;在敌占区,凡是群众基础较好的方,要独立开展小型的分散的游击活动,开始可以做锄奸工作,防止敌人搞伪化活动,条件许可时,再集中起来扩大活动范围。……要通过郎部的同志做好交朋友的工作,对我们如何掌握这些武装,没有具体研究。

项英同志答应给我们增派干部,调朱辉、黄炎两同志参加特委,另从新四军服务团抽调丁起白、单洁,从教导队抽调陆谷初(叶纲)、朱敏安(严正)、颜振陆(颜枫)等五同志到浙西工作,五人中除丁起白是青浦人外,其他四人都是浙西人。到6月间,东南局又调第二批干部来浙西工作,计有刘吟(罗希明)、钟发宗、谢霖、沈彩鸿、王村民等同志,这些同志到浙西后,朱辉同志接替彭林任组织部长(彭林专搞武装工作),黄炎担任特委青年部长,沈彩鸿留特委机关,钟发宗到李泉生部队工作,其他同志分别派到长兴、吴兴、武康、余杭等地工作。

我同朱辉、黄炎同志从皖南回浙西后,就接到省委通知,限期到浙东出席省委会议和在平阳召开的浙江省第一次党代表大会……听取和通过刘英代表省委向大会所作的报告,选举新的省委成员,选举出席"七大"代表……

我从浙东回来后,在莫干山召开了特委会议传达了东南局指示和刘英同志工作报告精神,接着召开各县(吴兴、长兴、安吉、武康、余杭、於潜)干部会议(这时党员关系全部取得联系,活动基本稳定,并按地区指定了负责人),对群众工作、党的建设工作等,都提出了具体要求。从此以后,浙西工作比较有计划地开展起来,进展很快。

省政工一、三队在路西安吉、长兴、孝丰一带,省政工二队从武康深入到东乡,以吴兴的双林为中心,在路东的德清、吴兴、崇德、桐乡广泛开展工作。通过政工队建立了许多在党领导下的群众团体。在政工队内和地方群众中发展了大批党员,到1940年初,路西、路东有十来处建立了党的领导机构,计有:安吉、长兴、吴兴县委,德清县工委,於(潜)孝(丰)昌(化)工委,嘉(兴)崇(德)桐(乡)工委,海北工委(辖平湖、海盐、海宁、嘉善和嘉兴铁路以东),还有黄湖(余杭、临安)中心区委,等等。但也有弱点,党员中知识分子多,工农少,市镇多,农村少,同时因发展迅速,思想教育跟不上。党员大多数是在政工队活动的地方发展的,政工队在时可以合法名义公开号召,党组织周围群众也比较多,政工队一离开,党组织周围的群众也就少了。……因此政工队一离开,就缺少核心力量。……

武装工作方面……1939年底,郎玉麟和李泉生部队却被调浙东武义整编,李泉生部队被编为浙江保安第三团,政工人员被遣散,李本人被剥夺军权,放他当个桐乡县长而回到浙西,郎玉麟部队被编入浙保第四团,成为该团的一个连。彭林自称原是湖南军人,部队被打散留下来的,把他们骗过了,他领导的党员始终没有被发觉,保存了下来。后来浙西特委把他们的组织关系转到刘英那里。刘英同志说:隐蔽下来就是隐蔽彻底,不要搞其他,待机而行。同意郎玉麟回浙西,这有利于发挥郎的作用和有利于浙东部队的隐蔽。

在这段时间里,国民党的反共面目也日益暴露……1939年11月,原浙西行署下令各政工队集中到天目山受训,贺扬灵宣布:凡是共产党员要公开身份,站出来搞国共合作,不是共产党,一律参加国民党或三青团。面对反动派的阴谋,特委作了研究,认为政工队这个合法组织还要充分利用,决定在政工队里的共产党员,凡是面目暴露的就主动退出来,如王子达(虞路文)那时就退出来了;政治上幼稚软弱的人也退出来,其他都批准可以参加国民党,但不准参加三青团(除非经过特别批准)。三青团那时制度严,每个礼拜要开会,要汇报工作,汇报工作就不好办了。参加国民党只挂个名,它向来不过组织生活,不要汇报工作,只要政工队一到下面,他们就管不着。这时国民党禁止讲国共合作,禁止讲统一战线,抗战歌曲也很少听到了……

1940年2月,我又去皖南汇报。……东南局领导听取了汇报后,作了讨论。……项英同志在总结时说:目前有股反共逆流,正在全国范围发展,浙西也不例外……关于武装工作,项英说,目前不宜建立公开的大型的游击队,可以先在有党组织的地方,建立秘密的游击小组,平时分散劳动,必要时集合起来。他说,有了部分武装的小型游击队,环境不利不能公开时,不要急于脱离生产,先推动他们去做群众工作。

……我要求东南局派军事干部去浙西,没有同意,只答应给一个宣传干部,邢阿根(邢子陶)同志就在这时到浙西来的……

我们从皖南回来时,还带回《向国民党十点要求》《克服投降危险,争时局好转》《团结一切抗日力量,反对反共顽固派》等宣传品……(后来翻印宣传单,在安吉梅溪、临安、武康莫干山阴山街、德清洛舍等地散发……也由此暴露了我们一些目标)。

……这时我们组建了党直接领导的"抗日反汪军"。这支武装先以郑致平为队长。……这支小武装30余人,当时为取得合法地位,同国民党吴兴织里区署挂钩,算是区署的地方武装,郑致平不幸遭土匪袭击牺牲,派熊飞担任队长,又中了国民党抗日自卫队的骗局,熊飞跳河牺牲,指导员贺友榕和一些战士被俘,这支小武装几个月就失败了。这就是"塘北事件"。而在此之前,又发生"洛舍事件"。国民党德清县自卫队包围了省政工二队在洛舍驻地,抓去我们的人,经过斗争和营救,人员先后释放。1940年8月,浙西行署命令全体政工队去天目山集训,目的是对政工队实行改组。我们为保存力量,宣布政工队就地解散。

1940年9月,接东南局通知,要一个负责人立即去皖南开会,我正在金华找刘英同志,就由朱辉同志去参加。这是一次很重要的会议,中央派饶漱石来,批判项英右倾错误,传达中央"五四"指示(即《毛泽东选集》中的《放手发动群众,抵抗反共顽固派的进攻》一文)。朱辉同志回来传达后,我们浙西特委分成路西、路东两个特委。路西由我负责,成员有王子达、张子华,后来增加一个汤池,下辖安吉县委、於潜中心县委、黄湖中心区委、武康莫干山区委。路东由朱辉负责,成员有邢子陶、黄炎,后来增加刘烈人,下面有吴兴县委、嘉崇桐工委、海北工委。两个特委是平行的。这时皖南形势已经很紧张,军部已在作转移的准备,我们向上级汇报请示,就不去东南局了,而是去苏南区党委,或找谭震林同志,后来具体是向苏南太滆地委联系。

……浙西的党,从1939年2月成立特委,到1940年冬天已经发展到顶点。在这以后,就发生困难了,组织的发展基本停顿,党员数量也减少。"皖南事变"以后,敌人更为猖狂。……1940年9月从长兴调何坚白到武(康)德(清),准备成立武德县委,可是发生了谢勃、罗希明被捕事件,县委建立不起来,改为莫干区委。同年11月,又发生了海北工委书记于以定被捕事件;于以定是在去路东特委汇报工作途中被捕的,他带有一份详细的书面汇报材料被敌人搜出。我们得到消息,立即组织转移撤退,这个地区的力量大大削弱了。到1941年,又连续发生几起组织被破坏事件,首先是四五月间余杭黄湖中心区委被破坏。开始我们还不知道，直到翁大毛被捕才发觉。翁大毛每天到孝丰报福镇去拿《民族日报》，人家只知道他是个送报的，没有被敌人注意过。当时《民族日报》内的党组织没有发生问题，翁大毛怎么会被捕？我们请他父亲去了解被捕原因，才发觉是黄湖区委被破坏后，由区委书记方堃领了特务去抓他的。

翁大毛被捕后，我们住的地方不安全了，我到长兴去找房子，我从长兴回来，张子华已经撤到86号（莫干山），这地方翁大毛是不知道的。就在我回来的那天上午，安吉县委也遭破坏，这消息是许斐然来报告的，她说除谢鼎贵外，还有好几个党员被捕，三社村也被特务搜查了。我和张子华搬到长兴，王子达来报告，许斐然到天目山没有回来，86号也被破坏了。当时汤池、郑可耀在86号住机关，没有转移。不知怎的，特务要抓刘烈人的爱人彭可玉，她跑到86号去，特务跟了去，汤池、郑可耀就都被捕了，许斐然正好在那里，也被捕了。

王子达不能再回安吉去，我就叫他到余杭，先搞个联系点，他到了筏头，因带的通行证过了有效期，被国民党一个部队哨所扣留，押送到连部。傍晚，趁敌人不备逃了回来。因考虑黄湖中心区委已被破坏，余杭很难立足，所以决定不要他去了。

1941年8月间，贺千秋亲自来特委报告，於潜中心县委遭破坏，首先赵澄被捕，接着昌化岛石坞等地方都遭到破坏。贺千秋与张勇德商议，只有千秋关、仙霞镇是属安徽宁国，可能还不要紧，但后来也有同志反映，这个地方赵澄也是知道的，便通知那地方的同志转移，这个地方的党员都是农民，生活艰苦，要离开没有钱出不去。他们以前建立过游击小组，因此提出干脆上山打游击。贺千秋带着他们夺取了乡公所的18条枪上了山。山上只有毛竹柴草，没有东西吃，贺千秋下山去搞粮食，离开了部队。敌人进山搜查，游击小组的枪被缴，就这样失败了。

其他地方也出过一些事情……如1941年秋，长兴县委书记史致华进入沦陷区湖州被敌伪所害。……长兴汪寿朋被国民党怀疑扣留，幸得地方士绅何长源保释（后调往苏南太湖地区当区长）。在长兴，还有王若谷、李焕、陆忠友因有一本《中苏友好》的书，引起怀疑，抓进去审问。……经李焕的哥哥（当镇长）把他们保了出来。在武康，记得一个区委书记温亦锻被捕牺牲了……於潜、孝丰、昌化破坏较严重的地方，也都损失了。在桐乡、富阳、临安横畈等地，都有不少党员，并没有出问题，主要是后来我们没有人去联系。还有，郎玉麟在1940年夏天回到浙西，受党的单线领导,他利用社会关系,在国民党浙西行署下面拉起一支队伍,称为"浙西第二经济游击大队"。"皖南事变"后,在 1941 年夏天,通知他把部队拉到苏南去,但他不同意。我拿了手抄的《论共产党员修养》给他看,在他原领导人王文林牺牲的地方动员他,都没有成功。他说这是"光荣的孤立"。这样,他就离开了我们。

1942 年初,上级决定:浙西特委(包括路东)撤退到苏南去。我是 2 月初走的,一起撤退的,有张子华、长兴的李焕、王若谷,还有徐锡麟,留下刘旦在长兴坚持……

……就在我从浙西到太滆期间,地委已先派贺千秋(当时在地委任秘书)到太湖以南的吴兴去了。1942 年 7 月间,地委决定由我带了独立二团王向荣下面的一个连,由连长张超(现名张晖)率领,也打入吴兴去。贺千秋先通过吴兴织里地下区委邱明,从桐乡找来党员施展,通过他与杂牌军潘洪肖部搞关系,说我们的连是他"策反"过来的一支"伪军"。那时潘部名义有三个中队,但兵力不足,急于想扩大势力。经过谈判,我们的武装单独编为潘部的第二中队,我作为施展的朋友,是"策反"有功人员,给我一个大队部副官的衔头。在这以后,有一次碰上伪军,他们根本不敢抵抗,我们的中队把伪军打跑了。

开头我们与潘洪肖和各中队之间的关系还是不错的,但时间一长,渐渐出了问题。主要是我们的生活与他们格格不入,引起他们的怀疑。有一天我到大队部去,大队长太太与两个中队长在轻轻讲话,被我听到了,她指着我们二中队的驻地说:"他们在中间,两边都是我们的人,不怕他们搞什么名堂。"这说明我们的武装已处在被监视的地位。

正在这时候,发生了贺千秋被捕事件。经过是这样的,长兴县工委的负责人刘旦来太滆地委指示要我除搞部队以外,还要兼管地方,把长兴、吴兴统管起来。我在贺千秋处听了传达,接受了这个任务,但是要找吴兴地下县委的赵金城一起来研究,贺千秋说自己这个地方开会不安全,要赵金城去另安排地方,这样还可以避免我们的秘密武装随便和地方发生关系。到第三天,我还在等赵金城的消息,不料施展要邱明来通知我,说贺千秋被捕了,要我设法营救。我觉得这个事情难办,我是作为'伪军'来的,不应与贺千秋有任何联系,要施展想办法也不行,他一出面,我们这支部队的秘密就保不住……

这时,我决定立即向太滆汇报,说明潘洪肖部队太腐败,争取他不可能,而我们的武装再待下去也难巩固,因此建议地委速派一支武装过去把部队接回来……后来，地委派王向荣部队过太湖去，把部队接回来……

1944年9月，中央下达了发展东南，进军浙西的指示。……我参加了随军工作团，由朱辉当团长，我当副团长，1945年春节出发，部队过来后一下子到了安吉，很快进入莫干山，再进到吴兴上方……主要任务是搞粮食……

……大约过了20多天，郎玉麟来了，我不了解他在1941年离开我们以后的情况，不大放心，后来看到从国民党长兴县政府缴获二区专员于树峦的一封信，信是写给长兴县长陈萱庭的，讲到不仅注意和笼络郎玉麟的事，说既不能太相信他，也不要把他抓起来，凭这封信，觉得国民党对郎玉麟并不相信，经过研究，决定由他到准备建立的吴兴县（人民）政府当县长，我调任吴兴县委书记……

从以上顾玉良的浙西地下工作总结，我们对抗战时期东南前哨国民党统治区和游击区中共隐蔽战线的活动，可以有一个基本的了解。从字面上看，中共浙西特委确实做了很多工作，发展党员，播下革命的种子，建立各级地方组织，争取建立党领导的抗日游击武装，在国民党顽固派掀起的反共逆流中，顽强应对，培养和锻炼干部。顾玉良和特委领导成员，在险恶的环境中开展组织活动，他自己以"卖布先生"的身份掩护，跋山涉水，避开特务耳目，没有遭遇危险，这是特别不容易的。有战斗就会有牺牲，一批优秀干部在开展工作过程中不幸遇难，特委不能说完全没有责任，例如黄湖中心区委在周围散发大量传单以致组织受破坏，说明没有正确贯彻"隐蔽精干，长期潜伏，等待时机"的方针，同嘉崇桐工委建立的崇德县洲泉镇联络站从1939年到1945年始终发挥作用，是一个明显的对照。但是也应该看到，正是在特委领导下，在形势变化中身份暴露的同志被及时转移撤退，大批新生力量得以保存，这都是应该肯定的。

有一个问题，曾引起人们的议论：抗战前期浙西特委的工作是成功还是失败？有人根据其没能建立党领导的武装，原定"依靠郎玉麟、团结李泉生、争取朱希"的方针未落实，建立根据地的目标没有实现，判定他们失败，而在浙东四明山建立三五支队是成功的。这样的看法并不全面。浙东四明山是一个完全沦陷的地区，没有国民党军队，也没有国民党地方政权，它的武装是从浦东渡海而来的游击队逐步发展起来的，国民党派忠救军2000人上山清剿被击溃，三五支队成长为浙东纵队，抗战胜利后奉命北撤。而浙西驻有国民党正规军二十八军，还有三战区派遣的游击纵队，天目山有浙西行署，近半县份不是沦陷区，它的反动统治力量是根深蒂固的，嘉兴、湖州、杭州都是日伪的据点，在夹缝中发展党的武装,开辟新的根据地,条件不具备。例如"塘北事件"中的"抗日反汪军",一支 30 人的小部队,没有番号,跑来跑去,老百姓以为是土匪,结果勉强与国民党区署挂钩,不久即败在土匪手里。这个问题暴露了特委和地方党委的政治领导是薄弱的。贺千秋在浙皖边境发动农民党员夺取乡公所十余支枪,事先对周围环境缺乏了解,一心一意上山打游击,结果上山后缺乏任何食物,贺千秋下山找吃的,山上的十多个农民党员成了敌人的俘虏。

在顾玉良的工作总结中,谈到郎玉麟的问题,首先,我们应该看到,郎玉麟是东南前哨第一个宣誓参加中国共产党的人,他不是随大流而来的,是战前就主动寻找共产党的,并成为浙江大学学生群体中的民族先锋队队员。他从陶行知的"教育救国"转向"革命救国"是有相当思想基础的。这个人的缺点是留恋乡土,而且偏于吴兴西乡山区,连东乡水网地区都不敢去。对这样一个同志,在特殊环境中,是了解他还是抛弃他,不能轻易论断。郎玉麟考虑到自己的条件,从浙东回到浙西(省委书记刘英同志批准),他依靠社会关系,被浙西行署主任贺扬灵任命为浙西第二经济游击大队大队长之职,自己正觉得可以大有作为的时候,1941 年夏天顾玉良动员他把部队拉去苏南太滆根据地,郎玉麟不愿意,顾玉良甚至在王文林烈士(郎的入党介绍人)墓前动员他,给他读《论共产党员修养》,他不为所动,表示这是"光荣的孤立",这使顾玉良很失望,顾没有任何犹豫,把郎玉麟的组织关系割断。他在总结中说:"这样,他(郎玉麟)就离开了我们。"事实却是他顾玉良离开(抛弃?)了郎玉麟,郎玉麟既不是思想动摇,也不是触犯了什么纪律,受到中断组织关系的制裁,却是顾玉良自己一个人说了算。郎玉麟果真是到了无可救药的地步了吗?须知直到 1942 年初,上级才决定浙西特委撤回苏南去,浙西的地下联络站在崇德洲泉镇一直坚持到解放。

可以说,顾玉良切断郎玉麟的组织关系是错误的。特别是 1942 年 5 月,顾玉良又一度回浙西,曾到吴兴东乡徐墓村了解情况。顾玉良作为领导人,总该有点耐心或宏量吧,他对郎玉麟的处理,可以说是"独断专行"。

郎玉麟的组织关系被无情割断后,1941 年下半年至 1942 年,他领导的抗日游击活动仍然有十分出色的表现,这是事实。

过去我曾与浙西一些地下党的老同志谈过郎玉麟的问题,多数都认为郎玉麟是错的。一般说来,参加革命不能按个人意愿决定行动,但我觉得在特殊环境中,不能一概而论。党组织应该根据具体情况具体分析,这样可能更切合实际。郎玉麟的实践和他后来的行动,证明他是一个合格的共产党员。

十八

记述东南前哨风狂浪急中的抗日青年男女的命运，是我们题中的应有之义。下面写几个故事。

第一个故事：

早在1938年底，郎玉麟游击队在吴兴西乡创建之初，部队在楂树坞驻扎，东北方向山上有个仙顶寺，隐蔽于郁郁葱葱的翠竹绿树之中。郎玉麟和政训员王文林带几个短枪队员走进大雄宝殿，只见到处搭着床铺、堆着箱子衣物，却见不到一个人影。他们知道这里住的都是城里避难的人，正在疑惑，刚好从侧门走出一个和尚，郎玉麟问："这里住的人到哪里去了？"和尚回答："听到有人喊'土匪来啦！'男女老少都逃到寺后面树林里去了。"

这时大殿后面走出来学生模样的一男一女，前面男的细皮白嫩，身上穿的是长袍，西式短发，那女的长得略高，脸容秀丽，郎玉麟觉得他们看上去挺面熟，立刻想起这是湖州的许家姐妹，姐姐许斐文，妹妹许斐然，那女扮男装的正是妹妹，郎玉麟在淞沪大战时办油印报《战时消息》时，姐妹俩常常来拿报纸。姐姐是湖州基督教会办的私立湖群女子中学高三学生，妹妹是杭州省立杭高二年级学生。郎玉麟也知道，她俩的父亲名叫许朋非，是国民党军委会少将参议，可以说姐妹俩是湖州一位高官的千金小姐。许朋非1906年青年时代就参加孙中山的同盟会，参加过辛亥革命和北伐战争。郎玉麟把这些对王文林简单地说了，引起了王文林的极大兴趣。他们找个安静地方坐下来继续谈话。王文林问许斐文："你们姐妹对爸爸的经历了解吗？"许斐文回答："他对我们说过自己是日本留学生，在我们湖州中学当过理化教师，后去广州参加北伐，被派到上海做地下工作，北伐军进抵上海时北伐军总司令蒋介石发动'四一二'反革命政变，到处搜捕共产党人，我父亲目睹许多人遭到屠杀，他因为坚持保释国民党左派分子褚辅成，同警备司令杨虎闹翻。当时国民政府定都南京后要建立国民革命军阵亡将士纪念碑，要他去担任筹建委员会总干事，他便到南京去了。抗战发生后他就到了重庆。"许斐然插话："我父亲对我们说过，他是孙中山三民主义的信徒。他曾问我们两个，是有饭大家吃好，还是大家有饭吃好，我们答不上来。爸爸说应该是大家有饭吃好，这是孙中山先生平均地权、节制资本的主张，就是实行耕者有其田的办法。"

谈了一阵,王文林问她们知不知道,当前国民党共产党合作的抗日民族统一战线,姐妹俩说不知道。

随后,姐妹俩取得母亲同意,参加了郎玉麟游击大队的民运组,在组长温永之带领下参加发动群众组织群众的工作。她俩在队里读到油印的中国共产党《抗日救国十大纲领》。

1939年初,郎玉麟抗日游击队被改编为省国民抗日自卫总队三支队九中队,许氏姐妹被调去吴兴县政工队,驻在安吉县上舍村,这里与吴兴的上方、大冲等村庄毗邻,她们参加组织农民救国会、识字班等,有一天国军七十六师三营攻打日军据点后地方上组织劳军活动,许斐然代表县政工队发表劳军慰问讲话,热情洋溢,三营长非常高兴,不意事后七十六师政训处代表要她们填表参加他们部队的政工队,许斐然说:"我们是来劳军的,不是来要求工作的。"她们拒绝了以后,七十六师师部竟然派人到政工队,硬要把县政工队接收过去,县政府同军队争夺当然不会有结果,最后不了了之。许氏姐妹觉得在政工队还不如回郎玉麟部队去,正好那天郎玉麟到上舍县政府办事,她们见到喜出望外,便向郎大队长提出,她们不愿意在政工队再待下去,只想返回游击队。郎玉麟不假思索地回答:"欢迎你们回来,我们部队现在的驻地在安吉青松乡,今天我得回去,上舍到青松乡不远,你们明早直接来吧。"第二天凌晨,天蒙蒙亮,姐妹俩悄悄逃离上舍,下午来到青松乡部队驻地,同志们对姐妹俩热烈欢迎,她们就此住下。

郎部队有一位政工干事李子新,是失去党组织关系的老党员,要到皖南新四军军部去解决问题,李子新对姐妹俩谈到新四军的情况,说到新四军教导队有个女生队是培养女干部的,这些话对姐妹俩来说很新鲜,很有吸引力。郎玉麟和彭林商量,去皖南对姐妹俩的成长有利,可以让她二人跟随李子新前去。郎玉麟把这件事同姐妹一讲,姐妹俩都很激动,许斐然跳起来搂着姐姐的脖子叫道:"姐姐,我们到了新四军军部就可以成为真正的女兵啦!"

她俩准备出发前几天,中共浙西特委妇女部长张子华来到郎部队,这时浙西特委的领导机构也随军驻在青松乡。张子华听说郎部一对姐妹已调去上舍村吴兴县政工队,原来就打算去找她们,现在听说二人回到郎部队,马上找她们谈话,晚上就跟姐妹俩睡在一起,前前后后的谈话,让张子华得知她俩的家庭情况,听说她俩准备跟随李子新去皖南参加新四军教导队,更对她俩献身革命事业的志愿十分赞赏。但作为派到浙西开展党组织工作的一位负责人,张子华的考虑偏重于目前浙西游击区女同志太少,如果能留住她们吸收入党,她们在政治上可以逐渐成熟起来,担当更多的重任。她对姐妹俩说:"游击区环境复杂，斗争激烈，锻炼的机会更多。你们留在郎部队似乎不好安排，可以让你们转到地方上工作，在党的领导下开展地方工作更重要，更合适，更需要女同志。"这些话句句打中姐妹俩的心坎。当晚，许斐然对姐姐说："不要去我们不熟悉的皖南了，我们就留在家乡做抗战救亡工作！"许斐文回答："这样好，我们可以离妈妈更近一些，省得妈妈担心。"

张子华的谈话，实际上是特委研究决定的。张子华问姐妹俩："你们知道我是什么人吗？"许斐然俏皮地回答："我猜，张老师一定是个共产党。"许斐文加上一句："对不对？……我看张老师是共产党的女领导！"

张子华笑了。"你们挺聪明的嘛！"

"张老师，我们希望参加共产党，我们可以参加共产党吗？"姐妹俩同声问。

"你们就等着吧！"张子华说。

第二天，郎玉麟的通信员带一个年轻人来到姐妹俩的房间，通信员走后，来人悄悄地说："我是张子华老师派来的，我叫唐民，是张老师的交通员。"他看看姐妹俩，又递上两页纸，说了一句话："张老师让我带来的。"

姐妹俩接过来看是"入党志愿书"。许斐然叫了一声："啊，要我们填写入党志愿书！我们要成为共产党员了！"她激动得心跳加快，满脸通红。

唐民拍着她的肩膀："同志，不要太激动！"

姐妹你看看我，我看看你，找到一支钢笔，许斐然抢先填写，填到入党介绍人时不知怎么下笔，唐民站在一旁笑而不语。许斐然迟疑着，唐民逗她："不知道找谁当介绍人是吗？想想看吧！"许斐然说："我想不出，共产党员都是秘密的。"唐民慢吞吞地说："我叫唐民，就是中共浙西特委的政治交通员，当个介绍人我还是够格的，你们要不？"许斐然乐了，对姐姐说："介绍人在眼前，我们是有眼不识泰山。姐姐，我们的介绍人就是唐民同志！"

"还有一个呢，党章规定介绍人要两个。"唐民说。

许斐然看看姐姐醒悟地说："姐姐，张子华老师动员我们留在地方工作，她是我们当然的介绍人，对不对？"

许斐文点头："对，就这样填，不会错。"

唐民说："看来你们不笨，还是挺聪明的，填表吧！"

许斐文、许斐然双双参加共产党后，张子华决定调许斐文去桐乡省政工队第一大队二队工作，派许斐然去安吉县政工队，目的是以合法组织的政工队为掩护，让她参加安吉地方隐蔽战线的活动。1941年春，"皖南事变"后的浙西笼罩在一片白色恐怖之中，许斐然已担任中共安吉县委妇女部长，1941年8月的一天，她代表安吉县委向浙西特委书记顾玉良汇报工作后，到莫干山荫山街 86 号找特委交通站负责人汤池,准备帮助交通站转移到安吉晓墅镇,意外碰上国民党国民抗日自卫队搜山,她在 86 号和汤池同志一起被捕,由武康县政府押送到天目山浙西行署中统调查室审讯,她反复强调"生命是可以结束的,信仰是不可动摇的"。她仅仅承认自己参加政工队是为了抗日救国,拒不承认是共产党。浙西行署知道她是国民党元老的女儿,关押数月后转送金华省级中统特务机关,接着又转到永康方岩。经过层层审讯,"你不是共产党,你到莫干山荫山街 86 号干什么?"她回答:"我是到莫干山看朋友,找错门了。"国民党特务早已知道她是安吉共产党的重要干部,不过碍于她是许朋非的女儿,与陈立夫、陈果夫关系密切,不敢对她严刑逼供,而是打电报给陈立夫,请示该如何处理,陈立夫接到电报交给许朋非看,他心中吃惊,只能巧妙地说:"我这个女儿从小倔强,请你叫他们把她送到重庆来,由我自己管教。"

问题是许斐然不管特务如何劝说,都不肯去重庆,说是要到上海妈妈身边读书,特务头头不同意她去沦陷区,只同意把她送到国民党统治区的学校,许斐然要求去昆明的西南联大,特务也不同意,最后只得把她送去福建建瓯县的暨南大学等组成的东南联大去,使她远离浙西,割断她与共产党的联系。

许斐然在监管中苦苦度过一年,朝思暮想如何展翅高飞,她给在上海当学徒的弟弟许寅发出一封信,并要他把信转给姐姐。这时的姐姐许斐文已转移到苏南太湖地区的武进县工作,她见信后又写信给原任中共安吉县委书记、时在宜兴任县委书记的王子达,他复信表示组织上欢迎许斐然回家,路费要她自己设法解决。1942 年夏,许斐然第二次被捕,经过是:大学里的许斐然悄悄变卖了自己的棉被衣物,孤身一人离开学校,从建瓯来到浙西南的庆元、龙泉、云和、丽水,历尽艰辛,经过缙云县壶镇到武义县边境,那时浙赣铁路沿线已被日军占领,丽水缙云一带国民党军政机关林立,山区遍设岗哨检查过往行人,许斐然身上没有通行证,又不是本地人,军警盘查时以汉奸嫌疑将她扣押,关进缙云县政府的拘留所。许斐然在杭高读书时有一个同班同学徐浩然是壶镇人,得知消息后前去探望,劝她写信给父亲出面保释,许斐然不肯写,徐浩然只好要来许朋非的地址发去一份电报。许朋非有一位老朋友叫赵舒,是浙江省参议员,许朋非接到女儿在缙云被拘押的电报后,立即通过军委会内部军用电报,请第三战区司令长官顾祝同转告赵舒,托赵舒把女儿保释后,留在家中暂住,许朋非另派家人接回。哪里知道,向国民党当局做了担保的赵舒哪里管得住许斐然的心,住不了几天,许斐然就在一个茫茫黑夜里出走。从壶镇经武义县东皋村时,又落入地方抗日自卫队手里,这是她第三次被捕,武义国民党县党部插手审问,要她写交代,她在夜间逃脱。她逃出东皋村,走到岭下的汤山时,又落入魔掌,被关进县司法室看守所,这是第四次被捕。上级指示:"许斐然是共产党要犯,必须严加看管。"当地的教育科长是许朋非早年学生,要求出面保释被拒绝。国民党特务连续对许斐然软硬兼施进行审问,许斐然以自己在实际斗争中锻炼出来的出色口才,应对审讯的特务,使他们束手无策,无论是劝降或恐吓都无济于事,特务最后的手段是在生活上折磨她,每天的饭菜变得十分粗劣,令许斐然难以下咽。许斐然为表示抗议,实行绝食。这时她全身是病,满身疥疮,三四天下来,变得虚弱不堪,奄奄一息,武义县国民党当局急了,上级指示强迫进食,人不能死,于是特务带几个士兵,拿着稀饭碗筷走进牢房,劝告许斐然进食,许斐然心中早已抱定"不自由,毋宁死"的决心,背对他们不予理睬。特务穷凶极恶地大叫:"今天你不吃也得吃,来,动手。"他命令士兵把许斐然强拖起来,抓住她的双手,揪住她的头发,硬把她的头仰起来,另一个士兵用铜瓢舀了一瓢稀粥向许斐然嘴里灌,可是许斐然咬紧牙关,怎么也不肯张嘴,粥灌不进,稀粥泼得满脸满地都是。特务狠狠地叫:"哼! 你不肯吃,老子非叫你吃下去不可!"又命令士兵"把她的嘴撬开",士兵用双手强行撬开许斐然的嘴巴,双唇鲜血淋漓,特务自己动手端起一碗稀粥向许斐然嘴里灌,灌了一碗,又灌一碗,稀粥灌进食道,也灌进喉管,食道灌满了,喉管也堵塞了……许斐然四肢瘫痪,呼吸停止,1944 年 2 月 19 日,含恨而死,年 25 岁。她的遗体葬于枕树坑上,忠骸已无处寻觅。1950 年上海民政局将她追认为烈士。1986 年,湖州郎部公墓为她建烈士碑。

第二个故事:

在生灵涂炭的战乱年月,陆冰(陆逸月)的个人命运同样令人同情,这里是根据她本人口述编写的。

陆冰的妈妈是个"独生女","招女婿"进门后,外婆又生了个男孩,封建思想浓厚的外公外婆竟把女儿、女婿赶出家门,让他们独自营生,她父亲好赌,为人颠三倒四,逼到妈妈自杀,被救治后却被其父典给别人为妻。在这样的逆境中长大的陆冰,从小立志发愤读书,小学毕业后考上初级师范学校,成为免费生,她立志要靠自己努力,将来当个小学教师,不必依靠别人。她读师范时成绩并不好,有一次习题做错了,她竟然把答卷撕个粉碎,塞进嘴巴里嚼得稀烂,咽进了肚子,让看到的同学惊呆了!

日本侵略者打过来的 1937 年,她是初级师范二年级生,战火中避难逃去西乡妙西,回城后发现原来的校长已当了汉奸,有的女教师被日本鬼子奸污,心里很气愤。校长到她家来找她,叫她去做事,她不肯去。不久她听说母校已撤去孝丰,沦陷区学生不收学费,她决心离开沦陷区,怀抱读书救国的思想回母校复学。二十多个同学一起商量,但只有家庭生活最困难的两个人肯去,其他人都不怎么动心。这些同学家庭生活比较优裕,几十年后发现,尽管社会发生了大变动,这些人大都还能平平安安过日子。

跟她一起走的女同学叫宋明珠。去妙西的轮船中午前开船,谁知父亲赶来了,不让她走,她对父亲说:"船埠头有伪警察,你不让我走,被他们听到不得了。你要是逼我,我情愿跳到河里死掉。"父亲没办法,让她走了。

1939年5月,陆冰和宋明珠到了吴兴县政府所在地——安吉上方村,县教育局长说暑期过后可以送她们去天目山读书。在这两个月里,她们到处跑,见到吴兴县政工队,感到很新鲜,政工队欢迎她们参加各种抗日活动——妇女识字班、儿童歌咏队、戏剧演出。政工队队员严正动员她们正式参加政工队,对她们谈抗日形势,还说国民党军队在前线节节败退,只有中国共产党是坚决抗日的,还说共产党有十条政治纲领,倡导抗日民族统一战线,得到全国人民拥护。并说:"你们不要以为到天目山去读书是太平的,日本人的炸弹也可以炸到天目山。你们可以在抗战胜利后再去读书。她与宋明珠商量,感到去读书固然好,但是生活上会有许多困难,就同意参加了。1939年8月,严正介绍二人参加共产党后,派她们二人进入湖州沦陷区,募集一笔抗日捐款,数额不大,她们安全返回。

9月,王维到吴兴政工队任副队长。他是浙东临海县大田人。

1940年夏,严正转移以前,布置陆冰、宋明珠到地方上去教书。吴兴县政府教育科长凌汝霖对二人是了解的,她们顺利得到安排。组织上有地下交通员联系。

1940年夏,吴兴县长方元民兼任县政工队长,对王维的身份有怀疑,以王维有经济问题为由将其予以免职,王维被浙西行署调去天目山《民族日报》,实际上是软禁监视性质。王维离开时,经过横岭小学去看陆冰,停留一天,晚上谈了自己的家庭出身,对内心感情作了表白,也着重地分析了当前国内政治形势逆转的征兆。陆冰这时对感情问题还莫知莫觉,人家给她取的绰号叫"沙和尚"。王维对陆冰有好感,宋明珠早知道了。有一次王维身体不适,烧一只猪肚吃,陆冰却一点不懂得照顾,宋明珠就取笑她。王维临走前对她的表白,让她的心开了窍。王维到《民族日报》后,给她写过十多封信,她读信时经常让宋明珠看到。

1940年冬,横岭村驻满了军队,他们要进驻小学被拒绝。陆冰认识这个部队的两位指导员,因为她在政工队时曾被派到一个地方散发传单,那地方的驻军与日寇接触后,对来往行人盘查甚紧,陆冰带有一个花布包袱,内有一双鞋子,几包火柴,岗哨搜查她的包袱,没收她的鞋子,怀疑她是汉奸,指导员盘问,查明是政工队的人。军队进驻是不讲理的,幸好她认识指导员,军队才走开,当晚宿夜时,陆冰找来四个学生一起睡,半夜里发现有人在她脸上摸,她高喊:"有鬼呀! 有鬼呀!"这家伙快快溜走了!

次日,陆冰找县政工队上诉,向部队提出三个要求:一、不准军队进驻学校;二、查出犯纪律的人;三、归还没收的鞋子。

村里农民听到这件事都很支持,但是村长孙子的媳妇被人奸污,却没有谁敢管。

国民党县党部的特务孙和声,每隔一两天就来学校听她给学生上课,她看情况不对,自己房间里藏有一批王维买来的进步书刊,万一被特务查出就麻烦了,于是要新发展的农民党员晚上转移出去,还有两个发展对象填写的入党志愿书,几张空白表格,她藏到屋顶瓦片下。特务照样来听课,她虽有点警觉,但不曾想到转移。过了几天,一个上午,孙和声突然来对她说:"方县长的轿子在横岭山脚下等你,叫你去一下。"她回答:"我要上课怎么去呢? 能不能请方县长到学校来,有什么指示当面对我讲。"孙和声马上露出他的真面目,一声令下,马上有两个特务进室内搜查,另两个把她带走。

她被带到上方县政府驻地,首先审问她的是教育厅浙西教育督导员逢化文。陆冰以前认识他,心里一点不慌。逢化文说:"我以前叫你去读书,你不听,现在你被共产党骗了,王维就是个共产党,你和宋明珠都被骗了,现在要老老实实讲出来,写出悔过书,我还可以送你们去读书。"陆冰这才知道宋明珠也被叫来,心想她一定不会说什么,否则逢化文一定会大做文章,于是她回答:"王维是不是共产党,我不知道,我和他在政工队认识,但是从来不搭界,怎么可能知道谁是共产党?"

逢化文说:"你要清醒一点,我们是做过调查的,你们不讲就得关起来。"

这时县长方元民也来了,他说:"我们知道王维是共产党,你同他有过接触,他搞什么活动,你要把你所知道的都讲出来。"

陆冰说:"方县长,你说得不对,我在政工队时间很短,如果他是共产党也不会对我说,我怎么可能知道他搞什么活动? 如果你们对我这个抗日流亡学生不相信,我还不如回沦陷区做顺民得了。"

问不出什么,晚上自然不让走,她和宋明珠被安排住到一个房间里,有几个女职员陪同,实际上是监视。第二天,一个特务对她说:"你们讲不讲? 再不讲就送走。"她们回答:"我们什么也不知道,怎么讲得出?"有一个做文书抄写工作的书记员叫徐海涛,他是追求宋明珠的,为她俩说了几句话,也被一起带走,三人被关到安吉青龙乡去了。

第二天,来了国民党安吉县书记长,他除了继续追问王维、政工队什么的,还增加了一个新问题:钱崇礼是怎么被害死的?这个问题陆冰曾听说过,是这样的:安吉三青团的什么股长钱崇礼,一天带着枪到袁家汇,目的是抓鲍玉元、王明新二人,见面时鲍、王二人机智地接待他,暗里派人通知农民游击队过来,收缴了钱崇礼的枪,把他打死悄悄埋葬了,鲍玉元和王明新也乘机逃走了。这件事与陆冰、宋明珠不相干,她们也不知道鲍、王二人的底细,但是县党部书记长毫无根据地说:"你们知道得这么多,你们是同谋。"二人抗议道:"你是书记长,怎么可以说这种话!你自己问我们,我们把听来的实话给你讲,你反而陷害我们是什么同谋,你像做书记长的人吗?老实说,钱崇礼是怎么样一个人,我们见都没有见到过。"

书记长无计可施,又拿王维说事。从口袋里掏出一页纸,是从王维写给陆冰和宋明珠二人信上摘录的句子:"天上已布满乌云,暴风雨就要来了!""当你身上一无所有,只有一身衣服的时候,一个人还能怎样生活下去呢?""学习,学习,再学习,在学习中认识真理,在学习中走向进步。""鲁迅先生说过,顶住黑暗的闸门,放他们到光明的地方去。"他念的时候很得意,念完就大声说:"你们听到了吗?这些句子都是共产党的口气,都足以证明王维是一个共产党,你们就是受他宣传的影响上当受骗的。你们要聪明一点,赶紧醒悟过来。"

说了这些话,书记长就叫她俩每人写一份自传,交代自己怎样受骗参加共产党的活动。她们写了一份通不过,关了两个月,1941 年 7 月,她们被送到国民党省党部浙西办事处,软禁在天目旅馆,由一男一女看管,第二天吴兴县政府办事处的顾本来对两人分别进行一次审问,他也是湖州人,儿子是陆冰的同学。顾本问来问去,问不出什么新东西,最后无可奈何地问:"你说句老实话,你相信什么主义?"陆冰毫不迟疑地回答:"我相信三民主义。但是日本鬼子侵略中国,我们民族受到空前的浩劫,我坚持抗日,反对投降,坚持团结,反对分裂。我早就说过,你们不让我抗日,不如让我回到湖州去做顺民算了。"谈了半天,顾本还是一无所获。

又过了几天,一个名叫倪椿的中统特务被派来审她们。他气势汹汹,开头就是一记耳光,一脚踢过去,大声叫喊着:"你明明是共产党,还不肯认账!"陆冰反抗:"你凭什么打人?我一个流亡学生,没有被日本鬼子打死,被自己中国人打死!你诬陷好人,你跟日本鬼子一个样!"

倪椿冷笑一声,问:"你说你跟吴兴政工队的严正是什么关系?严正到哪里去了?严正要你搞什么活动?"

陆冰心里一愣,马上回答:"我在政工队没有待多长时间,我同严正什么关系也没有。我在小学里教书，我的活动都在学校里，这不是明明白白的吗？"

"你同王维是什么关系？"倪椿又问。

"王维早就回天目山去了，我们没有什么关系。"

"他不是给你写信吗？"

"我是看到过一封他写给宋明珠和我两个人的信，另外没有。"

"钱崇礼被杀事件，你怎么知道的？"

"我根本不认识钱崇礼这个人，他被杀的事是大家说的，跟我有什么关系。"

"什么事，你都推说不知道，宋明珠都讲了，你还抵赖，这样下去，你要倒霉的。"倪椿无计可施，只有用诱骗威胁的办法了。

倪椿最后叫陆冰填写了一份表格，也就是他提出的那些问题。

对宋明珠的审问，陆冰不知情。但是从对自己的审问中，他们似乎没有抓到什么把柄，这让她放了心。她们被拘禁在天目山前后十天左右，顾本又来天目旅馆找她们谈话。顾本说："你们的事，我们还要调查，现在决定先放你们回去。你们可以在天目山到处走走，今后要相信政府，走正路。"临走前一天，还客客气气请她们到小饭馆吃了一顿饭。

那一男一女监管她俩的人，带着她们回到孝丰，把陆冰交给国民党孝丰县党部书记长贾知时，只让宋明珠回去。对陆冰用的还是软的办法：谈话、写自传材料。过了半个月，叫她去三青团战地服务队，她不肯去，坚持说要去教书。他们没办法，把陆冰交给一个叫黄启凡的人去管，八月初，总算让她参加全县小学教师暑期训练班，结束后派到当地一家私立姚氏小学，这家小学专收军人子女入学。她要求回湖州，他们不答应。

陆冰完全不知道这样一个关键性的事实：1941 年 1 月王维从《民族日报》秘密逃离前夕，曾经托人给陆冰带信，约定何时何地会面一起走。

这个关键性人物是《民族日报》记者杨德安（杨萍）。这个杨萍决定了陆冰一生悲惨的命运。

杨萍原是浙东一个县的中共县委书记，被捕后成了叛徒。但杨萍进入改组后的《民族日报》，没有人知道这个秘密。有一回他回临海家乡去，浙西行署的股长吴先文到《民族日报》当编辑股长，他当时对人说过："杨萍靠不住，回来要他吃生活。"有人写信告诉杨萍，吴先文对他有看法，他回来要出事。结果这个杨萍还是大摇大摆回来了。他说："我怕什么，我是登过记的。"原来他早就是个叛徒，只是隐瞒这个身份罢了。

那时候的王维，对杨萍是个叛变分子丝毫不觉察，他离开《民族日报》前夕,刚好杨萍去路东采访,所以趁便托杨萍带信给陆冰,叮嘱杨萍要直接交到陆冰手里。这个信很重要,约定何时何地会合一起远走高飞。王维和杨萍都不知道陆冰当时在孝丰,杨萍到安吉吴兴时,有人告诉他,前面到处抓人,吴兴县长方元民已经知道你来了,你还是赶快走。杨萍不是一个可靠的人,王维托他带给陆冰的信无影无踪了。

1942年初,陆冰第二次被扣押审问,主要还是王维的关系问题,仍然问不出什么,只好放了她。她知道王维走了,又听说《民族日报》记者杨萍到路东时找过她,便写信去问杨萍怎么回事,杨萍复信说是有一封王维给你的信,这信已销毁了。这使陆冰大为失望。

陆冰的地下组织关系在严正手里,严正的上级是徐珍(贝纹),据贝纹说,他在1940年4月转移以前,曾嘱咐吴崇桐工委赵金城与陆冰联系,实际上那时陆冰正受到国民党怀疑,关系并未接上,从此就断了线。又据化名宋志英的许斐文说,基于陆逸月当时的境况,她曾当面对陆逸月说组织上已经把你的组织关系处理过了。许斐文当时是县委妇女部长。从哪里去找组织关系?这是陆冰日思夜想的问题。叛徒杨萍正是摸准了这一点,他执行了一项"请君入瓮"的阴险计划,而头脑简单的陆冰就这样轻易地糊里糊涂上钩了!

杨萍对陆冰说他可以帮助找到地下党组织,是要到沦陷区的上海去找,要进入沦陷区得办"顺民证",这事去信请湖州的亲友帮忙,两张照片寄去就办妥了。1941年夏,杨萍带着她一起到了嘉兴,晚上到旅馆宿夜,陆冰要分开住宿,杨萍说,我们两个人分开,一定会引起人家怀疑,应该住一间房。入住后的半夜里,杨萍爬到陆冰床上,陆冰挣扎着不答应要喊叫,杨萍掩住她的嘴巴警告:"你不能喊,不能喊,让汉奸鬼子听到就活不成了!"陆冰被吓住,包藏祸心的杨萍强奸了她!

她低声啜泣了大半夜,天亮前迷迷糊糊睡着了……

杨萍带着她到上海,在虹口区、沪西区走街串巷,找了一处又一处,都说人搬走了,处处落空。杨萍表示无可奈何,又说:"还有宁波,我们到宁波去找找看。"陆冰只能跟着走。不用说,也是三处两处去问,哪里有什么地下组织的踪影。这时的杨萍又说:"我们只有到我的家乡仙居去找了,仙居有几个地下党员是我的熟人,说不定能碰上。"陆冰已经像被牵着鼻子走,失去自主能力,跟着到了仙居。这是1942年夏天。

杨萍和陆冰成了夫妻关系,后来怀孕生子,杨萍所说的地下组织全是空中楼阁。杨萍黔驴技穷,为了生活下去,陆冰又当上了小学教师,同时还参加县妇女会的活动,幻想在社会上再碰到地下党的人。1944年,仙居陷入"白色恐怖"，杨萍又骗她说："要隐蔽下去，只有参加国民党，这样做党是允许的。以后找到组织，我可以为你证明。"开始她不同意，后来还是答应参加国民党。两年多下来，她对杨萍的真面目始终蒙在鼓里。抗战胜利后，杨萍到杭州，凭他的叛徒身份成为国民党报纸《大同日报》记者，陆冰也在杭州重返小教岗位。1951年镇压反革命运动，杨萍以出卖组织的重大罪行，被判处20年徒刑。如梦方醒的陆冰与其划清界限，立即宣布离婚。这样的悲剧故事，既让人鄙弃，又让人嗟叹，也让人多少有几分同情、几分怜悯……

第三个故事讲两个女孩顾亦民和金路的不同命运：

1938年秋季，在天目山开办了浙西临时第一中学，专门招收杭嘉湖地区的学生，顾亦民和金路都是1939年春季入学的。顾亦民是孝丰人，入学前曾是余杭县政工队队员，金路家在德清洛舍镇，她是湖州初级师范学生。顾亦民的父亲是孝丰一家中心小学校长，大革命时代曾参加进步活动，可说是地方耆宿，颇有名望。金路家在镇上开鲜面店，父亲学过中医，但未执业从医，而是热心公益，乐于助人，战时被推为商会会长，后又被选为应对游杂部队滋扰的乡公所乡长，对女儿宠爱有加。

在学校里，顾亦民有政工队的经历，容貌俊秀，在同学中很拔尖，既聪明又能干，能说会道，功课也好，成了一个活跃分子。开学不久，1939年3月22日，国民政府军委会政治部副部长周恩来到天目山，3月24日，在西天目禅源寺后院、浙西一中前院的罗汉堂、百子厅、云水堂和大树轩聚集着全体学生、浙西行署公务人员、政工人员训练班学员共一千余人，聆听周副部长一个半小时的长篇讲话。也就是在这一次，顾亦民偶然遇到了在天目山某部门工作的徐珍，这以后她的命运就揭开全新的一页。

徐珍是谁？她是在天目山地区进行隐蔽活动的中共负责人之一，真名贝纹。她的爱人曹大钧（陈浩天）是余杭地区党的领导人。徐珍接触顾亦民以后，作过多次谈话，知道她的父亲曾在大革命时期参加过党的活动，又肯定她对现实的思想认识，决定发展她参加共产党。之后，顾亦民成为浙西一中支部书记。随后，高中部一位男同学金希树也被吸收入党。金路比较幼稚，想参加共产党是出于对顾亦民的崇拜，她与顾亦民特别亲近，顾亦民也把她作为培养对象，晚上一起散步，对她启蒙。顾亦民到天目山脚的大有村，同中共天目山区委书记叶诚会面，金路给她望风。顾亦民在学生会提出校长方秉性克扣学生助学金有贪污行为，与三青团对立，训导主任金传书兼三青团区队长找顾亦民谈话批评。金路把这些情况写在日记本上，三青团的同学偷去日记本交给校长，顾亦民说可以去校长室把日记本偷回来，金路果然趁夜间偷到了。校长找顾亦民、金路谈话警告。这时,实际上金路已从培养对象变成填表入党。1940年暑假前夕,她被学校正式开除。后来金路因患痢疾、疥疮回家养病,到1941年春节后,金路回校途经孝丰时去找顾亦民,问她:"我的组织关系怎么样?"顾亦民含糊其辞,金路得不到明确回答,她返回天目山浙西一中,学校拒绝注册,她只好离开天目山,去浙东松阳的湘湖师范复学。而顾亦民于1940年暑假前夕被学校正式开除。

退学回家的顾亦民,仍然保持组织联系。1941年秋,地下组织决定派一批人去苏北盐城,带队的人叫叶根发,大家在安吉递铺一个小村子集合,结果叶根发的恋人没有来,又散了。这批人里有一个人叫张慕陶,思想动摇,向二区专员于树峦自首,特务去递铺小村子抓人,一个18岁的小青年逃过河时被打死,叫张慕陶去认,也叫不出名字。顾亦民回到孝丰家里,等不到消息,留下给人当家庭教师,当她发现自己被特务秘密监视,便自作聪明白天扬言要去县教育局要求复学,出门时马上被捕关押去孝丰县政府。当时浙西行署的张洪仁押送一个共产党嫌疑人到孝丰交给县长刘能超,张与刘都是中央政治学校出身,张洪仁年近30,尚未婚配,刘能超有意成全,特地把顾亦民交给他审理。张洪仁身材高大,相貌堂堂,是一个标准的美男子,顾亦民身材修长,肤色白皙,虽然算不上美女,也是秀外慧中,富有吸引力。他们一开始就不是一个官员和一个被捕的共产党员的对立关系,而是彼此被对方征服了。他们推心置腹地谈话,完全是私人之间的交流,什么信仰啦,政治斗争啦,都被搁置了。他们中间没有敌人,没有憎恨,只有感情的倾注。审问与被审问,竟成了一见钟情,相见恨晚……

相隔三年以后,金路在家里收到顾亦民手里抱着一个男孩的照片,背面写道:"这就是别后三年的一番景象!"

三十多年以后,张洪仁写了一篇自白:《一个难以转变的人的转变》,原来他在解放战争时期对国民党腐败极端失望而寻找共产党,正是通过金路的介绍找到地下党的关系,他以上海军民合作指导总站负责人的身份起义立功,向中共地下组织提供上海西区外围驻军的兵种阵地的地图,使进攻上海的人民解放军部队顺利解放大上海,这是后话。

在浙东松阳湘湖师范读书的金路,暑假期间去丽水访友,浙西行署中统调查室派人到学校抓人,校长金海观是进步人士,叫同班同学楼朝生通知金路不要回校,从此她参加韩台剧团,剧团里大多是失去组织联系的共产党员,因三战区集训而纷纷离开。1943年夏她跟随剧团男友青岛人贾起从浙东返浙西,准备回德清家中筹措路费后进入山东根据地,途经於潜时,贾起宿观山师范学校朋友处,金路宿于湘师同学曹平逵家。曹平逵是湘师学生会主席,其兄曹平旦是於潜国民党县党部书记长，曹平逵知道浙西行署曾派人到湘师抓金路，告知曹平旦后，清早就有特务到曹平逵家抓人，金路机警地从后门逃出，逃到观山仍被抓住，而在观山的贾起则因来到曹家而被捕。二人由国民党省党部浙西办事处送交天目山浙西行署调查室南庵监狱。天目山的一位老师立即通知金路家人前来保释，她父亲把钞票卷入美丽牌香烟罐，派人直接送到国民党省党部浙西办事处，要求保释金路，而在南庵拘留所的金路则要求保释她和贾起二人，这是家里所不知道的。其家人同意回去拿钱再来，往返德清需要时日，当时天目山以北地区日军调动频繁，形势紧张，浙西行署正准备搬迁，南庵拘留所对一批男犯人一律以"土匪罪"押去深山中残忍杀害，其中就有共产党员贾起。金路得知贾起牺牲，悲痛欲绝……金路的意志没有消沉，她坚持追求进步，抗战胜利后她到上海，经进步友人介绍，做了中共地下组织创办的方震小学的教师，这个小学是党的外围"小教联合会"的成员，只有她一个人非党，但她从此重新走上革命道路。

20世纪90年代中，上海大型文学杂志《收获》，刊出女作家张抗抗长篇小说《赤彤丹朱》的部分篇章，其中讲述了共产党员贾起在天目山牺牲的故事，小说对贾起的原籍语焉不详。这一期《收获》杂志的篇章引起山东青岛贾起一位亲属的关注，他同作者联系，确定小说中的人物就是自己的亲人，由此贾起的兄妹向山东省政府民政厅提出追认贾起为革命烈士的申请，山东民政厅派出专案人员到杭州，向贾起当年的战友陈宗谷老同志、监狱中的难友关非蒙调查取证，根据审核结果作出正式追认贾起为革命烈士的决定，灵位进入青岛革命烈士纪念馆。张抗抗写的《故事以外的故事》传颂一时。浙江新四军研究会的会刊《足迹》刊登了《巍巍天目立忠魂》的专文。《浙江日报》也刊发专稿，抗战时贾起战斗过的遂昌县党史征集委员会也表示悼念。

第四个故事：

一个年轻人，在抗日战争时期阅读《狱中记》，被怀疑为"赤色分子"。《狱中记》是法国一位作家的名著，巴金译。天目山麓的於潜县一都国民中心小学教师童赍庭，原是余杭县政工队员，受到进步思想影响。1941年3月，浙西行署主任贺扬灵到一都中心小学视察，发现童赍庭室内有《狱中记》及其他进步书刊，告知调查室派特务搜查，由此童赍庭被捕押送天目山。原余杭政工室主任兼政工队长鲍自兴，当时因庇护已被破坏的中共黄湖中心区委组织外围人员受到怀疑，调到天目山朱陀岭的浙西行政干部训练班任指导员，那天忽然接到童赍庭的电话，他对鲍自兴说："我身边现在有两个弟兄，要带我上山……"鲍自兴完全意会到童赍庭被捕了，童赍庭要求鲍自兴出面保他，鲍自兴只能说:"我们不便说话,你不要来……"童赉庭被关进调查室的南庵拘留所。鲍自兴知道训练班里有一个女职员,原是中共分子,自首变节后下嫁调查室某某,对她作了试探后,鲍自兴觉得可以通过她了解一下情况,就说自己在余杭政工队时有一个队员叫童赉庭,被调查室抓去了,她能否打听一下,童赉庭被捕后怎么样。过了几天,女职员如实告诉鲍自兴说,童赉庭什么也不肯说,他们对他用了重刑,恐怕性命难保。实际上,童赉庭并非中共党员,只是一个"左倾"思想较强的青年。他的牺牲,一直没有得到确认。20 世纪 80 年代,鲍自兴和余杭另一位地下党员联名向余杭县民政局正式提出申请,童赉庭终于被批准正式成为革命烈士。

1988 年出版的《杭州市革命烈士英名录》这样记载:"童赉庭(1919—1942)临安夏禹桥镇石山村人。1938 年考取浙西一中,经常阅读进步书籍,尤其是 1939 年 3 月听了周恩来在天目山的报告后,思想积极靠近共产党,参加进步活动,因而受到反动当局的注意,被迫退学,在告岭(一都)中心小学任教。1940 年冬,浙西一中的共产党地下组织接到皖南新四军某师政治部的一份传单,急于翻印散发,他欣然接受任务,当夜就和金希树(浙西一中共产党员)自费买了纸张翻印散发。他还不顾生命危险,掩护受反动派追捕的两位中共党员脱险。1942 年 4 月被捕,遭天目山的国民党特务机关的种种酷刑,坚贞不屈,丝毫没有吐露党的机密。5 月 29 日被特务机关在西天目蟠龙桥杀害。"

第五个故事记述"白色恐怖"中的两个典型事件:

在抗日民族统一战线的低潮时期,1939 年 7 月,国民党顽固派秘密拟定"中央提示案",掀起新的反共高潮,其目的是强令在黄河以南的八路军、新四军撤向黄河以北。1941 年 1 月 7 日,国民党军队 8 万余人,在皖南茂林地区对转移中的新四军军部 9000 余人搞突然袭击,制造了震惊中外的"皖南事变"。1941 年 1 月 18 日中共中央下发《关于皖南事变的指示》,向全党说明"皖南事变"的真相及反对国民党进攻必须采取的方针。1 月 20 日,中共中央军委发布重建新四军军部的命令。1 月 22 日,毛泽东以中共中央军委发言人的名义,彻底揭露国民党反动派的阴谋。中共浙西特委及时向当地党组织转达上述中共中央文件,要求分别翻印向广大群众散发。4 月中旬,余杭县的中共黄湖中心区委,就是在执行上述任务中,部分中共党员遭难,引起全县各界人士震惊。

中共地下党在黄湖地区的活动,开始于 1939 年 5—7 月,由省政工大队二队曹大钧(陈浩天)在黄湖发展张季伦入党,徐珍(贝纹)介绍张美月(张毅)入党,金惜明在祝家湾发展邹求真、潘国瑞入党,陈尔久在横畈潘村发展胡雄、朱金仁入党,中共地下党在祝家湾、双溪分别成立支部,开展抗日救亡斗争而壮大起来的，党员人数达到 62 名。1939 年冬天，国民党顽固派发动了第一次反共高潮，浙西行署主任贺扬灵、国民党省党部书记长方青儒，决定实行"溶共、限共"，把政工队全体集中天目山集训，中共浙西特委派刘吟（罗希明）到黄湖地区，成立中共临（安）余（杭）工委，继续开展活动。1940 年 5 月罗希明调吴兴工作，临余工委改建为黄湖中心区委，改由方堃（冯幼平）任书记，委员有潘国瑞，孙良朴，罗锦江，金秀林，至 1941 年 5 月，黄湖中心区委所属基层组织已有 9 个支部 1 个小组，共有党员 107 名。4 月中旬，区委接到浙西特委政治交通员送来的中共中央关于"皖南事变"后两个文件，蜡纸刻印 200 份传单，分头在黄湖、双溪、潘板、横畈、石濑、瓶窑等地散发或在墙上张贴，浙西行署获悉后立即派调查室特务俞士杰到黄湖侦查，根据双溪镇镇长孙南乔提供的线索，在水磨堰罗锦江家中搜出尚存的传单，罗锦江当场被捕，接着被捕的有潘国瑞、孙良朴，1941 年 5—8 月，先后被捕的党员达 30 余名，其中有区委书记冯幼平。被捕后坚贞不屈的白塔畈支部书记吴忠义、黄湖党员张季伦惨遭杀害。特务俞士杰到黄湖追查散发传单事件时，带来行署主任贺扬灵给余杭县政工室主任、政工队长鲍自兴的手谕，命他配合行动，鲍自兴当时不明真相，抓来 30 多人在政工队队部关押，他发现其中有部分是自己熟悉的抗日分子，于是自行决定将这批人交保释放，对押送天目山的潘国瑞等人悄悄地说："你们不要受哄骗，什么都说，多说对你们自己是不利的。"俞士杰向贺扬灵汇报了鲍自兴的行为，贺扬灵马上下令撤了鲍自兴的职务，把他调到天目山朱陀岭浙西行政干部训练班当指导员，实际上是一种监视。抗战初期浙西区专署专员汪浩曾宣传浙西模范抗日青年"天南鲍自兴，天北郎玉麟"，贺扬灵 1939 年 9 月到天目山后对鲍自兴印象也不错。鲍自兴的故事容后细说。

浙西"白色恐怖"中的第二个典型事件，是对浙西民族文化馆的共产党和进步人士实行大逮捕。1943 年秋新四军十六旅在郎（溪）广（德）长（兴）开辟根据地，1943 年 10 月 11 日至 28 日日寇集结一个联队，外加登山特殊装备进攻天目山，三战区顾祝同和浙西行署主任贺扬灵深感威胁。浙西民族文化馆创立于 1940 年，是贺扬灵 1939 年 9 月到天目山以后，任命绍兴专区时期《战旗》主编曹天风为馆长，学者卢文迪为副馆长，从建馆之初便有一群进步人士参加，坚持抗日团结和进步方向，其中的茹茹（沈之瑜）、唐戌中、鲍浙潮、叶亮、贺友榕、张纪斐、王靖等都是暂时中断组织关系的同志，浙西行署中统调查室秘密派遣情报员褚秩平混入其中。实际上馆内的进步势力和反动势力之间的斗争是隐形存在的。1941 年太平洋战争爆发后，著名音乐家张昊，教授陈守实、周继善从上海投奔内地，都曾在文化馆停留。特别是民族文化馆设立敌伪研究室,出版敌伪研究丛书,受到各方重视,由曾留学日本的陈元善主持。还有民族通讯社,发行甲、乙种通讯稿,每周或半月,定期发行,内容丰富,全国各地报纸刊用,影响广泛,通讯社主任高流、唐戌中。1943 年 8 月,唐戌中应江西王造时之邀,获贺扬灵批准,去吉安任《前方日报》总编,算是逃过一劫,原来贺扬灵自我吹嘘"后方政治看赣南(蒋经国),前方政治看浙西",他搞的一套"白色恐怖",实际上是自己给自己打巴掌!

　　1943 年 10 月中下旬的天目山第二次保卫战,为苏浙皖边抗日战事以来空前激烈的争夺战,日寇分三路进犯,妄图抢占天目,夺取於潜,以窥犯皖南屯溪,消除京沪杭地区所受之威胁。从孝丰至西天目山有三条路可走,一路从左侧越告岭,一路从正面出羊角岭,一路从右侧经章村。羊角岭一路,从报福镇到天目山羊角岭 60 华里路径狭窄险峻,是浙西行署军政人员往来嘉湖地区的孔道。告岭一路更是悬崖峭壁,行人要拉紧路边的灌木杂树才能向前移动,万一失手即有坠崖之险。进攻告岭、羊角岭的日寇不下 3000 人,以六十一旅团 105 联队充当主力约 1500 人,配备骑兵 100 余人,炮兵 200 余人,便衣队 300 人,先锋部队身着爬山服,脚穿及膝的皮靴,靴底有铁钉,手带皮手套,手心部分特制长钉,腹心裹坚甲,各带马刀,他们不走大道,形似野鬼般攀登悬崖峭壁。便衣队使用短枪马刀,随带警犬前行侦察,宿营时充当哨兵,以减轻士兵的疲劳。其他寇兵一律轻装,携带干粮及工作帐篷和雨衣。

　　国军驻守部队二十八军,各路严阵以待,日寇前锋占据报福镇后开始行动。10 月 19 日,敌向告岭、羊角岭、章村大举进攻,不顾高地险峻,把笨重的大炮拆开后往山上拖,又携带大量大型掷弹筒,射程可达 800 米,火力相当于迫击炮。上午两架飞机在告岭国军阵地投弹。21 日上午 10 时,一股敌人从景溪坞窜至告岭头,一九二师王师长面对强敌,振臂一呼,誓与阵地共存亡,战士 6 人以 1 挺重机枪及 6 支步枪的火力压制敌人,得以扭转危局。从冰坑进犯羊角岭和告岭之敌,也被王师刘团和火速驰援的青年营击退。23 日,被阻于冰坑、董岭之敌,利用夜幕突然窜上仰天坪,此时大雨倾盆,国军乘敌不备,突然发起猛烈反击,压敌退回冰坑。24 日,顽敌又倾巢出动,猛扫告岭、羊角岭,此时国军正在换防,被敌窜上告岭头、仰天坪、大塘村等地,日敌的如意算盘是分三路攻取天目山,一路过羊角岭攻东关,一路由告岭出泥坞山,直抄东关侧背,一路由告岭过太子庵占青云桥。这是天目山第二次保卫战,也是它的"第二次摇晃"。

　　守军二十八军六十二师师长刘埙浩立即下令:"不准后退,违者立斩!"他在阵地上部署指挥,火速占领茅草山和高尖,茅草山在仰天平西面,高尖在仰天坪东南,两山高居仰天坪之上,可以严密监视敌军。又在仰天坪对面的靛青堂山上安置重炮,对敌猛轰,同时抢先占领泥坞山的最高点独山顶,堵压敌人无法前进,迫敌退回东关;在太子庵一线也重兵拦截,迫敌后退。大塘村到上中柏坑村一带,守军两个营与敌人在山谷间往返冲杀,把敌人压向谷底,在大炮轰击下,敌人龟缩不敢应战。25日拂晓,六十二师全线反攻,敌阵线动摇,上午10时开始溃退,当晚又企图杀一次回马枪,但碰壁而逃。同日,六十二师两个营克复章村后迅速包抄报福镇,使羊角岭下之敌退路受阻,仅留下董岭一路,一旦被截,必成瓮中之鳖。26晚,大部分敌人向董岭夺路逃命,上中柏之敌无路可逃,受到围歼。27日,国军连续克服统里、报福、老石坎。28日炮轰孝丰城,前后歼敌1200余名,残敌溃退,天目山险情完全解除,第二次保卫战取得辉煌胜利。

早在天目山危急以前,浙西行署已向昌化汤家湾迁移,贺扬灵把地名改为"龙岗"。浙西行署迁离天目山,正是新四军十六旅向皖浙边境及长兴发展的时期。

当时,天目山民族文化馆常有时事讨论会、专题讨论会等学术活动和业务研讨活动,在这些活动中,谁有什么言论,行署中统调查室了如指掌。贺扬灵对知识分子采用阴阳两手策略,一手是拉拢利诱,一手是暗中监视。一次他突然邀唐戍中、高流(何文潮)、褚秋平三人到天然居住处吃早点,表面上闭口不谈政治,实际上是故意把调查室情报员褚秋平与进步分子搞在一起,目的是扰乱视听,把水搅混。高流从吴曼华主持的《浙西导报》调入文化馆民族通讯社,头上有顶"红帽子",但贺扬灵表面上还是重用他,每次外出视察,身边带的人一个是副官,还有一个就是记者高流。高流是一个才华横溢的人,他不但写各地通讯专访,还写散文、小说,都是很有思想性的作品。特别是1943年10月中下旬天目山第二次保卫战中,他奔临前线采访,11月初归来时途经昌化朱穴坞《民族日报》,把两篇稿件交给我,就是《天北烽火录之一——告岭羊角岭争夺战》和《牵制敌军窜犯告岭的两次战役》,在11月4—5日通讯报连续发表。然而不到半个月,11月中旬传来民族文化馆20多人被行署调查室逮捕的消息,最后高流、关非蒙、金浪涯(金乐一,民族剧团导演)、卢志白,还有已去桐庐中学教书的李益中5人,被押送皖南屯溪国民党苏浙皖总指挥部后,转押上饶集中营囚禁。实际上,5人中仅李益中一人于1938年在浙东义乌参加中国共产党,到浙西天目山后保持组织关系,但直接领导人是天目山区委书记叶诚。1941年叶诚被捕。李益中是马来西亚归侨,杭州师范学校音乐科毕业,参加抗战后一直从事歌咏运动,他把《太行山上》这首战歌移植过来,改为《天目山上》,被广泛传唱,学生、军政人员人人会唱,他的名字在天目山广为人知。

关非蒙原在民族剧团,后调民族文化馆当编辑,他是河北人,战前从圣经学院肄业,是个基督教徒,抗战发生后,一度流亡到武汉,因某种机缘辗转到浙江金华,于1941年到天目山。他说一口京腔,给人一种卓然不凡的印象。他到浙西以前,曾结识著名诗人覃子豪,激发了他的诗创作天赋,开始发表诗作。他满怀赤子之心,从不掩饰自己的爱憎,每一首诗都要说出自己心底的话。非蒙不是党员,同党的外围组织也没有关系,较早的一首诗《天边》这样写道:"我……/终日里战战兢兢/不安地/翘望着天边/曾经和为那不可捉摸的/天边/无垠的天边/无尽的辉煌/我把全部希望猛然抛去/像生翼的马飞向苍穹。"这首诗的含义几乎不必作任何解释。不仅浙西的报纸,浙东、江西、福建以至桂林的报纸,也常见他的诗作。在短句《种草》里,他写道:"不必去诅咒土地/土地没有过失/错误在于你自己/广阔肥美的良田/不去栽种果树/而种些杆草和荆棘……/这暗淡的日子/是你自己涂抹的颜色。"这样的诗,能让统治者喜欢吗? 1943年8月5日,我编

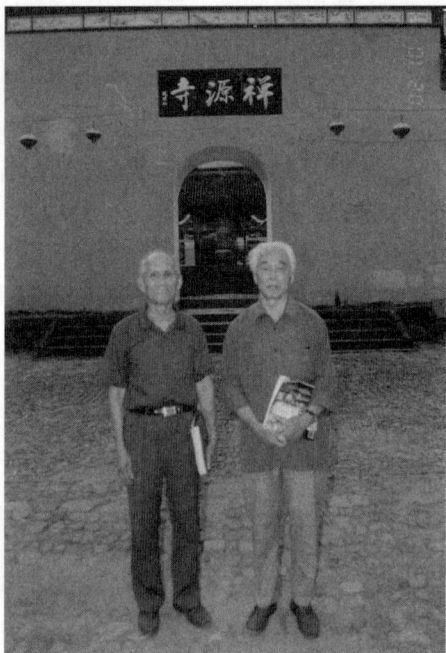

60年后,诗人关非蒙(右)与作者重访天目山

的《民族日报》副刊发表他的一篇较长的诗:《我们是在战争不是在做梦》。这首诗抨击了某些脱离生活、自我陶醉的文学现象:"逃避,苟安……/不敢面向现实/不敢跟着千百万兄弟们/去执行解放人类的崇高工程/你们——唱梦说梦写梦的人!"

非蒙还写过揭发官商勾结走私桐油土特产资敌的通讯,他的名字早已上了"黑名单",难以避免被看作"赤嫌"。他第一次被捕是8月间,贺扬灵派特务给他一张条子:"非蒙兄,请来一谈。"这样他便进了设于天目山门右侧山坳的拘留所。因10月日寇第二次进攻天目山,他被暂时释放回文化馆软禁,11月中旬又再次与李益中、高流等被捕,押送福建崇安集中营。这批人直到抗战胜利,国共谈判签订《双十协定》后,才作为政治犯获得释放。

浙西文化界有这样两位女士,一位忠贞不渝,一位竟然袒露自己愿意"跟

魔鬼走"。前者名冯安琪，后者名马珊。这里讲一下她们的故事。

冯安琪于抗战之初毕业于湖州护士学校，不甘心在沦陷区做亡国奴，投奔长兴抗日救亡政治工作队，成了活跃分子，并以出色表现被吸收成为共产党员。当时在长兴煤山，国民党驻军某团打了一次小胜仗，政工队配合展开劳军活动，冯安琪代表群众献花，这是抗日

李益中　冯安琪

民族统一战线时期的正常现象，但意外的事情发生了。起因是接受献花的国军团长，对献花的漂亮姑娘冯安琪产生非分之想，竟公开追求她，冯安琪本身并无过错，但地下党领导却出于防范，在没有充分了解事实真相的情况下，断然作出割断冯安琪组织关系的决定。（此事在 1949 年解放后，当年长兴地下党支部书记徐一平同志向审干部门写材料说："1941 年上半年，县委×××同志来对我说，冯安琪与国民党驻军×××团团长谈恋爱，组织上已决定切断她的组织关系。我据此写了材料。随后分析情况觉得不对，于是再度为此说明真实情况，希望组织上实事求是予以否定。但组织上认为这样更改无效，因那位县委同志已在解放前去世，无法查证，只能同意她重新入党。"）

当时天目山民族剧团音乐指导李益中到长兴，冯安琪对这位归侨音乐家一见倾心，情投意合，1941 年下半年，她离开长兴到了天目山民族剧团，不久与李益中登报结婚。李益中祖籍广东，出生在印度尼西亚邦加岛，在中学时期即参加印尼共产党的共青团，1932 年参加反殖民统治的游行示威，曾被捕入狱，后被驱逐出境。1934 年回国，在杭州师范学校攻读音乐专科，1937 年慷慨高歌上战场，1938 年在义乌参加中国共产党，1940 年初组织关系转到浙西天目山。在中共天目山区委书记叶诚领导下活动，1941 年叶诚被捕后，组织关系中断。1941 年民族剧团副团长陈才庸被捕，1942 年初李益中离开剧团到桐庐中学做音乐教师。原《浙西导报》吴曼华智脱魔掌后，陈才庸被暗害，1943 年 11 月民族文化馆高流、关非蒙、金浪涯（金乐一）等人同时被捕，已去桐庐中学教书的李益中也在其中，被遣送福建崇安集中营。冯安琪带着孩子，坚贞不屈，见到浙西行署主任贺扬灵，愤然提出抗议，贺扬灵只能打哈哈一脸奸笑。

民族文化馆副馆长、老叛徒周味辛找她谈话,说什么"我们得到消息,李益中从监狱逃跑,已被枪杀在武夷山下,你年纪轻轻,还是早日给自己找一条出路"。冯安琪回答:"我同李益中是有共同爱国思想的战友,我相信他是坚强的,他死不了!"过了一年,她突然接到李益中来信,使她惊喜万分,信中说,集中营里有不少是抗日文化战士,集中营为了赚钱,成立了一个"新生剧团",允许他们在监管下外出流动演出,他已调入这个剧团教唱歌,唱的都是抗日歌曲,现在正在衢州演出曹禺的著名话剧《北京人》。这封信给冯安琪极大的安慰。1945年初,她从昌化汤家湾出发,本可以在於潜麻车埠坐船经桐庐到兰溪,直转衢州,但手上没有足够的钱,船到桐庐,她就上岸行走,没想到还有一包书遗忘在船上,她只好拼命赶,幸而船是逆流而上,速度较慢,她在江边与船赛跑,正是患难夫妻的爱给了她无穷的力量,使她能在船到码头时取回那包失而复得的音乐书。数日后,当她奇迹般地出现在丈夫面前,李益中惊呆了,他不顾周围的许多难友,把冯安琪抱起来,连声叫着:"安琪!安琪!"激动得热泪盈眶……抗战胜利后,国共谈判公布《双十协定》释放政治犯,李益中回到杭州,开始了新的战斗生活。解放时李益中当选为杭州音协主席,20世纪80年代恢复他的全部党龄。他们的老年生活也十分活跃,友人建议他们编一本《我们的青春之歌》……

我在《民族日报》当副刊编辑,马珊是校对员,高流被捕以前,她写了一篇梦幻散文,说自己要"跟魔鬼走",令我大吃一惊。马珊的丈夫是名记者高流,作为"赤色分子"被捕后,马珊真的跟"魔鬼"——浙西行署一个叫周全的人走了。周全的叔叔在皖南屯溪有些权势,胜利后接管上海,周全成了社会局某特务系统的小官僚,马珊成了官太太,其结局可想而知。当年的名记者高流,抗战胜利后,活跃在南京新闻界,同新华社的记者们合作,并秘密参加了中国共产党(他原来是非党),只因单线联系人被捕,他转去上海,解放后进入《新闻日报》,因历史问题调去支援新疆,重新建立了幸福的家庭。20世纪80年代成为共产党员,任新疆电视台副台长。所谓"真金不怕火",金子总是会发亮的……

在那个混沌时代,一个人不可能对命运说"不"。被戴"红帽子",成为政治犯的诗人关非蒙,晚年94岁著了一本书《夹板缝里的岁月》,写了他"左右不是人"的窘境。原来他年轻时不但有"共产党嫌疑犯"的经历,解放后的1957年,还被戴上"右派"帽子。改革开放后,他任杭州大学的中文系副教授,晚年拥有幸福的家庭,日以诗书自娱,自号"二食斋主"——二食者,吃饭、读书之谓也,好一个典型的传统知识分子!

下部：摇晃的天目山

十九

从 1939 年下半年起到 1943 年,杭嘉湖敌后各县,先后逐步恢复县、区、乡政权,日伪不断扫荡、流窜、"清乡",也不能完全阻挡抗日势力增长,日伪据点呈现缩减的趋势。1937 年 12 月天目山第一次保卫战,日军乘胜而来,攻势何等凌厉,但未能越过天险告岭、羊角岭一步,被迫退却;1943 年 10 月天目山第二次保卫战,日敌以登山特殊装备偷窜而上,仍然惨遭痛击,狼狈而逃。天目山抗日军民是顽强的,屹立的天目山是不可动摇的。所谓"摇晃的天目山",有它特别的含义。

游击区基层政权的恢复,不能掩盖敌后社会的溃疡状态。困扰敌后的主要问题是一批又一批歹徒肆无忌惮的活动,他们三人一小队,五人一大队,携一两支烂枪,巧立名目,到处实行敲诈勒索。据民族通讯社记者报道,路东武康、杭县、德清三处,在某段期间,此种游杂队伍即有十多个。这些匪类外来者居多,与当地流氓地痞相结合,对地方为害不浅。他们收取自立名目的捐税,凭着一个长戳印章,分别向村民、地方士绅收取"军粮""军饷",开口便是米十担,银钱一万五千,其最甚者,向士绅开出五十担米,钱款若干万。某道观有一位老道士 70 多岁,缴不出所索的数目,先被剃去银白色长须,匪徒勒索不遂,竟给以一颗致命弹丸。歹徒们的敛财之道方式多样,最常见的是所谓"做会",做会者,乃是以富户为对象的敛财手段——送上一纸大红"会帖",上面写的是:兹订于×月×日酒会,敬请大驾光临。×××订。席设:××楼。每会×千元(一千、二千、五千不等,数额均以伪储备券计算)。有谁接到"会帖"而拒不到会者,便是瞧不起他,使他"下了面子",于是对不起,当心给你"摆颜色"看,吃不了兜着走。

据知以"做会"为名敲诈勒索,较之其他勒索方式还略逊一筹,因为"做会"者大抵上还必须投入若干银钱以备烟酒,但是此风盛行一时,因为"利市百倍",做法简便。正因为如此,苦煞了当地的士绅阶层。有一位士绅,个把月内接到这样的"会帖"有五六次之多,估计要付出若干万才足以应对,实在受不了,只好匆匆逃避他乡。另有一位士绅,看不惯歹徒的横行不法,说了一声:"土匪!土匪!"不料走漏风声,于是歹徒给这位士绅一顿饱拳,还要他"赔偿名誉损失费"若干。

从临平到塘栖是京杭国道、大运河进口货物的大通道，由上海到临平，再从临平到塘栖，每天、每时都有大批货物在那里起卸，这条水路上有一伙以"抗日游击队"为名的武装，拦路劫夺，也常有伪自卫队插手其间，商户为之胆寒。在这种情况下，驻守临平的日寇也垂涎欲滴，动了一个念头：会同伪军头目，做一笔收取"保护费"的生意。其办法是：每隔三五天，所有进货行商都到临平办理托运手续，缴纳"保护费"，每次集中船只五六十艘，由日军会同伪军若干名沿途保护。最多时船只一次达到78艘，出动日军40名，伪军30多名，长蛇阵一般。据一位行商透露，日军收取"保护费"是对商户说的，对上级则说的是"出发扫荡支那兵"，这样才能为自己谋取私利，因为当时日寇驻军不富裕。他们收取的保护费为运费的百分之三，听起来不多，但依照营业总额来说，每次保护船的运费总在储备券百万以上，可见"进益"也不少。这个百分之三，行商们的算盘珠一指，就转嫁到消费者身上去了。在敌后环境下，货主们图个一路平安，每次保护船集中，货主们也乐于接受，这一点也不奇怪。

不仅临平日寇有了生财之道，当地的伪军、伪警也想出了一个"救穷"之道。在敌后，人们并不把伪"中储券"看作财富，而仅仅作为一种临时通货，只能拿它来囤积货物，更拿它来当"通行证"，假如你的"县民证"尚未换发"居住证"，照例是不能进杭州城的。但你不必发愁，你只要在让伪军、伪警看"县民证"时，后面夹一张折得很小的一元伪钞，这就等于"通行证"。

在一艘航船里，大家正在谈论伪"中储券"问题，一位大个子说："日本佬天天走下坡，汪精卫、陈公博也快完蛋了，这些伪钞有啥用！"话刚说完，一个小伙子接上去说："你懂吗？你试试看，把'储备'两个字拆开来，不是'信者借用'四个字吗？根本就没信用，借一借用而已。老法币可靠，哪个不喜欢？"这时，一个中年人，一边手里摸出一张10元伪钞，一边发表意见："这种钞票实在是经不起看，你们看上面印着半只乌龟，你们自己仔细看，上面不是有10只的乌龟图像吗？"这真是一个新奇的发现，船上的客人都忙着从口袋里掏出10元的伪钞来看，果然不错，灵灵清清的10只半爿头的乌龟被发现。有人骂开了："娘个×，触霉头，用的是乌龟钞票！"船里议论纷纷，另一个中年的生意人提高声音说："你们懂不懂，10只乌龟就是'日乌龟'——日本乌龟，设计图案的人倒是真聪明呀！"于是"日乌龟""日乌龟"，大家不约而同这样念着。

正当大家热闹着的时候，一个小伙子站出来，手里握着一张5角的"中储券"，又宣布他的新发现了："你们大家认真看看，5角头的伪钞上也有名堂。看，左面还有5个字——'中央马上来'，看到吗？这就是说，你们暂时借用借用，中央政府马上要回来了。"于是，大家又争相掏出5角头的伪钞，看上去有点模糊，但字样似乎是存在的。然后大家又称赞设计钞票图样的人真聪明，是爱国分子。如果被日本鬼子发现，那就危险了。

人们心中蔑视伪钞，渴望法币，这正是敌后民众渴望抗战胜利情势早日到来的思想反映。

上面讲的敌伪军的"生财之道"还可以补充。日本鬼子南进后，战线拉长了，从杭嘉湖驻军来看，从衣至食可以看到，他们已不像昔日那么神气，往日吃的罐头食品，如今已不见踪影，身上穿的也有"百补衣"，日常也只是豆腐青菜，一到星期天，塘栖的馆子里大群皇军在那里狼吞虎咽。伪军、伪警那身衣服几乎同叫花子差不多，绑腿也都打得吊儿郎当，真是穷相毕露。伪警每月伪币34元，正如陷在泥淖里的主子——日本强盗一样，除了抢掠以外，也想不出多少主意。日军的抢掠是集体军事行动，弄得好，有几回得手，弄得不好，碰上国军挺进队、抗日自卫队给予迎头痛击，被打得落花流水，再不能像抗战初期那样三天两头大发财，如今中国人越战越勇，到处有抗击力量，往往是赔掉狗命，空手而返。前面写的临平、塘栖货船"保护费"生财之道就是这样来的。据海北报道：钱塘江上的货船连续遭到抢劫，损失甚重。这在过去很少发生。据目击者称，江上抢劫实际上是海宁、海盐伪军所为，由此可以想见伪军的末路。

进入1943年——持久战的第6个年头，杭嘉湖游击区、沦陷区民众，对抗战胜利的期待更迫切了。民族通讯社记者的《天北走笔》，写到父老们的时事观，颇能反映民情民心。自从日寇南进失利，驻浙西的部队不断减少，引得百姓的种种议论，以京杭"大动脉"运河沿线而言，除几个重要据点，一般都由伪军把守，杭、嘉、湖三个大据点，其兵力总数不过1500人，天北地区的父老就产生过分乐观的估计，常常可以听到这样的对话："浙西的日本鬼子，会不会全部撤退呢？"听到这样的议论，记者不得不加以解释："敌人进行的是全面战争，它能把浙西的部分兵力抽调出去，也就能够随时从别处抽调部队过来，我们没有理由盲目乐观。浙西敌后我们的抗日武装，它的任务就是反扫荡，反'清乡'，只要我们的抗日武装存在，敌人就不敢疯狂抢掠，我们迫使敌人放弃一些小据点，老百姓的自由活动范围就大了。在目前阶段这是最有利的。"记者这些话竟遭到反问："我们只盼杭嘉湖的敌人全部撤退，我们的抗日武装不是也可以调到别的沦陷区去消灭敌人吗？"记者觉得反问者太天真了，只好报之以微笑。当人们发现这位记者在邮政代办所寄信，知道他是新闻记者，便问："记者先生，你有什么好消息吗？"记者回答："哪有什么好消息。"这时一个捧着水烟袋的老人走过来说："我倒听到一个好消息，一个测字先生测字，测到'昭和十五年日本亡'，今年日本人会退的。"一个年轻人表示不同意，他对老年人说："测字的你相信？唔，我看这个仗还得打三年。"记者拍拍青年人的肩膀："对，盲目认为日本人会自己退是一种幻想！我们要争取抗战最后胜利，把日本强盗从中国的土地上赶出去！"

记者的这几句话，引起了人们提出一个问题："你说把敌人从我们的土地上赶出去，有那么容易？中国军队节节败退，日本人要打哪里就打哪里，挡也挡不住，说要把日本强盗赶出去，我们有力量吗？"

后面一位戴近视眼镜的老先生冷冷地说："我看报纸，最近日本军队进攻鄂西，中国军队作战英勇，但还是不能阻挡日军前进，每个地方失守，就说'国军转移'，转移转移，转移到什么时候？"

这时，有人叫道："飞机，飞机，日本飞机来了！"隆隆的机声自远而近，人们开始散开，市镇街上没了人影。飞机很快就飞过去了。记者又转入一家茶馆，等待一个朋友过来见面。茶馆里高朋满座，有各行各业的乡村知识分子正在议论风生。朋友到来后，大家都是熟人。这位朋友落座后便向茶客们介绍："这位先生是天目山下来的名记者，同官方人士最接近，我们有什么问题尽管向他请教。"记者连忙说："不敢当，不敢当。我是下来采访的，倒是希望大家提供一些新闻材料，我回去好交差呢。"这样一讲，彼此的距离缩短，变成了自由交谈。下面就是茶馆的一场时事对话：

甲："抗战打到今天，已经是第六个年头了，老百姓的苦难不说，我们在前线牺牲的士兵何止百万，沦陷的地区无法计算，所谓抗战最后胜利，究竟何日到来呢？"

乙："我认为长期抗战是没有期限的，日本鬼子当初夸口三个月灭亡中国，如今六年了，不能说我们愈战愈强，但是日本鬼子是陷在泥淖中，光靠我们自己不行，中国是美国、英国、苏联反法西斯同盟国的一员，抗战胜利的一天迟早会到来的。"

丙："记者先生，你对抗战形势是什么看法？"

记者："刚才这位先生说得很对，中国是同盟国，是反法西斯成员国的一员。大家记得，1937年'七七'事变发生后，日本又集结最精锐的部队发动淞沪'八一三'大战，这才打破了蒋介石妥协退让的迷梦，国共合作，决心抗战到底。抗战初期著名的台儿庄、平型关，还有九江南昌的张古山三次大捷，都震动世界。但是我们的抗战是持久战，不能强调'寸土必争'，同敌人打阵地战拼消耗是不行的。事实上有些战役，例如1938年的武汉大会战，我们的损失很大。所以，尽管日军践踏我们的广阔国土，它不能使我们屈服。你只要看看杭嘉湖，日寇今天只能守住杭州、湖州、嘉兴几个大据点，汉奸傀儡政府是日本走狗，我们的抗日军民团结一致，胜利是可以预期的。"

丙："记者先生，你从天目山来，日本鬼子以前也进攻过天目山，失败了，以后它还会进攻天目山吗？"

记者："这个我就说不上了。不能说没有这个可能，因为天目山是东南地区的抗日前哨，对日寇是有威胁的。"

这时，茶座上站起来一位小学校长，他说："我听新闻广播，听到英美苏同盟国正在研究战后问题。记者先生，战后问题是什么问题？"

记者答："对不起，我对国际问题不大了解，谈不上。但是我们自己国家的战后问题也不会少，譬如日本问题啦，惩治汉奸问题啦，接管问题啦，还有国内党派问题，八路军、新四军问题……将是很复杂的。"

人们对时事问题兴趣很高，谈兴正高，但是谈到这里，记者表示还要去三十里外的县城，就匆匆告辞了。

在回天目山途中，记者到了接近前线的边缘地区，惊奇地发现一种前所未见的现象，那就是墙上原先写着的宣传标语，都被一一拭去了，特别是一些比较大的商店或住宅墙上，被洗刷得一点痕迹都没有，有的还不惜成本，把墙头重新粉刷一番，更多的是拭去一些关键词，例如"大家起来抗日救亡""打倒日本帝国主义""当汉奸者杀无赦！""汉奸汪精卫是民族败类！"改成这样："大家起来抗×救亡！""打倒××××主义！""当××者杀无赦！""×××××是民族败类！"这种标语上的"××"已被煤灰或石灰涂抹去了，弄得不伦不类，十分可笑。

还有些墙上原本画着宣传画：愤怒的中国兵挥大刀向日本兵的头上砍去。而今看到的是愤怒的中国兵挥大刀，日本兵不见了，使人啼笑皆非；还有一幅宣传画只见大刀，中国兵、日本兵都涂抹了去。连抗日的中国兵都不能出现在墙上，这未免令人难堪。

为什么会出现这种"恐日症"现象？实在也不难理解。日本强盗每到一地，都是烧杀抢掠，这一类宣传标语、宣传画都是 1940 年以前政工队搞的，当时确实起了极大的动员作用，全民抗日的口号响彻云霄。随着岁月的变迁，形势变了，人心也变了。抗日战争是一块试金石，大风大浪中沉渣会浮起。

走访浙西前线，记者感慨最深的是所到之处，人人都说汉奸最是可恶，凡是敌人窜动之前，各处都能发现汉奸外出活动，可以说汉奸多得让人痛心。火线上、公共场所、茶楼酒店、交通船上……都有汉奸分子落入我军警之手，审讯中可以获得真凭实据，有的被抓住了，当然也有漏网之鱼。汉奸的活动方式多种多样，一类是穿了我方行政人员的服装，弄到某某单位的证章或符号，潜入我防区,这类人多为杭嘉湖口音,容易被人忽略;还有一类是萧山、宁波、绍兴籍人,大多是商人,供应生活用品,他们大都曾受过一些训练,应对有方,除非被抓审讯才会供认;最后一类是农民装束,表面老实巴交,实际上是敌人据点里的"密探",他们大多在村庄里活动,打听地方驻军的情况。汉奸在前线边缘地区的猖獗,对保障地方安全十分不利,已引起当局的特别注意。

1943年上半年,浙西游击区形势比较宁静,于是一些地方产生了盲目乐观的心理,甚至认为"湖州城里没有几个东洋兵""大运河沿线据点都撤了""日本鬼子会不会退走?"……结果到这一年10月中旬,日寇凑集了一支多兵种部队,包括山地战越野联队近3000人,经安吉、孝丰,直达报福镇,向天目山北麓进迫,国军二十八军所属六十二师部队奋勇抗击。这场空前激烈的告岭、羊角岭争夺战,前后历时十多天,日寇被歼1200人后狼狈而逃,天目山险情完全解除。可以说,1943—1944年国际反法西斯战争走向胜利、东南前哨形势迅速变化的一年。

杭嘉湖敌后又是怎样变化着呢?

紧随日寇第二次进攻天目山失败之后,杭州地区1944年"清乡"也喧嚣一时,但是伪方有心无力,日期一延再延,第一次延至3月1日,最后延至6月1日,始以哭丧着脸的模样登场,足见其每况愈下。所谓"清乡",原是江苏伪省主席李士群首创,从李逆搞的苏州地区"清乡"为浙江伪方所仿效。李逆士群,已在1942年中毒而死,敌伪方面则宣布其"暴病而亡",以日寇和汪系奸逆的毒辣手段,李逆被毒死不能说不可能,但据后来南京上海盛传李逆士群是死在汪系大特务丁默村之手,奸伪互相倾轧,也是不足为奇的。

过去敌伪杭嘉湖第一、第二期"清乡",范围比较大,其实际效果有限,整个地区我抗日游击队,国军挺进纵队活动毫不减弱,国民党县、区、乡政权全面推进并日益巩固,奸逆搞的所谓"清乡",无非是搜刮民财的"清箱",一再招致民怨,如果有真正的效果,也就无须什么一期二期三期了。此番的"杭州地区第三期清乡",地区大大缩小,它指的是太湖东南地区,包括崇德、桐乡之全部,嘉兴、海宁之一部分,杭县、德清、武康之小部分,这样的范围仅为第二期"清乡"地区的一半。

省级敌伪组织设有一个"清乡事务局",负责指挥各个地区的"清乡"工作,也有所谓"清乡"党务督导员之职,在实施"清乡"区域,又分设"第一清乡督察专员公署",驻于嘉兴,"第二清乡督察专员公署",驻于海宁长安镇。"第一清乡督察专员兼保安司令"张鹃声,"第二清乡督察专员兼保安司令"徐季墩。当然,所谓"清乡",也要有军力配备,而较之过去,力量也微不足道。由于盟军在太平洋反攻迫近，日寇兵力捉襟见肘，1943 年上半年驻杭仅设一个联络部，主事者原田大佐，在嘉兴、平湖、海宁、桐乡等县分别设立"出张所"，调遣并管理浙西驻敌，估计浙西总人数不足一个师团。此次"清乡"出动，伪军的保安队有杨玉春之保安第一队驻海宁长安，张华夫之保安第二队驻嘉兴新塍，郑乃昌之保安第五队驻崇德。海宁约 150～200 人，机枪 2～4 挺，步枪 100 余支。此外，还有各县伪自卫总队，均为酒囊饭袋之徒。另外，还有"二区清乡督导员公署"直属保安队，队长胡延夫，实为隐蔽的中共特别支部书记。

敌伪所谓"清乡"三步骤：一是军事行动实际扫荡封锁；二是编查户口强化保甲；三是编练壮丁完成自治。由于敌伪兵力薄弱，所谓"扫荡封锁"根本谈不上，只能说是"散漫搜索"，而我抗日游击队、挺进队则早有准备，灵活应对。至于所谓"封锁"，除了扩展京杭国道的封锁线，在崇德、桐乡、嘉兴等乡区分别增设大小检问所十余处，构筑竹篱笆障碍物外，在河塘地区沿岸也构筑竹篱笆，这样的"封锁"对我军政人员夜间往来并无大碍，海北地区各县抗日自卫队照常积极活动，"清乡"、竹篱笆"封锁线"，只增老百姓的不便而已。所谓"清乡"统辖地区之"编查户口，强化保甲"，实际上是强拉壮丁，为补充伪军或为日寇充当苦役。伪方宣传上提出的"封锁"式"最高度清乡"实际上是为经济掠夺开路，伪方在各县均设有"赋税管理处"，但在大部分地区，民众在我抗日政权与抗日游击队支持下普遍抗税，因为按照伪方规定的赋税名目繁多，每畜一鸡一猪均须纳税，田赋每亩须纳 4 斗，负担如此之重，多数民众无力负担，另一部分则基于爱国义愤，逃避或拖延缴纳。敌伪军以"扫荡""清乡"之名行"武装收税"之实，老百姓不能不遭受荼毒。反扫荡、反"清乡"是浙西敌后的老课题。时至 1943 年，日寇在太平洋上遭遇盟军逐岛进攻，指示南京傀儡政权调整动作，周逆佛海、陈逆公博秉承日本主子的意志，面对自己的生死存亡，杭州的伪省政府主席傅逆式说等，强调什么"继续推进清乡范围"，在杭州地区建立"第一清乡督察专员公署"和"第二清乡督察专员公署"，狂卖什么"继续扩展第三期清乡地区"，这样他们就只好哭丧着脸登场了。

为了击碎敌伪的末代"清乡"之梦，我敌后各县政权和武装力量做好了充分准备。军力布置不必说，我方拥有多年反扫荡之经验，可以见机而行，决定对小股伪军强力歼灭之，对部分日寇则避其锋芒，或在其驻留地施以干扰，我们的目的是巩固路东政权不动摇，趁机争夺海北各县的主动地位，以保障整个浙西敌后反"清乡"、反扫荡的胜利。

浙西敌后的人们，当他们的注意力集中在上述现实环境中的斗争时，完全不了解世界反法西斯战争已到了一个决定性的阶段。早在 1944 年 4 月，上海的日本陆军总部发言人,就在一次高级汉奸会议上宣布:"今天上海已非经济、政治中心,乃为军事重镇,因盟军计划太平洋越岛进攻的一部分部队将在中国沿海登陆,与日本展开大陆战争。"杭州湾以北的海北地区,1944 年 11 月份新增一个日军师团,年底,日军大将冈村宁次接任侵华派遣军总司令之职。1945年新春伊始,关东军纷纷南下,火车运兵不绝于途,关东日本大兵出现在上海外围的苏州、嘉兴、湖州、杭州,驻守浙西日寇二十二师团有了成倍的"友军",准备在大陆作最后挣扎。日方在上海 13 层锦江饭店大楼设立"上海防军司令部",其最高一层开辟为"上海敌侨收容所",用意是以盟国侨民为掩护,防止美国飞机轰炸。复旦大学改为兵营,广慈医院改为伤兵医院……

在浙西敌后,日寇的扫荡活动转向海北地区,例如嘉兴、平湖、海盐方面,1944 年下半年也集结两个大队实施"清乡",从平湖全公亭至乍浦,嘉兴至海盐沈荡等 5 处水路全被封锁,沿线处处派兵把守,将这个狭长地带划成 5 块,循环扫荡,以 20 人为一组,散布各处,白天蛰伏不动,夜晚出去逐村搜捕……这都是与上述上海日寇备战行动有联系的。

在当时新闻封锁、消息闭塞的情况下,上述纪事都还是片面的。重庆《新华日报》1943 年 10 月 22 日社论指出,"日寇为应对太平洋战争的败局形势,正在企图'尽快解决中国事变'",如 1943 年下半年先后在正面战场上发起苏浙皖边区(包括 1943 年 10 月第二次进攻天目山)、赣北、苏南、滇西、鄂西、湘北等战役,同时沿津浦、平汉、正太、同蒲各铁路向我解放区发动残酷扫荡,日寇采用正面骚扰与敌后扫荡并用的方针,其目的在于政治上配合"和平运动",军事上分削抗日战场,打击和削弱对日反攻力量,经济上掠夺战争资源,压制蒋介石妥协投降。由此了解 1943—1944 年形势的发展变化是十分必要的。

"山雨欲来风满楼。"进入 1944 年,三战区司令部司令长官顾祝同,一再指示浙西密切关注苏浙皖边郎(溪)广(德)长(兴)地区新四军的动向。1944 年 3月,浙西党政军在孝丰坑埃区召开紧急联席会议,与会者有浙西行署主任贺扬灵,国民党省党部浙西办事处主任金越光,二十八军六十二师师长刘勖浩,一区专员兼保安司令于树峦,保安副司令胡正斌,长兴、孝丰、安吉、吴兴、临安、德清各县县长,还有行署中统调查室主任罗贤晋等人。紧急会议的议题是如何防止新四军向长兴地区及天目山地区发展。当时,浙西行署指定临安青云区、孝丰坑埃区、报福区三个特别区署为重点防共区。

实际上,早在 1944 年 1 月 20 日,中共苏皖区党委已召开扩大会议,确定1944 年的中心任务,以开辟新解放区为重点,会后即将苏南重新划分为茅山、太滆、溧(阳)郎(溪)、广(德)高(淳)4 个分区,设立 4 个地委,分辖以上各县。

由四十八团团长刘别生兼军分区司令员，又派原长兴地下党李焕率领民运工作队深入长兴，恢复和发展党组织，2月1日重建中共长兴县委工委，3月成立了长兴县民主政府，开辟了郎广长根据地。随后，苏皖区党委和苏南行署机关也移至长兴仰峰岕，成为苏浙皖边区领导中心。

1943年10月27日，第三战区顾祝同电令浙西六十二师师长刘勋浩，会同五十二师1个团、江苏保安八团、浙保一团、忠救军1个支队加1个团、浙西两个自卫总队共计7个团的兵力，11月20日发起攻击，企图在20天内将新四军十六旅消灭于胥河以南、长泗公路以北地带，他们的如意算盘是包围十六旅旅部加以歼灭，而后进入长兴、会师煤山。十六旅的四十八、四十六团，独立二团，在广德牛头山、长兴青岘岭附近激战3天，歼灭顽军800多人，顽军"围剿"计划失败，退回宣（城）长（兴）公路以南。

1944年初，以王必成为司令员的十六旅在茅山、太滆，郎、广、长等地新老解放区，对敌伪开展反"清乡"、反"扫荡"、反"蚕食"和反伪化、反抢粮斗争。3月中旬，日伪从芜湖调集4000余人，向郎广长地区进行长达一个月的扫荡，期间3月29日，新四军十六旅的四十八团在杭村打了一次漂亮的伏击战，歼灭日敌小林中队之大部，击毙击伤敌伪军70余名，缴获日造步兵炮1门，粉碎了敌人的扫荡。

根据中共中央和毛泽东同志1944年8月指示：要使游击战争向沪杭两侧发展，以便准备夺取这些大城市。十六旅在取得反"扫荡"、反"清乡"胜利后，相继集中力量主动对敌伪展开攻势。8月23日，在宜兴、长兴、吴兴一线60余里的战线上发起长兴战役，25日攻克长兴城外围据点13处，摧毁大小碉堡60多座，歼灭伪第一方面军一师程万军主力之大部，迫使一连伪军投诚，俘虏伪军400余人。在继续扩大战果中，一个多月时间，十六旅解放国土2000多平方公里，人口10余万，完全控制了整个太湖西南岸地区。10月23日开始，十六旅再度发起攻势，解放了苏南溧阳地区伪据点，全歼伪一方面军二师四团，俘虏伪军团长以下600余人，使郎广地区和茅山地区连成一片。12月24日，在大雪纷飞中，又攻取长兴伪军据点泗安镇，全歼刚从苏中地区调来的伪第五集团军三十四师的两个营400余人。十六旅南下苏浙皖边，仅1944年一年作战1242次，攻取敌据点80处，毙俘敌伪军6732名，缴获各种炮6门，轻重机枪130挺，步马枪4184支。一年以前，三战区司令长官顾祝同对新四军在皖浙边的活动密切关注，指示"全力讨伐，勿使坐大"，命令六十二师会同拼凑的忠救军等7个团的兵力，企图阻挡新四军向浙西发展，但结果事与愿违，不知他如何向蒋介石报告。更重要的是，顾祝同手下的情报官未必知道，中共中央已部署苏北新四军一师主力在粟裕司令员领导下渡江南下,将成立苏浙军区,建立浙西抗日根据地,为迎接抗战胜利而战斗⋯⋯

巍然屹立的天目山,将在隆隆炮声中摇晃⋯⋯

二十

作为抗战时期东南前哨基地的天目山,原是浙江省政府浙西行署的所在地,但从 1943 年 10 月日军窜犯,天目山第二次保卫战前夕,浙西行署系统的所有机构都已向西部昌化县转移,浙西行署迁移到昌化县城以西 20 余里的小镇汤家湾。这里的地名被行署主任贺扬灵改为"龙岗",不知何意。有人认为贺的家乡是江西永新龙田,写有《龙田泣暮记》,抒发其对地主豪绅家庭被井冈山红军清算斗争的仇恨,因此他把汤家湾改名"龙岗",当地人不明,保留至今。姑存此说。

当横扫浙皖边日伪军地区的新四军十六旅,正以锐不可当之势向天目山地区发展,吸引着抗日爱国人士众多的视线。这里为什么要把一个将要被赶下历史舞台的国民党反共官僚贺扬灵拿来说事呢?

贺扬灵可不是一个一般的官僚,从 1939 年到抗战胜利,他执掌浙西行政大权,民间有"天目王"之称。讲他的故事,就是讲一个旧知识分子"学而优则仕",他在时代政治斗争风云中的阶级选择和悲剧命运。

贺扬灵字培心,江西永新县西乡龙田人,生于 1900 年,1922 年从国立武昌师范大学文科毕业,生平著作有 1933 年出版的《元代奴隶考》《古诗十九首研究》,在天目山时期喜作诗词,1942 年自印《劈天集》,收当年诗词 179 首,吟咏多用仄韵,序言中谱《卜算子》有句:"国仇是第一,酒入愁肠和泪滴,拔剑向天劈。"1942 年冬天目山"忠烈祠"建成时作五言诗曰:"凄风复苦雨,肃拜祠堂前。剩此孤孽子,支撑东半天。"由"剩此孤孽子"一句足见其人之狂妄自大。更能反映他的思想与自命不凡的是《自铭》四句:"此心天地,此身党国,此学孔孟,此行禹墨。"大字刊载于 1942 年《民族日报》头版报眼,并由编辑部配上长文,为他歌功颂德,可谓大言不惭,为识者所不齿。

贺扬灵以一介文人进入仕途,不能仅仅看作是他追求高人一等,而是他在国共斗争年代个人对革命怀有刻骨仇恨。

贺扬灵夫人卢继芳,1986 年写有《贺扬灵先生传略》,录之如下:

1924年，识段锡朋、石瑛诸公，遂入国民党。

1926年秋，国民革命军北伐……贺先生追随段锡朋先生参加江西省国民党党部工作，任江西省党部工人部长及省立南城中学校长。

1927年，供职国民党中央党务学校训育员（注：即国民党的中央党校）……

1928年，任安徽省国民党党务指导委员兼民众训练委员会常务委员。成立农、工、商、学、妇女五大团体……

1930年初，赴日本早稻田大学（研究院）学习……认识陈铭枢。

贺扬灵：时任国民党浙江省政府委员兼浙西行署主任

1932年贺先生任南京国民政府交通部简任秘书，当时陈铭枢先生任交通部长，黄绍竑先生继任。

1933年，随黄绍竑先生（注：当时黄已调任内政部长）宣抚内蒙，著有《察绥蒙民经济之解剖》一书，列为大学丛书。1933年，秘密到福建，参与福建人民政府成立，是李济深先生与陈铭枢、蔡廷锴等十九路军领导人在福建省成立的"中华共和国人民革命政府"。贺扬灵名列（参议职，见1933年12月22日在福州的签名）。

1934年，黄绍竑先生任浙江省政府主席，贺先生任民政厅主任秘书。

1935年4月，被黄绍竑任命为绍兴县长兼第三专区行政督察专员兼保安司令，在施政上清欠赋税、严积谷、平盐业税风潮、重治安、建立保甲制度，割去在绍兴多年贻害人民的毒瘤、流氓势力，绍兴大治。

1937年"七七"事变之前，黄绍竑调任湖北省主席，贺先生又任湖北宜昌专区行政督察专员兼宜昌县长，当时抗战发生后，国民政府西迁重庆，宜昌为出入咽喉，贺先生夜以继日，废寝忘食，动员一切人力物力修公路、辟机场、修筑轻便铁道……

1937年12月，黄绍竑调回浙江任省主席，贺先生任省政府委员，自愿任绍兴专员兼县长，当时杭嘉湖沦陷，绍兴一江之隔，先生以卧薪尝胆、明耻教战之精神，召集沦陷区青年成立政工队，1938年又建立青年营、妇女营、少年营，并建立国民抗日自卫总队第五、第六支队的武装，以"冲过钱塘江、收复杭嘉湖"为口号,派第五支队深入杭嘉湖,配合政治进攻……使沦陷区政权得以确立不移,在东南地区实以先生为启始。又新筑越王台为集会聚训馆,修建大禹陵、贺知章祠、修建绍兴龙山及风雨亭,手书"古越龙山"石碑立于山上……又为岳庙题写"浩然正气"四个大字悬于岳庙。

1939年,周恩来总理当时作为国民党军委会政治部副部长,到绍兴视察,看到绍兴军民抗战气氛极为高涨,很高兴……

1939年秋,奉调浙西行署主任……

1942年4月18日,美国首次派飞机轰炸日本本土,杜立特机组降落天目山地区,贺扬灵写有《杜立特天目山降落记》出版,胡适题签。

1945年,抗日战争胜利,贺先生奉兼浙江省政府行辕主任,随军抵杭州,部署接收、复员等事。

1946年春,随黄绍竑先生去职。

1946年10月,任国民党中央组织部第五处处长,先后选为"国民大会"及"宪政促进会"委员。

1947年7月23日突然晕厥,抢救无效,遽然长逝。

从上列贺扬灵的从文、从政简历看,他从24岁开始平步青云,30岁以前一直从事国民党党务工作,包括中央清党委员会秘书,他的引路人段锡朋、石瑛都是国民党中央委员,段锡朋是在江西创立"AB团"的头头,贺扬灵作为"AB团"骨干,干的是理论上、行动上打击共产党(CP)的卑劣勾当,就是以国民革命之名,行反革命之实。贺扬灵27岁成为国民党中央党校政治教官,他与CC系陈果夫、陈立夫的深层关系就是这样建立的。简历中30岁在日本认识陈铭枢,这是贺扬灵从党务走向政坛的转机,陈铭枢当时是国民党左派,当上交通部长,贺扬灵毫不费劲爬上简任官的位置,又转入桂系黄绍竑的内政部,取得黄绍竑的信任,他写的《察绥蒙民经济之解剖》为他捞取了政治资本,从而成为统辖一方的专区督察专员,黄绍竑先生两次主浙,贺扬灵成为他的亲信,这时贺仅值38岁壮年。抗战开始不久,黄绍竑在浙江利用远离重庆武汉蒋介石鞭长莫及而相对自主的机会,与进步人士合作,制订实施战时"十项政治纲领",提出"巩固民族统一战线"的口号,省、县分别建立战时抗日政治工作队。这时的原"AB团"骨干分子贺扬灵成了黄绍竑手下的红人,先是任绍兴三区专员兼县长,继而是省政府委员、浙西行署主任,他竟然得意忘形,写出"剩此孤孽子,支撑东半天"了!

浙西杭嘉湖地区,是陈果夫、陈立夫的故乡,贺扬灵不会忘记向他们汇报请示,密电信函是人们不可能了解的。

在其简历中有"1935 年秘密到福建,参加李济深,陈铭枢、蔡廷锴等十九路军领导人在福建成立中华共和国人民革命政府"之说,这是片面的,因为黄绍竑时任浙江省政府主席,贺扬灵作为一个主任秘书,他秘密去福建乃是作为黄绍竑与"福建事变"的联系人,不为外界所知,贺扬灵被列名"参议"与会,事后因报道到会人员名单中"贺扬灵"三字被误一字,他得以避免追查,反而更得到黄绍竑的信任,从主任秘书一职提升为绍兴三区行政督察专员,因祸得福。在黄绍竑第二次主浙的前两年,贺扬灵在绍兴干得有声有色。1939 年春周恩来回乡扫墓,对绍兴人民的抗战情绪备加赞扬,当时《战旗》杂志主编曹天风在欢迎大会上致辞,公开喊出"世界向左转,地球向左倾"的豪言壮语。这一年的9 月,贺扬灵被任命为省府委员、省政府浙西行署主任。1939 年 9 月,国民党中央秘密制订《限制异党活动暂行办法》,他同黄绍竑的抗日民族统一战线路线就分道扬镳了。

如果没有黄绍竑的赏识,贺扬灵的简历将会是另一种写法;如果贺扬灵的"AB 团"真面目早日为黄绍竑识破,他能否在抗战初期受到重用,在天目山为所欲为,也是一个问题。贺扬灵的本性注定了他是历史的反面人物。

从"东南前哨"到"摇晃的天目山",贺扬灵用他的反共本性写下了自己的"业绩"。

由省主席黄绍竑出钱,支持地下共产党人创立的浙西前线《民族日报》,于1939 年 1 月 5 日在於潜县鹤村创刊。这份报纸是抗战时期国统区内重庆《新华日报》、桂林《救亡日报》以外,第三份由中共主办的报纸,当时在天目山前线地区及游击区发行,从 3000 份发到 9000 份,有广泛影响。报上的一些新闻给读者留下的印象非常深刻,至今难忘,如 1939 年 10 月 20 日登出两则新闻:一是浙西一中女学生梅爱平,写了一篇《打倒汉奸爸爸》的公开信,以示划清界线,他的爸爸是大汉奸伪省长梅思平;二是报道伪浙江省民政厅厅长孙棣三之母自杀,促逆子回头是岸。原来自孙逆叛国后,其母卢氏苦劝 10 次,但孙逆贪恋新贵权位,觍颜事敌,不以为耻,其母悲愤之余,留下遗书促子猛省,在上海寓所吞金自杀。当然,作为地下共产党人办的报纸,推动着各项抗日救亡运动的开展,具有鲜明的倾向性,这一点很容易吸引浙西行署中统调查室的注意。在 1939 年下半年国民党中央秘密制订《限制异党活动暂行办法》的条件下,贺扬灵一面限制报纸的发行范围,一面连续向黄绍竑告状,诬蔑《民族日报》宣传赤化,要求对领导班子实行改组,黄绍竑无奈只得同意。贺扬灵为掩人耳目,1940 年 9 月实行第一次改组,以中间派人士曹天风为社长,CC 派中政系骨干郑小杰为副社长;1941 年又进行第二次改组,民主人士曹天风去职,《民族日报》完全成为贺扬灵的御用工具。在这个过程中,《民族日报》的工作人员,除逃散隐蔽外,从社长王闻识到排字工人,被捕牺牲的有 11 人之多,这是贺扬灵在浙西的第一项"业绩"。

1938 年初,黄绍竑根据《浙江省战时十大政治纲领》而组建的省政工第一大队、第二大队、第三大队,在浙西前线开展抗日救亡宣传工作,对动员群众投入全民抗战,起了极大作用。在游击区,前后有多少政工队员在战斗中牺牲无法计算。前面的篇章中对政工第一大队的活动记述颇多,可见一斑。贺扬灵在 1940 年起对政工队以集训之名逐一清理,要求中共地下党员亮出身份,或参加国民党,最后宣布予以全部解散,1942 年初成立所谓"战地反敌行动团",以中政系人物张洪仁为团长,号称"武装的政工队",实为反共武装。这是贺扬灵的第二个"业绩"。(反敌行动团的团附兼第一大队长鲍自兴,思想觉悟高,主动投奔共产党,有十分曲折动人的故事,容后记述。)

贺扬灵的第三个"业绩":在浙西行署设立中统调查室,从事反共活动,而表面上则提出"尊老敬贤,抢救青年"的口号,在天目山建立民族文化馆,附设民族通讯社,向全国各地发行甲、乙种新闻通讯稿,又建立编译部,出版各种丛书,还有"天目书院"、"昭明馆"、浙西青年招待所,所有这些机构都有其政治目的,如民族文化馆罗致左、中、右知识分子,视不同思想面貌给予监视或利用,从上海孤岛逃出来的个别名人学者,也在编辑部发挥所长。同时建立一个民族剧团,允许演出流行的抗日话剧或历史剧,用以装饰门面。所谓"天目书院",院内仅有嘉善学者张天方、桐庐臧益乡、安吉潘尊行三人,徒有虚名。还有"昭明馆",此馆招纳沦陷区的地方耆宿、遗老或一度附逆悔改回归者。另有一个青年招待所,收容沦陷区青年约 400 人,先后编入青年营、少年营,少数升学。他私下对人说过:"现在的青年人害思想病,不归杨即归墨,如不争取抢救过来,会被共产党抢去的。"又曾公开对青年说:"你们既不要吃敌伪的假药,沦为日本侵略者的奴隶,更不能吃共产党的毒药,沦为苏联的奴隶。"

贺扬灵的第四项"业绩":以"经济封锁,自给自足"为名,在浙西行署编制外成立"经济封锁处",任命张树德为处长,这个经济封锁处在天南、天北分别成立 17 个封锁站,天南、天北各有一支浙西经济游击大队,配合封锁措施。从实质上说,这是以行政立法的方式,榨取民间物资交流的捐税。清代曾国藩为筹集军饷,实行"厘卡"制,贺扬灵的办法有过之而无不及。浙西物产丰富,土特产种类繁多,在"统一购销"政策下,凡货物经封锁站外运,必须交纳"通过税",留下买路钱。如柏油、于术、茶叶、笋干等,委托太湖边吴江县国民党县长沈立群外销,彼此分肥。开禁毛竹外运,由上海奸商周其康、俞吉园、黄竹庵三人组成贩运公司，办理"统购统销"手续，运往敌区，供应日伪在沪杭线、京沪线沿线构筑"竹篱笆封锁线"，统计历年外运毛竹共 100 万吨（每吨以一千株计），这无疑等于资敌行为。1942 年间，贺扬灵又指使国民党孝丰县长刘能超，通过商会和林业部门垫款，让商会派出代表，以个人名义申请，向昌化产地购买桐油 700 担，通过安吉梅溪封锁站放行，也属资敌行为。当然，对于需要从敌区进口的生活必需品或医药品，也要高额征税，增加了前线及后方人民群众的生活负担。

由于实行"经济封锁"，浙西行署财源广进，原定输出入货物收取"管理费"是 1%～3%，以能维持本身开支为度，但浙西行署一再加码，升至 4%～6%。杭嘉湖地区养春蚕，生产蚕丝，民间养湖羊，盛产头号皮，所以浙西行署又搞了一套浙西游击区蚕丝、羊毛、羔羊皮等外销物资，应结算外汇，所以凡运沪销售，须按中国银行外汇牌价与黑市比较之差价提供保证金，始准运沪销售，逾期不来结算，则视为逃汇，得加以没收。这个管制办法，利用商人走私逃汇的心理，等于官商勾结共同分肥。仅 1940—1941 年间，浙西行署没收各种保证金约 50 万元。

拥有多方面的财源，贺扬灵便处处得心应手，浙西行署行政编制不过 70多人，但编外各种名目的单位及人员不少，都能应付自如。1943 年上半年以前情况就是如此。

贺扬灵的第五项"业绩"：国民党浙江 CC 派与黄绍竑之间不断发生摩擦，贺扬灵弃黄绍竑而去，另觅高枝，这就是利用自己中央党务学校的关系靠拢陈立夫、CC 派中的浙西罗霞天、浙西办事处主任金越光等。在国民党浙江各派系的互相倾轧中八面玲珑，其中有什么奥妙？无非是他那一套政治手腕。

浙西行署的机构编制有三个处：秘书处、政务处、军事处，外加中统调查室、视察室、干部训练团，此外就是绍兴三区专员公署原有的特务营、青年营、妇女营、少年营。中统调查室主任罗贤晋，双手沾满了鲜血。他手下的特务俞仕杰等人，罪行累累（罗贤晋外逃，俞仕杰在镇反中落网）。贺扬灵从 1939 年9 月到天目山上任，1943 年撤离天目山，长期驻昌化汤家湾。在此 4 年时间里，搞的政治花招令人眼花缭乱。可以说，他创作、导演和主演了天目山一出大闹剧，主角是一个对红色革命怀有刻骨深仇的老"AB 团"骨干，剧情的特色是反共防共，主要人物有反动顽固分子，有依傍权势的官僚，有逢迎拍马、附庸风雅的清客……不长不短的 4 年时间，构成一出反动闹剧。

浙西行署干部可分为中政系、地方党务系、其他各类。浙西行署政务处长林树艺，温州人，是浙西中政系的头头，他对沟通贺扬灵与国民党浙江省党部的张强、方青儒、吴望伋等人的关系起了重要作用。他以中政校同学会的名义写成报告，为贺扬灵在浙西的防共反共行动吹嘘，通过陈立夫的秘书温麟转达，温麟曾以教育部专员身份亲临天目山视察。贺扬灵最亲近的干部是杨钜松，此人既是秘书总管，也是特务，很多行动或会议都由他操办，此人作恶多端，上海解放时，原在浙西受迫害后参加革命的鲍自兴，时任警备部队军法处副处长，发现杨钜松行踪，立即予以逮捕镇压。留上海社会局的叛徒、原民族文化馆副馆长周味辛也被逮捕镇压。

贺扬灵拉拢各方关系，着力培植亲信干部，不必多作列举，对他为人处世的伎俩，不妨加以观察。天目山浙西第一临时中学校长方秉性，平日与贺扬灵时有接触，他这样描摹："贺扬灵表面和蔼可亲，内心阴狠毒辣。交际谈话，喜高声大笑，开会发言，却态度深沉。在生活上，表面朴素节俭，穿灰布军服，着芒鞋，不吸烟，不饮酒，不赌博。独好写字，惯用偏锋，自夸有横扫千军之力，平时喜阅古典文学，唐宋诗词，吟咏专写古风，用仄韵，印有《劈天集》一本，用以结交文人名士，所谓文字之交。另又跟九流三教打交道，如印西和尚，从绍兴到天目山，被豢养在禅源寺内当住持。"贺扬灵对不同派系的干部，表面上一视同仁，在行署内部很少发生纷争。是不是有贪污腐败呢？至少从来没有报道。但是海北平湖的游击大队长"双枪黄八妹"1943年上半年到昌化拜会贺扬灵，却带有丰盛的礼物。在天目山时期，贺扬灵住的是"天然居"——一幢西式别墅，是战前电影明星胡蝶的丈夫潘友新所建的"金屋藏娇"之地，其内部设施之完善自不待说。贺扬灵与其妻卢继芳、女儿贺绍英安居在此，他喜欢请人到"天然居"家中小宴。1940年9月《浙西导报》被停刊以前，《浙西导报》创办人吴曼华被安置在《民族日报》，他特地请她到"天然居"吃饭，十分得意地说："共产党的天目区委书记叶诚被我们抓到了，他的地位跟我一样。哈哈……"用意很明显，但是聪明的吴曼华不久还是溜走。特别阴险的是：他把民族通讯社有"赤色"嫌疑的人与中统调查室秘密派到民族文化馆做情报员的人一同请来，谈天说地，打哈哈，却闭口不谈政治，目的是混淆视听，制造错觉。从贺扬灵"吃狗肉"这件小事，也可以看出他的政客面目。1941年，黄绍竑到天目山，正值浙西行署向各地下达"禁止杀狗"的指令。行署特务营营长关某，广西人，早年追随黄氏多年，曾共过患难，素知黄氏喜欢吃狗肉，乃烹狗请客二桌。狗肉上席时，关某先到省主席跟前敬酒，说："主席，这是我自己养的黑色童子狗，喂的是特别饲料，每天放它出去活动，可以放心吃，真正补益身体，我敬上一杯！"黄绍竑笑笑，只吃不吱声。贺扬灵一面吃，筷子不停，随即对关营长正色道："行署正式禁止杀狗，你特务营应该知道，你当营长带头杀狗，怎么管部下？糊涂,糊涂,糊涂呀!"夹一块狗肉吃,说一句"糊涂"。关营长不知所措,尴尬之极。散席后,有人说:"这是主任嫌菜不够好,给你加一道大菜。"关营长冲口而出:"丢那妈!他自己也喜欢吃狗肉,吃得比谁都多,还好意思教训我!"众人捧腹大笑。

贺扬灵在行署的独断专行是一贯的。有这样一件"亏空算我的"的小事也很典型。行署派出的大队长李谟焯,是贺扬灵很信任的部下,他被派到有"左倾"思想嫌疑的郎玉麟经济游击第二大队当副大队长,长期监视郎玉麟,但因在外私人支出相对增加,李依赖借支垫付,借支多了,行署经理科长、会计科长不同意再借,以致发生争执。吵闹声传到贺扬灵办公室被他听到,他叫副官高士青查询后,命李谟焯报告呈核,李当即写出简单报告说明实情,贺扬灵阅后批上几个字"亏空算我的,照借"。交还给李谟焯时说:"你干得不错,我支持你,回去继续好好干。"李把报告交给会计科长,科长只好苦笑签上职衔章。李谟焯向会计科长说了一句:"请不要忘记,把我以前的借支注销。"科长苦笑,小声说:"亏空算他的,他的又算谁的呢?"后来,由于李谟焯关于郎玉麟思想行动的详细报告,使贺扬灵消除了对郎玉麟与共产党关系的怀疑,放走了郎玉麟。李谟焯是军事干部,倒并不是特务分子,但思想糊涂,如果郎玉麟露出一点可疑的迹象,就没有他后来的辉煌。李谟焯解放后去了美国,贺扬灵逝世一周年纪念册上,他还写了歌功颂德的文章。

1943年10月日寇流窜,天目山第二次保卫战爆发,加之苏皖浙新四军的动向引起忧虑,浙西行署撤离天目山,到1945年8月抗战胜利,在昌化县汤家湾不到两年,这是贺扬灵政治末日的前夕。他绝对想不到,自己信任倚重的一些干部,在人民解放战争胜利的影响下会离他而去。前面写过天目山一度流行两句话:"后方政治看赣南,前方政治看浙西",但不明其出处,原来是当年的吴兴县长方元民1941年去重庆中训团受训,途中经中央政治学校同学介绍拜访蒋经国,回来后即发表文章,写了这样两句话。此人抗战胜利后任江苏国民党省委委员。这样一个人,解放前因参加"民革"活动身份暴露牺牲,被追认为烈士。更典型的是行署科长、反敌行动团团长、武康县长张洪仁,1948年主动转变立场,参加共产党的外围活动,在担任上海市军民合作总站秘书长时,及时提供国民党上海西郊防务的全部军力及兵种分布图,通过地下组织提供给进军上海人民解放军的指挥部,大大加快了进军速度,顺利解放大上海,解放后被安排在上海工商局任科长。他后来公开发表一篇长文《一个难以转变的人的转变》,写得深刻动人,引述其中一些段落,足以让后人对历史进程有更明确的理解。张洪仁的文章写道:

1938年在武汉,是我一生中的大转折点,那时文化界比较开放,我阅读了大量国共两党的书刊,应该有所作为,但是我缺乏认识问题的能力……在武汉的同学许明清邀我到潢川新四军李先念部队去,我同他辩论,我坚持中国的新生力量是三青团,不是共产党,结果分道扬镳,因为我已经中了托派分子叶青写的《中国共产党的存在问题》一书的毒害,不能自拔了。……1940年,我到浙江,在宣铁吾负责的三青团任组织组长,这个自封"青年导师"的军统头目,是浙江省保安处长,在浙江省政府会议上被人揭发贪污腐化,无恶不作,我开始反对宣铁吾,也看穿了三青团,对三青团的希望从此破灭。在彷徨中我又转回到中央政治大学同学会的怀抱里……这是CC派为同学介绍工作的组织,这个组织维系着与两陈的关系……国民党与三青团在我的工作经验里乌鸦一般黑,我感到完全失望。说也奇怪,我老走回头路,始终走不通,从此我对反动党团再也鼓不起劲,这是花了许多时间换来的。……我以做官向上爬的心情,到了浙西行署,在一团糟的浙西游击区里转圈子。从1940年至1943年,对浙西反共刽子手贺扬灵的为人,开始是触目惊心,后来麻木不仁了。1943年一次偶然的机会,中学同学鲍自兴跟我谈时局问题,想说服我把"反敌行动团"拉到新四军方面,我当时说我对党派问题毫无兴趣,我要到共产党那里去,老早去了,还会等到现在?……对参加共产党的鲍自兴,我不闻不问毫无恶意,甚至可以给他帮一点忙……时代风云把我吹到了浙西前线,我沉沦下去了。

张洪仁的故事有相当的典型性,这个顽固分子的转变是不同寻常的。

1943年下半年到1944年,新四军王必成的十六旅,在苏浙皖边境狠狠打击敌伪势力,进入长兴地区。1944年初,新四军一师由粟裕司令员率领渡江,在长兴仰峰岕建立苏浙军区,进入天目山区,在国民党军进行阻击时,发生了三次反顽大战役,新四军以2万人把顽军8万之众打得落花流水。在这样的形势面前,张洪仁这个思想顽固的正统派,在抗战胜利时新四军奉命北撤后,被委任为国民党武康县县长。防风区的区长叫王麻子(王育才),特别仇视共产党,对支援过新四军的农民,不分青红皂白,乱杀一阵。他作为父母官,不但不加制止,自己也站在地主豪绅一边,对共产党心怀敌意。张洪仁自己出身农民之家,同情农民的贫苦无助,朝夕生活在煎熬之中;而抗战胜利是"惨胜",连省主席黄绍竑也这么说。张洪仁心中产生了很多疑问。进行反共内战,名之曰"戡乱"。每年两次征兵征粮,有时还要加征加借,压得他喘不过气来,真是上天无路,入地无门,这种对农民的同情引发他内心的矛盾逐渐加深,对蒋介石统治的幻想也破灭了，思想开始活跃起来，从学生运动反内战、反迫害、反饥饿的斗争，看到国民党政府已陷入全民包围之中。当时进步报刊指出："国民党统治区民生凋落，民怨沸腾，民变蜂起，这就是蒋家王朝的三民主义。"洵非虚言。他在武康任职二周年时，同事们要送礼物，他说："不要送什么礼物，要送的话，我只要三本书，一曰《资本论》，二曰《静静的顿河》，三曰《战争与和平》。"因为同实际联系不起来，思想苦闷如故，他的言论不免流露对现实的不满，情况由武康县党部汇报给省党部主任委员，又向省主席陈仪反映，省政府决定把他从武康调去四明山"匪患严重"的文成县，张洪仁只好辞职不干，然后决心摆脱反动派，寻找共产党地下关系。不久找到原在浙西《民族日报》、现在杭州的一位进步文化人（实际上是隐蔽战线做策反工作的中共地下党员），向其诉说一番后，对方认为如果在辞职以前见面，一定会劝他去掌握文成县武装，然后宣布起义加入新四军浙东纵队。后悔没有用，今后还可以有所作为。这样张洪仁去了上海，谋得上海市军民合作总站秘书长之职，闸北区委周绍铮同志得到汇报，同意与张洪仁联系。这是1949年1月间的事，过程不必多说，结果是张洪仁在周绍铮同志单线领导下做了两件大事：(1)利用市军合作总站秘书长的身份，获得军事机密，提供国民党上海外围守军的番号、人数、驻地、兵种阵地，列成表格抄送给地下党，对人民解放军进攻上海极为有用；(2)浙西老同事上海国民党党部宣传处长谈益民，邀他到京沪杭警备司令部文教委员会任秘书，他向周绍铮同志请示后到差。委员会主委方治兼任主任，副主委陈保泰（兼组织处长）、谈益民二人，张洪仁在审阅稿件中发现他们在各大中专学校布置秘密、留置特务人员，其助手叫姚宣，都是中统分子，每隔一两天就布置一批。张洪仁把名单抄录下来，交给了周绍铮。这是一件反间谍活动，周绍铮嘱他要特别小心。1951年，负责布置秘密特务的姚宣被市公安局逮捕，他的头衔是"国民党上海市行动委员会主任委员"。另外进行的几项重要秘密工作虽未能完成，但也能说明张洪仁投奔革命，生死已置之度外。对他的历史问题，陈毅同志批示"此案已阅，容后再议"，一直到1958年德清县地方要求遣返处理。张洪仁一度投入劳改后被特赦，落实政策享受离休干部待遇。他说："我这个难以改变的人，后半辈子的路总算走对了！"

其他还有一些事，也不能不记上一笔。贺扬灵喜爱收藏古典书画，杭嘉湖各地"书香之家"珍藏书画金石名件甚多，陪同贺扬灵饮宴游乐的张天方、陆初觉、印西和尚等人投其所好，倡议举行一次天目山书画展览会，分函各县收集参加。据知有安吉吴亚华携带其父吴昌硕先生遗作十余件亲自送达，孝丰王遂莹收藏的宋代朱熹、明代唐寅和清代郑板桥的书画……都是名贵珍品，虽有部分珍品展览后发还,但也有不少问价收取或无形中留置。浙西一中校长方秉性说,贺扬灵曾要他护送几木箱古画去江西吉安,他没有答应,估计有百十件之数。解放后,贺扬灵遗属向人民政府上缴一批文物书画,对此得到证实。

贺扬灵死得早,他生前"螳臂当车",所谓"此心天地,此身党国"已成了笑柄,这里记述他的所谓"业绩",也早已投入历史的垃圾堆。

二十一

逃到昌化汤家湾的贺扬灵,他的精神状态很难想象,他手不离地图,翻看苏皖浙边,对照军方的消息,国民党军方一向是报喜不报忧,所以贺扬灵并不完全了解形势的真相。国民党军队对苏南地区新四军抗日军民的进攻,过去五六年间从未停止过,贺扬灵心里明白国民党的军令是剿匪,即"避敌击匪",新四军要打过来,没有这么容易,但是传来的消息并不能让他完全放心。1943年起国军对苏南溧阳、溧水两次大规模"清剿",集中兵力达 13 个团;一年来,新四军坚决抗战击溃敌伪据点收复失地,国军已被迫退到宣城至长兴公路以南,集结兵力,准备重新发起进攻,并勾结敌伪,散布传单,传播谣言,说新四军一支队已被国军五十二师全部歼灭,"方司令"亦受重伤(方司令是一支队长刘别生的化名)。国民党现任苏皖绥靖主任刘秉哲兼苏南行署主任,在河沥溪召开会议,集结五十二师、六十二师、忠救军、保安第四纵队,号称 10 个团之众,策划大规模进攻,部队已进至宣长公路以北,大战已有一触即发之势。这些消息,对贺扬灵来说都是喜忧参半,他既不完全乐观,也不能不关注。最重要的是他所从事的"此身党国",壮志未酬,未免郁郁于怀。

新四军方面的消息,贺扬灵是得不到的。在国共皖南冲突日益尖锐,面临内战危险之际,新四军十六旅已发表《告江南同胞书》,并分别致信告国民党将士,声明共产党始终坚持团结抗日的主张与事实,并严正表示坚决自卫之立场,号召江南军民一致奋起,制止即将发生的反共内战。

新四军十六旅政治委员兼苏南行署主任江渭清在回答记者问时说:"1943年日伪进攻郎溪、广德,国民党军队一枪不发,三天之内使苏皖边数县大片国土沦入敌手。新四军旅一年来浴血苦战,收复郎广失地,国民党军队现在又扬言'反攻'郎广,真是丢脸。"十六旅旅长、政委,趁释放六十二师俘虏之便,联名致信六十二师师长刘勋浩,信中说:"此次吾兄劳师远征,辛苦倍加,折将损兵,究何所获？于寇深祸急之日，作兄弟阋墙之争，乐此不疲，诚何居心，弟等每念大敌当前，仔肩重任，国危民困，寝食难安。环顾世界一片光明，而国内则危机日亟。中原摆荡，孰令致之？我军抗战有功，谁能否认？敌后人民无辜，何忍摧残。如犹能以国家民族为重，应从此放弃内战，一致对外，则不特弟等之幸，亦为苏皖一方大幸。如仍视敌为友，与民为仇，继续策动反共，危害人民，则弟等为坚持抗战维护人民计，亦当坚决自卫，唯力是视。兹承贵军干部归队之便，敢进一言，尚希三思……致以抗礼！弟王必成、江渭清手启。"

这样一封信，贺扬灵当然看不到，但是另一消息却让他胆战心惊，即新四军十六旅在大雪纷飞中进攻长兴县泗安镇敌伪重要据点，激战 13 小时，摧毁大小碉堡 24 座，全歼伪中校团副徐炎以下 20 名，俘伪营长吴国钧、魏江田，营副连长等以下官兵 400 余名，缴获小型高射炮 2 门，重机枪 4 挺，轻机枪 17 挺，冲锋枪 3 挺，掷弹筒、步枪、短枪 300 余支，手榴弹 8 大箱，炮弹 28 发，步枪弹 15000 余发，电台等其他物资甚多。新四军仅伤亡排长以下指战员 20 余人。泗安为浙皖边境大镇，人口万余，距长兴城 50 多公里。敌伪在该据点外围，至少有三道坚固工事，敌伪自以为铜墙铁壁，坚不可摧。11 月间，敌寇调苏中伪三十四师驻守，不料立足未稳，即受到新四军致命打击。这是新四军进军浙西的第一个重镇。多年前就担心"长兴赤化"的贺扬灵，能不捶胸顿足，连呼负负？!

一个月内，长兴境内基本上建立了民主政权，人民群众欢欣鼓舞，拥军支前热情高涨。从 1944 年秋开始，国际反法西斯战争节节胜利，太平洋上美军进行逐岛进攻，并在菲律宾登陆作战，日本大本营判断美军可能在 1945 年春夏之交在中国东海岸登陆建立作战基地，因此 1944 年夏，制定《陆海军今后作战指导大纲》，规定要"占据浙东沿海要地，封死中美联络于未然"，要极力增强华中三角地带（南京、上海、杭州一带）东部的空地战备，并与九州、冲绳、台湾相依相辅。又拟定了从华北、武汉地区，抽调 6 个师团 16000 人到上海。正是在这样的形势下，1944 年秋，毛泽东审时度势，提出了发展华北、巩固华中的同时发展东南的决定，派出长江以北新四军主力分批南下，首先发展苏皖边，尔后视情况变化继续南下，争取完全控制京、沪、杭等大城市，配合迎接盟军登陆。

1944 年 12 月底，新四军一师粟裕司令员率部渡江，随后到达长兴仰峰岕，2 月 5 日宣布成立苏浙军区，召开了盛大的成立大会。在军乐声中，军区首长绕场一周，检阅部队，鸣炮开会，人民代表向粟裕司令员献旗。粟裕司令员在讲话中说："江南新四军部队七年来坚持抗日斗争，巩固了根据地，今天成立苏浙军区,我们要格外提高警惕,准备粉碎日寇的扫荡和国民党反动派的进攻。在今天的军区成立大会上,我们要向苏浙人民宣誓,我们将竭尽一切力量,准备驱逐敌寇,完成夺取抗战最后胜利的重任。"

粟裕(苏浙军区司令员)

1945年2月春节期间,浙皖绥靖总指挥部总司令陶广,根据三战区司令长官顾祝同的命令,召集紧急军政会议,到会的有二十八军军长陶柳、六十二师师长刘勋浩、一九二师师长胡达、三战区挺进一纵队司令钟广仁、二纵队司令顾心恒、皖南行署主任张宗良、苏南行署刘秉哲、浙西行署主任贺扬灵暨各部参谋人员40余人,三省内所有武装部队统一由陶广指挥,合力抗击新四军进入天目山区。但是在讨论中,各行署认为地方团队是地方政权的支柱,如全都交给陶总司令指挥,地方政权将难以支撑。最后决定地方部队仍由各行署指挥,武器弹药则由三战区及陶总部酌予补充,又决定了全面部署。

新四军苏浙军区成立后,部队编组下辖3个纵队,原十六旅为第一纵队,司令员王必成,政委江渭清,辖第一、二、三支队;原四明山浙东纵队为第二纵队,司令何克希,政委谭启龙,辖第四、五、六支队;原一师三旅为第三纵队,司令员陶勇,政委阮英平,辖第七、八、九支队。总兵力8000余人,到3月下旬,中共中央决定一师副师长叶飞率第二批三个团渡江南下,任苏浙军区副司令员,部队改编为第四纵队,司令员廖建国,政委韦一平,辖第十、十一、十二支队,兵力6000余人。

由于江南地区敌伪、国民党军遍布,新四军进入后,形成三角斗争,情势更加复杂,苏浙军区指挥部根据敌我对比,我方人数较少,装备也较差,如何调动对方以利逐步推进成为实际问题,具体分析研究后决定了进军路线。

浙西地处京、沪、杭三角地带中心,天目山区逶迤其间,南临钱塘江,富春江与浙东相望。这时,杭州湾的平湖、嘉兴、杭州一带都成了日军重点布防地区,而广德、宁国、孝丰、临安、昌化、於潜一带是国民党军队主力集结地,如果直取孝丰及其西南、东南,则国民党军队后方宽广,援兵甚易,可能陷入僵局;且杭嘉湖平原又是水网地区,大部队伸展、转移不利。苏浙军区所在地长兴,它的东南面是武康、安吉、吴兴莫干山敌后地区,敌伪军据守一些城镇,实力有限，在这一带活动的有戴笠下属的忠义救国军及土顽部队约 3000 余人。据此分析，苏浙军区指挥部选择最后一项方案，如果国民党乘机攻我侧面，则我正可以在孝丰、安吉以西的山地与其决战。这个作战方案，在军事上比较有把握，政治上也比较主动，因此决定采取此一进军路线。

粟裕司令员作出的部署是估计我军行动后，孝丰西南地区的国民党军主力很可能阻截我军或奔袭我军后方，因此决定：第一纵队由东南方向莫干山区挺进；第二纵队第六、第八支队进入誓节渡、广德、泗安以南，策应 1 纵队行动；第三纵队九支队在广德至泗安公路南北排斥后方交通；第一纵队一支队在进军莫干山区任务完成后，

叶飞（苏浙军区副司令员）

可隐蔽于孝丰东北地区待命，以保持两翼在运动中相互策应的态势。

1945 年 2 月 10 日，第一纵队一支队从长兴槐花坎出发，向莫干山方向前进。11 日是农历小年夜，新四军指战员冒着寒风飞雪前进，傍晚被梅溪附近的西苕溪阻拦，战士找到老百姓了解，知道这段西苕溪水不深，可以涉水而过，战士们不顾冰冻，赤脚下水，手拉手蹚过了齐腰深的大河，安全渡过后，12 日分兵前进，直插安吉递铺。第二支队经和平、周坞山、大冲指向武康、三桥埠；第三支队经回东岭到华严寺，沿途以秋风扫落叶之势粉碎了日伪军的窜扰、土顽的袭击、浙保二团的阻拦，控制了武康、递铺一线，开辟了莫干山地区。与此同时，第三纵队七支队也进至预定位置的景坞、上堡一线。

接下来就发生了新四军浙西根据地战史上称为"三次反顽战役"的国共内战，也许可以说，这是国共全面内战的预演。

新四军一师和十六旅向天目山地区敌后进军，是八年抗日战争胜利前夕，准备迎接盟军在沿海登陆的正确举措，也是中国共产党和人民的胜利。

1945 年春节后，美军一个营进驻皖南歙县，计划在东南沿海选择一个桥头堡阵地以备登陆，国民党军队则打算美军登陆时进攻上海、南京。新四军苏浙军区向天目山地区和杭嘉湖进军，配合盟军登陆，一致抗日，本是一件好事，但国民党顽固派认定上海、南京是他们旧日统治中国的老巢，害怕日后落入共产党之手，千方百计调集重兵企图阻挠，因而发生重大冲突。

　　这里为了准确真实，根据《粟裕战争回忆录》的有关章节，摘要记述浙西三次反顽战役的主要经过。

　　新四军一师南下深入敌后，既要打击敌伪，又要应付当前国民党军队的拦截和准备应付其纵深力量的增援，防止日伪的夹击。对国民党军队则严格遵守自卫立场，人不犯我，我不犯人，若受到进攻，则坚决予以反击，人若犯我，我必犯人。对犯我者以运动战为主，着眼于歼灭其有生力量。1945 年 2 月 10 日，新四军南下部队各纵队按照预定部署，先后粉碎了安吉、梅溪等地日伪和土顽的多次出扰，占领了递铺、三桥址之线，控制了武康、德清县城，全部进了莫干山区。同时，三纵队第七支队也进至广德以南柏垫以东地区。三战区以陶广为总司令的苏浙皖挺进军总部，已于 2 月初得知新四军一师南下并去长兴与十六旅会合，当新四军越过广德、泗安向天北东进时，即下令六十二师主力迅将该部歼灭，勿使坐大；并令忠救军、浙保二团，挺进一纵队等部协力堵歼。当他们发现新四军一纵队已全部进入莫干山，在广德以南仅有三纵队的第 7 支队时，即集合六十二师全部及 5 个团，向第七支队突然发起进攻，满以为 5∶1 之势，可以把七支队吃掉，如此即可断去在莫干山的一纵队后路，进而加以歼灭，这样，就发生了天目山第一次反顽自卫战。

　　六十二师是国民党中央军主力，装备齐全、弹药充足，较有战斗力，且是反共老手，受命进攻时曾狂言"两天歼灭，绰绰有余"。忠救军是一支受过特务训练的特务武装，武器精良，全副轻装备，作战灵活机动。新四军第 7 支队遭到进袭后奋起自卫，2 月 12 日在广德正南 25 公里的上堡里将忠救军一部击溃后，即以一部转战至孝丰以北之阳岱山、景和里一线。14 日忠救军以一个团再次猛攻，又遭溃败。15 日，六十二师在忠救军正面进攻同时，迂回至西亩以西之景和里、南丁岭一线，企图截断七支队归路。此时三纵队即以八、九支队投入战斗，在景和里，南丁岭以北之线与六十二师展开激战。在此情势下，第一纵队主力急速越过莫干山，由东向西切断国民党军向孝丰、天目山区之退路，以协同第三纵队反击，16 日晚，三纵队全线反攻，在双面夹击下，六十二师一八四团被击溃，残部向孝丰城南报福镇逃窜。17 日上午，一纵队占领报福镇，并配合三纵队于孝丰之西会歼圩市、大小坑一线之忠救军一部，残敌向天目山和宁国窜去。至此，浙西第一次反顽自卫作战胜利结束。此役共歼国民党军 1700 余人，缴获迫击炮 3 门，重机枪 72 挺，轻机枪 30 余挺，步枪 600 余支。此役双方作战兵力基本上是一比一。这次战役是南下部队的初战，缺乏山地搜索的经验，而溃败的国民党顽军熟悉地形，大部分钻入山林夺路而逃，所以歼灭缴获不算理想，但南下部队打出了威风，长了自己的志气；而顽军偷鸡不着蚀把米,碰得头破血流,从骄横轻敌变为闻风丧胆,这两部顽军在以后作战中均表现畏缩不前。孝丰曾多次遭日寇占领,屡受蹂躏,国民党军对人民肆意搜刮,新四军进入孝丰后秋毫无犯,群众认识到这是自己的子弟兵,觉悟迅速提高。新四军在反击胜利中追到报福镇即停止前进,暂不主动出击。

此时,苏浙皖挺进军总司令陶广已增派一九二师、五十二师增援,密令加紧部署向新四军再次进攻,以二十八军军长陶柳为总指挥,在忠救军协同下兵分4路向孝丰分进合击,严令各部应抱"有敌无我"之决心,达成任务。其左路是忠救军,除原有两个团外,新增一个纵队,共5个团,向孝丰西北进扑;左中路是一九二师之一一八团和五十二师之一五六团,向章村、汤口一线从西南至孝丰以西攻击前进;右中路是六十二师三个团残部自统里一线从正南向孝丰进攻;右路是挺进一纵队、浙保四纵队各一个团,自山坞、白水湾一带向孝丰东南进行包围。按其部署兵力共有12个团,重点在孝丰以西,主要骨干力量是左中路之五十二师和一九二师各一个团,五十二师训练有素,装备精良,是各部队中战斗力最强的,新四军主要对付的是这一路,其次是左路的忠救军。新四军的作战方针是以各个击破对付分进合击,任凭几路来,我只打一路,集中兵力捏成一个拳头指向五十二师和一九二师,主要目标为求歼五十二师一五六团和忠救军主力,然后看情况开展逐次歼灭其他。应战的仍是第一纵队和第三纵队,只增加了一个独立团。国民党军顽军虽然以二倍于我军的兵力4路进攻,表面上气势很凶,但其建制混杂,指挥不统一,内部矛盾重重,只要能利用地形阻击钳制其他各路,狠狠打击一路,歼灭其骨干主力后,其他各路就好对付了。粟裕司令直接指挥,决定以第三支队一部及独立二团在孝丰周围担任正面守备,以第八支队布防于孝丰西北牛山、八卦山一带阻击忠救军,第一纵队、第三纵队分别控制孝丰西北芦村地区,待机由孝丰西南、西北向西实施迂回南北对付进至孝丰西侧企图合击之顽军。

顽军原定3月1日向我发起进攻,因内部矛盾而延迟至3日开始。首先,忠救军向我孝丰西北之牛山、八卦山阵地进攻,其他顽军亦步步进逼。4日至6日,顽军先后占领孝丰外围之白水湾、统里、报福镇等多处,并继续迫近,我守备部队坚守孝丰周围诸山,及西北牛山、八卦山之阵地,战斗十分激烈,许多阵地反复争夺,失而复得,6日击溃六十二师的进攻,并歼灭忠救军一部。7日晚我全线出击,第三纵队主力自孝丰西北向西线顽军左翼迂回,第一纵队西出孝丰城,进行穿插分割。忠救军见我主力出击立即溜之大吉,这就暴露了五十二师一五六团的侧翼。第三纵队拟切断一五六团退路时,该团也开始撤退,在报福镇附近的黄泥岗两军相遇,双方反复争夺有利地形,经激烈战斗,第三纵队终将这股顽军歼灭。接着在孝丰西南之吉才坞、老石口歼灭一九二师一部，并在西南再创六十二师。10日，顽军纷纷南窜西逃，其右路挺进第一纵队、浙保第四纵队在孝丰外围得悉各部顽军败局急急回缩遁逃。

在东西天目山之间鞍部的羊角岭，两边山峰陡峭，中间仅有一条狭窄的山路可通，地势非常险要，只要在这里放上一支小部队用火力封锁隘口就万夫莫入，但顽军兵败如山倒，竟不敢在此据险抵抗，新四军2支队尾随紧追，乘机夺了这个险要之地，并越过羊角岭直达天目山麓的一都，溃退的一部分败兵正在歇息，闻声即惊惶逃窜。

结束第二次反顽战役以后，苏浙军区领导机关于4月4日离开长兴西北的仰峰岕，去孝丰城与前指会合。17日叶飞、金明同志领导的第四纵队渡江后安全到达。5月在临安地区成立浙西区党委及行政公署，领导天东天北两个地委、专署和杭嘉湖工委，大力进行新区建设工作，下设广德（南）、安吉、孝丰、吴兴、武康，以及临安、德清、余杭、富阳等县县委，决定把解决粮食问题和深入敌后工作结合起来。5月19日，第四纵队十一支队在富阳西南汤家埠附近渡富春江与浙东四明山第二纵队会师，打通了同浙东的联系，进入全省地区。第十支队原拟随后继续渡富春江，因受阻停止于新登东北地区。

经多方情报证实，国民党军第三次向我方大举进攻已迫在眉睫。这次进攻由第三战区副司令长官上官云相亲自任总指挥，以第五集团军总司令李觉代替被撤换的陶广任前敌总指挥，增调七十九师、独立第三十七旅、第一四六师加强第一线，5月底，李觉总部开抵淳安，同时突击纵队第一队也到达淳安附近，准备参战。突击纵队又称突击军，全部美式装备，一个纵队相当于一个师，纵队下辖5个队，每队辖5个战斗营，一个营约千人，相当于一个团，是顽军最精锐的部队。5月28日起，顽军进占新登以北、临安以西之藻溪镇；天目以西的顽军从宁国方向出动，向孝丰以西及西北我阵地进逼；忠救军则向孝丰西南正面进扰。又据谍报，日伪将于近日向新四军所占地区进行扫荡，事后才知道，这是顾祝同派代表会见大汉奸周佛海，表示"咸望南京与重庆配合共同剿共"，他们是达成某项默契的。

为确保浙西与浙东的联系，前线指挥部决定乘顽军立足未稳之际打乱它的进攻部署，改变日伪顽三方夹击的态势，并争取时间集中分散主力，29日晚开始，以第一纵队一支队、第三纵队十支队等主力支队向顽军七十九师反击，经3个整夜激战，突破其碉堡防线，占领与平毁碉堡300余座，并于6月2日占领新登县城。在新四军向新登西南地区发展时，其突击队第一队已奉命日夜兼程经分水、毕浦赶到战场。3日，顽军七十九师得到增援后向我反扑，双方激战一夜,新四军共歼七十九师一个团及突击队一队之一部分,共计 2200 余人,新四军伤亡 900 余人(内亡 252 名)。此后形成相持状态。

国民党顽军是下了大决定发动这次大规模进攻的,粟裕司令员考虑了以下情况:一、得悉敌伪正部署向苏南、浙西根据地扫荡。二、三战区顾祝同 6 月 1 日电令,决定以一部分力量凭碉堡固守新登、於潜、千秋关、水东镇之线,主动袭击新四军侧背,企图围歼于临安地区,新登正面在运动集结中,宁国方面则不断进扰孝丰西侧阵地,外围并窥后方。三、新登前线新四军 3 个支队连日激战,部队过于疲劳,如与顽军硬拼消耗,不利于今后发展,如在临安决战,也不完全有利。四、浙西新解放区尚未能充分发动群众,建立起巩固的根据地。从上述分析,在新登或临安与顽军作战均不利。粟裕司令员说:"打仗是最讲辩证法的,孙子兵法上说过,兵无常法,水无常形,能因敌变化而取胜者谓之神。据此,我们不能一成不变,不可在新登恋战,也不宜死守天目山。如与顽军胶着,拼消耗,正中顽军下怀。我们应该主动撤出新登、临安,诱使顽军脱离堡垒阵地,然后继续在运动战中消耗其有生力量。"当时粟裕司令员在临安北之横畈前线,他立即通知部队准备后撤。6 月 4 日撤离新登,11 日撤离天目山。这两项行动,造成顽军错觉,认为新四军 3 个纵队"伤亡惨重,溃不成军",作出了新四军"向北溃逃"的错误判断。新四军设在天目山的机关、医院、工厂、报社和军需物资纷纷向宣长路北转移,并公开向群众告别。这种战役伪装,使国民党特务、谍报将所见所闻上报并夸大其词,使那些比较持重的顽军头目也确认"新四军已向北逃窜"。第十一支队 6 月 2 日夜自富春江撤回,他们伪装成主力大部队进行运动防御,实际上只用一个侦察连担任后卫,且战且退,不离不弃,到达退却终点就转入正面防御阵地。第 12 支队在完成紧急抢运伤员后直接进入莫干山区敌后,为今后主力转入敌后作准备,又作为实施迂回的机动力量。其他支队全部在孝丰隐蔽集结。6 月 9 日,顾祝同电令李觉主力组成左右两个"进剿"兵团,分由临安、宁国两地向孝丰分进合击,并继续调到突击总队第二队和一四六师前来参战。10 日开始全面进攻,其总兵力有七十九师,突击第一队、第二队,右路以突击总队副司令胡琪三为指挥官。左路包括五十二师、一四六师、独立十三旅,挺进二纵队,绥靖区一、二纵队,以苏浙皖绥靖总司令刘秉哲为指挥官,中间尚有两路扼守东西天目山各隘口,策应左右"进剿"兵团的是二十八军军长陶柳及六十二师一个团,还有忠救军,第一、二、三纵队……共计 7.5 万人,直接参战的有 5.7 万人。大军压境,大有黑云压城城欲摧之势。他们妄图一举攻占孝丰,围歼新四军,即使围歼不成,也要把它赶回苏南,或逼它退入杭嘉湖,借日伪之手将它消灭。

粟裕司令员在前线指挥所将主力部队先机转到孝丰西北地区,因为这是顽军合击圈的分界线。新四军南下主力集结于此,既便于向合击圈内机动,又便于机动对付东西两路顽军。留在孝丰城内担任守备的第11支队和独立第二团已控制了孝丰外围的各制高点,并构筑了必要的工事,随时准备抵抗顽军的进攻。

怎么打?先打哪个?

粟裕司令员和各纵队司令员一起分析的主要之点在于:在兵力上我新四军虽只有主力9个支队和1个独立二团仅2万人,与国民党顽军总对比是1∶3强,但我方已完全集中,对付其1路,尤其是集中对付其中的1路,则又是优势。而且我各部队经过前两次作战锻炼,协同动作和战术运用都有提高,已能适应山地战斗,兄弟部队间相互了解、团结信任,并抢挑重担,也摸到国民党顽军的脾气特点,我军经过几天休整体力有所恢复,所以,各项条件有利于我方。国民党顽军已脱离其碉堡地带,而打运动战已成为我军之长。经过这样对敌我的具体分析,粟司令员已形成自己的腹案:采取先阻东打西,后阻西打东的办法,连续作战各个击破。作战可以分两阶段:第一阶段,先歼顽军西边的左翼骨干五十二师,并相机求歼独立三十三旅;第二阶段,视情况发展移兵东向,再歼右翼集团,国民党顽军左右两个集团远距离分头行进,速度不一致,左翼五十二师好大喜功行动快,右翼集团却按部就班,步步为营;而东路我们派小部队开展麻雀战,迟滞其行动。在此情况下,粟司令员决定以第8、第11两支队和独立第二团组成阻击集团,要既顶住右路顽军的进攻,又拖住它不使逃离。以第一、第二、第三、第七、第九、第十6个支队组成突击集团,伺机出击顽军左路,把第12支队预伏在顽军侧翼的武康、德清地区伺机备用。

在粟司令员密切关注东西两路顽军的进展时,前方俘获了窜到孝丰城附近的五十二师一个侦察排长,证明五十二师为抢头功确已突出。19日,五十二师主力一五四团进至孝丰城西北之新桥头一带,为我军所阻;一五五团进至孝丰城西北10余里虎岭头一线,与我守备部队对峙。此时,顽军右翼刚到双溪、石门之线,预定20日先头部队到达孝丰东南的港口、百丈地区,与五十二师距离20公里以上。战机出现了,前线指挥部估计以6个主力支队围歼五十二师两个主力团,有把握在两天之内结束战斗。19日晚向五十二师发起攻击,经一昼夜激烈战斗,该两团基本被歼。五十二师乃新四军的老对头,是反共急先锋,血债累累。"皖南事变"中伏击新四军军部的就是他们。这次进攻时竟扬言:"再打一个茂林,完成皖南剿共未竟之功。"所以新四军各纵队上下战士们对它特别愤恨,"为皖南事变死难烈士报仇"的口号也特别激励人心。

部队斗志旺盛,歼击速度比预期更快。在对一五四团进行迂回包抄时,新四军一部楔入了第五十二师同独立第三十三旅的结合部,当即歼灭了独立第三十三旅一个营,它的余部害怕被包围仓皇溜走。中路的忠救军、第二十八军虽奉令急驰救援第五十二师,但它们慑于被歼未敢轻动。至 20 日下午,第五十二师全歼已成定局时,粟司令员把指挥重点转向东线战场。把孝丰变为一座空城,转而控制城北、东北、西、南、东南各山地要点,形成三面埋伏,待国民党顽军进入孝丰城内就可以"关门打狗"。同时,对西城只留第九支队收拾残敌;主力全部东移,并令原守备西线之第 8 支队立即从孝丰西北向东南迂回,乘夜在顽军密集的空隙中穿过,任务是切断顽军向东南撤退的唯一通道,又限令预伏在莫干山以东的第十二支队连夜翻山,于 22 日晨 8 时以前赶到白水湾、港口地区,抄袭顽军后路,堵住顽军右翼集团包围的唯一缺口。

到 21 日,李觉仍认为新四军主力退在孝丰以西与第五十二师激战,电令右翼兵团连夜向孝丰、鹤鹿溪挺进并相机占领,协同左翼后团"夹击而聚歼之"。其实,此时第五十二师主力已经覆没。粟裕司令员原来担心的是东路顽军逃得太快,现在它们却继续送上门来,自然是求之不得。国民党突击第一队一部进入孝丰空城,见势不妙急忙退出,但已来不及了,出得了城却脱不了围。第七十九师企图争夺孝丰城东北五峰山制高点,新四军早 5 分钟抢占山顶,立即将其打了下去。当晚,新四军第一纵队全部从孝丰南面向东迂回潜伏拦截,从南面兜住了顽敌。第八支队穿越顽军阵地时发生战斗,占据有利地形顽强奋战,虽未能按计划到达目的地,却拖住了顽军,又造成了顽军的混乱和恐慌;第三纵队主力则经孝丰东北向顽军右翼迂回,占领灵岩山及其以东一线高地,由北向南攻击。至此,顽军主力已陷入重重包围。第四纵队主力从孝丰正面向东出击,第十二支队已袭击港口、白水湾地区断敌退路;第一、三纵队从南北收拢,将顽军压缩于孝丰南之草明山、白水湾、港口附近的狭小地区内,顽军狼奔豕突,拼死突围未得逞。新四军指战员发扬连续作战的战斗精神和英勇顽强的战斗作风,咬紧牙根,忍饥耐寒,排除万难,大胆穿插分割,加速歼敌过程。23 日前线指挥部命令改变夜间战斗为白天攻击,既出顽军意外,又易于观察敌情,可以用炮火更充分地杀伤顽军。经两昼夜恶战,顽军突击第一大队除留守临安 1 个营外全部被彻底消灭了。第七十九师、突击第二大队大部分被歼,残部夺路南逃。顽军至此仍惊魂未定,只好全线退却并弃守临安。气势汹汹的由国民党三战区直接发动的第三次进攻,即以彻底失败而告终。

这里还可以补充一些国民党顽军的内情:当时突击总队副司令胡琪三(黄埔一期)为指挥官,率领第一突击队、七十九师两个主力部队由新登、临安直指孝丰,李默庵还派总部国民党特别党部书记长李月林和胡琪三偕行。出发前夕,身为特派员的李月林对胡琪三说:"通知胡旭旰,要他务必先于七十九师进入孝丰,入城后立即架设电台,发向顾司令长官、李总座报告,这头功便是我们的了。"

胡旭旰奉着"抢头功"的命令,贸然进到孝丰附近,落入新四军事先布置的伏击圈中,新四军以优势兵力发起猛烈冲击,经数小时激战,除突击第五营营长王成龙率领半个营残部突出包围圈外,其余全部被歼于孝丰近郊的山谷丘陵之中。

第一突击队覆灭后,新四军集中兵力向七十九师逐步形成合围。胡琪三、李月林、罗觉元已转入一个山头阵地的七十九师师部,师长段霖茂用望远镜观察战地形势,急急地说:"我们快撤!"胡琪三哭丧着脸犹豫不答,他是在担心撤退回去自己要受到军法审判。段霖茂颇有实战经验,果断决定:"不能再犹豫了,我们仅有一条退路,再迟一点就会被切断,现在不是考虑能不能交账的时候。"他不理会胡琪三,对副师长说:"下达撤退命令!"又转身对胡琪三说:"副座,同我师一起走好了,我负责保护你。"就这样,七十九师侥幸逃脱。

在三次反顽作战中,新四军歼灭顽军官兵6800余人,包括顽军将领少将司令胡旭旰、五十二师副师长韩德考,第七十九师参谋长罗先觉等。

在前后三次反顽战役中,新四军南下纵队阵亡504人,伤1600余人。第一支队长刘别生在新登前线作战时英勇牺牲,第二支队丁麟章政委在围歼第五十二师时光荣殉职。

第三次反顽作战胜利后,面临着一个问题,就是要不要重占天目山的问题,经过反复考虑,新四军决定不再回占天目山。8月8日传来苏联对日宣战、红军进入东北地区的消息。毛主席于9日发表《对日寇的最后一战》声明,号召举行全国大反攻。10日日本发出乞降照会,同日,朱总司令命令八路军、新四军向敌人发出通牒限期投降。12日,新四军军部命令立即行动,准备控制京沪杭要道,并占领上海、南京、杭州三大城市,但是,蒋介石在美帝国主义支持下利用海空优势抢运军队,抢占各大城市,形势改变,苏浙军区、南下部队准备北撤,更艰巨更光荣的战略、战役任务将要到来……

这里附带简单记述一个曾经发生在天目山的"绝密"掌故。

著名作家杜宣先生1995年8月18日写有一篇纪实稿《二战中的一次绝密任务》,刊于总第795期上海《文学报》一版至三版,原文1万多字,内容是盟军中国战区司令史迪威将军,考虑将登陆点选择在新四军控制的华东沿海地区,但国民党反对盟军与中共接触,为此,史迪威派出一些参谋人员进行秘密活动,以了解新四军的作战实力。经中共南方局董必武同意,杜宣以中法大学教授身份带领两个美国军人从昆明辗转千里赴华东执行一次秘密而艰难的任务……

美国两军人和杜宣见面后,表示这次任务一定要绝对保密,绝不能让国民党知道,否则就会引起很大麻烦。他们对中国国情不了解,一切希望杜宣作主。杜宣考虑要到浙西沿海,必须通过国民党控制的地区,所以首先得有一个掩护名义,否则寸步难行,结果得到批准他们用"14航空队第十测候队"的名义到天目山建立气象站,并配备一些仪器,接受一些有关技术的训练。从昆明出发到天目山,可说是万里之遥。他们先坐飞机到福建遂川机场降落,经长汀、永安再经江西上饶到达浙江桐庐,沿途听说新四军在天目山、孝丰、安吉一带。他们没想到在於潜遇上了一批国民党军人,一位少校敬了一个礼说:"我们是国民革命军第二十八军,军长请你们去见面,吃顿午饭。"杜宣对两位美国军人说:"他们可能要阻我们去天目山,你们一定要斩钉截铁般强硬,非去天目山不可。"到了二十八军司令部,军长没有出面,由少将参谋长接待。在宴会上,参谋长举杯敬酒后说:"请问各位,你们的目的地是哪里?"美国军人回答:"我国首次轰炸日本时,杜立特将军座机返航时在天目山撞山,因此,14航空队司令部派我们去天目山建立气象站。任务非常重要。"参谋长听了便说:"天目山是共产党占领的地方,你们前去很危险的。"美国军人回答:"不,你们国共两党的矛盾是中国的内政。我们相信共产党也不会反对我们和日本作战的。"参谋长显得很诚恳地说:"你们此去的确有危险,我们完全是出于好意。"美国军人说:"参谋长先生,对于你们的好意,我们十分感谢。但是,没有上级命令,就是再大的危险,我们也不能逃避呀。"

为了搬运气象站器材,他们找来40名挑夫,向天目山走去。到了山麓,看到山民的生活十分贫苦,冬天又都闲在家里。他们雇用了几个人做勤务,希望马上找到新四军。第二天清早,他们看见二三十个穿有色制服的小伙子从山上下来,动作敏捷。听到远处机关枪连续响,工人来向他们报告说,国民党的部队跑掉了,一挺机关枪丢在路边。又一群持枪的新四军战士匆匆过去了,也有干部模样的人在门前走过,但对他们一律不理会。是的,他们已经到了新四军占领的天目山。但是在新四军的占领区内出现了几个外国人,对方怎么也该来了解一下,怎么会没有人同他们联系? 如果新四军又撤退了,不是前功尽弃吗?

他们到天目山后已经用手摇发报机和昆明总部联络上,杜宣心里想,难道延安没有将此事通知新四军吗? 难道陈毅没有通知他的部队吗? 奇怪!

工人报告说,约一里路外的后山有个小镇,周围有新四军千余人驻扎,于是杜宣决意独自去找部队,美国军人嘱咐他要多加小心。他走到山顶,眼前是一片开阔地,中间一条石子河,有些士兵在河边洗衣服,石桥那边有一条小街,他向桥上走去,一个战士拦住他,问他是什么人,来这里做什么。杜宣说明身份和来意,要找他们的负责人。但是这位"负责人"却什么也不懂,杜宣像秀才碰到兵,有理说不清,失望而归,心里很不愉快。过了一天,杜宣总算又碰到一个挑着一副空担子、像个炊事员的战士,说可以带他去找到首长。杜宣跟着他来到另一个更大的市镇,经过一家宅院门口,看见有战士在摇着手摇发报机。战士们发现陌生人,都围上来七嘴八舌问个不停,总算来了一个干部模样的人,对杜宣说:"你跟我来。"杜宣跟着走到一家关闭的空荡荡的店堂,上了二楼,走近临街的房间,一个人迎了出来,干部介绍说:"这是我们的政治委员。"坐下后,杜宣把证件给他们看了,又谈了这件事的经过,政委认真听了,表示他们会立刻将此事向上级报告,让他放心;国民党军队不可能再上山来,至于今后怎样安排,等上级指示后再商量。听了政委的回答,杜宣心上的石头落了地。他们留他一道吃饭,还吃了点酒。临走时,还说过一两天,去看那两位美国朋友,请杜宣先转致对他们的欢迎。分手时,还问要不要派人送他回去,杜宣说:"不必了,谢谢。"政委又叮嘱:"路上还要小心。"

正当两个美国军人和杜宣兴奋喜悦的时候,接到了昆明总部发来的电报:"国民党政府已经知道我们派人到新四军,已向美军总部提出抗议。为此你们应立即从新四军那边撤回,要昼夜兼程,沿途不许停留,以免遭到国民党秘密杀害。你们应直接到长汀机场报到。"

真是晴天霹雳!

他们的回程经历也很有戏剧性。杜宣和两个美国军人上山去向新四军部队告别,把来电内容告诉他们。政委听了感到很意外,但也无可奈何。第二天有新四军干部带了一批人来送行,送给两位美国军人一批缴获的战利品:日本军刀、军旗、手枪,作为他们来到新四军军部的纪念。美国军人十分高兴地说:"我们是同僚中首先得到日军战利品的,将带回国内作永久的纪念。"美国军人把带来的一些药品、物资转送给新四军,杜宣也将一支派克金笔和一块手表请政委转给陈毅同志。

他们决定回程先走昌化,再转屯溪,乘汽车去福建长汀,这样可以避开浙西国民党驻军,而屯溪有美军联络站。所有的人都发给工资遣散,只带9人配5支步枪,作为小型武装队轻装上阵,安全抵达屯溪后,枪支交给美军联络处,次日他们弄了一部小汽车,为迷惑国民党,又故意开回浙江常山、江山,再到福建浦城，经武夷山、福建上杭到长汀飞机场，如此行踪飘忽，使国民党特务也无法跟踪，转来转去，他们就安全到达目的地昆明。分手时，两个美国军人十分激动地握着杜宣的手动情地说："感谢你，带我们经历了一段梦一样的生活，我们本来是反对共产主义的，当我们和新四军的朋友接触后，我们发现他们是很普通的人，在抗日战争中那么伟大！我们都愿意做战胜日本侵略者的普通人！"

二十二

读者应该不会忘记，浙西杭嘉湖敌后游击战的主要人物之一是吴兴西乡的郎玉麟，当年中共浙西特委顾玉良依据形势确定发展武装力量的方针是"依靠郎玉麟部队，团结李泉生部队，争取朱希部队"。1941年初，"皖南事变"以后，浙西形势完全变了，地下党遭到破坏，特委书记扮作卖布商人进行地下活动，就在1941年中这段时间，顾玉良再三动员郎玉麟把手中掌握的浙西行署经济游击大队（拥有两个连的实力）拉到苏南去，郎玉麟固执地牢记中共省委书记刘英说的"长期潜伏到一定时间会起更大作用"这句话，拒不服从，被顾玉良割断组织关系，使他后来悔之莫及。1942年郎玉麟被提升为保安大队长，国民党又以他不是正规军校出身为名调任他为浙西行署视察，实践证明他错了。调职前，他也曾到处设法找党，哪里能找到呢？如果顾玉良保持他的党组织关系，1943年新四军不是在苏南，而是在长兴，只要找到关系，他是一定会走的。机会失去了，不可能重来了。

日寇1943年10月重点进攻天目山，未能得逞，但是在孝丰、安吉，以及苕溪航道两岸设置了不少敌伪据点，使国民党二区专员公署专员于树峦的活动受到限制，他想到敌后游击斗争非常需要郎玉麟这样的人，于是他向浙西行署贺扬灵建议，说还是叫郎玉麟出来，在吴兴、长兴、安吉三县边区设立一个办事处，叫他担任主任，给他一个中队，让他在那一带游击活动。贺扬灵在昌化汤家湾，找郎玉麟说了这件事，那个地区是郎玉麟最熟悉的，他当然非常乐意。日本鬼子扫荡后在这一带建立了不少伪军据点，一两个月下来，伪军四出大肆抢粮，不仅地主富农的粮食要抢，贫苦人家的口粮也要抢，当地群众非常恐慌。抢粮是日寇交给伪军的任务，伪军自己也可以捞到油水。郎玉麟在这个地区很有号召力，他很快就建立了一支队伍，黑夜埋伏在伪军抢粮的必经之路上，一连几次,夺回来的粮食不少,也缴到了一些枪。伪军连续受到打击,再不敢轻易出来抢粮了。

仅仅不到两个月工夫,地方上安定下来,村、乡政权也正常恢复,可是郎玉麟又接到命令,新组建的保安连调回专员公署所在地孝丰报福镇附近。传说是新四军十六旅到了长兴,所以调他的保安连回去保护专员公署。当时郎玉麟自己没有走,把从伪军手中缴获的十多支枪隐藏下来。保安连一走,伪和平军第一师师长程万军得到消息后,立刻出动"清乡",漫山遍野贴出布告悬赏捉拿郎玉麟,活捉赏多少,打死赏多少。好在郎玉麟得到群众保护,被隐蔽起来。地方群众为了保护粮食不被抢走,自动发起组织"献粮购枪委员会",他们对郎玉麟说:"你现在没有部队,不能保护地方,我们要卖粮食换钱给你买枪,重新组织部队。"郎玉麟心里是求之不得,他可以有第四次组织部队的机会了。

当时国民党六十二师在浙西游击区活动,只要同连营长打交道,就可以秘密买到枪支弹药。郎玉麟通过地方上层人士的关系,很快买到步枪30多支,轻机枪2挺,快慢机木壳枪多支。有了这批枪,他过去的老搭档都来了,那个一度"假死"的吴小土(吴德全)以及贺文铨、刘兴汉也来了。郎玉麟去了一次昌化,找贺扬灵汇报,说他又在家乡组织了一支部队,贺扬灵同意给他一个番号:"浙西行署第二特务大队"。不发供给,一切自理,这是1944年4、5月间的事。郎玉麟任大队长,陈学明任副大队长(他是郎的妻子陈文霞的弟弟),两个中队长分别是吴小土、贺文铨。

当时消息闭塞,新四军十六旅推进到长兴境内,煤山梅花勘的情况,郎玉麟不清楚,但是又有了一支部队以后,他就想到要找党组织关系。他一面秘密派孙厥谋去问胡志平,因为浙西特派员罗希明和金国源二人曾在他第三次组建部队时来过,罗希明是搞策反工作的,如知道他的行踪,就可能要他把部队拉走。另外郎玉麟还想要一点小聪明,以取信于贺扬灵,就是把老婆儿子安置到於潜妹夫家中,意思是告诉贺扬灵我把老婆孩子送到你身边来了,你还不相信我吗?谁知道,郎玉麟带了老婆孩子经过孝丰报福镇顺便去看专员于树峦,于表面上客气请他吃饭,饭后却不让郎走,让秘书拿出一份电报让郎玉麟看。电报是省保安司令宣铁吾发来的,内容是:"着即将与彭林奸匪勾结之郎玉麟拘捕送省。"原来这时彭林已在浙东同四明山联系上,举起浙东纵队金萧支队的旗帜。彭林的基本队伍是与郎玉麟共同组织后调去浙东的,郎玉麟1940年独自回浙西,得到贺扬灵赏识才重新建立部队。这次于树峦把他扣押后封锁消息,然后命令保安大队把郎玉麟第四次组织的部队包围起来和平缴械,人员遣散。郎玉麟和老婆孩子被关在一间小楼房里十多天,才被押送到昌化贺扬灵那里。因为郎玉麟离开浙东回浙西的事，贺扬灵都知道，又长期派人秘密监视，认定他不过是思想有点"左倾"，与共产党没有什么关系，所以只将他软禁了三个月。在此期间，郎玉麟思想上非常痛苦，真是后悔啊，耍这点小聪明误了大事，其实何必多此一举，自己直接把部队拉到长兴去不就得了吗？今天自投罗网，真傻呀！

软禁后释放，贺扬灵派郎玉麟、戴文珍、徐萍洲三人去海北敌后视察。郎负责视察军事，戴负责视察党务，徐负责视察政治。海北是指第十区专员公署所属的嘉兴、嘉善、平湖、海盐、海宁，也包括桐乡、崇德一部分。专员是朱希。朱希自游击队改编后曾任德清县长，又升任十区专员。一路上，郎玉麟考虑的都是怎样设法逃走。沪杭铁路的封锁线——铁路两侧的竹篱笆铁丝网，早已被拆得七零八落，原来有"护路队"，如今也没有了，来往都是安全的。过路到海宁县境，徐萍洲告诉郎玉麟说，鲍自兴在海宁长安伪军据点里，他带领反敌行动团第一大队在匂庄与杭州伪军张华夫部队交火被俘，企图策反张华夫部队被发觉，张华夫把他拘押几天后放了，他逃出杭州坐小船奔向太湖，路上遇张洪仁的"反敌行动团"，被留住了。后来鲍自兴又逃出，不知怎么就当了海宁长安的伪军。鲍自兴被俘进入杭州初时，贺扬灵还信以为真，崇德县长袁勋伪装到过杭州，知道他策反张华夫的事，告知贺扬灵，鲍自兴的共产党身份就清楚了。郎玉麟对鲍自兴的情况，实际上是有点了解的。1943 年 10 月在孝丰坑垓地方召开的一次党政军联席会议上，鲍自兴由张洪仁送到当地，他们二人都参加了开幕式，当时主持会务的杨钜松，在开幕式后对他们二人说："你们二位请休息。"郎玉麟暗地对鲍自兴说："新四军到长兴，他们在做军事部署，应该把情报送出去。"这时的鲍自兴已落入贺扬灵的特务之手，像郎玉麟一样，已不可能送什么情报。鲍自兴在被两名特务押送途中逃脱，天无绝人之路，这时的朱希虽已不是打游击时的那个朱希，但他仍然是一个爱国者，能够分清黑白，把郎玉麟看作是老朋友。有一天，他请几位视察吃饭，情绪很高，多喝了几杯酒，有些酒意了，忽然脱口而出："他妈的，于树峦这家伙真不是人！"他对郎玉麟说："于树峦说你是共产党，叫我把你抓起来，把你秘密杀了，这个混蛋！"郎玉麟听了这话，不慌不忙地说："于树峦早就抓过我了，贺主任不让他杀。现在想假手于你，够毒辣的！"郎玉麟一路上都想着怎样逃脱，这时突然"心有灵犀一点通"，前一天看报纸，全国正在发动"知识青年从军"运动，号称"十万青年十万军"，浙西也不例外。估计自己个人已经成了贺扬灵的包袱，既不好怎样使用，也不好公开抓捕或杀掉。如果自己利用知识青年从军的机会，公开申请从军，他没有理由拒绝，也是干净了事。郎玉麟有一定号召力，他公开报名从军,也可以吸引浙西一批知识青年参加。更重要的是,从军当然不能带家属,他可以以安置家属为名,设法把老婆孩子一起带走。当晚,他在十区专员公署给浙西行署发电报请缨从军,隔了两天,贺扬灵的复电来了,批准他从军,电报上还有几句鼓励的话,并委任他为浙西青年从军第二队队长,第一队队长是安吉县县长郑邦琨,这些消息都在《民族日报》发表了。得到批准回电后,郎玉麟请在忠救军金家镶部工作的朋友弄到了一张空白通行证备用。

郎玉麟回到昌化汤家湾浙西行署以后,朋友相约为他设宴送行,贺扬灵也很有意思地请他吃饭。他对贺扬灵说,妹夫在於潜当小学教师,他请假送老婆孩子到於潜,让他们同妹妹在一起,这样他从军在外也可以放心,贺扬灵也同意了,还送了他一笔安家费。第二天,郎玉麟雇了轿子带老婆孩子上路。一路上,郎玉麟真是心惊胆战,只怕后面有调查室的特务跟踪而来,为了跑得快,给两名轿夫出高价,请他们吸好烟,喝好酒。到了於潜城里,他自己下轿到一个地方转了一圈,然后对轿夫说:"我们的亲戚搬到临安去了,没有地方歇夜,请你们再辛苦一轮,把我们继续送到临安去,连夜赶路辛苦,多给你工钱……"轿夫商量一下答应了。于是他们连夜到了临安附近一个通船的码头,打发轿夫走后,他马上雇了一条小船到瓶窑转弯去德清洛舍,到洛舍时才知道,新四军已经到了吴兴妙西。新四军是在1945年2月底从长兴挺进到孝丰、安吉的。郎玉麟3月4日从昌化出发,到达妙西已是3月7日。第一个碰到的就是原来浙西特委的朱辉,他见到郎玉麟非常高兴,但郎玉麟却是惭愧,两手空空,难以交代。原来有两次机会可以带部队来的,如今真是无地自容。朱辉让郎玉麟先休息几天,再考虑工作。原浙西党委书记顾玉良也来了,他们缴获国民党二区专员公署的文件,知道专员于树峦一直监视郎玉麟并一度将其关押移送浙西行署,不久前还密电十区专员朱希秘密杀害郎玉麟。这样他们就消除了对郎玉麟的怀疑。3月中下旬,他们成立吴(兴)长(兴)县办事处,叫郎玉麟当主任,4月1日成立吴兴县人民政府,任命郎玉麟为县长。县委书记先是顾玉良后是杜大公,副书记潘子明、副县长周子洪,和平区区长肖东,妙西区没有配备区长,大批南下干部主要搞民运工作。郎玉麟到妙西后,他原来的部属陈学明、吴小土、贺文铨、王云清等人都出来了,地方上躲藏的乡、保长知道郎玉麟回来当县长也出来了。那时新四军主力在新登、孝丰一带进行了三次反顽战役,粮食供应很紧张,县长的主要任务是利用人熟、地熟的关系收集粮食,县人民政府两天两顿稀饭,把粮食支援前线。菱湖的李泉生这时也在家中,郎玉麟再三动员他出来工作,对他说:"你在大革命时代就入党了,现在新四军到了家门口,你还不出来吗?"结果李泉生出任双林区区长。郎玉麟的第二项工作是组织地方武装,成立了吴兴县警卫营,缴伪军的枪,主力部队也给一部分枪。警卫营配合主力部队作战,当时主力把贺国华部队下放到吴兴境内,日本鬼子宣布投降后,又加派了德清的第8支队,政委韩念龙。郎玉麟的任务是收集情报,指挥县区武装配合主力作战。在半年间,有过三次大的战斗,一次是扫荡湖州到梅溪一线的伪军,当时梅溪、小溪口都有日寇,新四军来后龟缩到梅溪据点。伪军第一师程万军的一个主力团团部驻在潘店对面的目山。新四军贺国华支队对伪军发动进攻,活捉伪军团长董冀。第二次战斗是迫降湖州城日军。根据朱总司令的命令,凡是新四军势力范围内所有日伪军都要接受投降。大约8月下旬,弄清城内有多少鬼子后,便由贺国华支队和警卫营从南门外的驿西桥下喊话,枪是朝天放的,但日寇不肯投降,进去的一个排被鬼子缴械,之后郎玉麟通过宪兵队的山本才算全部放出来。迫降没有成功。如果不是日寇已宣布投降,新四军这样一支部队逼近城下,日寇是会发狠的。

第三次战斗是吴兴双林战役。当时新华社苏浙分社报道苏浙军区司令部发表公报,我浙西新四军"坚"字部队,发动进攻吴兴双林战役。战斗自13日下午6时开始,我军一部攻击双林以东8里的化潭桥,拂晓前占领该地,将伪军三十四师一三四团一营三连全部歼灭,俘伪军60余人;我军另一部攻击双林以南8里的盛林山,该地四周大河,工事坚固,我军以密集火力与河沿攻势,使伪一三四团一营两个连全部官兵向我投降,俘官兵两百余。我"坚"字部队另一部由织里镇南下,沿途驱逐重兆、仁舍两伪军据点,俘伪第一师一个连,顽敌闻风而逃,退守双林以西大兴桥。15日拂晓,我军实行总攻,上午结束战斗,伪军三十四师除两个营外全部被歼,俘获伪参谋长王尚天、参谋主任蔡元瑾,大队长李亚东及以下官兵1200余名,缴获轻机枪42挺,重机枪4挺,82迫击炮4门,小炮20门,子弹2万余发,电台5架,军毯1000余条,车床8台,军服700套,电话机10部,军用汽车10余辆,马4匹。又:我"决"字部队于10日进击伪据点德清县新市镇,战斗自10日下午3时至次日上午10时,摧毁碉堡10余座,俘伪军100余名,缴获重机枪1挺,步枪数十支,汽艇2艘,骡马8匹,米150余担。同日下午解决朱家埭伪吴兴独立大队,俘伪军30余名,轻机枪1挺,步枪10余支。"决"字部队于吴兴水桥与小部伪军接触,战2小时,俘获伪军10余名,轻机枪1挺。至此,吴兴县境小据点伪军基本消失。

郎玉麟的回忆,对公报所述作了补充,他说:"打双林的新四军是韩念龙支队和贺国华支队,县警卫营也配合,双林的伪军是三十四师田铁夫主力,因田铁夫不在双林,未能抓住。还有打菱湖,他没有参加,情况不清楚,反正那时我军主力横扫路东,国民党顽军和伪军都闻风而逃,有的顽抗一阵就被消灭了。"

摇晃的天目山——天目钱塘抗战八年纪实

上面讲到李泉生被俘,通过日本宪兵队的山本获得释放,湖州这个日本宪兵队山本的关系又是怎么一回事呢? 郎玉麟从他1943年第三次组织部队时的一件事说起,那年春天,郎的哥哥郎三星的女儿结婚,那时潘店的房子都烧光了,只能在山沟里盖草房居住,湖州的日本鬼子得到情报,认为侄女儿结婚,郎玉麟肯定会来,于是派人突然把正在办喜事的郎三星家包围,幸亏那天郎玉麟没有去,结果把郎三星抓走了。郎三星是小学老师,因家庭负担重,所以没有参加打游击。奇怪的是郎三星被抓去的第五天,突然被放了回来。原来湖州日本宪兵队有个叫山本的,中国话说得很好,他问郎三星:"你的弟弟是郎玉麟不是?"郎三星回答:"是的,是我的六弟。"山本说:"郎玉麟这个人我很景仰他,你回去吧! 回去对你弟弟说,以后他有什么事,要我办,叫他写个条子来,我一定帮忙。"郎三星就这样安然回来了,这是一件很奇怪的事。当时郎玉麟将计就计,写了一个条子,托一个商人进城交给山本,请他代买西药。嘿,那个山本果然把西药买来,还送出城交到郎玉麟之手。1945年郎玉麟当了吴兴人民政府县长,有个干部叫俞国良,被日本鬼子抓了去,其家属找郎玉麟想办法,他又写条子给山本,日军真的又把俞国良放了回来。李泉生当了区长后在一个村子被鬼子抓去,郎玉麟又用同样的办法,山本又把李泉生放了,但因李的名声很大,没有让他出城。后来这个山本给郎玉麟写信,要求出城和他见面,郎玉麟同县委的同志谈了这个问题,大家都说:"好啊,让他出来见面试试。"回信后山本果然来了。在谈话中,山本坦率地说:"我是日本共产党,反战同盟的,反对中日战争,但是没有办法,我还是被派到中国来了。"郎玉麟紧接着说:"你既是共产党,那就是同志了,以后你应该为我们多做些工作。"山本回答:"完全可以。"郎玉麟便说:"你们日本天皇宣布无条件投降,我们八路军新四军朱德总司令发布命令,凡是新四军势力范围内所有日军伪军都要向我们投降。我们新四军兵临湖州城下,向你们喊话,要求你们向我新四军投降,但是被你们拒绝。我们新四军有一个排打进城去,占领了福音医院,被你们俘房了,你能设法把我们这个排的人枪都放出来吗?"山本回答:"我是宪兵队的组长,你们的人在守城的联队司令部,我同联队长交好,我可以回去做他的工作。"结果没有几天,新四军一个排的同志全放出来了。这真是抗战胜利前后一段不可思议的佳话。

打下双林后第三天,部队接到北撤的命令。通知非常急促,限定三天之内必须走。从湖州刚放出来的李泉生,连家属都来不及通知就走了(后重新入党,在根据地任县长时病故)。北撤中安吉警卫营和吴兴警卫营被合编为浙西第12支队,郎玉麟是支队长,安吉县县长曹辰力为政委。到了宜兴,组织上要郎玉麟填表申请重新入党,介绍人是浙西行政公署主任朱克靖、县委书记杜大公。北撤渡江后，浙西第 12 支队并入贺国华支队，组成华东野战军第一纵队第一旅第三团，贺是团长，郎是副团长，曹辰力是政委，投入解放战争的洪流中去……

关于新四军北移之事，10 月 18 日新四军军部发言人发表谈话，新华社报道如下：

江南沦陷以后，本军奉命深入敌后，抗击敌伪，八年以来，赖全军将士之英勇，江南父老之支援，我军得能在极端艰苦之环境下，打击敌伪凶焰，建立了苏南、皖南、浙东、浙西各抗日根据地，解放了数百万同胞，实行了种种民主民生的措施，包围京、沪、杭、甬等东南大城市。当日寇投降之时，根据本军实力，凭情衡理，本军均应收缴东南各省寇军之武装，接受各大城市日军之投降，大不必劳民伤财，远从西南大后方空运受降部队。但中共中央为迅速实现和平团结，以应全国人民的期望，命令我军勿与国民党军队争夺京、沪、杭、甬等大城市之受降，竭力避免日寇与反动派挑拨内战之借口。最后更为了实行国共谈判中共产党方面所允诺之让步，命令本军驻防江南部队，包括苏南、皖南、浙东、浙西各解放区之部队，即日撤移江北。中国共产党此种为国家为人民，力求和平团结、仁至义尽的精神，当为全国人民所共鉴。为确立国内和平民主团结统一之大局，现在本军不得不和江南数百万父老兄弟姊妹忍痛告别了。八年来，我们军民相处如鱼得水，今日告别，能无黯然。八年来，江南人民对我军之拥护热爱，是我们永远铭感不忘的。此次奉命北移，我们只能请求江南父老兄弟姊妹谅解我们为和平团结的苦衷，并加强自身团结，保卫已得民主权益与经济利益，继续为全国的和平民主团结统一而奋斗。我们更希望在我军撤离江南之后，国民政府及地方当局能确实实行：（一）切实保障本军复员战士、伤病员和抗属之安全，并加以妥善照顾；（二）保护本军留

彭林、郎玉麟 1998 年 11 月 12 日在湖州重逢（郎玉麟时为湖州市新四军历史研究会会长。已恢复他的全部党龄。彭林已授中将军衔）

守机关,照料本军事实上无法撤退之伤病员、抗属;(三)保持我军撤退地区一切民主设施与人民已得的民主权利,保证中国共产党及其他抗日民主党派的合法存在;(四)保护与奖励当地对抗战与民主建设有功之干部与地方人士,不得歧视或虐待;(五)保持各地区业已实施之民主措施(如废除苛杂、减租减息等),继续实施不变。我们更希望国民政府与国民党,能如中国共产党一样忠诚迅速地实现国共会谈中所确定的和平建国避免内战的方针,实现政府所允诺的政治民主化、军队国家化、党派平等合法的诺言,以期独立自由富强之新中国能早日实现。

二十三

当新四军浙西根据地部队北撤时,浙东四明山根据地的浙东纵队也在行动,受命带领先头部队1000人横渡钱塘江至海盐黄湾登陆,又运送浙东纵队司令员何克希及五支队在澉浦登陆,还把一批地方干部,运送至苏北掘港登陆,在浙东部队北撤中立下奇功的人是谁呢?

他不是别人,是当年在浙西与郎玉麟齐名、北撤时任浙东纵队司令部警卫连连长的鲍自兴。郎、鲍二人是老朋友,鲍自兴战前在吴兴县蚕桑指导所任指导员,帮助郎玉麟发展蚕桑事业,后来殊途而同归走向革命。1943年郎玉麟断了组织关系,鲍自兴在党的领导下,在杭州策反伪军失败后奔赴太湖途中受阻,二人在孝丰坑垓的浙西行署党政军联席会议上相见,郎玉麟曾希望鲍自兴把情报送出去,事实上,当时鲍自兴已经是一个囚徒,由于他的机智敏捷得以逃出魔掌,又在隐蔽斗争中发展革命力量,成为一个传奇式人物。抗战初期,浙西天目山地区流传一句话:"抗日模范青年天南鲍自兴,天北郎玉麟。"他的故事只得趁最后北撤之机,在篇末加以记述。

1937年12月24日,日本侵略军占领杭州,广大杭嘉湖地区在铁蹄下呻吟。那个时候,余杭舟枕乡的里山坞,有两个年轻人站在山顶上,只见眼前一片火光,他们知道这是日本鬼子在焚烧抢掠,当哥哥的痛哭流涕:"弟弟呀!日本人打进来了,我们要做亡国奴了呀!"这个痛哭疾呼的哥哥就是后来的革命者鲍自兴。这一年,他21岁。他又看到潮水一般溃退下来的军队,背笠帽、穿草鞋的广西军,听到他们对老百姓喊:"日本鬼子来了,你们快跑吧!……"

余杭城沦陷后,国民党县政府撤到北乡山区太公堂继续抗日活动,鲍自兴被看中，很快成了县政治工作室主任兼政工队长。1939年春省政府在方岩召开全省政治工作队长会议，他与浙西地区一批县政工队长沿富春江坐船去金华，当时天目山地区省政工队有一批进步分子和共产党员，抗日救亡运动空前高涨，以鲍自兴的思想认识，他是不问党派，只问抗日，人家对他说："你多看点书就知道了。"他们住在金华旅店里，宪兵来查夜，知道他们是游击区来的，很客气，发现他们房里一些书，就对他们说："这种书我们从书店没收的多得很，你们要的话，可以来拿。"第二天他们果然去了，宪兵说："今天不行，队长在，明天来吧。"鲍自兴讲这件事时说："我在上海离休干部开会时碰到那时的长兴政工队长谢奠宇，说起这件事时他哈哈大笑：'那时我们真傻，这不是自己送上去，说我们是赤色分子吗？'"

鲍自兴（一九四三年九月摄于杭州。时任中共杭州地下特别支部组织委员，年27岁。）

　　1941年初，余杭黄湖出了一件大事：起因是1941年1月"皖南事变"后，余杭地区发现了共产党标语传单，揭露国民党反共罪行。中共黄湖中心区委机关被特务破获，30多个人被抓。当晚这些人被关押在鲍自兴老家。作为县政工队长，他因职务关系参与抓捕行动，但又悄悄释放了十多个。为此，浙西行署主任贺扬灵对他产生怀疑，免去他县政工队长之职，调他到天目山的行政人员训练班任指导员，实际上是监视考察。贺扬灵对鲍自兴很赏识，1939年方岩政工人员会议时，省主席黄绍竑授权省府委员贺扬灵主持，贺因此认识鲍自兴。当时鲍自兴反映自己的副队长朱思宏在敌区工作时被伪军逮捕，勒索赎金，贺扬灵当场批准500元赎回。到天目山后，鲍自兴当然知道谨言慎行，但是对我这个从上海"孤岛"回归自由祖国的青年，他还是悄悄地说："自由祖国是不自由的。"1942年，日寇在太平洋战争中失利，开始走下坡路。杭嘉湖区敌伪"清乡"期间，浙西行署各县政府闻风而逃，此时重新恢复。浙西行署有特务营、青年营两支武装，贺扬灵利用省政工大队被撤销，建立了一个"浙西战地青年反敌行动团"，称之为"武装的政工队"，配备若干武器，实际上带有防共目的。为防人口实，他任用文职亲信心腹为团长、副团长，为拉拢鲍自兴，也给他一个"团附"的虚职。鲍自兴知道机会来了,利用自己与团长的个人关系,弄到"兼第一大队长"的实权。这就为他参加革命创造了先决条件,因为"反敌行动团"要离开天目山到游击区去,手中有了枪,那就走着瞧。过去当政工队长,只有一支左轮手枪,现在他可以指挥步枪、机关枪了。

世间本来没有路,路是人走出来的。现在就看鲍自兴怎样去走了。

"我不是吹牛,那时我这个'鲍大队'是声名远扬,我专对敌伪小股部队打伏击,最厉害的一次在余杭仓前镇前,我带四人小组,一挺机枪。老百姓送情报说,日本鬼子的马队从北岸来了,我们埋伏在南岸,出其不意,打得鬼子人仰马翻,真是痛快!鬼子又不能过河,我们轻轻松松撤走。那时最让游击区老百姓受苦的是杂牌部队的情报组什么的,敲诈勒索无所不为,我就缴了一个胡作非为的挺进纵队情报组的枪,打死了一个情报员。他们恼羞成怒,就像疯狗一样乱咬,说鲍自兴与共产党勾结,告状告到三战区,转到贺扬灵手上,贺扬灵大概也不相信我是共产党,先把我调到安吉小溪口整训,派行署特务调查室特务徐昌虚找我谈话,开门见山地说:'你鲍自兴是不是共产党,你自己知道,我敢肯定你是思想左倾。'我回答他:'我不管什么左倾右倾,我是中国人,打日本,打汉奸,打烧毛党'!"——什么是烧毛党?这是老百姓对游杂部队的贬称,他们为了勒索钱财,脱人家裤子烧人家的阴毛,妇女也不例外。

行署主任贺扬灵大概把鲍自兴看作书生意气,仍然让他带部队。鲍自兴的第一大队又回到余杭地区。他知道,留给他的时间不多了,四处都有浙西行署的特务,他们肯定时刻盯着他,他必须加紧!加紧!

1942 年 12 月,鲍自兴得知杭州北郊宦塘地方有几个人,属于杭州北郊伪军张华夫的部队,他们办有一个刊物《十月》,宣传进步思想,他立即派遣队里的张炳炎——他是在"皖南事变"中失去组织关系而得到鲍自兴保护的人,到宦塘联系,结果知道他们是要找组织关系的。一个叫胡延夫的说:"我也是共产党员,组织关系断了。我在张华夫部下,也是为了找党。张华夫的经历不简单,十年内战时期,他是红军的一名指挥员,曾坚持湘赣边区,担任过领导职务。我估计他可能负有特殊使命。"

这个估计使他们生出大胆的想法:不妨直接找一下张华夫,听听他怎么说。在胡延夫陪同下,鲍自兴化装进入杭州,在河坊街百岁坊巷 18 号见到了张华夫。这个汉奸贼子倒说了真话:"十年内战时期,我与傅秋涛、钟期光、江渭清、谭启龙一起坚持湘赣边区,担任领导职务,但现在已无党的关系。"还说:"现在日本在太平洋战争中形势不利,看来日本可能战败。我个人将来总要回过头走革命这条路的。"他又加上一句:"如果你们在国民党地区无法立足,可以到我的部队里依附一下。"

这样的结果,令鲍自兴非常失望。

回到部队以后,鲍自兴利用上层社会关系缓和当局对他的猜疑,实行韬晦之计。1943 年 4 月,他随团长、已兼德清县县长的谈益民在新市附近活动,他以给妻子送生活费为名,与积极找党的张炳炎联系。这时张炳炎、朱思宏已多次接触原浙西特委的联络员周植林,并于 3 月陪同鲍自兴到湖州找另一个地下交通员金国源,地下交通员经太湖至宜兴与夹浦之间的秘密交通线,找到了苏南太滆地委。太滆地委研究决定派罗希明为浙西特派员,以争取和加强对这两支武装力量的领导,并希望他不动声色在原地坚持,等待时机。鲍自兴为了便于与周植林会面,并就近与胡延夫部相呼应,将部队南移至武康杨坟镇南的资福寺,由妻子范逸轩以治病为名往来联络。

1943 年 6 月,苏南新四军到达浙皖边境的郎溪、广德,逼近长兴,浙西行署惊慌失措,草木皆兵。这时浙西行署突然宣布"鲍自兴辞职照准",并命令他立即交出部队。这是一个生死关头,鲍自兴立即找周植林,向党组织请示。周植林告诉鲍自兴上级已做过研究,认为目前很难将部队拉走,而在国民党游击区内,敌我力量悬殊,难以立足。为今之计,可以将部队拉入杭州,暂作保存,然后合力与胡延夫将张华夫部拉走。这几句话,把鲍自兴推落到一个冰窖里去了。以他的抗日影响和父亲的社会地位,这个方案是毁灭性的,他怎么能接受呢?

"我对这个方案有不同意见,接受不了!"鲍自兴十分为难地说。

最后只能约定大家回去考虑,四天后在祥符桥的定德庵再作一次磋商。

四天后,鲍自兴心里打鼓,他自己实在想不出好主意,这次见到的朱良甫同志指出:要保存实力,进入杭州是唯一可行的。此时伪军张华夫部队已改编为浙江省保安教导团第一大队,集中在杭州六公园东边的前陆军监狱旧址内整训。张华夫自从收编国民党六十二师叛变投敌的一部分人后,力量增大,胡延夫中队已不占优势,改变力量对比,该部集训结束仍去北郊驻扎后,如果鲍自兴部队进入杭州,共同行动,可以相互策反,把张华夫的保安第一大队和驻在老东岳的汪伪"和平军"王宪璋的一个工兵营拉走,拉去苏南……这就是朱良甫代表上级党组织对当时形势的分析。

那么鲍自兴部队以怎样的方式进入杭州呢?

朱良甫说:"我们都考虑过了。为减轻你在政治上的压力,也避免引起张华夫的怀疑,由胡延夫部队导演一场假戏真做。约定时日,你带部队途经某处,中了伏击,剧烈交火后,你被包围了,只好命令部队放下武器。胡延夫向杭州各家报纸发布新闻,说浙西战地青年反敌行动团第一大队长鲍自兴等全队官兵被俘。这样做,掩盖了真相,既可自保,你也少受名誉上的损害,也可争取张华夫的信任。用这种方式,你和胡延夫事前要对自己的部队要做好工作,不能出一点纰漏。"

鲍自兴很无奈,他真的是走投无路,只能出此下策了。

1943 年 7 月 7 日正午,这幕戏上演了。在祥符桥附近,双方一齐向天开枪,这边鲍自兴的队伍又一齐听从命令放下武器,做得滴水不漏,鲍自兴近百人的队伍全部成了伪军的俘虏。胜利者胡延夫押解全部人员上汽车,直接开到西大街陆军监狱,由汪伪浙江省保安处上校科长张士奎和日军联络部军官对人员武器一一点验完毕,编入张华夫的第一大队第四中队,朱思宏被派为三中队副中队长。

7 月 11 日,中共浙西特派员罗希明到杭州,住远东旅馆,鲍自兴与他见面后对他谈了自己的苦恼,因为部队进入杭州后思想非常混乱,大家纷纷指责他,他又不能明白说出自己是忍辱负重,另有打算,罗希明只能鼓励他坚决按原定计划努力工作。

7 月 12 日下午,在明湖池浴室包了一间房,苏南区党委浙西特派员罗希明召开第一次骨干会议,宣布批准恢复朱良甫、周植林、胡延夫三人的党籍,吸收鲍自兴、朱思宏入党,并成立特别支部,以朱良甫为特支书记,鲍自兴为组织委员。传达了区党委对杭州工作的指示,着重讨论了对杭州日伪军的工作注意事项。此时,鲍自兴的"政治逃亡"是否可以说到达了"彼岸"?

不!

7 月下旬,胡延夫的第一中队派驻北郊良渚,张华夫将他的大队部和鲍自兴的四中队放在一起,驻扎在三墩,那地方有两个花岗岩碉堡,张华夫的房间与鲍自兴的房间相距咫尺,两个碉堡大门皆由四中队驻守。为什么张华夫对新来的鲍自兴如此信任?如果鲍自兴自作主张,当机立断或联系胡延夫二人全力将张华夫劫持,逼他或以他大队长的名义下命令,把大队几百人枪全部带走,又会怎样?鲍自兴确实这样想,也准备这样做。罗希明已派周植林去海盐将海北工委书记刘明请来,计划是将部队拉到海北去,开辟一个新的游击区。鲍自兴知道张华夫准备 11 月初各中队换防,时不我待,研究决定在 10 月底以前行动。罗希明、刘明在仁和路清泰第二旅馆内领导这一策反工作。

鲍自兴以治病为名,10 月 22 日向张华夫请假到杭州,向罗希明汇报了策反准备情况,深夜回到妻子租住的西大街。第二天早上,中尉副官钟凡找到他,说大队长已从三墩回来了,在百岁坊巷 18 号家中,让你过去商量事情。鲍自兴不疑，一早径自来到张华夫家，其妻子张荣仙客客气气请他上楼先吃早餐，还说天气闷热，让他宽衣，鲍自兴完全丧失警惕，脱下上装解下手枪，挂到衣钩上，等他走到餐桌边，端起碗筷，眼前的玻璃台板下压着一页信笺，上写：

> 手令
> 着派中尉副官钟凡，携带快机四支，率领卫士三名，赴杭捕提违法之中队长鲍自兴，及其友人朱良甫、田树蕃、杨天澍、龚铁汉，务须归案为要。
> 切切此令。
>
> 张华夫
10 月 22 日

就这样，鲍自兴被捕了。他被带到楼下客厅的后屋。不多时，另外几个人也被陆续押来。

正是有人走漏消息，让张华夫先下了手。问题出在胡延夫身上。那天他到三墩通知鲍自兴去杭州汇报工作时，唯恐鲍的兵力控制不住驻扎三墩街区的二中队，就要他的一个在大部队当副官的亲戚杭庆汉听从鲍自兴的指挥。不料他俩才离开三墩，杭庆汉便立即向张华夫告密。张华夫不是吃素的，他下令四中队全体徒手集合听训，杭庆汉带领短枪分队缴了四中队的枪。接着张华夫又连夜赶到义桥一中队驻地，以查岗为名，喊开营门，逮捕了胡延夫，带回三墩关押，次日黎明又派副官钟凡到杭州诱捕鲍自兴。胡延夫轻信亲戚，泄露机密，一枚棋子走错，全盘皆输。

关在后屋的鲍自兴还没有弄明白到底是谁告的密。张华夫不露面，也不加解说。软禁到第三天傍晚，有人送来了一封密信，他急急拆开，原来是张华夫写的。他看下去：

> 自兴弟：
> 书生也会说假话，不解。
> 此去因病因茅山？一切无须辩，但一言足矣。此事你知我知，不足为外人道也。如你的图谋得逞，我便有抛妻别子之苦。现我正在调整部署，待稍就绪，即回杭与你商谈，姑请待之。
>
> 小兄　华夫
10 月 25 日

从这封信看来，鲍自兴想：鬼家伙！他倒真是个机灵人，知道这次策反是在党的领导下进行的，好像还想给自己留条后路，不想把事情做绝，还打算跟我们商谈。这个汉奸叛徒打什么鬼主意？

就在这天下午，鲍自兴的妻子范逸轩突然闯进了张华夫家，而且得到同意，他们见了面。她低声告诉鲍自兴说是罗希明布置她来的，罗希明担心他的安全，正在思考怎样通过斗争解决问题。鲍自兴让她把张华夫的信带去。

第二天，范逸轩又来，以送寒衣为名带来了罗希明的信，罗希明逐字推敲分析了张华夫的信，认为张华夫不愿自走绝路，就有争取的可能。他指示鲍自兴向张华夫摊牌，明确告诉他，自己是以共产党员身份来的，是在党的领导下工作的，问他打算怎么办？要理直气壮地同他作坚决斗争，争取他回头。

当晚，张华夫回到杭州，进门后便踏入后屋的软禁室，笑着向鲍自兴点头招手，然后上楼去了。过不了多久，鲍自兴被叫到楼上，见到张华夫先是用一种得意的表情笑笑，煞有介事又似乎带点歉意地问："怎么样？"鲍自兴心中厌恶，立时用力将手中的军帽向张华夫掷去，愤怒地反问："怎么样？问你怎么样？没想到你会下此毒手！现在好，你可以把我送给日本人报功了，你又有一个升官发财的机会！"

张华夫对鲍自兴的举动大吃一惊。

"不要误会，不要误会。"张华夫连声说，"我现在明白了，但是你们没有必要瞒我。你是个书生，胡延夫也是书生，你想想，光挟住我，你们几个就能把部队拉走吗？这是妄想，是轻举妄动，太幼稚了！你不会忘记吧，我不是对你说过我们将来总会走这条路的吗？你们这样搞法完全是左倾幼稚病呀！"

鲍自兴进一步质问他："你说的将来是什么时候？你想的是荣华富贵，你还有什么将来？你应该走什么路？今天是你自己选择的时候了！"张华夫只是笑而不答，最后他说："现在事情已经摊开，过一段时间你们再回部队，你可以先回去看看妻子，我们再从长计议。"

鲍自兴被释放出来后，立刻赶到罗希明秘密联络地点，向他汇报了策反失败前后。经过苦心积聚起来的一点力量毁于一旦，他的心情很沮丧，不知道怎样走下去时，胡延夫也被释放出来。在特别支部会上，罗希明指出革命道路不是平坦的，要坚定意志，站起来重新战斗。这时，杭州特别支部的成员朱思宏在张华夫部第三中队为副中队长，驻所瓶窑，这次策反行动失利，对他没有明显的影响，他正在争取中队长袁杏平反正，所以罗希明决定鲍自兴与朱良甫暂留杭州伺机行动。胡延夫得知他的老师徐季敦被汪伪委任为浙江省第二行政区专员公署专员兼保安司令，罗希明批准他进行活动，打进去潜伏，等待时机。

朱思宏策反中队长不成，带一个勤务兵逃了出来。鲍自兴再留在杭州有危险，罗希明同意他们撤退，给他们开了介绍信，让他们经太湖去太滆地区。

又一次政治逃亡……

去太湖的路是水路，主航道上敌伪据点密布，只能租一只无篷的小木船，走弯弯曲曲的小港，与鲍自兴同行的有特支书记朱良甫、交通员周植林、党员朱思宏三人。他们在瓶窑以北一个村子上船，一直心情紧张。开始没有出什么危险，第三天到吴兴地界，在经过靠近菱湖以南一个村庄的时候，被一座小桥上的哨兵发现，小船不得不靠岸接受检查。鲍自兴一看不好，哨兵的标识是"浙西战地青年反敌行动团"。桥上走过来一个排长，马上认出了他："鲍大队长，啊！你回来了！快快，请上来，团长在这里！"鲍自兴心里一惊，不上岸是不可能了，重要的是保护船上的同志，他灵机一动，马上回过头去大声喊道："船老大，谢谢你给我搭便船，我这里有熟人，我上岸了，谢谢你，再见吧！"小船加快走了，鲍自兴上岸，排长带他见到团长张洪仁，张洪仁又很快请到德清县长谈益民。鲍自兴能说会道，他编了一套遭受伏击身受重伤后被俘，又如何在伪军失去戒备时逃出脱险，搭便船……他同张洪仁、谈益民一向个人关系不错，但他们对鲍所说的一切是真假莫辨。这两人都是贺扬灵的亲信，不会让他离开，立即以祝贺他脱险归来要隆重款待为名留下他，并电告浙西行署贺扬灵听候指示。隔一星期左右，同船撤退的周植林回头来找，他一口湖州话，说："你湖州的岳母知道你脱险了，特地叫我送点吃的东西来。"其实他是告诉鲍自兴，新四军已成立苏浙军区，目标是天目山地区，他们应该在原地坚持斗争作为内应，待部队过来时伺机行动。这段时间张洪仁不管鲍自兴，所以他的行动比较自由，他找到曾在反敌行动团一起共事、关系较密的德清县政府主任徐萍洲，因徐分管电台、密电码，请徐提供保护。这个姓徐的保证为他保密。随后张洪仁接到贺扬灵指示，命他把鲍自兴交由德清县县长谈益民带去孝丰坑垓村，参加党政军三方联席会议。

鲍自兴满腹狐疑，心想：如果贺扬灵要抓我，何必叫我去参加如此重大的会议？贺扬灵一向自夸"杀人如麻，挥金如土，爱才如命"，叫我去参加会议，是不是对我还有点"惜才"之意？他想起进入杭州后收到一封贺扬灵的亲笔信，信上就几个字："自兴我儿：父病，望儿速归。父字。"我现在算是脱险归来，贺会怎样对我？……他又想：眼看新四军要打过来，开这个党政军联席会议说明国民党正准备迎战，我到这个会上去至少可以了解一下他们的军事部署，给党送个重大情报，冒险也是值得的……他若无其事地跟谈益民走了。

到了孝丰坑垓，那边真的气氛紧张，如临大敌。贺扬灵没有接见他，只是由行署警保处的科长杨巨松——鲍自兴知道他是个特务——对他说："你脱险归来，主任对你表示慰勉。明天是预备会议，主任叫你在会上作一个脱险报告。你就对大家讲一讲吧！"

　　鲍自兴在会上报告的脱险经过是真,演的这场戏是假。一个特殊的严峻考验放在这个"政治逃亡者"面前。参加这个联席会议的二十八军军、师、团长,老鲍大都认识,地方党、政要人更熟。意外的是在这里碰上一个赫赫有名的郎玉麟,他们同样有一个"浙西行署视察"的虚衔,但郎玉麟早在1937年就秘密参加共产党,抗战头两年在杭嘉湖地区搞抗日武装。后来国民党不肯让郎玉麟搞武装,他的党组织关系也中断了。贺扬灵始终抓不到他的把柄,所以他能安然无事。二人见到时心照不宣,利用一个机会,郎玉麟悄悄地对老鲍谈当前国民党的军事部署,希望老鲍能立即把情报发送出去。而到正式会议时,杨巨松就对他们说:"请你们二位下去休息吧!"

　　这次坑垓会议以后,鲍自兴回到余杭县太公堂,这里的县政府接到行署命令,突然将他拘禁,派三个特务押送天目山,没有给他戴手铐,也没有公开当他是犯人。毕竟鲍自兴是行署视察,在余杭又是有面子的人,表面上还是客客气气的。

　　鲍自兴当时心里并不慌,没有露出一点自己真是共产党的样子。去天目山要走很长一段路,他得千方百计找机会逃出魔掌!

　　为什么在坑垓会议上让他报告"脱险经过"?为什么那时不逮捕他呢?那并不是贺扬灵故作姿态,实在是无奈。为什么?因为三战区二十八军对贺扬灵手下的一些人早有看法,认为他总是用有共产党嫌疑的人。如今鲍自兴自动归来,他正好利用这件事来堵别人的嘴。听说有一个叫袁勋的崇德县长去过一次杭州,知道鲍自兴策反伪军失败的事,回来报告贺扬灵,所以情况就变了。在1943年11月中,浙西文化界有一批"赤嫌"被捕关入集中营,都与当时新四军在长兴成立苏浙军区的紧张形势有关。从余杭太公堂去天目山的路,鲍自兴过去是走熟了的,上路以后,他心里盘算着如何才能摆脱身前身后的三个差人。一路上也碰到几个认识他的人,都是一般人,喊他一声"鲍视察""鲍大队长"打个招呼就算,他希望碰上的是能够给他一点实际帮助的人。

　　第二天要经过一所国民中心学校,他的希望在这里,因为女友白彩凤是这里的教师。老友戏称老鲍为"格黎戈里",女友白彩凤为"阿克西妮亚",这是苏联作家肖洛霍夫的著名小说《静静的顿河》里的时白时红的人物,"阿克西妮亚"是他的情人。鲍自兴这个人临危不惧,随机应变能力特强,他对押解的差人说:"我身边钱不多,得在这里向熟人借点钱。"他们当然不便拒绝。"阿克西妮亚"看到他的身边还有人跟着,心知不妙,也不露声色。鲍自兴大声向她借钱,又低声说:"我需要一支短枪。""阿克西妮亚"心领神会,回答他说:"我身边不带钱。你等一等,我找一个老师去借。"那个女教师也认识鲍自兴,她说:"鲍视察，我们家就在旁边，你跟我回家去拿可以吗？"鲍自兴得到差人同意，几个人跟两个女教师走进一条巷子，女教师上楼，叫鲍自兴跟上楼去拿。女教师打开一个紧锁的抽屉，有两支短枪，她说："这两支枪是我哥哥蔡钦扬的，不知道能不能用，你自己看。"鲍自兴拿起来看，有一支不能用，就把能用的一支顺手藏进衣袋里。走下楼时连声感谢："你借我这个钱，我叫弟弟来还你。"

晚上睡到半夜，鲍自兴听到特务鼾声，以为时机到了，轻手轻脚爬起来，轻手轻脚开门，木门"吱吱"发出声音，小特务喊："干什么？"鲍自兴弯腰装着捂起肚子，急急地说："我肚子痛，要拉肚子……上厕所去。"三个小特务跟在他后面看着他去上厕所。

逃走未成，三个小特务对他的警觉提高。第三天到青云桥附近的杨桥头，下起雨来，天也快黑了，他们在一个小学里歇息，坐着无聊，四个人打乒乓球，先后轮换着，注意力就不那么集中了，鲍自兴瞄准一个机会，霎时从边门溜了出去，在学校后面跳过一道矮墙，便飞快跑出村子。他为迷惑特务，把自己身上披的黄大衣丢在一条三岔道的左边，自己向右边跑，成功摆脱了追捕。天黑以后，他经过一个地方，发现一个岗哨，要后退来不及了，他只好硬着头皮过去，岗哨要查问，他凭着自己身边还有"浙西行署视察"的证明，亮在哨兵眼前，哨兵发现他身上有枪，要看枪证，他说后面有我的勤务兵挑行李，他走得慢，等我的勤务兵过来，你看了枪证就还给他好了。哨兵向他行了一个礼，放他过去了。

他饿着肚子走呀走，走过一个小村子，看到一家半掩的门，进去想弄点吃的，他进了门，走向有灯光的偏房，里面传出女人的声音："谁呀？"他走过去看到一个赤裸裸的女人在一个大木桶里洗澡。他急急地退走，连声地说："对不起，对不起，我是一个过路人……"女人骂："你这个死鬼，你不得好死！"

几天几夜鲍自兴总算回到自己老家枕舟乡里山坞，那是夜里，他不敢径直回家，生怕特务在那里等候。他找到族里的三叔公，把大概情况谈了一遍，说："三叔公，你要想办法救救我，不要让我的父母担心才好。"三叔公说："这还不容易吗，你千万不要回家，国民党一定会到你家来搜的，我有一个好地方，你在那里躲一阵，就不怕了。"鲍自兴问："什么地方？"三叔公说："我在山后有一座石灰窑，这两年都不用，那里平时没人去，里面也干燥，睡在里面不冷不热，可安全了。"三叔公立即准备棉被、席、衣物等，让他吃了顿饱饭，便在月光下领他上山。果然是一座石灰窑，足以安身。住下再说吧！

过了两天，浙西行署以调查室徐沧虚为首，带了几个兵来到里山坞搜查，威吓鲍自兴的父亲鲍储猷交出儿子。鲍储猷还不知儿子已逃到山中躲藏，只能大喊冤枉。徐昌虚一无所获,向贺扬灵复命去了。勇敢而机警的"政治逃亡者"脱离了虎口。

当时余杭县城有敌伪军驻守。鲍自兴的老家杭舟乡里山坞在西门外的深山之中。1944年1月,鲍自兴叫妻子范逸轩到杭州去,找到那时在大井巷一家香烛店楼上设立秘密机关的浙西特派员罗希明。这就有了"政治逃亡者"的后续故事。

1944年春的一个雨夜,里山坞乡间田埂小道上有三个穿蓑衣打着灯笼的人匆匆走着,走在前头的那个是三叔公,鲍自兴居中,随后是他的弟弟。碰到有人过来,三叔公大声说:"我们一头牛不见了,我们要找牛。"他们一路向县城小东门走去。小东门城墙缺口处,正有人等着,他们就是带路来的鲍自兴妻子的弟弟范裕昌,还有根据罗希明指示,胡延夫派来的一个分队长和三个短枪兵,任务就是让鲍自兴穿上伪军军装大摇大摆出余杭城,把他接到沪杭沿线的长安镇去。

从1943年起,日本侵略军在宁沪杭兵力日益空虚,为加强对占领区的控制,日军采用"以华制华,以战养战"策略,继在苏南"清乡"之后,在杭嘉湖划定海宁、桐乡、崇德、德清、嘉兴、海盐为汪伪浙江省第二"清乡"区,调任伪教育厅徐季敦为"清乡"专员兼保安司令,其专署及司令部设于长安镇。此时,党的特派员罗希明听取胡延夫的汇报,认为时机到来。早年徐季敦是淮阴农校校长,胡延夫曾在该校就读,到杭州后也有往来,正好利用这种师生关系。徐季敦一介文人,事事受制于日军浙江省联络部长安出张所的加藤中尉,所属的各县伪保安队亦不听命,他急需建立一个保安特务队作为自己的警卫武装,胡延夫毛遂自荐,徐季敦求之不得,很快任命他为上校军事科长兼特务队长,他取得了实际的领导权。胡延夫在长安中街虹桥一侧的一家羊毛行楼上租了房间,把特派员罗希明、许斐文夫妻接到长安,随后就有了"雨夜找牛""小东门化装伪军人员进城"的一幕。

盘踞硖石的汪伪海宁县保安大队派驻盐官的一个中队,1944年初被国民党海宁县自卫大队俞文奎部夜袭全歼。地下党打入伪专署任特务队长的胡延夫感到力量不足,向罗希明提出将鲍自兴派入该部,这时朱思宏也过来了,于是得以重新建立党的地下特别支部,鲍自兴为特务队队副,朱思宏为副官,特支直属特派员领导。1944年5月间,鲍自兴带领一个班,到离长安6公里的石塘头驻守,这个地方是杭州湾的一个海口,当时是钱江南岸的羊毛、黄酒、食盐、稻米等货物运输和旅客来往要道,这里驻兵的目的是收税,解决部队给养。实际上这个武装班只有三支旧步枪,鲍自兴自己带一支6发马牌手枪。这点可怜的力量很容易被国民党自卫大队吃掉,但是鲍自兴到长安后就在罗希明、胡延夫的设计下实行"苦肉计",同海宁县的国民党县长兼县书记长顾达一及其亲信戴谷音、大队长俞文奎见面,向他们诉苦,说自己是受冤枉的,同共产党确实不搭界,是贺主任听信谗言,是调查室搞的鬼。在走投无路之下,只好暂作栖身之计。顾达一等人原来与鲍自兴交情颇深,很同情他,表示见到贺主任时一定替他讲话。这样便达成一个"互不侵犯"的口头协定。这年夏天,四明山根据地派出一支部队到杭州湾以北的六里堰,利用多山多河流的地势开辟新区,海北特派员刘明到石塘头找鲍自兴,二人一起见到这支部队的领导同志曾平、张季伦、金子明等人。他们不但热烈欢迎,还希望鲍自兴他们不断提供敌伪情报,以打开新的局面。此后,他们在长安领到一挺重机枪加750发子弹,经由石塘头村送到六里堰部队,并到上海买了两架步兵用的蔡司望远镜送去。作为上海等地往来于浙东的安全而又方便的海上通道,这个时期的长安和石塘头在军事上和经济上对四明山根据地都有重要价值。1944－1945年浙东新四军为换取部队经费,把浙东的食盐运销浙西皖南,就是经由石塘头转运的,浙东需要的物资,如浙东人民银行发行纸币用的重磅道林纸也皆由此获得。

上述这些活动多了,不能不引起日伪特务机关的注意。一个不怀好意的四人情报组,盛气凌人地来到石塘头,硬要住在营房内,扬言要将石塘头的盐税所得归为所有;更可恶的是打算以石塘头为立足点,向浙东收集新四军情报。如果任其为所欲为,必将得寸进尺。特支紧急研究后,决定给以警告,黑夜从长安派出一支小型突击武装,向石塘头实施进攻,密集射击,鲍自兴在碉堡内指挥士兵假装还击。这伙企图到石塘头捞一把的汉奸鼠辈,立时惊恐万状,不敢久留,只好悄悄溜走。这次威胁解除后,石塘头长时期发挥着它的通道功用。

1944年11月,胡延夫在杭州日伪上层活动,成为伪浙江省保安第十大队长,鲍自兴任第一中队长,进驻盐官,朱思宏任第二中队长驻于许村,大队部仍驻长安镇。这时,由于我海北支队已奉命撤回四明山,浙东区党委和海北特派员对"地下军"更为重视,这支地下武装控制着长安、许村两个火车站,盐官、石塘头、翁家埠三个海口,15公里长的一段沪杭公路。此时,浙西天目山到杭嘉湖平原已是风声鹤唳,新四军苏浙军区司令员粟裕和副司令员叶飞率领的三个主力部队二万余人已进入天目山区,计划与浙东部队会合,准备迎接盟军登陆。

在此期间,连续发生一些事,反映出敌、伪、顽三方对这支武装的怀疑。

1944 年 12 月,杭州日伪特务机关派来一个十人组成的情报组到盐官,为首的家伙叫陆屏,吴兴南浔人。他认识鲍自兴,1942 年他因勒索民财,被余杭县政府关押,鲍自兴受人之托,曾将其保释。陆屏没有忘记鲍的救命之恩,把他们来盐官的意图实言相告。恰巧这时俞文奎也派人来,说这些人中有几个当过硖石日军宪兵队密探,带领过日本人扫荡,使俞的副大队长杨建腹部中弹险些丧命,要求将这些人引渡惩办。鲍自兴顺水推舟,同意他们黑夜进来,把这几个住在小旅馆的人抓走,同时将陆屏等五人武装护送,俞文奎派人预伏途中,逐个枪杀,实际上是"借刀杀人"。这件事引起杭州注意,胡延夫受到责备,幸得一些拜把兄弟从中排解未作深究。驻长安的日本宪兵分队长也流露不满,但鲍自兴和加藤中尉有交情,加藤为他作了辩解。地方上有些共产党员来往频繁,国民党方面也很注意,县政府教育科长戴谷音特来长安追问。1945 年 4 月间,盐官受到一次突然袭击。那天早晨,8 个武装人员从北门进入,鲍自兴早起去海塘边巡视,突然 8 支短枪对着他的后背:"不准动!说!鲍自兴在哪里?"老鲍意识到他们不认识自己,便回答:"在中队部。""你是谁?""我是事务长。"8 个家伙押着他带路到了中队部,刚进屋子,听到楼上有脚步声,他们很紧张,8 支短枪一齐向楼上瞄过去,鲍自兴看在眼里,毫不迟疑,一闪身逃入后屋,这伙人回过神,发现"事务长"不见了。这时屋里有人喊:"快快快,有情况!"霎时间都是喊声,8 个偷袭者不敢停留,一步并作三步逃走了。

海宁地方谁不认识鲍自兴,这些偷袭者竟对面不相认,他们究竟是何方神圣?这是鲍自兴心中的一个谜。可以肯定的是,鲍自兴的真实身份已经暴露了。特支研究把他调去许村、许巷、翁家埠流动驻守。据分析,偷袭者来自国民党军方挺进纵队的情报特务系统,但这就难以证实了。

鲍自兴在海宁的隐蔽活动,如果没有地方抗日人士顾达一的同情和支持是不可想象的,但是顾达一也得到了鲍自兴的帮助。从地域上说,海宁是平原地区,沪杭铁路穿越境中,有大小几个车站,日伪驻有重兵,游击队活动困难,所以 1939—1943 年,历任县长都没能坚守岗位,第一任逃离县境,被撤职查办,判刑 15 年,第二任在职一年辞职而去,第三任被俘后降敌,第四任拒不到职,第五任被俘,第六任在敌伪"清乡"时撤退请辞。至此省当局认识到应挑选与群众有血肉联系者才能胜任,这就是顾达一在抗战后期被受命为第七任县长的缘由。这里有一件事,同鲍自兴在潜伏中的活动有些联系。原来从抗战开始,钱塘江海塘工程六年失修,盐官、丁桥等多处海塘溃决,海水倒灌,顾达一任县长后,急地方之所急,把抢修海塘列为施政重点,但他在日伪势力范围下,怎么办呢?只能通过在伪第三行政督察专员公署驻长安的保安大队中队长鲍自兴取得默契，由鲍自兴所属的地下特别支部负责人做伪专员的工作，再取得日敌驻长安出张所的同意，成立海塘抢修工程处，又争取到省政府批准动用田赋收入，动员人员 10 万人，经过 8 个月抢修完成。可以说，当时在海宁真是有口皆碑。

1945 年夏，日本在太平洋的军事要地硫磺岛、塞班岛等处相继被盟军攻陷，疯狂一时的侵略者败局已定。海北工委书记刘明指示：必须加紧部队培训，不仅训练军事技能，更要进行爱国主义教育，为今后行动打好思想基础。8月 6 日—9 日，美国在日本广岛、长崎投下原子弹，8 月 14 日，日本天皇宣布无条件投降。国民党海宁县政府由戴谷音率领一个自卫中队进入长安，要鲍自兴接受他们的委任；这时胡延夫在杭州，为应付面对的变局，不得不接受国民党先遣部队的一个番号，鲍自兴也不得不虚与委蛇。足有半个月时间，表面装笑脸，握手言欢，内心焦急、忧虑、等待，比那年在坑坳的尴尬状态不知要沉重多少。刘明同志去四明山向区党委请示，终于回到长安。上级决定要他们将部队带去浙东根据地归还建制，立即着手疏散家属和做好思想教育工作。在特支会议上，鲍自兴和朱思宏表示坚决服从命令，而在杭州的胡延夫则表示犹豫，反而希望组织上批准他留下来继续从事地下斗争，经过分析说服，他口头上同意服从命令。这时，浙东区党委派方晓同志来长安察看准备情况，确定过钱塘江时的海上联络信号。鲍自兴从许村带一个排到石塘头，占领这个海口，又带一个班回到长安，告诉胡延夫准备情况。他看到长安的部队已整装待命，便带一个班赶火车到许村，立即集中两个排奔向石塘头，与留在那里的两个班会合，等待长安方向胡延夫带营部和两个连前来会合，但不见踪影。夜幕降临，明月当空，钱塘江潮正在退落，已到渡江的最佳时刻。鲍自兴焦虑不安，有一种"那边出事了"的预感，当时估计是遇到阻力。到半夜里，刘明、朱思宏、祝歧耕等五位同志赶到石塘头，才知道一个新党员已被扣押，胡延夫下落不明。也就是说，一年积蓄起来的武装力量瓦解了。为争取时间，鲍自兴决定立即集合全连部队讲话，说明他们是一支党的地下武装，现在四明山浙东区党委命令他们归还建制，他们要过江，愿意革命的同志一起走，不愿走的给路费回家。只有极少几个有家庭顾虑，拿了遣散费，其余 87 人立即登船起航。天将黎明时，海船到达盐官南的江面上，隐约见到前方有一条海船向他们靠近，见到船上有人点火打圈圈，这是方晓同志约定的联络信号。鲍自兴自己掌舵，向对方驶去。船快靠拢时，他下令将准备好的两张报纸卷成火把点燃，在火光中人影朦胧，刘明指着对方船头的高个子对老鲍说："看，方晓同志！"真的，方晓带着海防大队的一个中队来接应了，当两船并列时，大家都快活得跳起来。

　　在四明山陆家埠,浙东区党委书记谭启龙接见了鲍自兴,当他听到有两个连未能成功归来时,不免惋惜,但还是对他们给予了嘉奖和鼓励。他们受到欢宴慰劳,文工团为他们作了一场精彩演出。9月15日,87人与地方部队合编为人民解放军浙东纵队司令部警卫大队第三连,鲍自兴任连长。接着就是准备北撤。因为鲍自兴对海北情况比较熟悉,受命带领浙东纵队的先头部队1000人海运至海盐的黄湾登陆,又运送何克希司令员及五支队在澉浦登陆,还把一批地方干部送至苏北掘港登陆。一个历尽艰险的"政治逃亡者",在浙东部队北撤的海上运输中立下奇功,接着又投入到山东战场伟大的解放战争中去了。

尾　声

　　1945 年 10 月 10 日，国共两党在重庆会谈，签订《双十协定》，新四军苏浙军区部队奉命执行《双十协定》，撤出浙西、苏南解放区。新四军军部发言人在北移前发表谈话，公开表明我军北移后将设立"留守处"，目的是保护无法转移的伤病员和拥护我军的革命群众。结果国民党背信弃义，对新四军浙西留守处大加袭击，使留守处人员无法立足，留守处主任杜大公被俘，大部分人员失散或在战斗中伤亡殆尽。浙西部队北撤到苏南宜兴张渚镇时成立的"浙西留守处"成员沈瑛，在战斗中脱险后的口述，留下一页真实的史料。

　　沈瑛是德清洛舍镇人，1939 年省政工第一大队二队在洛舍开展抗日救亡活动时是个积极分子，由此参加共产党，坚持地下斗争。新四军南下杭嘉湖三次反顽战役，他成为后勤干部。沈瑛这样说："我们告别父老乡亲，在北撤的路上，一步三回首，是忍痛含泪离开的。"他被编在县区干部大队，那天到了苏南徐舍镇，早上正在集合待命出发，一个年轻的警卫员匆匆来到干部大队，高声喊："谁是沈瑛？"原来是地委书记陈扬派他来找的。沈瑛向地委书记报到时，地委书记对他说："沈瑛同志，组织上研究，你要留下来，到浙西去。"沈瑛疑惑问："我们不是从浙西撤出来了吗？怎么还回去？"地委书记说："是呀，组织决定，我们还要留下一些人坚持。杜大公、何坚白，你不是都认识的吗？你跟他们一起留下，成立一个浙西留守处，杜大公是主任，何坚白是书记。他们就在前边，你赶紧去。你的组织关系已转给他们了，会给你分配任务的。"沈瑛沿街往前走，不远的河边停着几条船，船上装着布匹、棉花、粮食，有的人已在船上，杜大公站在岸边，何坚白正在指挥一些人搬运物资，沈瑛向杜大公敬一个礼后说："杜大公同志，陈扬同志叫我向你报到。"杜大公回答："好，很好，你来了，我们快出发了，你先上船去吧！"坐在船上的同志们在互相聊天，沈瑛四下一看熟人不多，只有几个武康、德清人是认识的，就在徐石麟身旁坐下，徐原是长兴城关区的区长。沈瑛问徐石麟："我们是上哪里去呀？"他说："今天先到张渚整装，下一步行动，我也搞不清。"

　　以下是沈瑛讲述的亲身经历：

　　前后一共 5 条船，下午到达张渚，船停泊下来，分配了值勤人员，有两个武装人员，租了房子住下，杜大公召开干部会议布置工作，先把布匹、棉花分给大家,各自分别到裁缝店做便衣、棉衣,并付给工钱,粮食分给部队每人装满一个粮袋,余下的在市场上卖掉,换成银元或金子。

第二天,何坚白对我说:"老沈,你以后当会计,搞后勤。今天你同我一起去特委要装备,要给养。"到了特委驻地,给的是一个全副武装的主力排,也拨给两船大米,回到张渚镇上,大米全部卖了,换成银元、金子。全体服装做好,队伍离开张渚前夕,杜大公召开全体人员会议,正式宣布:上级决定成立浙西留守处和中共浙西工作委员会,任务是留下来保护抗日伤残军人及其家属,坚持隐蔽武装斗争。同时宣布杜大公任工委书记、留守处主任,何坚白任工委副书记、留守处副主任,郑华光、姜思义、段俊为工委委员,全部武装编为留守处直属大队,下为三个排,姜思义为大队长,张伏年为副大队长,郑华光为教导员,一个短枪侦察班由段俊直接掌握,留守处干部编为直属干部队,并把一部分银元、金子分给干部以备不时之需。

经过整顿,傍晚部队出发,到达杜家坟。杜家坟这一带解放得比浙西早,附近的槐花壩、仰峰岕曾是军区司令部和苏浙区党委的驻地,襄王有苏浙公学,杜家坟有苏南银行,群众基础较好,留守处领导意图是想把杜家坟作为我们的后勤联络点。为进入新区,适应严酷斗争的环境,部队又作了精简,把一些年纪较大、身体条件不适于长途行军的同志,带枪埋伏下来,与当地的农村干部一起,坚持原地斗争。同时,派出侦察人员出去侦察敌情,部队变得精干了,准备直插孝丰,向天目山开辟新区。

出发前,段俊同志带领侦察班出去侦察,这里已进入了新区,实际上已经成白区,随着我军撤出浙西,国民党的反动军队尾随着我北撤的大军,过去逃跑的反动政府机关也随着国民党的军队回来了,正在恢复强化保甲制度,派出军警、特务搜捕我乡村干部和我军人家属。

部队本来准备在左家村宿营,这里是苏、浙、皖交界处,有几十户人家,过去从苏南到浙西,或从浙西去苏南,都要经过这一带。

进得村来,已是半夜,但到处是一片犬吠声,周围的村子里,犬吠声也是此伏彼起。部队停在村前休息,派出几个人去叫开老乡的门,但怎么也叫不开,主力部队下来的一个战士小张,叫得不耐烦了,认为老乡不知道我们是新四军,害怕、不敢开门,他就说:"老乡开门,不要害怕,我们是新四军。"但门内仍是没有人应,过一会儿,只听得后面有人开门,有几个经后面山上跑了。杜大公、姜思义一看有情况,立即派人上山去搜索,山上一片漆黑,几步之外,根本看不见,林密草深,哪里搜索得到。不一会儿,有几家群众出来开门了,向他们了解,说国民党县政府"肃奸委员会"的人住在这里已经折腾了好几天了。今晚,他们刚入睡不久,一听来了新四军,就开后门,上山逃跑了。这样,我们部队的行踪已经暴露,几个领导一商量,觉得四围可能都驻有敌军,不宜在这里宿营,命令部队继续行军,立即离开。一阵急行军,在快天亮时,到达大王村宿营,封锁村子,隐蔽休息。

杜大公是杭州人,高高的个子,长长的脸型,肤色洁白、红润,长着一双大眼睛,不随便多说话,表现得沉稳机智,看上去不像军人,倒更像个文化人。今晚发生的情况,使他觉得我们的许多干部和战士,过去在老区公开活动惯了,不能适应目前这种情况,在村子隐蔽下来后,他立即对干部、战士进行教育,使大家明确认识坚持新区工作的特点和工作方法。天黑后,段俊同志带领侦察班出发,他是一个瘦长高个子,背微微有点驼,肤色黑而红亮,一双圆圆的眼睛,目光炯炯,显得机警果断,又长着一双走路飞快的腿,每次出发走在前面。通过广泗公路时,他格外警觉,先摸清公路上的情况,接近公路时,他把侦察班分成几组,走在前面的他发现有个人在路边,这个人误认段俊是他的同伙,上前来答话,到了跟前才发现不是同伙,又见几个持枪的人在后面,知道不对,转身想趁夜幕的掩护溜走,处于高度警觉的侦察班岂能让他溜走,这个家伙没走出多远,就被抓住了。

这时,部队正在行进,突然,前面停止了前进,随后传来原地休息的口令,队伍一字形靠路边坐下来休息,人们心中都在嘀咕,前边发生了什么情况?杜大公、姜思义等人也上前边去了,不久,就传来侦察班抓住了一个特务的消息。部队继续行军,宿营时已经快天亮了。

午后,杜大公、何坚白等领导把昨晚抓到的特务,带到村后的山上进行审讯,特务已经吓得浑身发抖。这个特务是反动派"肃奸委员会"的人,在这一带搜捕我们过去的乡村干部和积极分子,迫害我们的抗日军人家属,绑架、吊打、敲诈、勒索,什么坏事都干,是被反动派收罗的地头蛇。根据特务供认以及我们搜集到的情报分析,敌人很可能已经掌握了我们部队的一些情况和动向,所以在去天目山区的沿途驻扎了重兵,并加强了各县的地方武装实行联防,强化"联保具结""十家联坐"等反动措施。在敌人已经有了防范的情况下,我们认为不宜贸然进入天目山地区,不如先转向莫干山地区,然后见机行事。

天黑后,部队转移,在行军的路上,把特务处决了。

留守处部队转移到龙山下边的一个小村里宿营,这里离长兴县的泗安镇只有 12 里,泗安是京杭公路和广泗公路的联结点,交通方便,镇上驻有国民党军队一个团,根据侦察,没有发现敌军有行动的迹象,所以一面封锁村子,禁止出入,隐蔽休息,一面戒备。

部队住的小村,前面就是龙山,村后是丘陵,东侧是一个山冈,西侧就是进村的来路,是一片比较开阔的稻田,这时,稻子已经收割完,部队在村后和村西布置了警戒。

午后,部队集合待命,但仍然隐蔽在村中,等待天黑后,随时准备出发行军。杜大公和段俊带了警卫员和侦察班的几个战士,到对面的龙山顶上去察看情况,但他们还没有到达山顶,就与从山背后翻上山顶的敌军迎面相遇,距离很近,仓促中杜大公和段俊带领侦察班战士一面迎击敌人,一面沿山坡向东边撤。同时,村外我们的哨兵也发现敌军接近村口,即鸣枪告警,大队长姜思义随即率领主力排拉上村旁的山冈进行还击,霎时,枪声响成一片。

这时,敌军已控制了龙山顶上的制高点,机枪可以覆盖整个村庄,村外的敌人也向村里发起攻击。姜思义的部队虽已拉上了山冈,可以阻击敌军,但直属队的干部和一些后勤挑子还没有全部撤出来,一部分同志一面依托村屋还击,一面在屋后、屋侧翻越山冈,转到我们战斗部队的东侧,随着部队边打边撤。

姜思义同志是苏南人,原是主力部队的一个营级干部,浙西解放后,调来武德县大队任大队长,有丰富的作战经验,他行动快捷,率领部队登上山冈与敌军接火,掩护后面的部队和干部撤出村子。

天色渐暗,部队也陆续利用夜幕撤出战斗,因为敌军兵力强大,我们部队又是后无援军,更无军火补给来源,不宜在敌我力量悬殊的情况下,与敌军正面作战,更不宜久战。部队撤出战斗后,敌军因天黑也没敢来追击。我们部队集合到一个小村里,派出警戒,一面查点干部和战士的伤亡和损失情况,查点结果是有一个战士负伤被背下了火线,已不能随队行军,需要安置,杜大公、段俊等人也还没有回来,其余干部和战士虽未发现伤亡,但许多挑子、背包丢掉了,不久他们都回来了。这个小村离战斗过的龙山不远,必须趁黑夜摆脱敌军的纠缠。

这次敌军的袭击,出动的兵力多,企图分路包围一举把我部消灭。为摆脱强大敌军的围攻,部队立即向吴兴方向撤退,经小溪口,渡苕溪,进入长兴县和平区石灰窑,此时天已大亮,得知周围也有敌军,就把部队布置在石灰窑的大山上,控制制高点,一面隐蔽休息,一面派人下山侦察敌情和做饭吃。

这次战斗,部队虽无重大损失,但还是处于被动交战的状态,虽有一定戒备,但对敌情的严重性还是认识不足的。

在大山上坚持隐蔽了一天,傍晚下山,越艮山溪、良村,就进入了莫干山区,先到了莫干山附近的张家村、余家村一带活动。这里与安吉的山区连接,北是吴兴、长兴的山区，东面、南面是武康、德清及余杭、临安，这里山高林密，漫山都是竹林。在进入莫干山区的行军路上，发现吴兴的关上，安吉的良村、晓墅一线，沿路都架设有军用电话线，这一带也有敌军的正规部队驻扎，我们虽破坏了敌军的军用电话线，估计敌军不要很久也会发现我部行踪，严酷的战斗随时都可能会发生。

莫干山区的庾村，曾是中共浙西特委驻地，1939年就建立了党的地下组织。何坚白同志曾在这一带工作过，直到1942年才奉命撤去苏南，1945年初，新四军进军浙西，解放了这一地区，又是他担任武德县委书记。他是浙江诸暨人，大革命时期就参加了革命，中等个子，朴实坚定，个性爽直，敢于承担艰险困难的任务，一双机灵的小眼睛，喜欢观察情况。留守处有些干部和战士就是这一带人，有的是在他担任县委书记时出来工作的，有些原是这一带的地下党员，对这一带的情形比较熟悉，这里虽是新区，但还算是有一定的工作基础的。现在情况变了，这里解放不久，部队随即北撤，新区成了白区，留下来的党员、乡村干部和积极分子，大都立脚不住，跑的跑了，躲的躲了，一时也很难联系上，有的甚至反水，群众也不敢接近我们了，工作十分困难。敌人的反动气焰十分嚣张。根据几天来侦察各方情况的分析判断，敌军已经知道我部进入莫干山区，战斗随时可能发生。

一天早晨，我们得到情报，敌军已分几路开到离我们只有十几里地的村子宿营，周围的几个村子里也发现敌军。为避免与敌接触，部队立即上了山，转了大半天，来到杨山庵附近的山上，布置了警戒，一面隐蔽休息，一面派人到杨山庵村里去烧饭吃。副大队长张伏年也下了山。不久，我们发现一股敌军已尾随跟踪到达到我部对面的山上，这是高山区，山上没有竹林，所以看得很清楚，在曲折的山道上，敌军的队伍拉得很长，看来兵力不少，其派出的尖兵，已离我部不远，敌军迅速抢占高地，随即向我部发起攻击，一时枪声大作，机枪声、步枪声响成一片，我部立即回击，不让敌军迅速靠近，边打边撤，撤到竹林，利用竹林的掩护，急行军摆脱敌军的追击。部队进入竹林后，沿着林间小道，翻越了几座山，到了斗将坞，经碧坞、塘坑，天已黑了，我们急行军到达石角岭、来洪一带，一面警戒休息，一面做饭吃，缓解疲劳与饥饿，查点部队的损失情况，发现张伏年数人没有跟上部队，因为他们下山后发现敌情，已不可能与大队会合，我们是从山上进入竹林，沿林间小道翻山撤离的，他们事先不可能知道队伍撤出路线，只能沿山沟往外走，在紧急情况下，就失去联系而掉队了。

部队摆脱追击，到来洪已是黑夜，离敌军不远，不能久留。考虑到莫干山区已开到了大量敌军，敌我力量悬殊，部队必须很快离开，当时有的干部和战士在林间被竹根刺伤，行军困难，于是我部决定把当地的几名干部和战士留下，利用社会关系，带枪埋伏下来，如能联系上掉队的同志，也可就地坚持。

鉴于大批敌军已集中在莫干山区，为摆脱敌军追击，只能向敌军防范比较薄弱的地区转移，开始准备往德清方向行动，后来得到情报，德清方向已驻有大批青年军，只好转移余杭、临安方向，可能情况比莫干山会好些。因为要白天行军，干脆利用敌军番号，一路上倒也没有什么阻碍地到达箬岭，过箬岭就是余杭地区。箬岭是个小山村，有一些小商店，得知附近没有什么敌军，我们就在村上休息，做饭。村后的山岭，就叫箬岭，这个岭比较高峻，岭上有一座大古庙，可容数百人。村里有个叫张长林的人，是个帮会头头，抗日战争初期曾拉队伍，当过游击队的大队长，此人比较开明，新四军进入浙西时，曾与我军有过一些关系，与杜大公、何坚白都认识，我部到达后，他帮我们筹粮草、做饭吃，并反映附近敌人的活动情况，他建议我们把部队布置在山岭上，岭上地形较好，便于戒备，防止敌人突袭，同时岭上的庙里也可休息。经过休整，部队就向余杭双溪、黄湖方向移动。

经过几天的行军，已到达余杭县双溪、黄湖附近地区，在古城、马家山一带活动。这里是土纸产地，有很多纸坊。这几天，虽没有严重的敌情，部队仍然天天转移，天天行军，一个地方只待一天，有时一天还要转移几个地方，防备敌军的突然袭击。

留守部队从苏南张渚镇出发，已经有一个多月了，与敌军进行了两次战斗，虽有一些损失，但并不很大，仍然有一百多人，保持着原来的建制。现在活动的地区，都已成了白区，国民党政府的乡村政权都已恢复，所以留守部队的一举一动，敌人很容易掌握，即使一时搞不清，不久也可以弄清。他们掌握着交通、通信工具，可以互相通报。一天清晨，我们得到情报，敌军的大部队已跟踪而至，我部随即集合，翻白马山往临安方向转移，部队从早上行军，直到太阳傍西，夜幕即将降临时，到达林家塘，因为在没有人烟的大山里走了一天，干部和战士都已十分疲劳，饥饿也使人走不动路了，急需休息和进餐。林家塘是个有几十户人家的山村，村子坐落在一座大山坡上，我们部队就是从这座大山上下来的，村子离山顶约有一二百米的距离，村前都是梯田，有一条很长的山沟，对面也是大山。我们走了上百里了，认为已把敌甩掉，于是停下来休息、进餐，并在山顶上布置了岗哨，其他人进村做饭吃，不料部队停下还没多久，敌军已经跟踪而至，我部在山上的岗哨发现敌军立即鸣枪告警，敌军已经分几路冲了上来，一下子把我部的岗哨压下山头，敌军随即占领了制高点，敌军在山上，用机枪把我部压在村子里，连头也抬不起来，反击不可能，只好分散往下撤。这次战斗部队被打散了,遭受了严重的挫折。如果我部再坚持一下,到达对面的山上,再休息、吃饭,即使敌军来袭击,岗哨不仅可以提早发现敌军,我部居高临下,也可防备,同时夜幕即将降临,利用夜幕掩护完全可以摆脱敌军的跟踪追击。可惜当时没有考虑及时,造成了不可挽回的损失。

这次受袭击,部队被打散了,天又黑了,无法集合分散了的部队,杜大公到达对面山上的张家坪时,只剩下郑华光、姜思义、吴月平、巢超、我、黄祖华,以及杜大公的警卫员夏继堂,通讯员张之岐,主力部队来的一个班长和战士,总共只有 12 个人了,何坚白、段俊、徐石麟等都失散了。在杜大公等的带领下,我们只好离开张家坪,准备翻越董岭到天目山区去。

为了避免再遭敌人袭击,我们采取了夜晚行动、白天隐蔽的办法,少暴露行踪。我们在天黑时离开隐蔽地方开始行军,在行军路上找隐蔽的山村老乡家做饭吃,吃完饭,带干粮立即离开,这样,即使有人向敌人告密,等敌人再来袭击我们,我们早已走出几十里路了。

在受到严重挫折面前,怎么办? 是继续坚持,还是北撤到解放区去? 这个问题,大家都在考虑。一天,部队翻越了董岭以后,到了东天目山区,白天隐蔽在一条山溪边的林子里,大家议论起来,一向比较沉默、很少说话的郑华光同志说:"我们现在不能北撤到解放区去,应该去找寻特委。浙西是个新区,但皖南、苏南就不一样,是个老区,离这里也不远,特委在边区坚持,有一千多人的主力部队,在基础较好的皖南、苏南地区,不可能坚持不下去,我们有条件找到他们,我们可以留下来坚持,等形势好转,也可重返浙西。"大家认为这个意见是正确的。从这里先到孝丰、广德一带去,看能不能站住脚,能不能找到特委部队,如不行再到皖南或苏南去找寻特委。

这次我们人少容易隐蔽,但困难的是,在林家塘战斗中失去了军用地图,给我们行动带来了很大困难。虽然巢超在孝丰坑垓区当过区长,吴月平在莫西区任过区委书记,但因时间短,又不是本地人,对当地情况也了解不多。

一天,我们到达报福镇附近,恐怕镇上驻有敌军,绕道来到一个小村,搞不清方向,迷了路,不得已冒充敌军去找保长,让他给我们领路,领了一阵,这个家伙发现我们不是国民党部队,本来我们想等他领上了路再处置他,可是这家伙趁黑夜路熟逃跑了,我们只好加快行军速度,离开这里,可是由于我们对这里不熟,路径太陌生,走到快天亮时才来到孝丰的赤坞地方,离报福镇也不远,实际上离那个逃跑保长所在的地方也很近,这样,我们的行踪又暴露了,天亮不久,敌人就来围攻我们,当我们发现敌人,只好从屋侧上了山,还没有到达小山顶,敌军就到了我们住过的那座草房,看见我们上了山,即一面发动射击,一面追来,我与郑华光同志走在队伍后面,见敌人接近,就卧倒在山顶上向上山来的敌人射击,敌人见我们向下开枪,立即退缩下山,我们二人起身想跟上队伍,已不见杜大公等人,弄不清他们往哪走,因不会离得太远,就呼叫他们的名字,不料迎面山上的机枪向我们扫来,郑华光同志一看不对,我们已前后受敌,被包围了,他看我没有什么战斗经验,拉了我往旁边树木密集的山上冲出去,我们在树林里走了一阵,听到四面都有枪声和敌人的呼叫声,看来我们前面突围的同志,可能已被打散,敌人已经截断了我们的通路,正在搜捕我们被打散的同志,我们只好隐蔽在山上的树林中,潜伏不动,准备天黑后再突出去,这样我们二人与杜大公他们失散了。

我和郑华光在山上等到天黑再走,可是在树林中摸了半夜也没摸出去,等到出了树林下山,一看原来是我们住过的那个草屋,我们进去用粮袋装了一点剩饭,上山摸了半夜也没有摸出去,看来只是过了一条山沟,到了对面的山上。白天敌人四处搜山,不能出来,晚上又摸不出去,这样只好在山上隐蔽了五天,五天中只吃了一点剩饭。这时山上天气已经很冷,特别是晚上,我们只好抱成一团取暖。五天里饥寒难忍,不出去是不能再坚持下去的,最后我们利用天未全黑时走出去,出了树林找到了一家独立的草屋,进去找饭吃,只找到一大碗苞米糊,郑华光拿起来就吃,吃了一半就给我,一面摸出一块光洋给了那个老乡,我刚吃完半碗苞米糊,听见山上有枪声,我们赶紧出来往树林里跑,背后是一片枪声。这次出来,虽被打了回来,但我们搞清了方向,等天黑后,再找到那家老百姓,才知那个老乡被枪打伤后抓走了,我们没有久留,找了一些生地瓜就走了,这里叫二十里青龙岗,我们走了一夜,总算突出敌人的重围。

后来知道,这次突围,有的同志在突围时就牺牲了,有的同志突围出来,在敌人搜山时牺牲了,有的负伤后被捕了,吴月平、巢超两个同志被捕后,被反动派在孝丰活埋牺牲了,我们留守处在林家荡突围出来的最后12个同志,大都牺牲了,现在活着的,只有杜大公、姜思义和我三个人。杜大公同志被捕后,幸亏得到中共代表团周恩来同志与南京政府蒋介石交涉、营救,才得以释放。后来回到了解放区。

吴月平、巢超两同志,不幸被捕后牺牲得很悲壮,这两个同志,我们过去没在一起工作过,也不认识,但在浙西一起坚持的短暂时间里,给我很深的印象,他们虽处于十分危险艰难的时候,但表现很坚定,仍很乐观。有一次,我们隐蔽在山上,吴月平曾问我:"你是什么地方人?"我说:"是洛舍人"。"洛舍有个沈国裕你认识吗?"我说:"我们很熟,他是我小学时的同学,你怎么认识他?"他说:"我们是莫干山中学的同学。"他是个学生出身的干部,生得很文静、清秀,当时只有 24 岁,问起互相的家庭情况,他说他是无锡人,已经结婚,爱人已经北撤,有一个孩子,恰恰他的孩子与我的孩子同岁,我们都很思念孩子,等孩子长大了,全国可能早已解放,我们吃了苦,流血牺牲,可以使孩子永远不受苦,能够上学,将来建设国家。他始终相信我们的事业一定能够胜利。现在他们牺牲了,孩子已经长大了,正在继承父辈的志愿,建设我们的社会主义祖国。

为坚持浙西而英勇牺牲的烈士们永垂不朽!

郑华光和我二人,在赤坞突出重围以后,沿着山脊走了一夜,看看东方,天色已渐渐明亮,这时,我们走到一个高山顶上,前面就要下山了,路又很陡,看来是一条大山沟,阴森森的一片,看不清下面的情况,只好停留下来休息,等天明观察一下情况再走。不久天亮了,我们展目四望,原来我们停留的山上,已是这条山岭的尽头,山很高,又没有高大的树木,只有一片已经枯黄的茅草,再回头一望,我们走来的山路,原来是一条很长的、连绵起伏的大山脊,山脊上没有什么树木,尽是茅草,人称"二十里青龙岗"。山顶的前面和左右两边的山坡下去,都是很深的山沟,远处的大沟中有已经收割了的稻田,半山坡上和许多小山包上都长着茂密的竹林,这里好像是一个分山岭,山的三面,沿着山坡下去,又有许多小山沟,两旁的山包上,尽是连绵不断的、十分茂密的竹林。每一条山沟,从沟底到沟口,逐渐由狭变宽,从山上往下看,像一把三面放射开展的扇面。宽阔的山麓散布着许多大、小村庄。

我们在山顶上观察了四周的情况,觉得白天已是难于行动了,因为这一座高山很开阔,又无树木可以隐蔽,人一行动,老远就能看到。看来我们虽走了一夜,因为走的都不是什么路,走的时间虽长,可能并没走多远,离突围的地方,估计也不过二三十里路程。白天不好行动,又无树林隐蔽,我们只好卧伏在草丛中,幸好这里山高,又很荒凉,也没看到附近有人往来,只要我们不暴露,估计这里是不会有人来的。这样,两人在山上卧伏了一个整天,也没有发生什么情况。

天一黑,我们沿着白天观察好的方向下山,因为山很陡,又没有路,虽有月光,但终是夜里,难走极了,简直是在爬。白天看来不太远,可是走了大半夜,才下到山沟的竹林里,走了一段路,发现有两户人家,我们就进去找饭吃,因为我们已六天没有吃饭了,只在前天晚上吃了一碗苞米糊,两人一分,只有半碗,后来只吃了一些生地瓜,已经十分虚弱。想办法填饱肚子是第一件大事。我们化了一块光洋,买了几斤米做饭吃,把剩下来的装入粮食袋当干粮。等吃完出来,我们走了一阵,一看已经斗转星移,离天亮不会太久了,又觉得这里竹林、树叶很密,容易隐蔽,一想还是在这个地方先休息一天再走。不料那家老百姓竟去向敌人报告,第二天,敌人就来抄山,使我们几乎陷于绝境。

第二天,天刚亮,我们在山上找了一个地方隐蔽下来,这个地方很隐蔽,前面是一条小溪涧,溪涧边上有一座大石壁,石壁的底部,有一块凹陷进去的小石洞,可容两三个人,洞前的溪涧边上,生着茂密的箬竹,挡住了洞口,外边看上去是一座直上直下的石壁,根本不可能容人,我们在这个凹陷进去的小石洞里,半躺半坐地休息。过不多久,只听得一片人声,敌人前来抄山了,我们一想,一定是那家老百姓去向敌人报告了,否则不可能来得那么快。当时,我们心里真懊悔,觉得自己警惕性太低,为什么当时不离开,现在还是上午,离天黑还早着,我们隐蔽在这里,能不被敌人发现吗? 万一被发现,我们只能冲出去,与敌人以死相拼了。快近中午时,一个敌人搜索到离我们不远的地方,来到溪涧边,大声咋呼:"快出来,我看到你们了,再不出来,我就开枪了!"我一听,敌人发现我们了,想站起来冲出去,谁知刚一动,就被郑华光同志按住了,我一看老郑,他竟不准我动,觉得很不解,老郑为什么不让行动? 过不多久,敌人咋呼了一阵,因没见有什么动静,就离开了,那时,我才松了一口气,把提到了胸口的心放了下来。

敌人抄了一上午的山,没发现什么,就吹号集合下山了。过一会儿,郑华光同志才轻轻地对我说:"你刚才要干什么?"我说:"敌人不是说已发现了我们吗? 我们不冲出去,还坐着等死吗?"老郑说:"今天太危险了,你不想想,如果一冲出去,我们就暴露了,还不是当人家的活靶子,能出去? 敌人如果真发现了我们,还能先告诉你? 还能不开枪? 这是敌人的瞎咋呼,我们没看见敌人,敌人能看到我们吗? 他们真发现了我们,早就乱枪齐发了。"我一听,真使我增长了见识,也受到了一次很好的教育,觉得自己太没经验了,也太沉不住气了。之后他又告诉我一个故事,他说:"我们过去在苏北,一次日寇和伪军对我们解放区进行扫荡,我们区政府有几个同志,隐蔽在麦田里,敌人也是对着麦田诈呼说:'躲在麦田里的新四军快出来,不出来,我就开枪了。'我们有个女同志没有经验,一听敌人诈呼,认为已被敌人发现,想站起来冲出去,当她一站起来,就被敌人开枪打死了。有的同志隐蔽不动,最后脱险了。敌人如果真发现了我们,早就开枪了,敌人也不敢贸然地到麦田里去搜索,也怕吃我们的冷枪。"

现在敌人恐怕回去吃饭了,我们也得开饭了,今天上午总算过去了,下午敌人还会再来,我们得赶紧吃点东西,好应付他们。郑华光同志那种临危不惧、镇定自若的革命英雄主义和乐观主义精神,真是使我十分钦佩,是永远不会忘记的。

郑华光同志,因过去没在一起工作过,所以对他知道的很少。他是浙江省天台县人,抗日战争初期就参加了革命工作,曾在苏南、苏北工作过,新四军进军浙西,他随部队来到浙西,在安吉县当过区委书记,大军北撤后,他留下来坚持,是中共浙西工委的委员,留守处直属大队的教导员。他身材中等,不很高,黑黑的脸,两眼微凹,下巴前凸,长着稀疏的微黄的胡须,平时很少说话,性格坚强,很有个性,也有些执拗,是一个非常坚定而又十分镇定的人,他认定了一个方向,非要坚持到底。在部队被打散后,我们遭遇严重挫折的情况下,他竭力主张到皖南、苏南一带去找寻特委的部队,继续留下来坚持。特别当我们在赤坞突围中与杜大公等同志失散以后,只剩下我们两个人时,我认为往皖南、苏南一带去找寻特委的部队,因为他们也要封锁消息,隐蔽自己,所以我们很难找到他们,到处乱撞,不如往东到莫干山区一带去,那里地方比较熟悉,也可找到熟人,可以利用关系,找到地下党组织,在他们的掩护下,再到苏北解放区去。他认为:"地下党组织现在的情况,不清楚,即使能找到,他们现在也可能正处于困难的时期,他们在白区工作,又没有自卫能力,全靠隐蔽,我们去找,弄不好他们也会暴露。如果我们到皖南、苏南找不到,我们一步步往北走,一过江,不是同样可以到解放区去吗?"我想,他的话也对。

下午,敌人果然又来抄山,不出郑华光同志的意料,敌人在山上放火烧山,很可能他们在山上发现了我们卧伏过的地方,因为我们那天吃的生地瓜,吃后留下了许多地瓜皮,敌人可能发现地瓜皮,认为我们仍可能躲在草丛中,所以放火烧山,企图把我们赶出来,幸亏我们隐蔽的地方是在溪涧边,四周都是竹林,一时也不可能烧过来。放火烧山引起的噼啪声,此起彼伏的人声,烧山引起的烟雾、灰烬飘散在山沟上空,这样折腾了整整一个下午,到傍晚一无所获,敌人只好吹哨集合下山。

我们等到天黑人静,才走出隐蔽的地方,向那小村走去,来到原来我们烧过饭吃的地方,郑华光同志认为,这家老百姓太坏了,居然敢去向敌人报告,引敌人前来抄山,要进屋去把那家伙镇压掉。当时我考虑,沿这条山沟出去,沟口可能是个大村,根据敌人来抄山的情况和时间判断,敌人离此不会太远,很可能就在沟口的村子里,万一我们一动手,这个人很可能垂死挣扎,弄不好,一打枪,会惊动敌人,不如我们悄悄地离开为好,老郑觉得也对,没再坚持,我们就沿着山边小道往外走,不多时,远远地传来一种有规律的"彭,彭"声,我们仔细一分析,认为是水碓声,前面可能就是村子了,估计村子里很可能有敌人,为避免被敌人发觉,我们就离开小路,穿过山沟里的稻田,到对面山边的竹林中,绕开村子往外走。这天晚上,月光很亮,我们隐隐地看到村口的敌人哨兵在走动,我们避开哨兵,绕过村子,总算没被发现,离开村子,走上了大路,我们放开脚步,一阵急行军,离开了这个地方。

走着走着,我们来到一个地方,路旁有座独立的房子,我们进去做饭,补充干粮。进去一查,这家只有一个妇女和两个孩子,没见有男人,一问,说是到广德城里去了,因路远不能回来。她说:"你们是不是新四军?这几天,这里天天有人在路口盘查。这里叫小岭,前边的岭上,有座小庙,白天,天天有人在上面盘查,晚上不知有没有人,你们如果要过岭去,要当心一点。"我们看那妇女还很善良,做完饭,给了她一块光洋,立即离开,来到小岭上,果然有座小庙,因为已是深夜,庙里也没有人,我们通过小岭,往西疾走,一直走到东方发白,估计离开做饭的地方也有30里了,我们就上山隐蔽休息。

我们这样昼伏夜行地走了几天,因为尽量不进村去,就是做饭也是到那些独立的偏僻的人家去做,做完饭后,立即离开,走出很远再休息,避免停留过久,遭到敌人的袭击,这样,几天来总算没发生什么情况。

一天,我们来到一座高山,这里只有两户人家的草屋,我们找老乡问路,他说:"这里是宁国县地方的黄茅山,离开河沥溪只几十里路。"向他打听我军和敌人的情况,他都说不了解,说这里都实施联保,有什么人来,就要保甲长向他们报告,否则被查出来要吃官司。他知道我们是新四军,怕被保甲长知道不得了,很害怕。我们见这个地方离村子很远,住了一天,打听不到特委部队的任何活动情况,只好转向北面的郎广地区去。

我们经宁国地方的黄茅山,转向郎广地区,几天来总算没发生情况。一天,我们走出了广德的大山区,听说流动桥、龙山方向国民党部队与新四军打了一整天。我们一想,能与敌人战斗一天的可能就是特委的部队。但是从这个丘陵地带向流动桥方向走路不熟,我们方向偏了,走到界碑附近地方去了,跨过了广泗公路,我们认为离苏南不远了,这样,不如先到北家坟去看看情况,不知我们埋伏下来的人还在不在。走到快天亮时,到了一个只有一座独立草屋的地方,看周围也没有什么村庄,我们就进去做饭吃,进门后,查点人数,封锁出入。这一家有一个老头、一对夫妻和两个小孩,一问,这里是广德的朱安村,东面龙山,西边距流动桥也不太远。他家是一个佃户,租种朱安村上一个大地主的田,说这个地主有800多亩田。等到天明,我们出外一看,这里虽只有一座草屋,但距这里二三里的地方,有一个大村子,那才叫朱安村,这里是朱安村的三里桥。这座草屋四周都是稻田,门前是一个晒谷坪,晒谷坪前与屋侧有一条小河,远方有山,这个地方如果发生情况,对我们很不利,一有战斗,就很难脱身。本来我们应该立即离开,但考虑到天已大明,我们两个多月没有理发,头发很长,身上的衣服原是新做的棉衣,可是经过多次战斗,以及黑夜在山上行动,已经挂破得七零八落了,新的棉花翻在外边,又沾上了许多草屑,如果白天行动,一下就会暴露,加上连日来行军、饥饿、寒冷、疲劳,体力消耗很大,十分难支。我们心想:只要我们封锁好,不让人出去泄露情况,渡过一个白天,是不会暴露的。于是就没有立即离开,一人放哨,一人休息,整个上午安全地过去了,到了下午,实在太疲劳了,不想,两个人都迷迷糊糊地睡着了,就在这时,那个老头偷偷地跑了,等我们发现,已被敌人包围了。

下午,只听得外边有人跑动的声音,而且有人连呼"快!快!"我们发觉不对,立即起来,看不见那个老头,等我们想出去,一到门口,周围都有敌人了,一个敌人已经到了门口,我们一看出不去了,老郑立即拉我闪在大门口的边上,这是一排三间的草屋,大门就在中间的堂屋前,这时一个敌人一面向屋里打枪,一面就冲进屋里来了,老郑立即迎面打了一枪,不想敌人冲进来的速度很快,一枪没有打中,老郑一面打枪,一面就冲了出去。我一看敌人已经进屋,只离几米远,如果我不先把他搞掉,我是脱不了身的,要是他从背后向我开枪,离得又那么近,走不了几步,就会被打倒的,因此,我对他胸部开了枪,这一枪打中了,我看那敌人抱了枪坐了下去。这时,我转身往外冲,已不见郑华光同志了,我冲出草屋大门,一看屋侧的稻田已有很多敌人,不断地向我们打枪,也不知郑华光同志是往哪个方向走的,我一看前边没有敌人,就一面向敌人还击,一面向前冲去。冲过晒谷坪,见前面有一条小河,这时已经没有任何可以选择了,就不顾一切地纵身一跳,冲到对面,敌人从后面追来,一看有河,过不去,只好停下来,在河边向我射击,我仍然一边回击,一边走,一直往前边的山上跑去,这样,我和郑华光同志就失散了,等敌人绕过河来追我,我已跑出去很远了,留在我身后的,只是一片枪声。

后来才知道,当我们睡着后,那个老头偷偷往屋侧走了,那个老头并不是那个男人的父亲,而是舅舅,住在龙山那边,那天他来作客,因路远没有回去,不想被我们扣住了,不能回去,看我们睡着了,他就偷偷地跑了,他来到朱安村里,与佃田的地主说"来了两个新四军"。那个地主倒也并不反动,还很开明,不让那老头再说,告诉他等天晚,让他们走了算了。不想那个地主有个兄弟,虽已分居,但是一屋分居的,听到了,立即向乡公所报告,乡公所立即集合二三十个地方武装,前来围攻我们,所以来得很快。当他们包围我们时,郑华光同志冲出去,就被埋伏在门口的两个敌人打中了一枪,郑华光同志胸前负了重伤以后,敌人左右把他挟持,想活捉他,郑华光同志用短枪把左边的敌人打伤了,右边的敌人也就放开了他,老郑伏在屋侧的小塘边上,继续向靠近他的敌人射击,我是趁这个空隙突围出来的,因我注视着前方,所以没有看到已转到屋边的郑华光同志。

当时,郑华光同志虽已身负重伤,但还是继续战斗,把敌人吸引在自己的周围,敌人虽不断地开枪,但始终没敢靠拢他,直到他牺牲后,敌人才敢过去把他的枪和身边的光洋、金子拿走。

由于郑华光同志不断地在回击,枪声响声一片,当时"忠义救国军"的部队也赶来了,听到前边一片枪声,又看到敌人地方武装又都穿的便衣,误认为是新四军,"忠义救国军"就向他们开火,把这些家伙逼进了那座草屋,忠救军用机枪扫射,把那草屋的屋顶也打掉了,打了好一阵才弄清是误会,停了下来。那时郑华光同志已在战斗中英勇牺牲。

我从朱安突围出来,来到了杜家坟,我进村一看,当地的乡、村干部和抗日军人家属的房子都被封了,门上贴着封条,说是"匪属",我一看,这里情况也不对,向曾经住过的那家一打听,他们说:"你们的人早走了,你赶紧走吧。"我只好往无人处上了山,隐蔽起来。

原来我与郑华光同志约好,万一我们失散了,先到杜家坟集合,当时我还不知道郑华光的情况,不能马上就走,得在这里等一下消息,到天黑后,我下山来到了枚华纸厂,看见一个工人,叫张福庆,他说:"你刚走不久,后面有人追来查问,有没有看见新四军的人到这里来?"他机灵地回答:"是看到有一个人走过,向太平村方向走了。"我向他了解情况,他说国民党的大部队来了,这里的国民党区乡政府都已建立起来,他们原来的乡、村干部走了,留下来的人也走了,以后也没见有人再来过,他让我还是早点离开为好。这样,我白天上山隐蔽,晚上下来打听有没有人来过,那时晚上已经很冷,幸亏纸厂烧纸的炉子比较暖和,等夜深了,我就在烧纸炉边渡过最冷的时刻,天要亮了,就上山隐蔽,这样待了四天,觉得不能再留了,时间长了,就会暴露,虽然这里群众基础较好,但也很难说。那么怎么过江去呢?若还是这样走可能不妥,因为不知怎么走,路又不熟悉,身边的那支枪,在战斗中早已把子弹打光了,剩下的三颗子弹,有两颗是过去打的暗火,剩下一颗,不知能不能打响。我觉得带了枪容易暴露而又不能自卫,最后决定,还是向那个张福庆要了一件破旧棉袄,弄了一根扁担,两根绳子,扮成挑东西的人,向张渚走。我离开杜家坟,走到山上,把枪埋在一个隐蔽的地方,趁黑夜过岭,穿过太平村,走了一夜,来到张渚,先把光洋卖了,理了一个发,买了一件蓝布罩衣和一张到无锡的船票,第二天一早,乘船到了无锡,已是天黑了,因无任何身份证明,只好在东站过了一夜,第二天到江阴,想从江阴过江去,不想江阴是个要塞,驻有很多敌军,过江盘查很严,我没有任何身份证明,肯定过不去的,怎么办?我一想,在无锡也不能待,江又过不去,想到苏州有个亲戚,不如到他那里去想想办法,可是到了苏州,那个亲戚回上海家里去了,我只好又到上海,找到了亲戚的家,可是家里只有爱人和小孩在家,他本人到洞庭山去了,等了几天,又不知他哪天能回来,觉得不能在这里待下去,想起有个同志,叫沈邦人,在海宁长安镇上的恒丰酱园当店员,他是我们自己的同志,我们也很熟悉,不如先到他那里,打听崇德州泉镇中心区委的情况,再决定如何办。我到了长安,找到了沈邦人同志,得知中心区委很安全,在他那里住了一天,第二天乘船到了洲泉,找到中心区委书记金文楚同志,向他报告了我的情况,要求见特派员罗希明同志,希望通过组织到苏北解放区去。他们先安排我在吴伯员同志的酒店里住下来,等了将近一个月,那时我家里已经把我的衣服送来,我已是一个标准的生意人了。

　　我在中心区委待了约一个月,这时已近旧历年关,我回到洛舍,因为洛舍是个水乡,离山区较远,原来洛舍的一些党员本来就是吴兴埭溪人,现在已回埭溪,埭溪是个靠近山区的小市镇,便于寻找山区埋伏、失散的人、枪,所以我利用社会关系,也到埭溪住下来,以做生意作掩护,恢复和发展组织,在中共洲泉中心区委领导下坚持到迎接大军渡江,湖州解放……

附 录

青山有幸

——为人民革命事业牺牲的英烈们永垂不朽

多彩的土地——至今还燃烧着壮烈的记忆

九月金秋。当欢欣的人们为中华共和国大庆捧出鲜花彩灯的时候,我们来到安吉县孝丰镇的起伏山峦,凭吊一个曾经陷入血海的壮阔战场。

安吉县孝丰烈士陵园

古老的云鸿塔,高踞于群山之巅。建于明代的这座石塔,是孝丰久远历史的表征。它又是一位无言的证人,日夜俯瞰着这片血沃山野。那塔檐铜铃,风吹叮当响,仿佛传送着当年鏖战的余音……

1945年2—6月间,以粟裕为司令员的苏浙军区在向浙西敌后挺进中,在孝丰和国民党顽固派打了三次大仗。最后一仗,顽军竟在方圆不过十余公里的土地上,投下14个师、42个团的兵力,结果是数千顽军葬身荒野,而作为胜利的代价,是我们数百名战士英勇捐躯,长眠在满山翠竹修篁之下。

我们和同行的省、县民政干部盘桓于昔日战场,听到了一个令人动情的故事。

　　新四军北撤时,英俊的青年指挥员张克诚奉命留守。是年他刚 25 岁,却已是声名远播的战斗英雄。他的未婚妻陈志平则是区委书记。烽烟断路,天各一方,唯一能够传递情思的,是每次战前的一封书信。鸿雁飞传,到陈志平手中的信已有 200 封。在奉命留守时,张克诚预感将有恶战,信中向陈志平倾吐衷肠:"如果要以死来换取胜利,那就希望能战斗到死,最大的心愿,是能死在爱人的怀抱里。"

　　狮古桥一仗,以白刃战告终。为了镇守阵地,留守部队一个连倒下了。张克诚身中 20 多处刀伤,闭目静卧在草丛中。群众悲恸万分,漫山烧起了纸钱。唯一幸存的炊事班长在张克诚和他的战友下葬后画了张草图,从山路以东数起,第十个棺椁,便是张克诚的长眠之所。

　　陈志平日夜探寻张克诚的音讯。随北撤大军,她赶路千里。粟裕将军在军帐中为她召开座谈会打听张克诚的下落,炊事班长捧出了那张已经褶皱的草图……

　　解放后,已经是一个文艺出版社社长的陈志平揣着这张草图踏上孝丰大毛山。"山盟虽在,锦书难托。"她俯身从张克诚的墓茔中找回了衫衣上的五个纽扣,一个饰有五角星的铜皮带扣,并且把一部分遗骸装入木箱,以后安放在上海龙华革命公墓。她终生未嫁。庭院里的黑松高峻挺拔与她长年厮守,那是她最亲爱的人的风骨……

　　我们听完这个故事,被人世间那些纯美的情愫感奋不已。当年清秀纤弱的陈志平,如今该是霜染青丝的老人了吧?她把一生献给了枕安吉黄土、披竹林翠微的不灭英灵。作为这片土地的主人,安吉人民不是更应袒露出热烘烘的双臂和胸脯,把烈士挽在自己的怀抱里吗?

　　正由此,我们非常想了解关于修建孝丰烈士墓的故事……

英雄永生——鲜血仍闪烁着耀目的色泽

　　我们登上缸窑岭,鸟瞰孝丰城。昔日密布的战云,早被和平的阳光驱散;湿袍的腥风,已为瑰丽繁花吮干。明丽秋日下,幢幢新楼拔地而起,汽车、拖拉机的"欢叫声",宣告了这块兵家必争之地,而今已成为沟通浙皖城乡的必经之路。

　　活在我们记忆中的烈士,当可含笑九泉了。我们正龙腾虎跃地行进在他们未竟的事业中。

　　但他们仍憩息在往年的小坟堆中。我们瞻仰过两座烈士墓。一座在局促的仓库门口,另一座在水渠旁。半人高的蒿草,几乎把坟墓掩盖了。水流淙淙,带走了人们的叹惜。

这是一个疏忽。国家长期贫困,又一度陷于动乱,人们不得不把注意力先集中到现实生活的建设上。但墓地的冷落和零乱,有愧英魂。在人们的心目中,英烈们的鲜血依然闪烁着耀目的色泽。

每逢清明,人们踏着熟悉的路径,来到烈士墓前,撩开蒿草,加上一抔黄土,献上一束野花。

在下汤乡,人们见到这样的情景:当一位老农为一座烈士墓培好土后,他身旁的一位小伙子朝坟墓叫一声"干爹",然后下跪磕头。在这座墓里安息的,是当年我军十六旅旅长的一位年轻的警卫员。当敌人的子弹残杀了他青春年华的躯体时,眼前的这位小伙子还未来到人间。是烈士洒在大地上的鲜血,使他们结成世上最崇高的亲缘关系。

当年转战在天目山、大毛山麓的十六旅,今天正担当着警卫党中央的重任。每当孝丰籍同志回家探亲,那些老战士就叮嘱:去到战友的墓前,替我们鞠上一躬!

退休在孝丰镇的老战士杨文通同志,不幸身患绝症。作为战火中的幸存者,他面对死神毫无惧色。只有一件事使他牵肠挂肚:"得赶快把烈士墓整修了!"

这不是杨文通同志的个人意愿。在孝丰镇的每一次烈军属座谈会上,在每一年的县人民代表大会上,人们都这样地强烈呼吁。安吉县委、县人民政府、县人大常委会,也多次提议或作出决议:修建孝丰烈士陵园。有的负责同志还到现场勘察墓地。

然而,烈士陵园拖延多年,迟迟没有动工。有人说:"活人还顾不了,怎去顾死人?"还机械地搬出了条文。

是的,我们曾有过"顾不了活人"的时期。那是人民遭受浩劫的岁月。如今,我们的事业还在复苏,难道不能给烈士一点慰藉的纪念?

我们不曾主张用无谓的豪华排场,去虚掷我们的建设事业仍然十分紧缺的资金。要是这样,只能是对英烈的亵渎!我们只是要寄托哀思,继承先烈遗留给我们的那一份宝贵的精神遗产。当那位老农让他的孩子向安息着的年轻警卫员叫一声"干爹"的时候,他们的心中难道有丝毫攀龙附凤的杂念? 不!他们只是要让我们的后代明白:为争得今日的幸福,我们的前辈付出了多大的代价! 未来的幸福应当怎样去开拓!

"修建烈士墓要是有困难,大家帮着想办法!"当年曾与烈士并肩战斗的红军老战士这样说。

"要是没有钱,只要讲一声,我们出!"沐浴着烈士恩情的人民这样说。

"为了实现人民的意愿,我向你们磕头下跪!"县民政局一位干部,在向有关部门的上书中,这样写道。他是在烈士浴血献身的岁月出生的。他并未目睹先烈的英姿,但作为民政干部,他分明是比别人更敏锐也更多地感到了人民悼念先烈的呼声。

石山、车队、人流——感情与力量的凝聚

1984年3月,安吉县孝丰烈士陵园破土动工的消息,在这偏僻的县城,以最快的速度飞传开来。

钱不多,总共2万元,还是几个部门凑起来的。但这没有成为难题。长期蓄积在群众心头的对烈士的感情奔涌而出,成为冲决一切困难的磅礴洪流。

社会活动中的活跃力量——各级团组织发起捐款活动。短短的时间里,立即募集到3500余元。团县委不得不做出硬性规定:在校学生每人不超过5分,团员、青年不超过1角,团干部不超过3角……

许多中、老年人也把钱交到了共青团支部。"哎呀,你们的钱我们怎么个收法呀?"团支书为难了。"收下就是,我们的心愿是一样的!"连幼儿园的孩子,也把带着体温的零钱投进了捐款柜……

报福乡景溪小学32名小学生把13.31元钱寄给了县民政局,还附了一封信:"我们离孝丰太远,不能前来参加筑墓劳动。我们把爸爸妈妈给的点心费,又捡了些破铜烂铁换了钱,合起来寄给你们。钱少,也是一番心意……"

修墓要占一些地,龙袍坞村的老支书说:"我们的土地就是这些烈士的生命换来的,这地我们献!"当然,献地是心意,付钱是政策。好说歹说,村里才收了一些钱。

天目山下东苕溪中有很多鹅卵石,那是理想的建墓材料。东苕溪边的章村乡九个学校的1500余名师生,冒着春寒下水拣石,半个月的课余时间,就拣了42立方,计60吨的鹅卵石。

为着把这些石料及时运送到工地,乡政府求助于农机站和运输专业户。乡长刚开口,拖拉机手们就嚷开了:"烈士们为我们今天的幸福,把生命都贡献了。这半工活,我们尽义务!"

第二天清晨,42辆拖拉机以一辆汽车为前导,满载着鹅卵石,浩浩荡荡地向35公里外的孝丰奔驰而去。一路上,人们驻足相看,为这支独特的运输长龙而喝彩。

这是章村人的心意,也是今日章村人的风格。

这个偏僻县城里最偏远的山村,昔日的历史是苦难的。"乌糯当早稻,柴部头当棉袄,苦菜吃到老"便是它的真实写照。

如今,当章村人的口袋里开始装进成沓成沓的人民币时,他们饮水思源泉,叨念着得人心的党的政策,思念着打天下的革命先烈。他们是新时代的"为富"者,但并未成为"不仁"者。他们看到了金灿灿的未来,但决不忘却过去;他们勤劳地建设着自己的生活,但又竭尽所能地为国效力。——这便是当代中国农民的博大胸怀和鲜明风格!

全县1.5万余名学生,共拣了卵石500余吨。又有40多个单位派出的汽车义务地担任了运输任务。一座座沙堆石山,一行行向烈士墓工地行进的车队,一股股去义务劳动的人流——这是获得了幸福的人们,对烈士们镂心刻骨的感情表露!

历史与未来在翠岗拥抱——龙袍坞的畅想

今年清明,孝丰烈士陵园奠下了基石。一个春夏,秋果红熟时节,烈士碑顺乎人意地立了起来。安吉人民终于用自己的力量,也用自己的心,垒起了一座缅怀历史、昭示未来的丰碑。

我们从位于递铺——孝丰公路旁的龙袍坞山脚下拾新砌的石级而上,迎面见到矗立山巅的烈士纪念碑。它背依苍山,面朝孝丰,很像一位瞩目沸腾人世的历史壮士。高达12米的纪念碑,耸入蓝天,使遥相对望的云鸿塔黯然失色。正是朝日初升时,从碑后升起的暖辉,把开阔的田野,雾岚中新楼林立的孝丰,照得金黄一片。烈士长眠于此,活着的人当觉欣慰了。

墓碑上"革命烈士永垂不朽"八个大字,请粟裕大将书写本是最相宜的了。可惜当时他在垂危中,已不能抱笔。安吉人民等到的不是遒劲的题词,而是按照粟裕大将的遗嘱,把一部分骨灰撒在浙北大地上。现在的碑文由国防部长张爱萍题写。将军驰骋墨海,字迹龙腾虎跃。

我们在烈士墓的平台上踯躅勾连。那陵墓的台阶、碑身、栏杆,朴素无华。碑座上没有精致的浮雕,碑端没有琉璃金瓦。然而它庄严凝重,正气凛然。最重要的是它把人民的感情、思念与热望凝聚到一起,并且向未来显示出历史的光芒。曾经在孝丰拼杀过的老战士到这里来吧,向儿孙们讲一讲悲壮的战史;打着队旗的少先队员到这里来吧,来度过一个有意义的队日;四邻的青年情侣到这里来吧,水环青山,花发繁枝,正可让你们款步絮语,沉醉于自由幸福的甘甜……我们不是天天在讲要建设精神文明吗?这烈士陵园,便是一座文明的学校。历史是未来的起点。当我们猛步奔向现代化的时候,应该比以往任何时候都更重视历史,珍惜传统。

　　于是,我们想到了国界以外的地方。在东西方许多国家,那些有历史意义的纪念物作为现代化建设的一个内容而进入了市政计划。苏联、东欧的许多工厂、学校,乃至整个城市,都用各种方式镌刻着烈士的名字和他们的简要事迹。列宁格勒(今圣彼得堡)、基辅等地,许多青年在烈士纪念堂举行婚礼。有个烈士纪念馆,入口处能听到模拟的心脏搏动声,扑冬,扑冬,象征着英烈生命不息,活力常在。

　　安吉的人民,从县到省的民政部门,正是为着祖国的现代化而衷情地呼唤着历史感,千辛万苦,修建起壮美的孝丰烈士墓。于是,我们看到了历史与未来在翠岗上拥抱。

　　我们要对地方上日夜繁忙的市长、县长、乡长们说,拥有一座伟大的抗日战争胜利的烈士陵园,你们要守护它,崇敬它,把它作为子孙后代坚如磐石的伟大精神传统!

　　　　　　　　　(《浙江日报》1984 年 10 月 14 日记者周荣新 陈冠柏)

后 记

　　我如释重负地放下笔，终于把自己心中的天目山之梦，编织成文字了。一个历经劫难，垂垂老矣的人，能在历史的烽烟中摸索前行，这是生命的恩赐，命运的奖赏。我终生是一个不成器的新闻从业者，年轻时在"东南前哨"天目山，亲见亲闻浙西敌后抗战的残酷现实，写过《水乡吟》《海北敌后去来》这样的长篇通讯。抗战胜利前一年，新四军南下建立苏浙军区，三次反顽战役的胜利，打开了我的思想眼界。原来思想简单幼稚，业余学习文学创作，希望将来做一个作家。从国民党反动派滥捕滥杀共产党人，我的一些文友被关入集中营，我开始思考。抗战胜利后我回到上海，全面内战爆发，我作为一个城市贫民的儿子，对人生社会有所思考，在《文汇报·笔会》发表散文《背道》——同反动派背道而驰，这反映了我的政治选择，我终于成为解放斗争队伍中隐蔽战线的一名战士。

　　我在《摇晃的天目山》写的大部分人物都是我所认识的人，其中的郎玉麟、李泉生、朱希、鲍自兴、沈瑛等，都有访问笔记，被捕入狱的高流、关非蒙、李益中等都是好友，那时我年轻无知，正是他们的行动实践，引导我走向光明，走向进步，我感谢他们。30年前，我曾希望以他们为主要人物写一部天目山的长篇小说，终究是青年荒废，才力不逮，只能是一个失落的幻想。多年来，我收集到浙西各地的文史资料，对天目山和杭嘉湖敌后有许多翔实的记载。心想抗战胜利70周年即将到来，我可以利用手头的这些史料和个人的访问笔记，编写一部纪实文字。有了这个想法，我就在2014年初不自量力开始动笔。对抗日战争的历史不能淡忘，对苏、浙、皖新四军的艰苦斗争，年轻人知道得更少，我的纪实文字也许能解答一些人的疑问。

　　我是一个患有腰椎病的老人，不能坐书桌写作，只能背靠沙发，手持一块木板，每天利用一点一滴的时间，尽力而为，成败在所不计。我的决心也是够大的了。

　　我参照的文史资料有：葛伟先生的《喋血杭嘉湖》，温永之先生的《浙西抗战初期史话》，吴克刚、项雷、戈天择编的《潜龙入海》，中共浙江省委党史办、省档案馆、省新四军历史研究会、湖州市委党史办合编的《浙西抗日根据地》,浙江省政协多种抗战文史资料选辑,各县文史资料,临安王国林先生的《东南抗日前哨》,杭州文史资料《杭州抗战纪实》,等等。我在此一并表达深深的谢意!

2014 年 10 月 15 日于杭州